2025-2027
앞으로 3년
미국
주식
트렌드

트렌드를 알면 지금 사야 할 미국 주식이 보인다

2025-2027 앞으로 3년

미국 현지
최고 전문가들의
시장 분석과
기업·종목 전망

미래를 지배할
미국 산업 트렌드와
반드시 주목해야 할
기업 37

미국 주식 트렌드

최중혁, 스파클링 투자클럽 지음

한스미디어

미국 주식 투자를 위한 가장 완벽한 로드맵

"미장(미국 증시)은 세금을 떼고 국장(국내 증시)은 원금을 뗀다(잃는다)."

"국장을 하는 데 있어 가장 필요한 덕목은 '건강'이다."

2024년 한국 개인투자자들 사이에서 유행했던 말이다. 미국 증시에서는 수익을 거둬 연간 250만 원 이상의 수익을 냈을 때 초과분에 대해 22% 양도소득세를 내야하는 반면, 한국 증시에선 손실을 보고 거기에 화병으로 건강까지 해칠 수 있다는 것이다. 코로나19 팬데믹 당시 시장에 풀린 유동성을 바탕으로 한국과 미국 증시 모두 급격히 상승했다면, 2024년에는 미국 증시만 호황을 누렸다. 코스피와 코스닥 지수는 2024년 한 해 동안 각각 9.6%, 21.6% 하락한 반면, 나스닥 종합지수와 스탠더드앤드푸어스(S&P)500 지수, 다우존스30 산업평균지수는 같은 기간 동안 각각 29.8%, 23.8%, 13.0% 상승했다. 국내 투자자들이 가장 많이 보유한 미국 주식 톱3인 테슬라, 엔비디아, 애플 주가도 2024년에만 각각 73.7%, 176.6%, 32.7% 올랐다.

한국 투자자들의 미국 주식에 대한 사랑은 점점 커지고 있다. 2024년 한 해에만 한국에서 투자된 미국 주식 거래 대금(매수·매도 금액의 합)의 규모는 5,062억 달러(약 745조 원)로 어마어마하다. 전년 대비 85% 늘어난 수치이며, 사상 최고 수준이다. 한국 투자자들의 미국 주식 보관액은 2024년 말 기준으로 1,178억 달러(약 173조 원)로 전년 대비 73% 증가했다.

한국 투자자들이 한국 증시를 외면하고 미국 증시로 몰려간 건 당연히 상대적으로 높은 수익률 때문이다. 국내 증권사들의 해외 주식 플랫폼 강화로 예전에 비해 거래가 쉬워졌으며, 미국 주식에 대한 정보 또한 얻기가 수월해진 것도 한몫했다. 반면 국내 기업들의 경쟁력 약화, 국내 정치 불안, 배당이나 자사주 매입 같은 주주환원 부족 등 다양한 이유로 국내 증시의 매력은 반감됐다. 그만큼 한국에서 미국 주식에 대한 관심은 어느 때보다 높아졌다.

어떤 트렌드가 미국 주식을 움직이는가?
지금 투자자가 반드시 알아야 할 산업·기업에 대한 분석과 전망

필자는 한국에서 주요 업종인 자동차 섹터를 담당하는 애널리스트로 한창 활발하게 활동하다 돌연 그만두고 미국행을 택했다. 여의도 증권 업계 사람들은 대부분 의아하게 생각했다. 당시만 해도 여의도에서 자리 잡은 주요 섹터 셀사이드 시니어 애널리스트 중에 유학 간다고 회사를 그만둔 경우는 찾아보기 어려웠기 때문이다. 필자는 미국 유학을 결심하며 거대 자본시장이면서 동시에 글로벌 마켓에 절대적인 영향력을 가지고 있는 미국에 대해 배워야겠다는 생각이었다. 투자는 평생 하겠다고 마음먹어 왔으니 비록 인생의 전성기 중 일부를 '투자'하더라도 길게 보면 꼭 필요한 과정이라고 판단했다.

MBA 재학 중엔 미국 전역에서 미국 주식 투자에 관심이 있는 수천여 명의 한인들을 모아 '스파클링 투자클럽'을 만들었다. 미국에서 주식 투자를 배우고 경험을 나누고자 하는 사람들을 대상으로 꾸준히 미국 모의주식 투자대회를 열었고, 투자클럽 내에서 미국 전역 각 분야의 전문가들을 따로 모아 매주 미국 투자에 대한 인사이트를 나눴다. 전설적인 피델리티 펀드매니저 피터 린치가 "아는 것에 투자하라"를 투자의 첫 번째 원칙으로 삼았던 것처럼, 투자클럽에서 각 분야에 다양한 경험과 지식을 보유한 참여자 각자가 지혜를 나눈다면 혼자 투자하는 것보다 더욱 다양한 시각으로 투자를 할 수 있다고 생각했기 때문이다.

그런 맥락에서 2021년에는 MBA 유학을 마음먹은 순간부터 약 4년 넘게 준비했던 《트렌드를 알면 지금 사야 할 미국 주식이 보인다》 서적을 발간했다. 당시 필자는 미국에서 듣고, 경험하며, 공부한 것을 토대로 역사적으로 전환점이 될 코로나 팬데믹으로 변화하는 미국 시장에 대해 8개의 카테고리로 나눠서 22개 산업과 32개 기업을 투자 관점에서 분석했다. 특히 독자들이 미국 주식 투자에 필요한 트렌드를 이해할 수 있도록 정리하는 데 많은 시간을 쏟았다. 애널리스트 리포트보다 좀 더 쉽게 읽히고 한국에서 보는 외신이나 국제 기사보다 생생하게 현장이 전달됐으면 하는 마음이었다. 하지만 본업과 가정을 챙기면서 600페이지에 가까운 책을 혼자 트렌드에 맞게 또다시 쓴다는 것은 불가능에 가까운 일이었다. 그래서 이번에는 스파클링 투자클럽에 있는 전문가들과 집단지성의 힘을 바탕으

2025-2027 앞으로 3년 미국 주식 트렌드

로 보다 전문적인 영역을 다루고, 각 산업 현장의 목소리와 저자들의 인사이트를 모아 후속작을 발간하기로 결정했다. 각 저자들은 약 8개월간 매주 필자와 개별 회의를 하며 원고를 가다듬어 갔다. 결코 쉬운 작업은 아니었다. 하지만 앞으로도 독자들에게 미국 주식의 트렌드가 생생히 전달할 수 있도록 이 프로젝트를 지속할 계획이다.

실리콘밸리 최전선에서 얻어낸 황금 같은 투자 정보
상장 기업은 물론 유망한 비상장 기업까지 철저하게 분석

필자는 전작 출판 후 미국 투자 회사 SK 글로벌 디벨롭먼트 어드바이저(SK Global Development Advisors)를 거쳐 미국 실리콘밸리에 사모펀드 팔로알토캐피탈(Palo Alto Capital, 이하 PAC)을 설립했다. PAC의 본사가 자리한 미국 캘리포니아주 팔로알토는 전통적인 테크 기업인 HP뿐만 아니라 구글, 애플, 테슬라 등 빅테크 기업들이 태동하고 스탠퍼드대학교가 바로 옆에 위치한 도시다. 사명의 약자인 PAC은 Pacific이라는 의미를 담아 태평양을 중심으로 한국과 미국을 연결하는 투자를 상징하며, 팔로알토뿐만 아니라 미국에서 성장하는 비상장 기업에 투자해 그 성장하는 과실을 한국 투자자들과 나누겠다는 목표를 가지고 있다. PAC은 시리즈B부터 프리 IPO(상장 전 투자 유치) 단계에 있는 딥테크(Deep Tech), 탈탄소(Decarbonization), 컨슈머테크(Consumer Tech) 등 산업의 회사들에 투자한다.

이를 바탕으로 본서에서는 미국 상장 기업뿐만 아니라 각 산업 내 비상장 기업들도 분석했다. 유망한 비상장 회사들은 이미 상장 회사들과 필드에서 경쟁 중이라 상장 기업들과 함께 분석한다면 공개된 정보만으로는 알기 어려운 내용을 파악할 수 있어 해당 산업에 대한 이해가 깊어질 수 있다. 또한 향후 해당 기업들이 상장 시장에 진입할 때 미리 적극적인 투자 준비가 가능하다.

미국 현지에서 활동하는 최고 전문가들의 심도 깊은 인사이트
냉혹한 투자의 세계를 헤쳐가기 위한 '나침반'이 되어주길

산업 트렌드는 빠르게 변한다. 결코 멈추지 않고 흐르는 존재다. 우리가 미국 주식에 투자하며 수익을 거두려면 미국 트렌드에 대한 지속적인 관심과 공부는 필수적이다. 오늘 각광받던 트렌드가 내일이 되면 한물간 올드 트렌드가 될 수 있기 때문이다. 미국 산업 트렌드를 파악하면 미국 주식의 방향성을 읽을 수 있다.

이 책에서는 필자와 스파클링 투자클럽의 미국 각 산업 전문가 13명이 7개의 카테고리로 나눠서 미국 주식 투자에 도움이 될 만한 12개 섹터와 3개의 정책 토픽 및 37개 기업들을 분석했다. 5명의 산업 전문가의 인터뷰도 수록해 현장의 목소리를 담았다. 특히 2025년은 연초부터 트럼프 2기 행정부가 시작돼 관세 부과 등 새 정부가 추진할 정책에 대한 불확실성이 큰 해다. 그만큼 신중하며, 빠르게 정책적 변화에 대응할 필요가 있다. 저자들은 이러한 불확실성에 대해 고민하고, 향후 전개될 산업 트렌드의 전망에 주목했다.

이 책에서 분석한 산업과 기업에 반드시 투자해야 하는 것은 아니다. 이 책을 보는 시점은 독자마다 다를 수 있다. 다만 출판 시점 기준으로 다뤄야 한다고 생각한 미국 산업과 기업을 최대한 포함하려고 노력했으니 이 책을 통해 미국 주식 트렌드를 이해한다면 얼마든지 투자의 기회를 마련할 수 있다고 생각한다. 이 책이 거센 파도가 치는 냉혹한 투자의 세계를 헤쳐가는 투자자들에게 조금이나마 도움이 되는 '나침반' 역할을 하길 기원한다.

이 책은 필자뿐만 아니라 스파클링 투자클럽의 전문가들이 열심히 분석하고 전망한 귀중한 인사이트를 담고 있다. 바쁜 본업에도 불구하고 필자와 오랜 시간과 노력을 들여 원고를 완성한 저자들에게 가장 큰 감사의 말을 전하고 싶다.

항상 응원과 격려를 아끼지 않는 사랑하는 아내와 보석 같은 두 아이 진우, 혜나는 바쁜 원고 작업에도 항상 큰 힘이 됐다. 사랑한다고 꼭 전하고 싶다.

- 미국 캘리포니아주 실리콘밸리에서
최중혁
sparkling.usinvest@gmail.com

차례

CHAPTER 1

전기차

자율주행 경쟁력은 결국 판매로 이어진다

CHAPTER 2

AI와 반도체

우리 삶의 혁신을 주도한다

CHAPTER 3
오일·가스와 저탄소 솔루션
에너지의 미래를 이끈다

CHAPTER 4

전력망과 에너지 정책
트럼프 2기가 만드는 변화에 주목하라

CHAPTER 5
금융과 크립토
전통 금융과 신금융의 미래

전기차

자율주행 경쟁력은 결국 판매로 이어진다

전기차
주춤했지만 자율주행을 바탕으로 경쟁력 제고

최중혁 미시간대학교 경영학 석사(MBA) 학위를 받은 뒤 삼성SDI America와 미국 투자 회사 SK 글로벌 디벨롭먼트 어드바이저를 거쳐 미국 실리콘밸리 소재의 사모펀드 팔로알토캐피탈(Palo Alto Capital)을 설립해 CEO로서 미국 기업에 투자 중이다. 신한투자증권에서 소재중공업 팀장 및 시니어 애널리스트, LIG투자증권에서 시니어 애널리스트로 재직했다. 2012년《매일경제》,《한국경제》를 통해 모든 업종을 통틀어 최연소로 베스트 애널리스트 1위에 처음 선정된 후 수차례 1위로 선정되었다. 저서로《트렌드를 알면 지금 사야 할 미국 주식이 보인다》,《넷제로 에너지 전쟁》,《클라우드의 미래에 투자하라》,《자동차 제국》이 있으며,《자동차 제국》의 영문판《Auto Empire》가 미국과 유럽, 일본 등에서 출간돼 미국 콜로라도 독립출판협회(CIPA) 북어워드에서 특별상을 수상한 바 있다.

2024년 리뷰
캐즘(Chasm), 고성장하던 전기차 수요의 감소

"제2의 테슬라는 없다."

미국 월가의 브로커리지(위탁매매) 회사 클리어스트리트(Clear Street)의 브라이언 돕슨(Brian Dobson) 매니징 디렉터는《월스트리트저널(WSJ)》과의 인터뷰를 통해 여전히 제2의 테슬라를 꿈꾸며 기업인수목적회사(Special Purpose Acquisition Company, SPAC)를 통해 주식 상장에 뛰어드는 전기차 관련 스타트업들에 대해 일침을 가했다. 코로나19 팬데믹의 여파가 한창이었던 2020년만 하더라도 니콜라(Nikola), 피스커(Fisker), 로즈타운모터스(Lordstown Motors), 카누(Canoo) 등이

상장했다. 하지만 이 회사들은 모두 파산하거나 파산 위기에 처했다.

심지어 2024년 11월엔 유럽 최대 배터리 제조 스타트업인 스웨덴의 노스볼트 (Northvolt)가 미국에서 챕터 11(Chapter 11) 파산을 신청해 전기차 업계에 큰 충격을 줬다. 챕터 11 파산은 파산법원 감독하에 구조조정을 거쳐 기업 회생을 꾀하는 제도다. 노스볼트는 파산 신청을 위해 제출한 서류에 가용 현금이 일주일 치 운영 자금 수준인 3,000만 달러에 불과하다고 밝혔다. 전기차 수요 둔화와 함께 낮은 수율 등 품질 문제를 겪으며 2024년 6월 BMW가 노스볼트와 맺은 20억 달

적자 상태인 전기차 스타트업들의 분기별 현금 보유량의 중간값

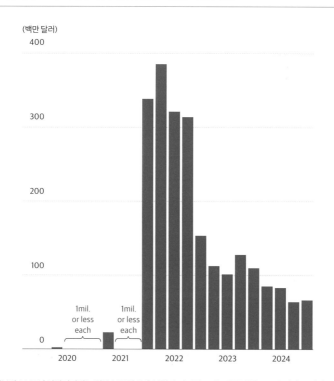

2021년부터 2022년 상반기까지는 현금 보유량이 충분했던 전기차 스타트업들의 현금 보유량이 급격히 줄고 있다.

자료: WSJ analysis of FactSet data

러 규모의 계약 취소를 시작으로 위기가 고조됐다.

《월스트리트저널》이 분석한 바에 따르면 2024년 11월 기준 미국의 54개 전기차 및 배터리 전문 스타트업 중 최소 13개가 2025년 여름까지 자금이 고갈될 위험에 처해 있다. 이 중 스포츠 유틸리티 차량(SUV) 제조 업체인 피스커와 전기버스 제조사인 어라이벌(Arrival)을 포함해 7개 기업이 파산 보호를 신청했다. 또한 자료를 공개한 기업 36개 중 4분의 3이 적자를 기록 중이다. 비교적 안정적인 전기차 스타트업으로 평가받았던 리비안오토모티브(Rivian Automotive, 이하 리비안)와 루시드그룹(Lucid Group)도 2024년 초 대비 2024년 11월 말까지 주가가 40~50% 하락했다. 리비안은 2024년 11월 최대 66억 달러 규모의 정부 대출 지원에 대한 조건부 승인을 받았지만, 마켓에선 트럼프의 대통령 취임 전까지 대출금 지급이 완료되지 않을 경우 대출이 무산될 가능성도 제기됐다.

북미 최대 리튬이온 배터리 재활용 회사 리사이클홀딩스(Li-Cycle Holdings)는 뉴욕 로체스터 공장 건설을 위해 4억 7,500만 달러의 정부 대출을 승인받았지만, 비용 상승으로 공장 건설을 일시 중단했다. 2024년 9월 말 기준 회사의 보유 현금은 약 6개월 동안 운영을 지속할 수 있는 규모에 불과했다. 2021년에 스팩을 통해 뉴욕증권거래소(NYSE)에 상장했던 리사이클홀딩스의 주가는 역분할을 감안해 상장 가격 대비 97% 이상 하락했다.

미국 전기차 시장의 정체

2021년부터 급격히 늘어난 미국 전기차 판매는 2024년 들어 판매가 둔화되기 시작했다. 분기 기준으로 2023년 1분기(30만 2,000대 판매)만 하더라도 전년 동기 대비 54% 늘어났던 미국 전기차 판매는 2024년 1분기(34만 4,000대)에 14% 성장에 그쳤으며, 2분기(38만 2,000대)와 3분기(41만 1,000대)에 각각 전년 동기 대비 5%

성장에 머물렀다.

2023년에 미국 전기차 판매가 급격히 늘었던 것은 미국 전기차 판매의 40~50%를 차지하는 테슬라의 역할이 지대했다. 미국 연방정부에서 인플레이션 감축법(IRA) 규정을 개정하면서 전기차 보조금 대상에 처음으로 테슬라의 모델Y가 포함되며 해당 차종의 판매가 급등했다. 기존엔 모델Y가 세단으로 분류됐지만 스포츠 유틸리티 차량으로 분류가 변경돼 IRA 보조금이 대상이 될 수 있었던 것이다. 테슬라도 이에 맞춰 차량 가격을 최대 20% 낮췄고, 이는 미국 전기차 판매 수요 확대로 이어졌다.

2023년까지 매월 지속적인 성장을 보였던 월별 미국 전기차 판매가 2024년 들어서는 2023년과 비교해 소폭 성장하거나 오히려 적은 달도 있었다.

하지만 이 효과도 2024년 들어 시들해졌다. 전기차 '캐즘' 현상을 피할 수 없던 것이다. 캐즘(Chasm)이란 새로운 기술이나 제품이 개발돼 대중에게 소개된 뒤 대중화되는 과정에 초기의 수요가 후퇴하거나 정체하는 현상을 말한다. 얼리어

미국 시장: 2021~2024년 월별 전기차 판매 현황

자료: Auto Data Bowl

답터들은 기술 검증이 덜 됐고 쓰기 다소 불편해도 일찍부터 첨단 제품을 구매하지만 다수의 소비자는 신제품이 나와도 실용성이 없고 이득이 많지 않으면 굳이 사용하지 않는 경향이 있다. 이 간극 때문에 캐즘이 발생한다. 원래 지질학 용어로 지각 변동으로 인해 지층 사이 큰 틈이 생긴 것을 뜻했는데, 비즈니스 컨설턴트인 제프리 무어(Geoffrey A. Moore)가 1991년《캐즘을 넘어서(Crossing the Chasm)》란 제목의 책을 내고 초기 시장과 주류 시장 사이 간극에서 위기가 나타나는 현상을 '캐즘'이라 표현하기 시작하면서 두루 쓰였다.

IRA 전기차 보조금을 감안하더라도 전기차는 여전히 내연기관보다 비싸다. 2024년 9월 기준 미국의 평균 자동차 가격은 4만 4,467달러였지만, 전기차 평균 가격은 전체 평균보다 19% 높은 5만 3,048달러를 기록했다. 게다가 전기차라도 미국에서 생산되지 않았거나, IRA에서 내놓은 기준에 충족하지 못하면 최대 7,500달러에 달하는 보조금을 모두 받을 수 없기 때문에 소비자들의 선택의 폭도 좁다.

부족한 충전 인프라도 전기차 수요 증가에 걸림돌이다. 2022년 기준 미국의 전기차 충전기 1대당 전기차는 24대로 글로벌 10대, 중국 8대, 유럽 13대와 비교해 열악하다. 부족한 충전소 숫자와 함께 미국의 느린 충전 속도도 전기차 확대에 부정적인 영향을 미치고 있다. 2023년 기준 미국 전체 충전소 중 급속 충전소의 비중은 20%로 글로벌 50%, 유럽 40%, 중국 57%보다 낮다.

이 때문에 전기차 판매 대수는 중국 다음으로 두 번째로 많은 미국의 전기차 침투율이 상대적으로 낮다. 2024년 10월 누적 기준 미국의 전체 자동차 판매 중 전기차(배터리 전기차+플러그인 하이브리드) 판매 비중(전기차 침투율)은 9.7%로 세계 1위 전기차 판매 시장 중국(43.4%)은 물론이고 글로벌 평균(23%)에 비해서도 한참 낮은 수준이다. 글로벌 전기차 판매 1위 테슬라의 본고장이지만, 이러한 이

미국 연간 자동차 판매 대수와 전기차 판매 비중(2024년은 10월 누적)

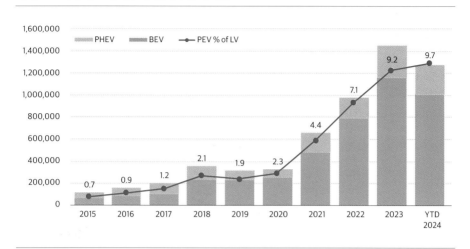

자료: EV Volumes
주: PHEV는 플러그인 하이브리드, BEV는 배터리 전기차, PEV는 PHEV와 BEV 합산

유로 미국은 여전히 전기차의 불모지인 셈이다.

미국 전기차 빅3 리뷰

2023년에 미국 전기차 시장을 테슬라가 이끌었다면, 2024년은 테슬라의 부진으로 미국 전기차 시장이 활기를 잃었다. 테슬라는 2023년에 미국에서 65만 대를 판매하며 전년 대비 41% 판매가 늘었다. 하지만 2024년에 미국에서 60만 6,000대 판매에 그쳐 전년 대비 6.8% 판매가 감소했다. 미국 전기차 시장(배터리 전기차, 플러그인 하이브리드 합산) 점유율 기준으로는 38.6%이다. 테슬라는 글로벌 시장에서도 마찬가지로 부진했다. 2024년에 178만 9,226대를 판매하며 전년 대비 1.1% 줄었다. 창사 이래 첫 판매 감소다. 2023년에 테슬라 전체 판매 비중의 67%를 차지하고, 전 세계 모델별 판매 1위를 이끌었던 모델Y 글로벌 판매가 2024년 누적으로 전년 대비 5.6% 줄어든 114만 5,476대에 그쳤기 때문이다.

2024년에 페이스리프트 모델 하이랜드(Highland)를 출시한 모델3의 글로벌 판매는 전년 대비 3% 감소한 51만 4,223대를 기록했다. 사이버트럭의 본격적인 출고에도 볼륨 모델인 모델Y의 부진은 테슬라 입장에서 뼈아프다. 2025년에 모델Y의 페이스리프트 모델인 주니퍼의 출시로 테슬라의 수요 부진은 다소 진정될 것으로 기대된다.

포드는 2023년 주력 차종의 생산 차질로 인해 2024년에 기저효과를 나타냈다. 포드의 2024년 미국 전기차 판매는 10만 9,000대로 전년 동기 대비 판매가 31% 늘었다. 미국 전기차 시장점유율은 6.9%를 기록했다. 해당 기간 동안 포드의 머스탱 마하-E(Mustang Mach-E)는 5만 1,745대, F-150 라이트닝(F-150 Lightning)은 3만 3,510대 판매됐다. 포드의 주력 전기차 차종들이 출시될 때 세웠던 목표 판매량과 비교해 턱없이 낮은 수치다. 머스탱 마하-E와 F-150 라이트닝의 2024년 3분기 누적 글로벌 판매 대수는 7만 7,235대와 3만 7,967대에 그쳤기 때문이다. 기존 2025년에 출시될 예정이었던 링컨과 포드 브랜드의 SUV 전기차 신차의 출시가 2027년으로 연기돼 2025년에 미국에선 전기차 신차 출시 예정이 없기 때문에 포드의 전기차 판매는 두드러진 성장을 보이긴 어려울 전망이다. 2025년부터는 포드와 SK온이 합작해 설립한 배터리 회사 블루오벌SK의 켄터키와 테네시 공장이 가동돼 기존 신차들의 생산 차질을 빚게 했던 배터리 수급은 원활할 전망이나, 전기차 판매 수요가 둔화되고 신차 출시가 없어 공장 가동 또한 제한적일 것으로 예상된다.

미국 자동차 판매 1위 회사 GM은 미국에서 2024년 11만 4,000대의 전기차를 판매해 전년 대비 50% 증가한 판매량을 보였다. 미국 전기차 시장 기준 점유율은 7.3%이다. GM의 주력 전기차였던 볼트(Bolt)가 단종돼 점유율 하락이 우려됐으나, 캐딜락 리릭(Lyriq)과 GMC 허머(Hummer) 등 신차가 출시돼 전년보다

점유율이 1.9%포인트 성장했다. 앞으로도 쉐보레 블레이저(Blazer)와 에퀴녹스(Equinox), 실버라도(Silverado) 등 내연기관 모델 중 볼륨 모델인 차종들이 전기차로 출시될 예정이라 향후에도 GM의 전기차 판매는 꾸준히 늘어날 전망이다.

2025년 전망
자율주행이 자동차 업계의 최대 화두

미국의 연간 자동차 판매 수요는 평균 1,500만~1,700만 대로 중국 다음으로 두 번째로 큰 시장이다. 글로벌 완성차 업체들은 세계 최대 시장인 중국에서 중국 로컬 업체들의 반격으로 판매가 큰 폭으로 줄어들어 미국 시장에서 사활을 걸고 있다. 미국 시장은 글로벌 업체들이 각축전을 벌이는 지역인 것이다. 특히 자국에서 미국 업체인 GM과 포드의 절실함은 더욱 크다. 일본 업체 토요타, 혼다, 닛산과 한국 업체 현대차, 기아 또한 미국 시장이 수익성이 높고 판매 강세를 나타내는 텃밭이기 때문에 다른 시장보다 더욱 주력한다.

2025년에는 미국 연준의 금리 인하로 자동차 할부금융 금리가 낮아져 판매를 촉진시킬 것으로 예상된다. 통계 업체 스태티스타에 따르면 미국의 60개월 기준 자동차 할부금융 금리는 2024년 6월 7.92%를 최고치를 경신한 뒤 점차 하락세를 나타냈다. 다만 미국 시장의 낮은 전기차 침투율은 지속될 것으로 예상되며 트럼프의 대통령 당선으로 2025년부터 전기차 판매도 다소 위축될 것으로 예상된다.

트럼프 정부 2기에 전기차 판매 감소 가능성 높아

2025년부터 시작된 트럼프 정부 2기에는 바이든 정부의 성과 중 하나인 IRA 보조금 지급을 중단할 가능성이 높다. 상·하원 투표를 통해 통과된 법안인 IRA를 폐지하기 위해 동일한 절차가 필요하고, 친공화당 지지 성향의 주들이 더 많은 혜택을 보고 있어 정책 자체는 유지될 가능성이 높다. 하지만 트럼프 정부는 IRA를 위한 자금 조달 방안을 없애거나, 연비 규제를 완화하는 등의 방식으로 IRA가 제 구실을 하지 못하게 할 것으로 예상된다.

기후변화를 부정하는 트럼프는 대선 유세 과정에서 IRA를 '녹색 사기(New Green Scam)'라고 혹평했다. 트럼프가 정부효율부(Government Efficiency Commission, DOGE) 수장으로 임명한 일론 머스크(Elon Musk) 테슬라 최고경영자(CEO)도 2024년 12월 전기차 보조금이 모두 폐지되어야 한다는 입장을 밝혔다. IRA가 그 타깃인 것이다. 주정부 차원에서 지원하는 전기차 보조금엔 손댈 수 없지만 연방정부 차원에서 지원하는 IRA는 새로운 정부의 정책에 따라 지원 여부가 결정될 수 있다. 전기차는 내연기관차보다 비싸다. 따라서 전기차 보조금이 사라지면 완성차 판매 수요는 전기차보다 내연기관차로 향할 가능성이 높다.

트럼프 1기 정부 당시에도 미국 전기차 침투율은 무척 낮았다. 트럼프 정부가 처음 들어섰던 2017년 미국의 전기차 침투율(배터리 전기차+플러그인 하이브리드 기준)은 1.2%였으며 정권 말기였던 2020년은 2.3%였다. 트럼프 1기 동안 고작 약 1.1%포인트 늘어난 셈이다. 이 수치는 바이든 정부 때 IRA 수립과 함께 급격히 늘었다. 2021년 미국의 전기차 침투율은 4.4%로 늘었고, 2022년 8월 IRA가 발효된 뒤 미국 전기차 시장은 급성장해 2024년 10월 누적으로 이 수치는 9.7%까지 증가했다.

판매량 기준으로는 2020년 미국에서 32만 7,000대에 머물렀던 전기차 판매가

2021년 66만 2,000대로 102% 성장했고, 2022년과 2023년에 모두 48% 성장해 각각 98만 대와 144만 7,000대를 기록했다. 2024년엔 성장이 둔화돼 전년 대비 7.3% 늘어난 156만 9,000대에 그쳤다. 2025년부터 최대 7,500달러에 달하는 IRA 보조금 지원 중단이 확정되면 미국의 전기차 침투율은 10% 선에서 횡보할 것으로 예상된다. 특히 내연기관차와 비교해 상품 경쟁력이 떨어지거나, 내연기관차에도 동일한 모델을 출시해 대체 상품이 있는 경우 더욱 벌어진 가격 차이 때문에 판매에 타격을 받을 가능성이 높다. 상품 경쟁력이 뛰어나고 내연기관차 모델이 없는 미국 전기차 판매 1위 테슬라는 오히려 전기차 시장점유율이 높아질 전망이다.

자율주행이 자동차 산업을 이끈다

코로나19 팬데믹 이후 완성차 업체들의 화두가 전기차였다면, 이제는 자율주행이 될 전망이다. 전기차 시장조사 업체 EV볼륨즈(EV Volumes)에 따르면 글로벌 전기차 침투율이 2024년 10월 누적 기준 12.3%까지 증가했을 정도로 우리 주변에서 전기차를 쉽게 찾아볼 수 있는 수준이 됐다. 자동차 업계의 그다음 트렌드는 자율주행이다. 자동차에 실질적인 자율주행 기술이 탑재되려면 반드시 전기차여야 한다. 자율주행에 필요한 센서와 칩에 대량의 전기에너지가 필요하며, 수많은 전자 제어 장치(Electronic Control Unit, ECU)를 통합하고 소프트웨어를 통해 차량 전체를 제어하는 방식으로 아키텍처를 구조화할 필요가 있다. 이는 내연기관차에서 쉽게 구현하기 힘든 영역이다. 특히 전기차 구매 시 더 이상 보조금을 받지 못해 내연기관차와 가격 격차가 더욱 벌어진다면, 완성도가 높은 자율주행 기술이 탑재되어야 비로소 소비자들이 전기차를 선택하게 될 전망이다.

그간 많은 업체가 자율주행에 도전했고 대중화를 눈앞에 둔 것처럼 보였다.

테슬라 로보캡의 모습

자료: Tesla

하지만 대다수의 업체들은 그 꿈을 접었고 구글 웨이모(Waymo)와 테슬라 등 제한된 대형 업체들만 남았다. 애플은 2024년 초에 2014년부터 진행해온 자율주행 전기차 개발 프로젝트인 '프로젝트 타이탄(Project Titan)'을 중단했다. 폭스바겐과 포드가 공동 투자한 자율주행 업체 아르고AI(Argo AI)는 지속되는 개발 비용 상승과 상용화 시점이 불투명해 결국 2022년 문을 닫았다. GM은 자율주행 자회사 크루즈(Cruise)가 2023년 샌프란시스코에서 인명사고를 낸 뒤 연간 예산을 10억 달러 삭감하고 대량 해고를 하는 등 사업을 축소해오다 2024년 12월 결국 자율주행 로보택시 개발을 중단한다고 밝혔다.

자율주행 트렌드는 실질적으로 2025년에 가시적으로 나타날 전망이다. 그 중심에 테슬라가 있다. 테슬라는 2025년부터 로보택시(Robo-taxi) 서비스를 하겠다고 선언했으며, 2024년 10월 '위, 로봇(We, Robot)' 행사에서 2인승 로보택시 '사이버캡'과 20인승 '로보밴'을 공개했다. 로보택시는 2026년에 생산을 시작해

2027년엔 연간 200만 대 생산을 목표한다. 그 전에 테슬라는 2025년 하반기부터 텍사스주와 캘리포니아주에서 모델3와 모델Y로 로보택시 서비스를 시작한다.

게다가 트럼프의 최측근으로 거듭난 테슬라의 CEO 일론 머스크가 트럼프 2기 동안 로보택시의 규제를 축소해 테슬라가 최대 수혜 업체가 될 수 있다는 전망도 나온다. 그만큼 2025년엔 자율주행 트렌드에 주목해야 한다. 테슬라가 본격적으로 로보택시 서비스를 시작하면 테슬라의 FSD(Full Self-Driving)에 대한 신뢰도가 상승해 테슬라 신차 구매자와 기존 차량 보유자들의 FSD 구독이 늘어날 수 있다. 게다가 머스크 테슬라 CEO가 수차례 완성차 업체들과 FSD 라이선싱 계약을 논의 중이라고 밝힌 만큼 그 저변은 더욱 넓어질 전망이다.

산업 관련 종목

NO.	기업 이름	영문	티커	내용
1	테슬라	Tesla Inc.	TSLA	• 전기자동차, 자동차 소프트웨어, 에너지 저장 장치(ESS)를 제조하는 기업 • 시가총액 기준으로 전 세계 자동차 회사 중 가장 큰 회사이며, 전기차 판매 1위
2	제네럴 모터스	Genral Motors Company	GM	• 169개국에서 자동차를 판매하는 다국적 기업 • 쉐보레(Chevrolet), 뷰익(Buick), GMC, 캐딜락(Cadillac) 등의 자동차 브랜드를 보유한 미국을 대표하는 자동차 제조 업체
3	포드자동차	Ford Motor Company	F	• 미국을 대표하는 빅3 자동차 제조사 • 미국 자동차 시장점유율 3위
4	루시드 모터스	Lucid Motors	LCID	• 미국의 전기차 제조 기업 • 2021년 첫 전기차 모델 루시드 에어 출시
5	리비안 오토모티브	Rivian Automotive Inc.	RIVN	• 미국의 전기차 제조 기업 • 전기차 픽업트럭과 SUV에 주력

테슬라 Tesla (TSLA)
2025년은 테슬라의 해

#1 기업 개요

2003년 마틴 에버하드(Martin Eberhard)와 마크 타페닝(Marc Tarpenning)이 설립한 테슬라는 위대한 발명가이자 엔지니어인 니콜라 테슬라(Nikola Tesla)의 이름을 따 지은 기업이다. 대규모 자금을 투자한 일론 머스크가 CEO를 자처한 후에는 일론의 회사로 대중에게 알려지게 됐다. 2006년 전기차 산업 내 유일한 '진짜 전기자동차'를 표방한 테슬라는 초기 모델 로드스터(Roadster)의 폭발적 흥행 이후 모델 S, X, 3, Y의 연속적인 성공으로 단연 1등 전기차 산업에 등극했다. 테슬라는 고성능·고효율 전기자동차를 선보이며 그간 전기차가 단순히 친환경, 높은 연비로 부각된 이미지를 탈피하고 전기차 시장에 혁신을 불러왔다. 픽업트럭인 사이버트럭과 트레일러 트럭인 세미 트럭을 출시해 상용차 시장에 진출했으며,

자회사 테슬라 에너지를 통해 가정용 ESS(에너지 저장 장치)인 파워월과 상업용 ESS인 파워팩과 메가팩을 판매한다.

테슬라 기업 정보

설립 연도	2003년	시가총액 (십억 USD)	1,364.0
상장 거래소	나스닥	시가총액 (조 원)	1,953.0
상장일	2010. 6. 28.	배당수익률	-
CEO	일론 머스크	52주 최저-최고 범위 (USD)	138.8-429.27
주요 주주	일론 머스크 17.76%		
직원 수	1,839명	현재 주가 (USD)	418.1
홈페이지	tesla.com	평균 목표 주가 (USD, Yahoo Finance 기준)	262.9
회계연도 종료	2024. 12. 31.		

* 기준일: 2024. 12. 12.
자료: Yahoo Finance

테슬라 기업 실적 및 투자 정보

구분	2022	2023	2024	2025F	2026F	5년 연평균 성장률
매출 (십억 USD)	81.5	96.8	97.7	116.2	135.9	20%
EBTIDA (십억 USD)	17.4	13.6	14.7	19.9	25.8	22%
영업이익 (십억 USD)	13.7	8.9	7.8	11.1	15.2	18%
순이익 (십억 USD)	12.6	15.0	8.1	11.0	14.4	32%
주당순이익 (USD)	3.6	4.3	2.0	4.3	6.5	-
주당 배당 (USD)	0.0	0.0	0.0	0.0	0.0	-
EBTIDA 이익률 (%)	21.4	14.0	15.1	17.1	19.0	
영업이익률 (%)	16.8	9.2	7.9	9.6	11.2	
순이익률 (%)	15.4	15.5	8.3	9.5	10.6	-
PER (x)	-	13,944.3	315.0	165.8	109.8	-
PBR (x)	24.4	14.1	30.6	26.1	21.3	-

EV/Revenue (x)	13.3	7.6	21.2	13.7	10.1	–
EV/EBITDA (x)	66.4	39.0	128.2	85.7	58.1	–
배당수익률 (x)	0.0	0.0	0.0	0.0	0.0	–
ROE (%)	-4.0	0.1	9.7	15.8	19.4	–

자료: 회사 자료, Capital IQ
주: US GAAP 기준

테슬라 매출액 & 성장률 전망

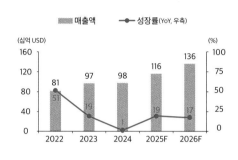

자료: 테슬라, Capital IQ (2024년 8월 30일 기준)

테슬라 주당순이익 전망

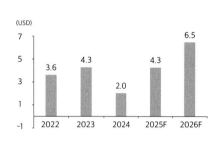

자료: 테슬라, Capital IQ (2024년 8월 30일 기준)

테슬라 주가 추이

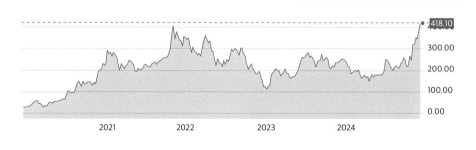

테슬라는 2011년을 기점으로 2억 달러에 불과했던 매출이 2024년 977억 달러까지 성장하며, 14년간 연평균 매출 증가율 약 56%를 기록한 고성장 기업이다. 특히 2020년에는 코로나19에도 불구하고 전기차의 구조적 성장과 모델Y의 성공 등으로 인해 큰 폭의 매출 성장을 이뤘으며, 테슬라는 펀더멘털과 주가 모두에서 폭발적인 성장을 보여 많은 투자자의 이목을 끌고 지속적으로 새로운 역사를 쓰고 있다.

#2 비즈니스 모델

테슬라의 사업 부문은 자동차 판매 부문과 에너지 발전 사업 부문, 서비스와 기타 부문으로 나뉜다. 비교적 늦은 시기인 2013년에 진출한 에너지 발전 사업은 전체 매출의 6% 정도를 차지하며, 태양광 패널과 ESS 판매가 주를 이룬다. 사업 부문별 매출은 매년 유사한 비중을 유지해왔는데 이는 자동차 산업 외에도 태양

2023년 테슬라 사업 부문별 매출 비중

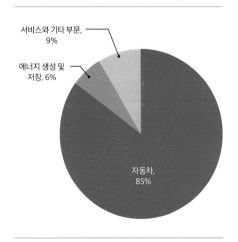

서비스와 기타 부문, 9%
에너지 생성 및 저장, 6%
자동차, 85%

2023년 테슬라 지역별 매출 비중

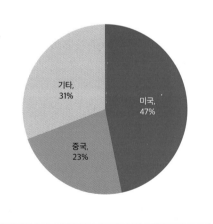

기타, 31%
미국, 47%
중국, 23%

광 사업의 매출 또한 고성장을 보이고 있기 때문이다. 서비스와 기타 부문은 FSD를 포함해 각종 구독료와 슈퍼차저를 포함한 배터리 충전 사업 매출 등을 포함한다. 2023년 자동차 매출은 824억 1,900만 달러를 달성하며 지속적인 고성장을 이어가고 있다. 미국 캘리포니아에서만 차량을 생산했던 테슬라는 중국 상하이와 독일 베를린, 미국 텍사스에 순차적으로 공장을 확장해 생산성 향상을 도모하고 있다.

테슬라의 주된 시장은 미국이었지만 2020년부터 중국이 주목해야 할 시장으로 부상했다. 상하이 기가팩토리를 완공한 후, 2019년 매출 비중 12.1%였던 것에 비해 2023년 22.5%를 차지하며 큰 성장을 이뤘다. 테슬라는 프리미엄 전기차 모델로 시작했으나 현재는 양산형 모델 생산에 주력하고 있으므로, 전기차 인프라 및 보급률에서 선두를 달리고 있는 중국에서의 양산형 모델 성공은 테슬라에게 매우 중요한 요소다. 테슬라는 상하이 공장에서 저렴한 인건비를 통한 비용 절감, 높은 공장 운영 효율 등을 통해 생산에 성공했으며, 중국 소비자에 각인된 테슬라의 프리미엄 이미지로 인해 판매 또한 성공적으로 이어가고 있다.

#3 투자 포인트

1) 신차 효과 지속

2025년에 테슬라의 신차 효과로 사상 처음으로 판매량이 200만 대를 넘어설 전망이다. 테슬라는 2023년에 181만 대를 판매했고, 2024년에 178만 9,226대를 판매해 전년 대비 1.1% 줄었다. 창사 이래 첫 판매 감소다. 프리미엄 자동차 브랜드 입장에서 200만 대 판매는 큰 의미가 있다. 자동차 업계에서 프리미엄 브랜드로는 독일 프리미엄 빅3 브랜드인 BMW와 메르세데스-벤츠, 아우디를 꼽는다. 이 업체들 중 2023년 판매 기준으로 BWM는 255만 대, 메르세데스-벤츠는 249만 대를 팔았다. 같은 해 아우디의 판매 대수는 192만 대였다. 프리미엄 브랜드들의 자동차 가격은 현대차나 토요타와 같은 매스 브랜드의 동급 차량 대비 20~30% 비싸고, 소비자 수요도 제한적이다. 한정된 시장을 놓고 몇몇 브랜드들이 각축전을 벌이는 시장이다. 2025년에 테슬라가 독일 프리미엄 빅3 중 아우디를 제칠 것으로 기대되며, 수년 내에 BWM와 메르세데스-벤츠의 판매량도 넘어설 것으로 기대된다.

2025년 1분기엔 모델Y 부분변경 모델 '주니퍼(Juniper)'가 출시되며, 2분기엔 미국에서 2만 5,000달러 가격의 저가 모델인 모델2가 출시된다. 이 차량은 중국에선 3분기부터 인도될 전망이다. 또한 2024년에 약 4만 대 생산 예정인 사이버트럭의 판매를 북미에서 전 세계로 넓혀 16만 대 이상 생산한다는 목표다. 테슬라는 2인승 로보택시 '사이버캡'을 2026년부터 생산하며 2027년부터 대량생산하겠다는 계획을 세웠다.

2) 로보택시 효과

트럼프 2기 정부의 최측근으로 거듭난 일론 머스크가 정부효율부(DOGE) 대표로 선임된 뒤 로보택시에 대한 규제가 완화될 것이라는 시장의 기대가 높다. 2025년부터 로보택시 서비스를 시작하겠다고 선언한 테슬라는 테슬라를 보유하지 않은 소비자들에게도 로보택시를 통해 FSD를 기반으로 한 자율주행 기술을 선보일 기회를 마련할 전망이다. 이러한 노출은 장기적으로 자연스럽게 테슬라 차량의 구매로 이어질 가능성이 높다. 저가형 모델2의 출시 또한 테슬라의 대중화와 판매 증가에 긍정적일 것으로 예상된다. 또한 테슬라 소유주 중에 FSD

를 구매하거나 월간 구독을 하지 않은 유저들도 로보택시의 안정화가 이뤄지면 FSD에 대한 신뢰가 높아져 이용자가 늘어날 전망이다. 《월스트리트저널》이 2024년 4월에 추정한 바에 따르면 미국에 등록된 테슬라 차량 250만 대 중에 약 16%(40만 대)가 FSD를 구매하거나 구독하고 있는 것으로 나타났으며, 이 비율은 로보택시 서비스 후 더욱 늘어날 전망이다. 전기차 보조금이 없어지게 되면 내연기관차와 가격 격차가 벌어져 소비자들이 전기차를 구매하는 기준은 자율주행의 안정성과 소프트웨어의 완성도로 전환될 것으로 예상된다.

#4 2025년 및 향후 전망

2024년 테슬라의 매출은 977억 달러를 기록했다. 전년보다 자동차 판매가 약 2만 대 감소한 179만 대를 기록해 매출 성장이 둔화됐다. 2024년 영업이익률은 전년보다 1.2%포인트 감소한 7.9%를 기록했으며, 순이익률도 전년에 비해 7.2%포인트나 감소해 수익성이 악화됐다.

2025년은 2024년보다 긍정적일 전망이다. 매출은 전년보다 19% 증가하는 1,162억 달러가 예상돼 사상 처음으로 매출 1,000억 달러를 넘을 전망이다. 영업이익률 또한 2022년 이후 처음으로 다시 두 자릿수로 늘어나는 11.1%가 예상된다.

2024년 4분기 말 기준 테슬라의 글로벌 공장 캐파(Capacity)는 연간 235만 대다. 캘리포니아 공장이 65만 대, 중국 상하이 공장 95만 대, 독일 베를린 공장 37만 5,000대, 텍사스 공장 37만 5,000대다. 그중 텍사스 공장의 사이버트럭의 캐파는 12만 5,000대(월 약 1만 대)이나 2025년엔 25만 대까지 늘릴 전망이다. 생산 캐파와 비교해 전기차 수요가 늘어나 판매량이 얼마나 기록할지는 주목해야 할 것이다.

다만 트럼프 2기 정부가 중국에 대한 강한 제재를 예고하고 있어, 테슬라의 중국 사업에 부정적인 영향을 미칠 수 있다는 점은 지켜봐야 한다.

테슬라 연혁

2003	마틴 에버하드와 마크 타페닝이 공동 창업
2004	일론 머스크가 투자자로 참여
2006.06	테슬라 로드스터(1세대) 최초 공개
2007.08	마틴 에버하드의 해고 및 일론 머스크 CEO 임명, 본격적인 일론 머스크 체제로의 전환
2010	캘리포니아 프리몬트 '테슬라 팩토리' 인수
2010.06	NASDAQ에 공모가 17달러에 상장, 당일 23.89달러에 마감
2012.06	테슬라 모델S 출시
2014	주행보조 기능(오토파일럿)을 발표해 자율주행 산업에 본격적인 진출 시사
2016.07	두 번째 기가팩토리, 기가 네바다 가동 시작
2016.08	솔라시티(Solar city)를 26억 달러에 인수해 태양광 에너지 산업 진출
2015.09	테슬라 모델X 출시
2017.07	테슬라 모델3 출시
2019.05	맥스웰 테크놀로지스(Maxwell Technologies)를 2억 3,000만 달러에 인수해 배터리 산업 확장
2019.01	기가 상하이 완공, 모델3 첫 생산 시작
2020.03	테슬라 모델Y 출시
2022.03	독일 베를린 공장 가동 시작, 모델Y 생산
2023.11	사이버트럭 출시

리비안오토모티브 Rivian Automotive (RIVN)
최초 전기 픽업트럭 출시, 하지만 영업손실 지속 중

리비안오토모티브(이하 리비안)은 MIT 출신인 로버트 스카린지(R. J. Scaringe)가 2009년 중동 투자자들로부터 투자를 받아 설립한 미국 전기차 업체로, 최초로 전기 픽업트럭을 출시했다. 리비안이 도전장을 내밀기 전까지 미국에서 전기 픽업트럭을 양산하겠다고 구체적인 계획을 제시한 업체는 보기 힘들었다. 대부분 개발 계획을 발표하는 수준에 머물렀다. 리비안은 출시 예정보다 약 1년 늦은 2021년 전기 픽업트럭 R1T를 출시했다. 경쟁 차종인 포드 F-150의 전기차 버전인 '라이트닝'은 2022년 4월에 출시했고, 테슬라 사이버트럭은 2023년 11월부터 생산이 시작됐다. 리비안은 R1T를 시작으로 2022년 이 픽업트럭과 플랫폼을 공유하는 7인승 SUV 모델 R1S를 출시했다. 리비안은 2015년에 판매 부진으로 미국 시장을 철수한 미쓰비시로부터 조업을 중단한 일리노이 공장을 2017년 단돈

리비안의 아마존 전기밴의 모습

자료: Rivian

1,600만 달러에 인수했다. 리비안은 일리노이주 노말(Normal) 공장 20만 대, 두 번째 공장으로 조지아주 40만 대 규모로 운영하며 R1보다 작은 모델인 미드사이즈 SUV인 R2를 생산할 계획이었으나, 회사의 차량 생산과 판매가 원활하지 않아 조지아주 공장 계획은 접고 일리노이주 공장을 개선시키는 방향으로 확정했다.

리비안은 차량 생산 전부터 아마존으로부터 배달용 전기밴인 EDV(Electric Delivery Vehicle) 10만 대 주문을 받아 2023년 초부터 납품을 시작했다. 아마존은 2019년 2월 리비안에 7억 달러를 투자한 주주이며, 2024년까지도 주식을 팔지 않아 리비안 주식의 16.7%를 보유한 최대주주이다.

리비안은 2021년 11월 당시 역대 7번째 규모인 120억 달러를 조달하며 미국 나스닥에 화려하게 공모가 78달러로 IPO(기업공개)를 했다. 리비안은 상장 일주일 만에 테슬라, 토요타에 이어 글로벌 시가총액 3위를 기록했으나, 예상보다 차량 생산이 원활하지 않아 상장 6개월 만에 주가는 60% 이상 하락했다.

리비안은 2022년 총 2만 332대를 판매했으며, 2023년엔 5만 122대를 판매했다. 2024년 판매는 5만 1,579대로 전년 대비 2.9% 늘었다. 2024년 미국 시장점유율은 3.3%로 테슬라, GM, 포드, 토요타, 현대차, 기아에 이은 7위다. 리비안은 상장 이후 지속적으로 영업적자 및 순손실이 누적되고 있다.

리비안은 2024년 6월 폭스바겐과 전기차 합작법인(JV)을 설립한다고 발표했다. 이 계약으로 폭스바겐은 리비안에 10억 달러를 투자해 지분을 확보하고, 2026년까지 투자 규모를 최대 50억 달러까지 확대할 계획이라고 밝혔다. 이 계약에 따라 리비안은 폭스바겐에 소프트웨어를 제공하고, 폭스바겐은 자사의 전기차에 이를 도입하기로 했다. 또한 2026년부터 생산될 R2의 플랫폼을 중심으로 협력하기로 했다. 리비안은 이 계약으로 지속적인 생산 차질과 판매 부진으로 빚어진 자금난에 숨통이 트였다. 향후 보유한 현금을 바탕으로 언제 수요가 늘어나 영업손실을 타계할 수 있을지 체크해야 한다.

CHAPTER

2

AI와 반도체
우리 삶의 혁신을 주도한다

인공지능(AI)
우리에게 주어진 제2의 불
– 생성형 AI와 통합 기술이 주도하는 새로운 기회

최민규 미국 방산 기업 록히드마틴에서 인공지능(AI) 책임연구원 겸 Tech Leaderd이며, 텍사스대학교 오스틴 캠퍼스에서 AI 박사 학위를 이수 중이다. 민간 부문에서 데이터 엔지니어로 커리어를 시작했으며, 2019년 미국 국방부 AI 센터의 설립 자문을 맡으면서 방위산업 분야에 본격적으로 진출한 뒤 미국 방산 업계에서 AI 전문가로 활동 중이다. 뉴욕 시립대학교에서 경영정보학을 전공한 후, 조지아 공과대학교에서 데이터 분석 석사 학위를 취득했다.

2024년 리뷰
궤도에 오른 혁신

AI, 새로운 산업혁명의 시작

2016년 1월 20일 스위스 다보스에서 열린 세계경제포럼. '4차 산업혁명'이란 개념이 처음 언급됐다. 같은 해 3월 알파고와 이세돌 9단의 대국으로 4차 산업혁명이 대중에게 크게 다가왔다.

당시 업계에선 아주 작은 규모의 인공지능(Artificial Intelligence, AI)과 빅데이터와 클라우드를 바탕으로 한 디지털 트랜스포메이션을 증거로 4차 산업혁명을 거론했다. 하지만 이는 진짜 다가올 4차 산업혁명의 초입에 불과한 것이었다.

생성형 AI의 잠재적 영향

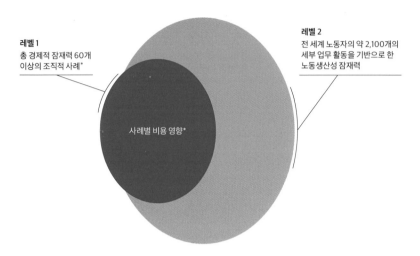

레벨 1
총 경제적 잠재력 60개
이상의 조직적 사례*

레벨 2
전 세계 노동자의 약 2,100개의
세부 업무 활동을 기반으로 한
노동생산성 잠재력

사례별 비용 영향*

60개 이상의 조직적 사례를 통해 얻을 수 있는 총 경제적 잠재력을 평가한다.
AI가 조직 내에서 활용될 때 수익에 미치는 영향과 노동생산성의 잠재력을 평가한다.

* 정량적 분석을 위해 수익 영향은 해당 지출에 대한 생산성 증가로 재조정되어 비용 영향과 비교 가능성을 유지하고 특정 시장에서의 추가 성
장을 가정하지 않았다.
자료: 맥킨지앤컴퍼니

2022년 11월 오픈AI는 챗GPT라는 생성형 AI를 세상에 발표했다. 이날이 진
정한 의미의 4차 산업혁명의 시작이나 다름없다. AI가 대중의 손에 쥐어지게 된
날이기 때문이다. 기존의 삶의 패턴과 방식이 크게 변화하게 될 때 우리는 진정한
의미의 '혁명'을 마주한다. AI의 도입은 우리 삶의 혁명과 다름없다.

2024년 AI는 우리 삶에 많은 영향을 미쳤다. 대체 불가라 여겼던 구글의 검색
엔진 영향력은 흔들리고, 미국의 AI 기반 검색 플랫폼 업체 유닷컴(You.com)이나
퍼플렉시티(Perplexity)의 서비스를 통해 새로운 검색의 패러다임이 형성됐다. 이
들 업체는 유저들이 검색하고자 하는 내용을 파악 후 관련된 사이트에서 정보를
취득한 후에 언어 모델이 요약 및 정리를 해준다. 이런 변화들은 우리가 받아들일

수 있는 정보의 양이 늘어나고 속도는 더욱 빨라져 결국 생산성 향상으로 연결된다.

글로벌 컨설팅 회사 맥킨지에 따르면 대표적인 63개의 글로벌 생성형 AI로 매년 2.6조~4.4조 달러에 해당하는 가치를 부가할 수 있다고 분석된다. 이는 2021년 영국 전체 국내총생산(GDP)인 3.1조 달러와 유사한 수준이다. 이로 인해 전체 AI의 영향력이 15%에서 40% 증가할 수 있다고 했다. 현재 다른 작업에 사용되는 소프트웨어에 생성형 AI를 통합하면 이 추정치는 거의 두 배로 증가한다. 예를 들면 AI를 실시간으로 활용하는 코딩은 주니어 AI 엔지니어 입장에선 시니어 AI 엔지니어의 가이드를 받는 것과 동일한 수준이며, 시니어 AI 엔지니어들은 단순한 코딩 작업은 AI의 자동 프로그래밍을 통해 주니어 AI 엔지니어 수준의 지원을 받을 수 있다. AI를 통한 '생산성 향상'은 과거의 산업혁명에 필적할 만하기 때문에 AI의 등장은 곧 '4차 산업혁명'이라 해도 과언이 아니다.

생성형 AI란?

생성형 인공지능(Generative AI)이란 주어진 데이터를 기반으로 통계적 근사치를 활용해 새로운 형태의 콘텐츠 및 정보를 만들어내는 AI를 말한다.

일반 AI는 학습된 데이터 내에서 최적의 결과를 찾는 데 중점을 둔다. 주어진 데이터를 분석하고 패턴을 찾아 이미 존재하는 정보 안에서 답을 구하는 방식이다. 일반 AI는 대량의 데이터를 분석해 고객의 구매 패턴을 예측하거나, 의료 데이터를 바탕으로 질병 진단을 돕는 일을 할 수 있다. 아마존은 일반 AI를 사용해 고객의 구매 패턴을 분석하고, 이를 통해 개인 맞춤형 추천 시스템을 구축했다. 이 시스템은 고객의 과거 구매 데이터를 바탕으로 최적의 상품을 추천해 판매 증대에 기여한다. 이러한 방식은 매우 유용하지만, 항상 학습된 데이터의 범위 내에서만 작동하기 때문에 새로운 창의적인 결과를 만들어내는 데는 한계가 있다.

반면 생성형 AI는 학습된 데이터를 기반으로 새로운 결과를 생성하는 데 중점을 둔다. 기존 데이터를 활용해 새로운 텍스트, 이미지, 음악 등을 만들어낼 수 있는 능력을 갖춘 것이다. 생성형 AI의 대표적인 서비스인 오픈AI의 챗GPT는 사용자가 질문을 할 때마다 동일한 질문에도 다양한 답변을 생성한다. 이는 챗GPT가 학습된 데이터에 기반해 새로운 문장을 생성하기 때문이다. 챗GPT는 다양한 질문에 대해 창의적이고 유용한 답변을 생성할 수 있어 고객 지원, 콘텐츠 생성 등 다양한 분야에서 활용된다. 마찬가지로 이미지 생성 AI는 학습된 이미지 데이터를 바탕으로 새로운 이미지를 계속 만들어낸다. 이러한 생성형 AI의 능력은 창의적인 분야에서 큰 가능성을 보여준다. 예술, 디자인, 콘텐츠 제작 등에서 생성형 AI는 인간의 창의력을 보완하며 새로운 아이디어를 제공한다. 또한 자동화된 글쓰기, 고객 맞춤형 광고, 게임 개발 등 다양한 산업에서도 유용하게 활용될 수 있다.

생성형 AI의 또 다른 장점은 대규모 데이터 처리 및 분석 능력이다. 수많은 데이터를 신속하게 분석하고, 이를 기반으로 새로운 정보를 생성할 수 있어 인간이 처리하기 어려운 복잡한 문제를 해결하는 데 도움을 준다. 의료 분야에서는 생성형 AI를 통해 새로운 치료 방법을 제안하거나, 복잡한 유전자 데이터를 분석해 맞춤형 치료법을 개발하는 데 활용될 수 있다. 구글의 모회사 알파벳 자회사인 AI 연구 기업 딥마인드는 생성형 AI를 활용해 단백질 구조 예측 모델인 알파폴드(AlphaFold)를 개발했다. 알파폴드는 복잡한 단백질 구조를 예측해 생명과학 연구에 큰 혁신을 가져왔다는 평가를 받는다.

결론적으로 생성형 AI는 단순히 기존 데이터를 분석하는 것을 넘어, 새로운 형태의 창의적이고 유용한 결과물을 만들어내는 능력을 갖춘 인공지능이다. 이는 다양한 산업과 분야에서 혁신을 촉진하며, 인간의 창의력과 결합해 더욱 풍부하고 다양한 가능성을 열어줄 전망이다.

우리 손에 쥐어진 인공지능

2024년 AI는 기술의 발전과 함께 사회 전반에 걸쳐 큰 영향을 미쳤다. 이미지 분류, 시각적 추론, 언어 이해 등 여러 벤치마크에서 AI는 인간을 능가하고 있다. 오픈AI의 GPT-4 모델은 창의력 검사인 토란스 테스트(Torrance Test of Creative Thinking)에서 상위 1%의 사람과 동등한 수준의 창의성을 기록했고[1] 스탠퍼드대학의 2024 AI 인덱스 리포트에 따르면 AI가 이미지 분류와 시각적 추론 작업에서 인간의 능력을 뛰어넘었다. 이러한 기술의 근간은 바로 생성형 AI이다.

챗 GPT 이후 생성형 AI는 우리의 생활에 다양한 형태로 융합되고 있다. 이미 많은 산업군에서 생성형 AI를 통해 제품과 서비스를 혁신 중이다. 그중 하나가 바로 스마트폰이다. 삼성 갤럭시S24는 AI가 스마트폰에 처음으로 성공적으로 결합된 첫 번째 사례이다. 덕분에 상대적으로 AI와 거리가 있던 기성세대의 사용자들은 더 손쉽게 AI 기반의 기능들을 사용할 수 있게 됐다. AI 가 스마트폰에 본격적으로 적용되면서 일반 대중도 손쉽게 AI를 사용할 수 있다. 이러한 트렌드는 앞으로 더욱 확산될 것이다. 앞으로는 누구나 AI를 사용함으로써 인류는 마치 '불'이 처음 우리 손에 쥐어진 것과 같이 놀라운 혁신이 진행될 것이다.

비즈니스, 변화를 넘어선 생존의 기로에 서다

인공지능이 기술 산업에만 영향을 미쳐왔다면 이제는 의료, 금융, 엔터테인먼트, 교육, 교통 등 산업군을 가리지 않고 영향을 미치고 있다.

생성형 AI가 비즈니스에서 제공할 수 있는 가치의 약 75%는 고객 운영, 마케

AI가 비즈니스에서 활용되는 사례 비율

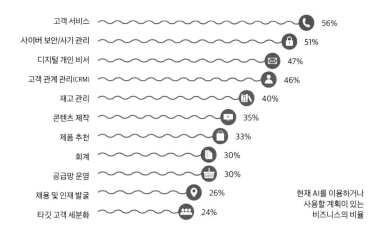

고객 서비스	56%
사이버 보안/사기 관리	51%
디지털 개인 비서	47%
고객 관계 관리(CRM)	46%
재고 관리	40%
콘텐츠 제작	35%
제품 추천	33%
회계	30%
공급망 운영	30%
채용 및 인재 발굴	26%
타깃 고객 세분화	24%

현재 AI를 이용하거나
사용할 계획이 있는
비즈니스의 비율

고객 서비스가 가장 높은 비율인 전체 56%를 기록했다. 고객과의 상호작용을 개선하는 데 AI가 중요한 역할을 하기 때문이다.
그 외 다양한 비즈니스 분야에서 인공지능이 사용되는 것을 볼 수 있다.

자료: Forbes

팅 및 판매, 소프트웨어 엔지니어링, 연구개발 분야에 걸쳐 있다. 생성형 AI는 고객과 상호작용을 지원하고 마케팅 및 판매를 위한 창의적 콘텐츠를 생성하며, 자연어 프롬프트를 기반으로 컴퓨터 코드를 작성하는 등의 작업을 수행할 수 있기 때문이다.

앞으로 비즈니스 전 영역에 걸쳐 생성형 AI가 점점 더 많이 사용될 여지가 크다. 생성형 AI의 중요한 혜택 중 하나인 자동화 때문이다. 생성형 AI는 개별 작업을 자동화해 개별 근로자의 능력을 확장함으로써 작업의 본질을 변화시킬 잠재력이 있다. 생성형 AI는 자연어를 이해하는 능력 덕분이다. 이런 능력을 극대화한다면 앞서 언급된 75%를 제외한 다른 분야에서도 AI의 도입이 더 많아질 것으로 예상된다.

2024년 마스터카드는 고객 서비스 챗봇 플랫폼에 챗GPT를 통합하여 소비자에게 효율적이고 개인화된 서비스를 제공한다. 이 챗봇은 계정 정보, 잔액 조회, 거래 내역 등을 포함한 다양한 요구사항을 처리할 수 있으며, 소비자 행동을 분석하여 개인화된 추천을 제공한다. 글로벌 고객 관계 관리(CRM) 소프트웨어 기업 세일즈포스는 챗GPT를 기반한 앱인 아인스텐(Einstein)을 슬랙(Slack) 플랫폼에 도입했다. 이 앱은 쓰기 지원, 대화 요약, 연구 도구 제공 등을 통해 조직의 효율성을 높인다. 글로벌 협업 툴 노션(Notion)의 AI 도입도 소비자들의 호평을 이끌어냈다. 노션은 AI를 통해 노션 워크스페이스 안에서 업무 속도를 높이고, 데이

AI가 미칠 잠재적 영향력[2]

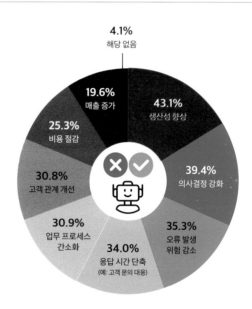

AI의 잠재적 이점에 대한 응답자의 비율을 분석한 결과, 생산성 향상과 의사결정 강화가 가장 큰 이점으로 꼽혔다.
생산성 향상은 43.1%의 응답자가 지목한 주요 이점으로, AI가 업무 효율성을 크게 향상시킬 수 있음을 보여준다.

자료: AIPRM survey data

터 분석 및 창의적인 아이디어를 마음껏 펼칠 수 있도록 도와주는 서비스를 제공한다.

물론 생성형 AI의 시대는 이제 막 시작됐기 때문에 이 기술의 이점을 완전히 실현하려면 시간이 걸리며 고려해야 될 여러 사항이 있다. 기업들은 이제 새로운 시대를 위한 준비를 막 시작한 것뿐이다. 미국 대다수의 대기업들은 특별팀을 만들어서 각 기업들이 가진 문제를 생성형 AI를 통해 어떻게 풀 수 있을지를 고민하는 2024년이다. AI의 생산성 증대에 수혜를 받지 못하는 비즈니스와 AI와 관련된 변화를 받아 들이지 못한 기업들은 생존의 기로에 서게 될 것이다.

콘텐츠 생성과 엔터테인먼트 산업의 변화

만약 우리가 제품과 프로덕트에 필요한 배경음악(BGM)이나 일러스트레이션이 필요하면 누구를 찾을까? 당연히 작곡가와 일러스트레이터를 찾아갈 것이다. 하지만 생성형 AI의 발전은 이러한 패턴을 바꾸고 있다.

이미지, 음악 및 비디오 생성 모델들은 우리가 원하는 이미지, 음악 또는 비디오를 주어진 정보에 따라 생성할 수 있다. 대표적인 이미지 생성 모델은 달리(DALL-E), 미드저니(Midjourney)와 스테이블 디퓨전(Stable Diffusion) 등이 있고, 음악 생성 모델로는 뮤직앨앰(MusicLM), 뮤직젠(MusicGen) 등이 있으며, 비디오 생성 모델로는 오픈AI의 오픈소라(Open Sora), 런웨이(Runway)의 Gen-3(젠-쓰리), 헤이젠(HeyGen) 등을 꼽을 수 있다.

이러한 모델들은 콘텐츠를 만드는 부분에서 큰 영향을 미친다. 디지털 시대에서 콘텐츠는 다양한 형태의 정보이고, 이는 곧 부가가치로 이어진다. 광고 산업을 포함한 엔터테인먼트 산업에 큰 영향을 미치고 있다. 단 한 줄의 제품 설명과 제품 이미지로 15초의 광고 영상이 음악과 만들어진다면 어떨까?

2024년 8월 1일 한국 회사 빙그레가 '처음 입는 광복'이란 제목의 캠페인을 내보냈다. 독립운동가들이 끝내 맞이하지 못한 광복을 AI를 통해 빛을 되찾은 영웅의 모습으로 복원했다. 많은 사람이 이런 뜻깊은 캠페인들 만든 빙그레를 응원했고 기업 이미지에 좋은 영향을 가져온 사례이다.

127만 구독자를 거느린 해외 유명 유튜버 닐 파텔(Neil Patel)은 AI로 생성된 광고와 사람이 만든 광고 중 어느 쪽이 더 전환율(Conversion Rate)이 높은지 실험을 진행했다. 전환율은 마케팅 캠페인 등에 고객이 원하는 행위를 한 이용자의 비율을 말한다. 이 실험을 위해 닐 파텔은 페이스북에서 약 700만 달러를 들여 28개의 서로 다른 비즈니스에 대해 광고를 집행했다. 광고 창작물 제작에는 사람과 AI 모두 활용했으며, 다른 광고와 마찬가지로 실적이 저조한 변형을 제거하고 더 많은 창작물을 계속 추가했다. 사람이 1,709개의 변형을, AI는 4,041개의 변형을 만들 수 있었다. 그 결과 사람이 만든 창작물이 AI가 만든 광고보다 전환율이 68.3% 더 높았다. 반면 크리테오(Criteo) 미디어 광고 회사가 사람이 만든 성공적인 광고 소재를 바탕으로 AI가 응용한 변형을 만들어 진행한 실험에서는 AI가 만든 광고가 사람이 만든 것보다 전환율이 75.7% 더 높았다. AI와 인간이 모두 전환을 유도하는 창작물을 만들 수 있다. 적어도 지금은 인간이 더 창의적일 수 있지만, AI의 도움을 받으면 성과가 향상되는 것을 볼 수 있다.

광고는 하나의 예시일 뿐이다. 디지털 아바타, 모델 등 엔터테인먼트 산업은 이미 AI의 파도에 휩싸이고 있다. 포토샵 등으로 유명한 소프트웨어 솔루션 개발 기업 어도비(Adobe)는 크리에이티브 클라우드(Creative Cloud) 제품군에 생성형 AI 기능을 추가해 사용자들이 더 빠르고 쉽게 이미지를 생성하거나 편집할 수 있도록 한다. 어도비 파이어플라이(Adobe Firefly)는 이미지 생성 도구로서, 포토샵(Photoshop)의 이미지 편집을 도와준다. 그뿐만 아니라 토요타(Toyota)는 생성형

AI를 이용해 새로운 자동차 디자인을 개발하고 있다. 이 AI 솔루션은 공기 저항, 핸들링, 인체 공학, 안전성 등을 고려해 차량의 형태와 치수를 생성하며 더 빠르고 비용 효율적인 디자인 프로세스를 구현한다.[3]

이제는 모두가 AI를 말하는 시대

AI의 대중화는 일상생활에서도 뚜렷하게 나타나고 있다. 미국인의 55%가 정기적으로 AI를 사용하고 있으며, 특히 음성 검색과 가상 비서의 사용이 증가하고 있다.[4] 챗GPT와 같은 AI 기반 애플리케이션은 출시 후 5일 만에 100만 사용자를 확보하는 등 빠르게 대중화되고 있다. AI는 이제 더 이상 특정 학문이나 기술 전문가들만의 주제가 아니고 다양한 산업에서 혁신을 일으키며, 일상생활에서도 널리 사용되고 있다. AI를 향한 대중의 관심은 마치 과거 첫 증기기관차에 사람들이 열광했던 사건을 상기시킨다.

인공지능에 대한 대중의 인식과 친숙도

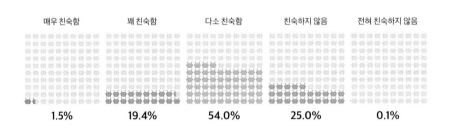

매우 친숙함	꽤 친숙함	다소 친숙함	친숙하지 않음	전혀 친숙하지 않음
1.5%	19.4%	54.0%	25.0%	0.1%

이 도표는 인공지능에 대한 대중의 인식이 점차 긍정적으로 변화하고 있음을 보여준다.
응답자의 절반 이상인 54.0%가 다소 친숙하다고 답했으며, 이는 많은 사람이 AI에 대해 알고 있으며
점점 더 익숙해지고 있음을 나타낸다.

자료: AIPRM survey data

2025년 전망
인공지능의 융합과 통합

언어의 장벽의 붕괴와 방향성

언어의 장벽은 생성형 AI의 등장 이전에도 점차 무너지고 있었다. 인코더 (encoder)와 디코더(decoder) 기반의 아키텍처를 사용하는 AI는 이미 기계 번역 분야에서 상당한 성과를 내고 있었기 때문이다. 그러나 수십억 개의 파라미터를 갖춘 생성형 AI인 대규모 언어 모델(Large Language Model, LLM)은 언어 장벽의 붕괴를 더욱 가속화하고 있다.

기술적인 측면에서 보면, 생성형 AI는 주어진 데이터를 기반으로 새로운 콘텐츠 및 결과물을 생성하는 능력을 갖췄다. 다시 말해 생성형 AI 기반의 대규모 언어 모델은 언어 A를 언어 B로 자연스럽게 생성해낼 수 있는 것이다. 이러한 모델들은 인터넷 규모의 방대한 데이터를 학습했기 때문에 기존 모델들보다 훨씬 더 뛰어난 번역 성능을 제공한다.

오픈AI, 구글, 메타 등의 인공지능을 선도하는 기업들은 대규모 언어 모델을 음성 인식 AI와 결합해 음성을 통한 언어 모델과의 실시간 소통 기술을 구현하고 있다. 이러한 기술 발전 추세를 고려할 때, 보이스 투 보이스(voice-to-voice), 즉 음성을 기반으로 한 실시간 통번역 기술이 머지않아 상용화될 것으로 예상된다.

이렇게 허물어진 언어 장벽은 그동안 지역 시장에만 머물렀던 중소기업들이 글로벌 시장에 진출할 수 있는 장벽을 낮추고, 다른 나라 기업 간의 협업을 쉽게 만들어줄 것으로 예상된다. 외국 바이어들과 온라인 미팅에서 서로의 언어가 실시간으로 자동 번역되어 들린다면 얼마나 편리할까? 또한 우리의 언어로 작성된 기술 문서들이 여러 언어로 쉽게 번역된다면 글로벌 시장에서 경쟁력을 갖추는 것이 더욱 수월하다.

글로벌 시장은 이제 누구에게나 열린 시장이 될 것이다. 생성형 AI 덕분에 언어 장벽은 더 이상 글로벌 비즈니스의 걸림돌이 되지 않을 것이다. 기업들은 세계 어디서든 더 쉽게 협력하고, 새로운 시장에 진출하며, 다양한 문화와 소통할 수 있게 될 것이다. 이러한 변화는 글로벌 경제를 더욱 통합시키고, 중소기업에도 큰 기회를 제공할 것이다. 2025년은 이러한 추세를 가속화하고 많은 기업들의 협업과 시너지가 있을 것으로 예상된다.

인공지능과 로보틱스의 융합

AI는 로봇이 인간의 언어를 이해하고 감정을 감지하며 실수를 통해 학습할 수 있도록 돕고 있다. 특히 자연어 처리(Natural Language Processing, NLP), 컴퓨터 비전, 자율주행 기술 등 다양한 분야에서 혁신적인 성과를 내고 있다.

2024년 이전에는 AI 덕분에 로봇이 시각과 청각 같은 감각 정보를 처리할 수 있었다면, 이제 대규모 언어 모델 덕분에 인지의 영역이 사고의 영역으로 확장되고 있다. 이는 이미 잘 알려진 혁신이다. 그렇다면 잘 알려지지 않은 진짜 혁신은 무엇일까?

AI는 로봇의 동작에도 큰 영향을 미치고 있다. 일반적으로 로봇의 움직임은 고전적인 제어 알고리즘을 기반으로 한다. 그러나 휴머노이드의 주행과 같은 특정 작업은 고전적으로 해결하기 어렵다. 이런 경우 강화학습이라는 AI의 대표적인 기술 중 하나가 사용된다. 이는 특정 작업에 대한 보상과 페널티를 통해 알고리즘을 학습시키는 방법이다. 강화학습의 문제는 보상 함수를 설정하는 것이 어렵고 시간이 오래 걸린다는 단점이 있다는 것이다. 어떤 경우에 보상을 줘야 하는지 수학적으로 정의해야 하기 때문이다.

그러나 이러한 단점을 대규모 언어 모델을 사용해 극복하는 사례들이 많이 나오고 있다. 2024년 엔비디아에서 발표한 유레카(Eureka) 논문에서는 대규모 언어 모델을 활용해 로봇에게 복잡한 기술을 가르치는 연구를 발표했다. 이 프로젝트는 로봇 팔이 펜을 돌리는 등의 복잡한 작업을 수행할 수 있도록 강화학습을 통해 훈련시키며, 기존의 인간 전문가가 작성한 보상 알고리즘보다 80% 이상의 작업에서 더 나은 성과를 보였다. 그뿐만 아니라 엔비디아의 프로젝트 GR00T는 휴머노이드 로봇을 위한 범용 기초 모델을 개발하는 프로젝트로, 자연어를 이해하고 인간의 동작을 모방할 수 있는 로봇을 목표로 한다. 이 프로젝트는 엔비디아의 새로운 젯슨 토르(Jetson Thor) 컴퓨팅 플랫폼을 기반으로 하며, 복잡한 작업을 수행하고 사람과 기계와 안전하게 상호작용할 수 있는 능력을 갖추고 있다. GR00T는 엔비디아의 블랙웰(Blackwell) 아키텍처를 기반으로 멀티모달(Multimodal) 생성형 AI 모델을 실행할 수 있다. 이런 논문들을 기반으로 엔비디아는 인공지능과 로보틱스 분야에서 혁신적인 성과를 이루며, 중요한 플레이어로 부상 중이다.

그 외 많은 로보틱스 회사들이 AI와 로봇 공학 분야에서 혁신적인 성과를 이루고 있다. 현대차 그룹이 인수한 보스턴 다이나믹스(Boston Dynamics)는 고급 로봇 연구를 통해 민첩성, 이동성 및 자율성을 재정의하는 로봇을 개발한다. 대표 로봇인 스팟은 상업적으로 이용 가능한 최초의 로봇이다. 이 로봇들은 공장, 건설 현장, 연구실 등 다양한 환경에서 자율적으로 데이터 수집, 감지 및 검사 작업을 수행할 수 있다. 안두릴 인더스트리스(Anduril Industries)는 AI 기반의 래티스 OS(Lattice OS)를 통해 다양한 자율 시스템을 통합하고 제어하며 VTOL(수직이착륙) 자율주행 항공기 로드러너와 AI 기반 드론 고스트-X를 개발했다. 인간과 협력해 작업을 수행할 수 있는 휴머노이드 로봇을 개발한 어질리티 로보틱스

(Agility Robotics)는 물류 작업 등 인간의 작업 환경을 개선하기 위해 인간과 유사한 크기와 형태의 로봇 디짓(Digit)을 개발했다.

마지막으로, 테슬라의 옵티머스 휴머노이드 로봇은 기존에 있던 로봇을 재정의하고 있을 정도로 기술적으로 많이 앞서 나가고 있으며 4차 산업혁명의 핵심적인 하드웨어가 될 것으로 예상된다.

로보틱스와 AI의 융합은 제조업, 의료, 농업 등 다양한 산업에서 자동화와 효율성 증대를 목적으로 활용되고 있다. 두 기술의 융합은 자율 로봇, 지능형 자동화 시스템, 스마트 제조 환경을 가능하게 하고 있다. 로보틱스는 인공지능과의 시너지 효과를 크게 기대할 수 있는 분야 중 하나이다. 앞서 언급한 대로 대규모 언어 모델 덕분에 로봇은 사람의 언어를 이해할 수 있게 됐고, 기술적으로 해결되지 않았던 여러 문제가 해결됐다. 따라서 2025년부터는 로봇이 우리의 일상에 본격적으로 도입되는 시점이 될 것으로 예상된다.

더 작고 더 빠르고 더 저렴하게

2025년 1월 20일, 중국의 AI 기업 딥시크(DeepSeek)가 혁신적인 신형 모델 딥시크-R1을 공식 발표했다. 놀라운 점은 이 모델이 현존하는 가장 강력한 추론 모델로 평가받던 오픈AI의 GPT-o1을 능가하는 성능을 보였다는 것이다.

딥시크-R1 모델은 강화학습(Reinforcement Learning) 기법을 적용해 더욱 강력한 추론 능력을 갖추도록 학습되었다. 그 결과 기존 대규모 언어 모델을 학습하는 데 소요되던 1억 달러의 비용을 500만 달러 수준으로 대폭 절감했고, 학습에 필요한 GPU 수도 10만 개에서 2,000개로 획기적으로 감소시켰다. 이와 같은 비용 절감 효과는 사용자들에게도 큰 혜택으로 이어졌으며, 딥시크-R1의 API 사용료는 GPT-o1에 비해 95%나 저렴한 수준으로 제공된다.

비용을 획기적으로 줄임과 동시에 FP32(부동소수점, 32비트)를 사용하던 기존의 모델을 FP8(부동소수점, 8비트)을 사용함으로써 메모리 사용량을 75%로 줄였다. 또한 멀티 토큰 시스템을 통해 구문을 처리하는 속도를 2배가량 높였다.

그러나 이번 발표에서 가장 주목해야 할 핵심 포인트는 딥시크가 모델과 코드를 포함한 연구 논문을 오픈소스로 공개했다는 점이다. 이 소식이 전해지자 2025년 1월 27일, 미국 나스닥 시장이 출렁일 정도로 큰 파장을 일으켰다.

딥시크-R1 모델의 등장은 AI 업계에 중요한 메시지를 던진다. 복잡하고 고가였던 추론 모델은 이제 더욱 경량화되고, 빠르며, 저렴해질 수 있다. 고성능 AI 모델이 갖는 높은 비용 장벽이 허물어짐에 따라, 인공지능 스타트업을 포함한 다양한 기업들이 더욱 자유롭게 AI 기술을 활용할 수 있는 새로운 시대가 열릴 것으로 기대된다.

AI의 저작권과 윤리 문제

생성형 AI는 우리에게 의미 있는 변화를 가져오지만, 아직 발전 중인 기술이며 해결해야 할 문제들이 많다. 대표적인 문제 중 하나는 저작권이다. 생성형 AI를 학습시키기 위해서는 방대한 양의 데이터가 필요하며, 이러한 데이터는 누군가의 재산이며 저작권이 있다. 2023년 12월《뉴욕타임스》가 자신들의 기사를 학습 데이터로 사용한 오픈AI와 그 파트너인 마이크로소프트를 상대로 제기한 저작권 침해 소송은 생성형 AI의 윤리적 문제를 극명하게 드러내는 사례 중 하나다.《뉴욕타임스》는 수십억 달러에 달하는 손해 배상을 요구하고, 저작권이 있는 자료를 사용한 챗봇 모델과 훈련 데이터를 파기할 것을 요구했다. 오픈AI는 2024년 5월《시카고트리뷴》등 미국 8개 신문사에 추가로 소송을 당했으며, 이때까지 오픈AI는 14번의 저작권 집단 소송을 당했다. 기술 발전이 저작권을 침해하지 않도록 하기 위해서는 명확한 윤리적 기준과 법적 규제가 필요하다. 이는 생성형 AI 기술이 긍정적인 사회적 영향을 미치도록 보장하는 데 필수적이다.

또 다른 큰 문제는 비윤리적인 사용이다. 생성형 AI는 쉽게 가짜 정보를 만들 수 있으며, 폭력적이거나 선정적인 콘텐츠를 생성할 수도 있다. 이러한 기술의 악용 가능성 때문에 정부 차원에서 윤리적 가이드라인이 만들어지고 있으며, 이러한 악용을 방지하기 위한 기술도 연구되고 개발 중이다. 생성형 AI의 윤리적 문제는 기술 발전과 함께 반드시 해결해야 할 중요한 과제이다. 2025년에는 이런 윤리적인 문제와 안전에 대한 기술의 수요와 발전이 있을 것으로 보인다.

AI PaaS: 혁신적인 도구

AI 서비스형 플랫폼(AI Platform as a Service)은 다양한 산업 분야에서 데이터 분석과 AI를 결합해 비즈니스 문제를 해결하고 효율성을 높인다. 특히 데이터 통합, 분석, 예측 모델 구축 등에 강점이 있어 다양한 출처의 데이터를 통합 및 관리해 고급 분석 도구로서 데이터를 심층적으로 분석하고 인사이트를 도출한다. 또한 AI PaaS는 사용자가 데이터를 쉽게 접근하고 분석할 수 있도록 직관적인 인터페이스를 제공하며, 복잡한 알고리즘과 모델링을 간편하게 수행한다. 덕분에 기업들은 AI PaaS를 통해 예측 모델을 구축하고 미래의 트렌드와 패턴을 예측할 수 있어 데이터를 기반으로 의사결정을 하는 데 큰 도움을 받는다.

AI PaaS는 금융, 의료, 제조, 정부 등 다양한 산업 분야에서 활용된다. 금융 산업에서는 대규모 데이터 분석을 통해 사기 탐지와 리스크 관리를 강화하며, 의료 분야에서는 환자의 의료 기록 분석으로 맞춤형 치료 계획을 수립하고 질병 예측 모델을 구축하는 데 기여한다. 제조업에서는 생산 공정을 최적화하고, 예측 유지보수를 통해 비용을 절감하며 효율성을 높인다. 정부 기관은 데이터 분석을 통해 정책 결정을 지원하고, 국가 안보와 관련된 문제를 해결하는 데 AI PaaS를 사용한다. AI PaaS는 2025년에 더욱 많은 산업 분야에서 혁신을 이끌어갈 것으로 예상된다.

산업 관련 종목

NO.	기업 이름	영문	티커	내용
1	오픈AI	OpenAI	-	• AI 연구 및 개발의 선두 주자로, GPT 모델 등 혁신적인 기술을 상업화해 다양한 산업에 영향을 미침. AI의 미래를 선도하며, 대규모 모델의 상용화 가능성 높음
2	앤트로픽	Anthropic	-	• AI 안전성 및 윤리적 AI 개발에 중점을 두고 있는 기업으로, AI의 위험을 최소화하고 책임 있는 AI 사용을 촉진. ESG(환경, 사회, 지배구조) 투자에 적합한 기업으로 주목
3	유닷컴	You	-	• 개인화된 AI 솔루션을 제공하는 기업으로, 사용자 경험을 극대화하는 맞춤형 제품을 개발. 고객 충성도가 높고, 장기적으로 꾸준한 수익 창출이 가능
4	퍼플렉시티	Perplexity	-	• AI 기반 검색엔진을 개발하며, 데이터 처리 및 정보 검색 기술의 혁신을 목표로 함. 기존 검색엔진 시장에서의 차별화된 경쟁력을 통해 시장점유율 확대 가능성이 큼
5	스테이블 디퓨전	Stability AI	-	• 오픈소스 AI 이미지 생성 도구를 제공하며, 크리에이티브 및 엔터프라이즈 솔루션 분야에서 빠르게 성장. AI 창작 도구 시장에서의 강력한 경쟁력을 바탕으로 미래 성장 가능성이 큼
6	헤이젠	HeyGen	-	• AI 기반 비디오 생성 플랫폼으로, 마케팅 및 콘텐츠 제작 시장에서 혁신을 주도. 빠르게 성장하는 디지털 콘텐츠 시장에서 높은 수익 성장 가능성을 기대할 수 있음
7	디지털 다이아그노스틱스	Digital Diagnostics	-	• AI를 활용한 의료 진단 솔루션을 제공하며, 헬스케어 산업의 디지털 전환을 가속화. 정밀 의료와 관련된 AI 기술의 발전으로 수혜 예상

8	에이닥	Aidoc	-	• AI를 활용한 의료 영상 분석 솔루션을 제공, 의료진의 효율성을 극대화하고 진단 정확도를 향상시킴. 글로벌 헬스케어 시장에서 AI 솔루션의 수요 증가로 인해 꾸준한 성장세 예상
9	클리오	Clio	-	• 법률 기술 솔루션을 제공하며, 법률 서비스의 디지털화 및 자동화를 선도. 법률 분야의 전통적인 업무를 혁신적으로 개선해 시장점유율 확대 기대
10	하비 AI	Harvey AI	-	• 법률 관련 AI 솔루션을 제공, 법률 문서 분석 및 계약서 작성 자동화 등 효율성 증대
11	보스턴 다이내믹스	Boston Dynamics	-	• 첨단 로봇 기술 개발에 주력하며, 물류, 제조, 국방 등 다양한 산업에 로봇 솔루션을 제공. 혁신적인 로봇 기술로 인해 높은 진입 장벽과 미래 성장 가능성 보유
12	오듀릴 인더스트리스	Anduril Industries	-	• 국방 기술 및 솔루션을 제공하며, 자율 드론 및 국경 감시 시스템 등을 개발. 방위 산업에서의 첨단 기술 리더로서 안정적이고 성장 가능성 높음
13	어질리티 로보틱스	Agility Robotics	-	• 사람과 협력할 수 있는 로봇을 개발하며, 물류 및 제조업에서의 자동화 솔루션 제공. 로봇 자동화 시장의 확대에 따라 장기적인 수익 성장 기대
14	허니비 로보틱스	Honeybee Robotics	-	• 우주 탐사 및 산업 로봇 솔루션을 제공하며, NASA 등 주요 우주 탐사 프로젝트에 참여

팔란티어 Palantir Technologies (PLTR)
데이터에서 통찰로, 미래를 설계하다

#1 기업 개요

팔란티어 테크놀로지스(이하 팔란티어)는 2003년 페이팔 창업자 피터 틸(Peter Thiel)과 네이선 게팅스(Nathan Gettings), 조 론스데일(Joe Lonsdale), 스티븐 코헨(Stephen Cohen), 알렉스 카프(Alex Karp)에 의해 설립됐다. 회사 이름은 J.R.R. 톨킨의 〈반지의 제왕〉에 나오는 마법의 돌 팔란트리에서 유래됐다. 설립 초기에는 미국 정부의 보안과 데이터 분석을 위한 소프트웨어를 제공하며 사업을 시작했고, 추후 일반 기업으로 사업을 확장했다. 프라이버시와 시민의 자유를 중시하는 회사의 기조는 팔란티어가 미국 정부에 신뢰받는 중요한 이유 중 하나이다.

팔란티어 기업 정보

설립 연도	2003년	시가총액 (십억 USD)	165.2
상장 거래소	뉴욕증권거래소	시가총액 (조 원)	236.5
상장일	2020. 9. 30.	배당수익률	-
CEO	알렉스 카프	52주 최저-최고 범위 (USD)	15.66 - 80.91
주요 주주	피터 틸 9.98%		
직원 수	3,661명	현재 주가 (USD)	73.20
홈페이지	palantir.com	평균 목표 주가 (USD, Yahoo Finance 기준)	39.57
회계연도 종료	2024. 12. 31.		

* 기준일: 2024. 12. 12.
자료: Yahoo Finance

팔란티어 기업 실적 및 투자 정보

구분	2022	2023	2024F	2025F	2026F	5년 연평균 성장률
매출 (십억 USD)	1.9	2.2	2.8	3.3	4.0	21%
EBTIDA (십억 USD)	0.4	0.7	1.0	1.2	1.5	25%
영업이익 (십억 USD)	0.4	0.6	1.0	1.1	1.4	25%
순이익 (십억 USD)	-0.4	0.2	0.4	0.5	0.7	-
주당순이익 (USD)	-0.2	0.1	0.2	0.2	0.3	-
주당 배당 (USD)	0.0	0.0	0.0	0.0	0.0	-
EBTIDA 이익률 (%)	23.3	29.9	36.3	36.0	37.0	-
영업이익률 (%)	22.1	28.4	35.2	34.3	36.0	-
순이익률 (%)	-19.6	9.4	16.2	16.3	18.7	-
PER (x)	-	270.2	88.7	73.0	60.6	-
PBR (x)	8.7	10.0	15.9	12.8	10.9	-
EV/Revenue (x)	11.2	12.8	24.2	20.1	16.8	-
EV/EBITDA (x)	-	279.2	66.8	55.7	45.3	-
ROE (%)	-15.4	6.9	16.5	15.6	17.9	-

자료: 회사 자료, Capital IQ
주1: 미국 회계기준(US-GAAP)
주2: 전망치는 2024년 8월 30일 Capital IQ 기준

팔란티어 매출액 & 성장률 전망

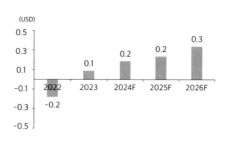

자료: 팔란티어, Capital IQ (2024년 8월 30일 기준)

팔란티어 주당순이익 전망

자료: 팔란티어, Capital IQ (2024년 8월 30일 기준)

팔란티어 주가 추이

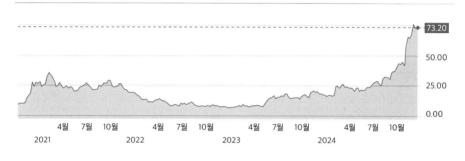

주요 제품과 서비스

팔란티어는 복잡한 데이터 세트 간의 패턴을 식별해 인텔리전스를 창출하고 의사결정을 지원하는 고급 솔루션을 제공하는 AI 플랫폼 퓨어플레이(Pure-Play, 단일 제품 및 서비스에 집중) 업체이다. 주요 제품으로는 고담(Gotham), 파운드리(Foundry), 아폴로(Apollo) 등이 있다.

- 팔란티어 고담: 주로 군사 및 방첩 분석에 사용되며, 미국 정보 커뮤니티와 국방부가

주요 고객이다. 이 플랫폼은 데이터를 통합, 관리, 보안 및 분석하는 기능을 제공한다.

- 팔란티어 파운드리: 기업 고객을 위한 데이터 통합 및 분석 플랫폼으로, 다양한 산업 분야에서 사용된다. 주요 고객으로는 투자은행 모건스탠리, 독일 제약사 머크 KGaA, 항공기 제작사 에어버스 등이 있다.

- 팔란티어 아폴로: 지속적 통합/지속적 배포(Continuous Integration/Continuous Deployment)를 지원하는 플랫폼으로, 모든 환경에서 소프트웨어와 업데이트를 제공한다.

이러한 프로그램을 기반으로 정형·비정형 데이터 관리와 오픈소스 기반 대규모 언어 모델 도입을 지원하는 AI 플랫폼(AIP)을 운영함으로써 기존에 제공하던 서비스에 더 많은 밸류를 추가할 것으로 예상된다. 또한 비우호적인 모델 도입 환경(Classified Environment)에서도 플랫폼 기반 제품 구입을 통해 비용 최적화를 도모하고자 하는 고객 수요가 지속될 것으로 전망된다.

방위 산업의 인공지능 도입에 대한 수요 증가가 미 국방부로부터 대규모 계약 수주로 이어지고 있다. 따라서 언어 모델 도입의 확대가 AIP의 성장 동력으로 나타나고 있으며, 단기 파일럿 제품인 AIP 부트 캠프를 통한 마케팅 강화 및 AI 플랫폼 시장에서의 선점으로 경쟁 우위를 확보하며 실적 개선을 지속하고 있다.

최근에는 인공지능 기술을 적극적으로 활용해 데이터 분석, 비식별화, 프라이버시 증강 기술을 개발하고 있다. 이 기술들은 데이터의 유용성을 유지하면서도 개인정보의 보호를 강화하도록 설계됐다.

#2 비즈니스 모델

팔란티어는 다각적인 비즈니스 모델을 가지고, 정부와 일반 기업 고객들에게 데이터 분석 소프트웨어와 서비스를 제공한다. 고객들을 점차 팔란티어의 플랫폼에 적응시켜 팔란티어의 서비스를 계속해서 이용하게 하는 전략이 특징이다.

팔란티어의 수익 모델은 크게 두 가지로 나뉜다.

소프트웨어 구독 서비스

- 팔란티어 클라우드: 고객이 팔란티어의 클라우드 환경에서 서비스를 사용할 수 있으며, 필요에 따라 고객의 인프라에서 온프레미스로 배포할 수 있다. 이 서비스는 지속적인 운영 및 유지보수(O&M) 서비스를 포함한다.
- 온프레미스 소프트웨어: 고객의 자체 하드웨어 인프라 또는 클라우드 인스턴스에서 소프트웨어를 사용할 수 있도록 하는 구독 서비스이다. 마찬가지로 지속적인 O&M 서비스를 제공한다.

전문 서비스

- 팔란티어는 고객의 데이터 형태와 사용 목적에 맞춰 소프트웨어와 플랫폼 사용에 대한 교육 및 컨설팅 서비스를 제공한다. 여기에는 온디맨드 사용자 지원, 사용자 인터페이스 구성, 훈련, 지속적인 온톨로지 및 데이터 모델링 지원이 포함된다.

팔란티어의 주요 고객은 정부(매출 비중 55%, 2023년 기준)와 일반 기업(매출 비중 45%)으로 나뉜다. 정부 고객 중에서는 방위 및 정보기관이 포함되며, 미국 국방부, 질병통제예방센터(CDC), UN과 같은 국제기구 등도 있다. 이들 기관은 주로 팔란티어의 고담 플랫폼을 사용해 프로젝트 목적에 맞는 맞춤형 서비스를 제공

2023년 팔란티어 사업 부문별 매출 비중

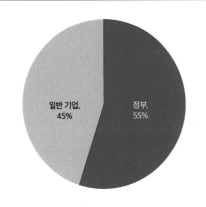

2023년 팔란티어 지역별 매출 비중

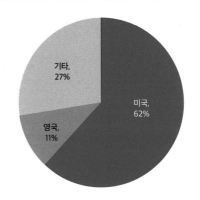

받는다. 일반 기업으로는 금융기관과 제조 및 기술 기업이 포함된다. 모건스탠리와 같은 금융기관들은 팔란티어의 파운더리 플랫폼을 사용해 데이터 통합 및 분석을 통해 운영 효율성을 높이고 있다. 에어버스, 페라리, 스텔란티스와 같은 대형 기업들은 팔란티어의 서비스를 통해 운영 효율성과 고객 만족도를 향상시키고 있다.

팔란티어는 획득(Acquire), 확장(Expand), 확대(Scale)의 세 단계 전략을 통해 고객을 관리한다. 초기 구현을 저비용 또는 무료로 제공해 새로운 고객을 확보하며, 고객의 특정 문제를 해결하기 위해 구현을 확장한다. 확대 단계에서는 모든 것이 구현되고 구성된 후, 고객이 팔란티어의 플랫폼을 기반으로 자체 소프트웨어를 추가하도록 지원한다. 팔란티어는 이러한 전략을 통해 고객의 데이터 분석 및 운영 효율성을 극대화하고, 장기적인 고객 관계를 유지하며, 지속적인 수익을 창출한다.

#3 투자 포인트

팔란티어의 투자 포인트는 첫째, 군사 및 첩보 AI 분야에서 독보적인 경쟁력과 신뢰도를 가지고 있어 높은 진입장벽을 형성하고 있고, 둘째, 상업용 시장에서도 높은 기술력을 바탕으로 매출 성장을 지속하고 있으며, 이는 전체 매출과 이익 성장으로 이어지고 있다. 셋째, 팔란티어는 정부 기관과의 강력한 계약을 통해 안정적인 수익을 창출하며, 이는 장기적인 매출 성장의 기반이 된다. 마지막으로, AI 기술의 빠른 발전과 도입으로 팔란티어의 플랫폼 수요가 증가하며, 이는 향후 매출 성장의 주요 동력으로 작용할 것으로 예상된다.

하지만 데이터의 중요도가 높아지면서 유럽에서 글로벌 빅테크에 종속되지 않고 자국 언어·문화를 기반으로 국가나 기업이 자체 인프라와 데이터를 활용하는 소버린(Sovereign, 주권) AI 전략을 추구해 유럽 시장의 둔화와 꾸준한 고객 유입에 대한 우려가 존재한다. 실제로 2024년 1분기 기준 유럽 시장 매출은 산업 업황 부진으로 전 분기 대비 3% 감소했다.[5] 하지만 동시에 소버린 AI로 인해 미국 정부와 오라클 등 미국 기업들과의 파트너십은 돈독해져 전체 매출액은 오히려 꾸준히 성장할 전망이다.

#4 2024년 실적 및 향후 전망

팔란티어의 2024년 매출은 시장 컨센서스 기준 28억 달러로 전년 대비 24% 성장하며, 2025년도 전년 대비 21% 증가한 33억 달러로 예상된다. 이러한 매출 증가는 정부 기관과 대기업과의 지속적인 계약 체결, 빅데이터와 AI에 대한 수요 증가가 주된 요인이다.

수익성 측면에서도 안정화된 흐름이 예상된다. 2023년에 2억 달러의 순이익으로 흑자 전환에 성공한 팔란티어는 지속적으로 높은 이익률을 기록할 전망이다. 팔란티어의 2024년 상각 전 영업이익(EBITDA)과 영업이익은 각각 10억 달러로 전망되며, 전년에 비해 마진(2024년 EBITDA 이익률 36.3%, 영업이익률 35.2%)이 큰 폭으로 개선될 것으로 예상된다. 이는 비용 관리의 효율화와 운영 효율성 개선에 기인한다. 그리고 상업 부문의 매출 덕분에 이익률 개선을 보였으며, 생성형 AI 기술에 대한 수요와 신규 기술을 자사 플랫폼의 잘 통합시킨 결과로 보인다.

또한 팔란티어는 '부트 캠프'라는 판매 모델을 통해 비용 관리와 운영 효율성을 높일 계획이다. 이 모델은 고객에게 플랫폼을 체험할 기회를 제공해 빠르게 고객을 확보하는 데 도움을 주며, 운영 마진을 개선하는 데 기여한다.

팔란티어는 앞으로도 빅데이터 분석과 AI 분야에서의 선도적인 위치를 유지하며 디지털 전환 가속화로 인한 수요 증가로 지속적인 성장이 기대된다. 또한 새로운 산업 분야로의 진출과 제품 포트폴리오 확대를 통해 추가적인 성장 기회를 모색하고 있다.

그러나 리스크 요인도 존재한다. 높은 밸류에이션 지표는 여전히 투자자들에게 부담으로 작용할 수 있으며, 기술 경쟁의 심화로 인한 시장점유율 변동 가능성도 주의해야 한다. 또한 데이터 프라이버시와 관련된 규제 변화가 사업에 영향을 미칠 수 있어 이에 대한 대비가 필요하다.

팔란티어 연혁

2003.05	페이팔 공동창업자 피터 틸이 팔란티어 테크놀로지스 설립, 초기 자금은 CIA의 벤처캐피탈 부문으로부터 지원받음
2004.06	피터 틸이 스탠퍼드 동창인 알렉스 카프를 CEO로 영입, 첫 소프트웨어 제품 개발 시작
2010.04	팔란티어 소프트웨어가 글로벌 해킹 작전인 '섀도우 네트워크'를 폭로하는 데 사용돼 상업적 관심을 받기 시작
2010~2012	미국 정부 기관과 협력을 확대하고, 민간 부문으로 사업을 확장
2013.02	팔란티어가 음성통신 스타트업 보이스젬(Voicegem)을 인수하며 첫 인수합병 진행, 회사 가치가 60억 달러에서 90억 달러로 급등
2020.09	뉴욕증권거래소 직상장, 기존 주주들이 보유한 주식의 20%를 매각하는 방식으로 진행
2023.11	NHS 잉글랜드와 연간 7억 파운드 규모의 데이터 플랫폼 계약 체결, 영국 내 다양한 시스템에서 데이터를 단일 시스템으로 접근하는 프로젝트 시작

C3.ai C3.ai, Inc. (AI)
기업 AI 솔루션의 선구자

#1 기업 개요

C3.ai는 군인 출신의 사업가 토마스 시벨(Thomas Siebel)이 창립한 AI 소프트웨어 플랫폼 기업(Enterprise AI application software company)이다. 이 회사는 전 세계 기업들의 디지털 전환을 가속화하는 데 중추적인 역할을 수행한다. AI 애플리케이션을 설계, 개발, 배포 및 운영할 수 있도록 지원하는 통합 AI 엔터프라이즈 솔루션을 제공하며 다양한 산업의 글로벌 기업들이 기술 혁신을 실현할 수 있도록 돕는다.

제품 및 서비스 포트폴리오

C3.ai의 주력 제품 C3.ai 애플리케이션 플랫폼은 종단간 서비스형 플랫폼(end-

C3.ai 기업 정보

설립 연도	2009년	시가총액 (십억 USD)	4.9
상장 거래소	뉴욕증권거래소	시가총액 (조 원)	7.1
상장일	2020. 12. 9.	배당수익률	-
CEO	토마스 시벨	52주 최저-최고 범위 (USD)	18.85-45.08
주요 주주	뱅가드 그룹 9.23%		
직원 수	891명	현재 주가 (USD)	38.25
홈페이지	c3.ai	평균 목표 주가 (USD, Yahoo Finance 기준)	36.75
회계연도 종료	2024. 4. 30.		

* 기준일: 2024. 12. 12.
자료: Yahoo Finance

C3.ai 기업 실적 및 투자 정보

구분	FY22	FY23	FY24	FY25F	FY26F	5년 연평균 성장률
매출 (십억 USD)	253	267	311	383	467	21%
EBTIDA (십억 USD)	-76	-62	-82	-93	-65	14%
영업이익 (십억 USD)	-81	-68	-95	-108	-76	15%
순이익 (십억 USD)	-192	-269	-280	-306	-298	40%
주당순이익 (USD)	-1.8	-2.5	-2.3	-2.3	-2.2	19%
주당 배당 (USD)	0.0	0.0	0.0	0.0	0.0	-
EBTIDA 이익률 (%)	-29.9	-23.2	-26.4	-24.3	-13.9	-
영업이익률 (%)	-31.9	-25.5	-30.5	-28.1	-16.3	-
순이익률 (%)	-76.0	-100.8	-90.1	-79.9	-63.8	-
PER (x)	-	-	-	-	-	-
PBR (x)	1.9	3.4	3.7	3.6	3.8	-
EV/Revenue (x)	4.1	8.8	8.6	5.9	4.9	-
EV/EBITDA (x)	-	-	-	-	-	-
ROE (%)	-18.7	-4.8	-6.2	-8.9	-8.5	-

자료: 회사 자료, Capital IQ
주1: 미국 회계기준(US-GAAP)
주2: 전망치는 2024년 8월 30일 Capital IQ 기준

C3.ai 매출액 & 성장률 전망

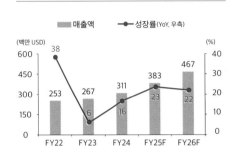

자료: C3.ai, Capital IQ (2024년 8월 30일 기준)

C3.ai 주당순이익 전망

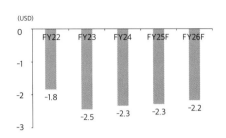

자료: C3.ai, Capital IQ (2024년 8월 30일 기준)

C3.ai 주가 추이

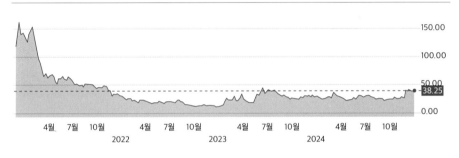

to-end platform-as-a-service)을 제공하며, 기업들이 복잡한 프로그래밍 없이 AI 애플리케이션을 개발하고 관리할 수 있게 한다. 이 플랫폼은 모델 기반의 아키텍처를 사용해 개발 과정의 복잡성을 크게 줄이며, 기업이 빠른 시간 내에 프로젝트를 론칭할 수 있다.

- C3.ai 애플리케이션은 이미 개발 완료된 다양한 AI 애플리케이션을 제공하며, 기업들은 별도의 개발 과정 없이 즉시 AI의 혜택을 누릴 수 있다. 이 애플리케이션들은 고

객의 요구에 맞춰 쉽게 커스터마이징(고객 맞춤)할 수 있어 다양한 산업의 특정 요구 사항을 충족한다.

- C3.ai 액스 매키나(C3 AI Ex Machina)는 코드 작성 없이 데이터 분석과 머신러닝 모델을 학습할 수 있는 노 코드 솔루션을 제공하며, 비전문가도 AI를 활용할 수 있는 문을 연다.
- C3 AI CRM은 업종별 맞춤 고객 관리 솔루션을 제공하며 기존 고객 관리 시스템에 AI 기능을 통합, 판매, 마케팅, 고객 서비스 기능을 강화한다.
- C3.ai 데이터 비전은 시각적으로 C3 생태계 안에서 구축된 워크플로우를 모니터링하고 또 실시간으로 상호작용을 할 수 있게 한다. 또한 AI를 사용한 분석을 통해 다양한 시각적인 인사이트를 제공한다.

#2 비즈니스 모델

C3.ai는 다양한 산업에 걸쳐 AI 기반의 솔루션을 제공함으로써 기업들이 데이터를 활용해 운영 효율성을 높이고, 비즈니스 성과를 개선할 수 있도록 돕는다. 이 회사는 AI를 통해 제품, 자산, 고객 관리 및 거래 처리 프로세스를 최적화해 기업들이 전 세계 시장에서 경쟁력을 유지할 수 있도록 지원한다.

C3.ai의 주요 수익원은 구독 기반의 라이선싱 모델로, 고객은 기간 라이선스, 월별 런타임 요금 및 서비스형 소프트웨어(SaaS) 형태로 서비스를 이용할 수 있다. 이외에도 회사는 전문 서비스를 통해 구현, 교육 및 엔지니어링 지원을 제공하며 추가 수익을 창출한다. 주요 수익원인 구독 기반 라이선싱 모델은 전체 수익의 88%(2023년 매출 기준)를 차지한다. 이 수익에는 소프트웨어 업데이트 및 유지 관리가 포함된다.

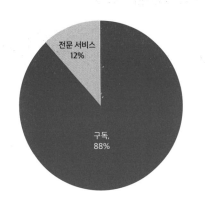

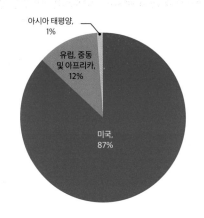

C3.ai는 AI 애플리케이션의 빠른 배포를 통해 고객이 1~2분기 내에 결과를 확인하고, 새로운 요구사항에 신속하게 대응할 수 있도록 지원한다. 또한 데이터와 모델 관리를 통한 투명하고 신뢰할 수 있는 AI 관리를 제공함으로써 고객과의 장기적인 관계를 구축한다.

C3.ai는 아마존 웹 서비스(Amazon Web Services, AWS), 마이크로소프트 애저(Azure), 구글 클라우드(Cloud) 등 클라우드 서비스 제공 업체(Cloud Service Provider, CSP)들과의 파트너십을 통해 시장 진출 전략을 강화하는 전략을 사용한다. 이 파트너십은 공동 개발 및 새로운 시장에서 확장을 가능하게 하며, C3.ai의 글로벌 영향력을 더욱 확대한다.

#3 투자 포인트

1) 생성형 AI 적용

C3.ai는 생성형 AI를 어떻게 적용할까? 생성형 AI는 기술적으로 다양한 장점을 가지고 있지만 플랫폼의 목적과 방향성에 맞지 않다면 오히려 독이 될 수 있다. C3.ai는 생성형 AI를 다양한 산업에 적용해 새로운 버티컬을 창출했다. 2023년부터 58개의 생성형 AI 파일럿 프로젝트를 완료했으며, FY24 4분기(2024년 2~4월)에는 15개의 산업에서 5만 개의 생성형 AI 관련 질문을 받았다. 이는 C3.ai가 생성형 AI 기술에 깊이 몰입하고 있음을 보여준다. 그러나 생성형 AI가 내놓는 '틀린' 결과물로 생기는 할루시네이션(환각) 문제 등 여러 기술적 한계가 존재한다. C3.ai의 강력한 모델 기반 아키텍처가 이러한 문제를 해결할 수 있을지에 대한 의문이 남아 있다. 만약 C3.ai가 포모(Fear of Missing Out: FOMO, 소외공포)로 인해 많은 리소스를 생성형 AI에 투자하고도 좋은 결과를 얻지 못한다면, 이는 회사에 큰 손해를 초래할 수 있다.

2) 외부 파트너십을 통한 성장

C3.ai는 외부 파트너십을 통해 매출을 크게 증가시켰다. FY24 3분기(2023년 12월 ~ 2024년 2월)의 경우 C3.ai가 파트너십을 통한 선계약(Booking)은 전년 동기 대비 337% 증가했다. 특히 미국 정부에 기술 솔루션을 제공하는 패러다임(Paradyme)과의 파트너십을 통해 C3.ai는 정부의 보안 환경에 자사의 플랫폼과 서비스를 제공할 수 있었다. 또한 C3.ai는 어도비와 마이크로 소프트와 협력해 AI 기반 고객 관리 솔루션을 출시했다. 이 솔루션은 마케팅, 영업, 고객 서비스를 아우르는 공동시장 전략을 통해 다양한 산업에 AI CRM을 제공했다. 구글 클라우

C3.ai FY23 3분기 vs. FY24 3분기 산업별 Booking 비중(서비스와 플랫폼에 대한 계약)

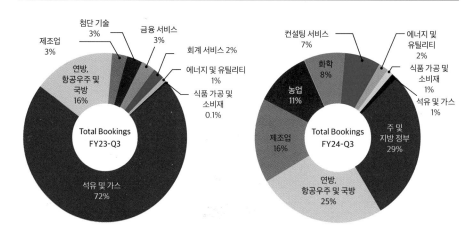

AI의 업종별 Booking 다양성의 변화를 보여준다. FY23 3분기에는 석유 및 가스 산업이 전체 Booking의 72%를 차지하며
가장 컸으나, FY24 3분기는 그 비중이 1%로 급격히 줄고, 주정부 등 지방정부의 비중이 29%로 가장 컸다.
그뿐만 아니라 연방, 국방 및 항공우주 산업이 25%를 차지해 무려 50%가 넘는 Booking이 정부 관련 매출이다.
팔란티어와 마찬가지로C3.ai에 대한 미국 정부의 신뢰성을 보여준다.

드와의 파트너십을 통해 금융 서비스, 의료, 제조, 공급망 등 여러 산업의 문제를
해결하는 데에도 기여했다.

#4 2024년 실적 및 향후 전망

C3.ai가 FY25(2024년 5월 ~ 2025년 4월)에도 두 자릿수 매출 성장을 이어갈 것
으로 예상되지만, 수익성 개선에 대한 도전은 계속될 전망이다. FY25에도 전년에
이어 영업적자(1억 달러, 시장 컨센서스 기준) 및 순손실(3억 달러)이 예상되기 때문
이다.

매출 성장의 주요 요인으로는 기업들의 AI 도입 증가와 디지털 전환 가속화가

꼽힌다. 반면 수익성 부진은 운영 비용과 연구개발 비용의 증가가 가장 큰 요인이다. 또한 C3.ai가 기존 구독 기반 모델에서 소비 기반 가격 모델로 전환한 것도 고객 확보에는 도움이 됐지만, 수익성 악화에 영향을 미쳤다.[6] 남은 성과 의무(RPO)가 39% 감소하는 등 매출 인식 방식에 변화가 생겨 수익성에 부정적인 영향을 미친 것이다. 게다가 C3.ai가 특정 대형 고객, 특히 에너지 대기업과의 장기 합작 투자에 의존하는 것은 계약 갱신 실패 시 매출에 부정적인 영향을 미칠 수 있다.

향후 C3.ai는 AI 시장의 성장으로 매출 증가를 기대할 수 있다. 그러나 수익성 개선을 위한 전략적 변화가 필요해 보인다. 지속적인 적자로 인한 재무건전성 악화와 시장 경쟁 심화로 인한 점유율 감소 가능성이 있기 때문이다. 따라서 경쟁 심화와 기술 혁신의 속도가 빠른 시장에서 비용 구조를 효율화하고 영업 전략을 재고할 필요가 있다. 또한 인공지능 분야의 규제 변화와 윤리적 이슈도 사업에 영향을 미칠 수 있어 주의가 필요하다. 종합적으로 C3.ai는 매출 성장에도 불구하고 수익성 개선이라는 과제를 안고 있다. 투자자들은 밸류에이션과 수익성 지표를 면밀히 검토해 신중한 판단을 내려야 할 것이다.

C3.ai 연혁

2009.01	토마스 시벨이 C3.ai 설립, 초기 목표는 기업의 탄소 발자국 관리. C는 'carbon', 3는 'measure, mitigate, monetize'를 의미
2016.02	회사 이름을 'C3IoT'로 변경, 이전에는 'C3 Energy'로 잠시 활동
2020.12	C3.ai 나스닥 상장, 창업자 토마스 시벨이 IPO(기업공개) 직후 수억 달러 상당의 주식을 매도
2021.06	싱가포르 싱텔 그룹과 전략적 파트너십 체결, 동남아시아 및 호주 지역에서 AI 솔루션 제공 시작

오픈AI OpenAI (비상장)
생성형 인공지능의 개척자

#1 기업 개요

오픈AI는 2015년에 일론 머스크와 샘 알트만(Sam Altman)을 포함한 기술 거물들에 의해 설립된 인공지능 연구 기업이다. 이 회사는 인공 일반 지능(AGI)이 인류 전체에 혜택을 준다는 목표를 세웠다. 안전하고 유익한 AGI를 개발하려는 임무를 가진 오픈AI는 자연어 처리(NLP)와 머신러닝(ML) 분야에서 중요한 진전을 이뤘고, 주력 제품인 챗 GPT는 출시 40일 만에 1억 명 이상의 사용자를 확보하며 인스타그램이나 페이스북과 같은 인기 플랫폼의 도입 속도를 뛰어넘었다. 윤리적인 AI 개발과 개방적인 협력에 대한 회사의 헌신은 이 분야에서 리더로 자리매김했으며, 주요 '테크 거인'들부터 투자와 파트너십을 이끌어냈다.

주요 AI 제품 및 모델

오픈AI 의 제품 라인업의 핵심은 GPT 시리즈로, 오픈AI의 제품 라인업의 핵심은 GPT 시리즈로 자연어 처리 능력을 선도하는 GPT-4와 추론 능력을 더한 GPT-4 o1과 GPT-4 o1 프로가 있다. 언어 모델 외에도 오픈AI는 이미지 생성을 위한 달리(DALL-E), 음성 인식을 위한 위스퍼(Whisper), 코드 생성을 위한 코덱스(Codex) 등이 있다. 또한 회사는 응용 프로그램 인터페이스(API) 플랫폼을 통해 비즈니스가 특정 산업 요구에 맞춤형 솔루션을 제공할 수 있도록 맞춤형 AI 모델을 제공한다. 최근 발표한 텍스트에서 비디오로 변환하는 모델 소라(Sora)는 현실적이고 상상력 넘치는 비디오 장면을 만들 수 있으며 많은 사람을 놀라게 했다.

수익성과 사업 모델

오픈AI는 2024년 연간 매출을 37억 달러로 추정하며, 이 중 10억 달러 이상이 API 서비스에서 발생한다. 특히 챗 GPT 구독을 통해 짧은 기간 동안 큰 매출을 올리고 있음에도 불구하고, 미국 정보기술(IT) 전문 매체 디인포메이션(The Information)은 이러한 소비자 기반 서비스가 지속 가능하지 않다고 내다봤다. 이는 기술 회사들이 겪는 일반적인 '고객 이탈(Churn)' 문제와도 연관이 있다. 유사 서비스가 늘어감에 따라 구독자의 이탈은 불가피하기 때문이다. 따라서 오픈AI는 생태계에서의 위치를 강화하기 위해 노력 중이다. 오픈AI의 주력 제품인 챗 GPT는전략적 제휴를 통한 B2B(기업간 거래) 시장에서 더 큰 가능성을 보이고 있다. 최근 오픈AI는 애플과의 협력을 통해 B2B 시장에서 입지를 강화하려는 노력을 보였다.

오픈AI는 데이터 처리와 API를 통한 접근을 중시한다. 이는 B2B 시장에서 더 큰 기회를 보고 있음을 시사하며, 특히 데이터 보안과 개인정보 보호가 중요한 큰 기업들에게 매력적일 수 있다. 오픈AI는 기술의 발전과 함께 적절한 비즈니스 모델을 찾아가는 과정에서 다양한 도전에 직면할 것이다. 특히 경쟁이 심화되고 기술 변화가 빠르게 진행되는 현재의 환경에서는 끊임없이 혁신하고 적응하는 전략이 필요하다.

오픈AI vs. 미스트랄 vs. 앤트로픽: AI 선두 주자들의 경쟁

오픈AI, 미스트랄, 앤트로픽은 각기 다른 강점과 기술적 진보를 바탕으로 AI 시장에서 치열한 경쟁을 벌이고 있다. 이들 세 회사는 AI 모델의 성능, 비용, 접근성, 윤리성 등 다양한 측면에서 차별화를 나타낸다.

오픈AI의 o1 시리즈는 이전 GPT 모델들과 달리 사고의 연쇄(Chain of Thought, CoT)를 통해 문제를 단계적으로 분석하는 새로운 '추론 패러다임'을 도입했다. 이들 모델은 높은 성능과 큰 컨텍스트 윈도우를 제공하며 모든 모델이 텍스트, 이미지, 오디오를 포함한 다중 모달리티를 지원해 다양한 데이터 형식을 처리할 수 있는 능력을 갖추고 있다. 오픈AI는 또한 비용 효율적인 소형 모델인 GPT-4o 미니와 o1 미니를 출시했다. 이 모델들은 빠른 응답 속도와 저렴한 운영 비용으로 다양한 에플리케이션에 적합하다.

미스트랄(Mistral)은 미스트랄 7B와 믹스트랄 8x7B 모델을 보유하며, 오픈소스 지향과 효율성을 강점으로 내세운다. 믹스트랄 8x7B 모델은 희소 전문가 혼합(MoE) 아키텍처를 사용해 효율적인 계산과 빠른 훈련 및 추론을 가능하게 한다. 미스트랄 7B 모델은 다양한 벤치마크에서 뛰어난 성능을 보여주며, 특히 코딩 작업과 언어 성능에서 높은 역량을 발휘한다.

앤트로픽(Anthropic)은 클로드 3 하이쿠, 클로드 3 소네트, 클로드 3 오푸스 모델을 보유하며, AI 안전성과 윤리적 고려를 중시한다. 클로드 모델은 긴 컨텍스트 윈도우를 효과적으로 관리하며, 인간과 유사한 글쓰기와 구조화된 출력이 필요한 작업에서 뛰어난 생성 품질을 자랑한다. 특히 클로드 3.5 소네트는 GPT-4o를 능가하는 성능을 자랑하며, 코드 생성 및 비전 처리 능력에서도 뛰어난 성과를 보인다. 그러나 높은 운영 비용과 성능 변동성은 도전 과제로 남아 있다.

세 회사는 각각의 강점을 바탕으로 AI 시장에서 경쟁하고 있다. 오픈AI는 성능과 상업적 통합에서 앞서고 있으며, 미스트랄은 비용 효율성과 오픈소스 접근성을, 앤트로픽은 AI 안전성과 윤리적 고려를 중시한다. 최신 모델들을 통해 이들 회사는 각기 다른 방향으로 기술적 진보를 이루고 있으며, 이는 AI 분야의 다양한 요구를 충족시키는 데 기여하고 있다. 어떤 플레이어가 시장의 위너가 될지는 아무도 모르지만 이 세 플레이어의 경쟁은 AI의 발전을 가속화하고 있음은 분명하다.

잠재적 리스크

오픈AI는 운영 측면에서 여러 가지 잠재적 리스크에 직면해 있다. 첫째, 높은 운영 비용이 가장 큰 리스크다. 오픈AI는 챗GPT와 같은 대규모 언어 모델을 운영하고 훈련하는 데 막대한 비용을 지출하며, 2024년 한 해 동안 추론 비용과 훈련 비용으로 각각 약 40억 달러와 30억 달러를 지출할 것으로 예상된다. 이러한 높은 운영 비용은 회사의 재정적 부담을 가중시키고 있다. 또한 인력 비용 증가도 중요한 문제이다. 오픈AI는 직원 수를 빠르게 늘리고 있으며, 2023년 말 800명이었던 직원 수는 현재 약 1,500명으로 약 두 배로 증가했다. 이에 따른 인건비도 급증해 연간 인건비만 약 15억 달러에 달할 것으로 보이며, 이는 회사의 재정 상태에 추가적인 부담을 주고 있다.

둘째, 수익성 문제와 자금 조달의 필요성이다. 오픈AI는 챗GPT와 API를 통해 상당한 수익을 창출하고 있지만, 이는 여전히 운영 비용을 충당하기에는 부족하다. 2024년 예상 수익은 37억 달러로 추정되지만, 운영 비용은 최대 85억 달러에 이를 것으로 보인다. 이러한 재정적 손실을 감안할 때, 오픈AI는 지속적으로 현금을 확보해야 한다. 다행히 2024년 10월 1,570억 달러의 기업가치로 66억 달러를 조달해 한숨 돌린 상황이다.

더불어 경쟁 심화와 기술적 리스크도 중요한 도전 과제이다. 오픈AI는 앤트로픽, 아마존, 구글, 엔비디아, 메타 등과의 경쟁으로 추가 시장점유율 확보에 어려움을 겪고 있다. 또한 고도화된 AI 모델을 개발하고 운영하는 과정에서 발생할 수 있는 기술적 문제나 안전성 문제는 회사의 평판을 해치고 추가적인 비용을 초래할 수 있다.

AI 인프라

인공지능 시대의 인프라 – 수요의 새로운 패러다임

이상진 휴렛팩커드 엔터프라이즈(HPE) HQ 세일즈 전략 매니저. 10년간 다양한 산업에 속한 글로벌 기업들에서 시장 진출 전략, 디지털 트랜스포메이션 등의 중장기 전략 및 경영계획 수립, 혁신 프로젝트 등을 수행해왔으며 2019년 미국 텍사스주립대학교 달라스 캠퍼스에서 경영전문대학원(MBA)을 마친 후, 글로벌 IT 산업의 최전선에서 근무 중이다.

2024년 리뷰
인공지능의 전방위 확산과 그에 따른 AI 인프라 확보 및 투자 전쟁

"2029년까지 인공지능이 인간 수준의 지능에 도달할 것이다."

2005년에 미래학자인 레이 커즈와일이 저서 《특이점이 온다(The Singularity Is Near)》에서 "기술이 인간을 넘어서는 특이점이 온다"고 말할 때만 해도 마치 공상과학처럼 들렸던 말이 지금은 금방이라도 이뤄질 것처럼 들린다.

같은 저자가 2024년 6월에 출간한 신작 《특이점이 더 가까이 온다: 우리가 컴퓨터와 결합할 때(The Singularity Is Nearer: When We Merge with AI)》에서는 아주 가까운 미래에 인공지능(AI)이 인간 수준의 지능에 도달할 것이라 예측했다. 최근 우리가 경험하는 챗GPT 등 생성형 AI의 확산과 발달을 보면 이제는 훨씬 더 설득력 있게 들린다. 하지만 그것이 사실이 되려면 무엇이 필요할까?

챗GPT가 쏘아 올린 인공지능의 시대, 피할 수 없는 AI 인프라의 확장 주목

2022년에 출시된 챗GPT로 촉발된 AI의 변곡점은 모든 분야에서 투자를 이끌어내고 있다. AI 그 자체도 중요하지만 AI의 확산과 발전에 따라 놓쳐서는 안 될, 이미 시작된 AI 인프라 확보와 투자는 그 근본이자 시작점이다.

생성형 AI는 2024년 현재 음성과 문자로 대표되는 커뮤니케이션뿐만 아니라 그림과 영상을 포함한 예술, 프로그래밍과 다양한 공학 등 모든 영역에서 발전하

생성형 AI의 다양한 사용 사례

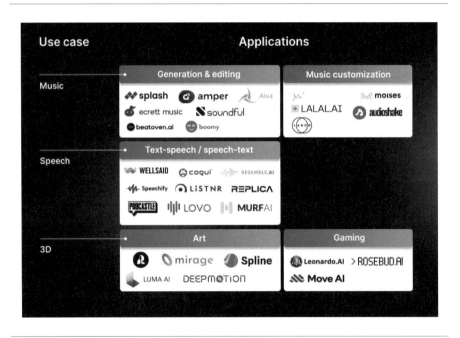

자료: PIXELPLEX

고 있다. AI 모델의 학습 시간은 모든 영역에서 가속화되고 있으며, 관련 서비스가 계속해서 등장하고 빠르게 성장 중이다.

필자가 이 파트를 작성할 때도 챗GPT를 활용해서 목차 및 개요에 대해 논의하고 다양한 리서치 활동을 함께 진행했다. 기존에 혼자서 글을 쓰고 리서치를 할 때와는 달리 마치 '챗GPT 대리'와 함께 일하는 것처럼 대화하며 생각을 확장하고 효율적으로 많은 자료를 조사할 수 있었다. 물론 아직 사람이 개입해서 자료를 확인하고 데이터에 대해 검증해야 하지만, 챗GPT는 이렇게 대규모 언어 모델을 기반으로 자연스러운 대화와 텍스트 생성 능력을 보여주며, 다양한 사례에 사용할 수 있는 범용성으로 많은 기업과 개인 사용자들로부터 주목을 받고 있다.

이러한 인공지능 모델들의 발전과 확장은 이제 누구도 거부할 수 없는 메가 트렌드이자 구조적이고 장기적인 변화라 할 수 있다. 그렇다면 이 변화의 근본은 무엇일까? AI 모델들은 기본적으로 방대한 양의 데이터와 높은 연산 능력이 필요하며, 이는 고성능 서버와 데이터센터 인프라스트럭처의 수요를 급격히 증가시키고 있다.

다양한 소프트웨어 회사들은 이미 생성형 AI 기능을 기존 소프트웨어 구독에 추가 형태로 포함시켰고 많은 사용자를 보유한 해당 소프트웨어에서 해당 기능이 확산되어 이용이 많아지면 그에 따른 수요는 더욱 폭발적으로 늘어날 것으로 예상된다. 마이크로소프트의 코파일럿(Co-pilot), 세일즈포스의 아인슈타인(Einstein) AI, 어도비의 파이어플라이(Firefly) 등 이미 생성형 AI는 사용 가능한 옵션으로 각 소프트웨어에 포함된다.

세계적으로 유명한 전략 컨설팅 회사인 맥킨지앤컴퍼니는 생성형 AI를 영업, 마케팅, 엔지니어링, 운영, 연구개발 등 중요한 기능에만 사용해도 75% 이상의 생산성 향상을 가져올 수 있다고 주장한다. 아직 이와 같은 생산성 향상이 실제 효

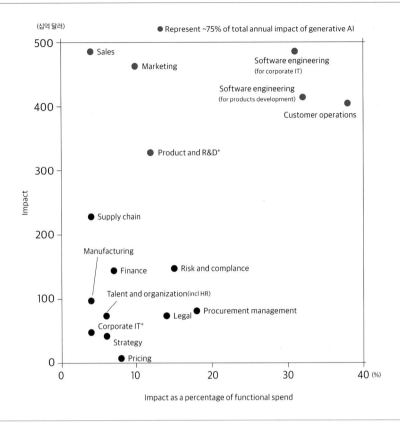

Note: Impact is averaged.
* Excluding software engineering.
자료: 맥킨지앤컴퍼니 홈페이지

과로 이어지는지 검증이 이뤄지는 단계이지만 지속적인 발달과 확산이 계속될 것이라 예상된다.

2024년 발간된 글로벌 컨설팅 회사 딜로이트의 미래 기술 전망 보고서에 따르면 2023년 일부 대형 클라우드 업체들은 자본 지출의 3~13%를 생성형 AI 서비스 구축을 위한 인프라를 구축하기 위해 투자했다. 이와 같은 투자는 AI 모델 개발과 훈련에 필요한 인프라스트럭처를 확장하는 데 사용되며, 이는 데이터센터

주요 AI 인프라/클라우드 투자 발표

회사	투자 지역	투자 금액
마이크로소프트	인도네시아, 말레이시아, 일본, 프랑스, 영국, 독일	10억~30억 달러
구글	영국 등 다양한 국가	10억 달러+

자료: 각 사 홈페이지, 주요 기사

인프라스트럭처의 수요를 매우 빠르게 증가시키고 있다. 그렇다면 인공지능을 구현하고 활용하기 위한 필수적인 인프라스트럭처에는 어떤 것들이 있을까?

고성능 서버(CPU, GPU, 저장 장치), 대용량 데이터, 소프트웨어, 네트워크 및 전문 기술 인력들이 갖춰져야 인공지능을 성공적으로 구현하고 활용할 수 있다. 이 모든 것이 중요하지만 서버, 스토리지, 네트워크로 구성되는 하드웨어가 모든 AI의 기본이다.

데이터센터 인프라스트럭처의 수요 증가는 크게 두 가지 방향으로 나아가고 있다. 첫째, 하이브리드 클라우드(Hybrid Cloud)이다. 기업들은 자체 데이터센터 구축에서 클라우드 활용을 늘리는 방향으로 변화하고 있지만, 보안 이슈와 기하급수적 저장 용량으로 인한 비용 증가로 거의 대부분의 기업들은 공용 클라우드(public cloud)와 사설 클라우드(private cloud)를 결합해 유연하고 확장 가능하면서도 비용 효율적인 하이브리드 클라우드를 구축하고 있다. 이는 기업들이 AI 모델의 학습과 추론 작업을 효과적이고 효율적으로 수행할 수 있게 한다.

둘째, 전통적인 기업 데이터센터다. 많은 기업들은 여전히 자체 데이터센터를 통해 AI 모델 구축, 운영, 그리고 IT 인프라를 운영하고 있다. 특히 금융, 의료, 정부 등 보안이 중요한 산업에서는 전통적인 데이터센터의 역할이 여전히 크다. 추가적으로 데이터의 수요가 늘어남에 따라 공용 클라우드를 사용할 경우 기하급수적으로 비용이 상승할 수 있어 자체 데이터센터를 통해 비용 효율성을 추구하

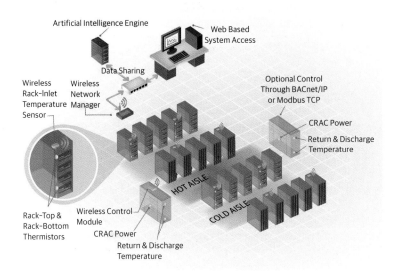

자료: Eboque 웹사이트

는 경향이 늘어나고 있다. 이러한 데이터센터는 고성능 컴퓨팅 파워와 대규모 스토리지를 제공하여 AI 모델의 요구를 충족시킨다.

글로벌 시장조사 분석기관 가트너에 따르면 2023년 말 기준으로 글로벌 데이터센터 인프라스트럭처 시장 규모는 약 2,400억 달러에 달했으며, 2024년에는 이 시장이 10% 이상 성장할 것으로 예상된다. 특히 AI 서버 투자가 하이퍼스케일러의 전체 서버 지출의 약 60% 이상을 차지할 것이라 예상했다. 챗GPT와 같은 생성형 AI의 부상과 그에 따른 AI 모델의 도입은 데이터센터 인프라스트럭처 수요를 크게 증가시키고 있으며, 이는 하이브리드 클라우드와 전통적인 기업 데이터센터의 수요 확대로 연결되고 있다.

AI 발전에 따른 데이터센터의 고성능 컴퓨팅 리소스와 대용량 스토리지 수요 급증

"우리의 강한 AI 서버의 모멘텀은 계속되고 있다. 주문량은 40% 이상 늘었으며 수주 잔고는 거의 두 배가 되었다."

2024년 3월, 델의 최고운영책임자(COO)인 제프 클라크가 실적 발표에서 AI에 대한 영향을 언급하자 델의 주가는 16%가 뛰었다. AI 데이터센터는 기존의 데이터센터와 무엇이 다를까? 왜 AI 서버의 수요는 엄청나게 늘고 있고 또 투자자들은 그것에 이렇게 열렬히 반응하는 걸까?

챗GPT와 같은 대규모 언어 모델을 훈련하고 운영하기 위해서는 막대한 연산 능력이 필요하다. GPT-4 모델의 훈련에는 수십만 개의 GPU가 필요하며, 이는 1초에 수천 페타플롭스(PFlops)의 연산 성능을 요구한다. 페타플롭스는 1초에 1,000조 번의 계산을 할 수 있을 정도로 높은 연산 속도를 의미한다. 자율주행

AI 서버 글로벌 출하량 전망

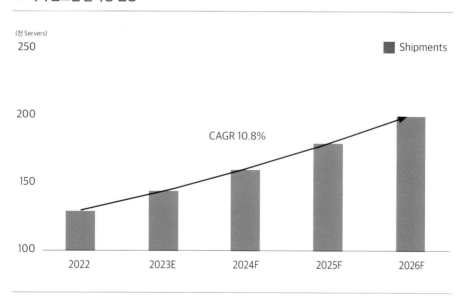

자료: 트렌드포스

자동차의 AI 시스템을 훈련시키기 위해 하루에 수십 테라바이트(TB)의 데이터가 필요하며, 이를 처리하기 위해 마찬가지로 초당 수천 페타플롭스의 연산 능력이 필요하다. 이런 고도의 연산을 위해서는 고성능 서버가 필요하며, 이는 서버의 단가와 수요를 모두 증가시켜 관련 공급 기업들의 매출과 이익을 수년간 확대할 것으로 예상된다.

시장조사 업체 트렌드포스(TredForce)의 보고서에 따르면 AI 서버 출하량은 2026년까지 연평균 10.8% 증가할 것으로 전망된다. AI 서버는 고성능 컴퓨팅 리소스와 대용량 스토리지 공간을 필요로 하므로 대규모 데이터센터의 중요성과 수요가 증대되고 있다.

하이퍼스케일러의 대대적인 AI 인프라 투자: 클라우드 서비스 제공 업체들의 데이터센터 인프라 확장

AI 발전에 따라 주요 기업들은 데이터센터 인프라에 대한 투자를 크게 늘리고 있다. 마이크로소프트는 AI 연구와 클라우드 인프라 강화를 위해 2024년까지 100억 달러 이상 투자한다. 마이크로소프트의 클라우드 서비스 애저(Azure)는 전 세계 60개 이상의 지역에 데이터센터를 운영하며, AI 모델 훈련을 위해 수천 개의 GPU를 추가 도입하고 있다. 구글은 자사 AI 모델인 제미니(Gemini) 프로젝트를 지원하기 위해 2024년까지 데이터센터 인프라에 500억 달러 이상 투자한다. 구글 클라우드는 매년 약 500 페타바이트(PB) 이상의 데이터를 처리하며, AI 워크로드를 위해 자체 설계한 TPU(Tensor Processing Unit)를 대규모로 도입하고 있다. 그 외 아마존 웹 서비스 및 다양한 클라우드 서비스 제공 업체들이 AI 관련 프로젝트 지원을 위해 경쟁적으로 클라우드 및 데이터센터 인프라를 확장 중이다.

대기업들과 공공기관들의 AI 모델 구축 및 인프라 투자 증가

대기업 및 정부 기관들도 AI를 주요 업무에 도입하기 위해 도입 가능성을 탐색하거나 실제 다양한 업무 영역에 적용한다. 전 세계 20개국을 대상으로 조사한 IBM 글로벌 AI 도입 지수 2023에 따르면 대기업 중 42%는 적극적으로 AI를 그들의 비즈니스에 적용하고 있다. 나머지 40%는 아직 탐색 중이거나 실험 중이고 아직 적용 단계는 아니라고 밝혔다. 탐색 중이거나 실험 중인 회사 가운데 59%는 그들의 AI 투자를 최근 확대했다. 대부분의 기업에서 관련 투자는 증가하고 있으며, 아직 AI에 대해 적용을 시작하거나 탐색 단계인 것을 볼 때 이런 인프라에 대한 투자 추세는 향후 수년간 지속될 것으로 예상된다. 대기업들은 고객 경험 향상, 매출 증대, 비용 최적화를 위해 AI 도입을 고려하고 있으며, 그에 대한 투자를 증가시키는 중이다. AI는 이미 다양한 영역에서 사용되고 있으며, IBM 글로벌 AI 도입 지수에 따르면 IT 자동화(33%), 보안 및 위협 탐지(26%), 비즈니스 분석(24%), 고객 서비스 자동화(23%) 등에서 주로 활용되고 있다. 이런 AI 모델의 적용과 도입을 위해서는 자체적인 AI 인프라 도입을 확대하거나 클라우드를 활용하여 그에 따른 고성능 컴퓨팅 리소스와 대용량 스토리지를 확보해야 한다.

정부 기관들도 AI 투자를 확대하고 있다. 브루킹스 연구소에 따르면 2022년부터 2023년까지 미국 연방 정부는 AI 관련 최소 계약 금액을 2.6억 달러에서 6.8억 달러로 150% 이상 확대했으며, 최대 지불 가능 금액은 3.6억에서 46억 달러로 현저히 늘어났다. 국방부가 계약의 수와 연간 계약 가치 모든 면에서 AI 투자를 주도하고 있다. NASA 및 보건, 휴먼 서비스 부서 등 다른 기관들도 계약 가치를 증가시켰지만 국방부에 비하면 상대적으로 적다. 이런 계약 수와 가치의 증가는 AI 인프라에 대한 추가 수요와 확대를 시사한다.

2025년 전망: 지속 가능성 및 에너지 효율성
에너지 효율성과 지속 가능성을 강조한 데이터센터 인프라의 중요성

AI 확산을 통한 데이터센터 인프라 투자 및 확대는 2025년을 넘어 최소 수년간 지속될 전망이다. 그러나 데이터센터는 많은 전력을 소비하고, 이에 따라 온실가스 배출량을 증가시킨다. 그래서 지속 가능성과 에너지 효율성이 더욱 중요하다.

에너지 효율성을 높이고 신재생에너지 사용 비중을 늘려 에너지 절약 및 온실가스 감축을 통해 지속 가능한 발전을 추구하는 것이 필수이고, 정부 및 시민사회의 압력이 커져감에 따라 지속 가능성을 담보한 기업들이 경쟁력을 갖게된다.

글로벌 대기업들은 이에 따라 여러 가지 방안을 도입하고 있다. 첫째, 신재생에너지의 도입이다. 구글은 신재생에너지를 통해 데이터센터를 운영하고 있는데 태양광과 풍력 발전을 활용하고 있다. 둘째, 에너지 효율을 높이기 위해 자체 기술을 개발하거나 도입하기도 한다. 메타는 AI를 활용해 데이터센터의 냉각 시스템을 최적화하고 전력 소비를 최소화한다. 셋째, 재활용 및 열 회수 시스템을 사용한다. 마이크로소프트는 데이터센터에서 발생하는 열을 활용하여 주변 지역의 건물을 난방하는 시스템을 도입해 에너지를 재활용한다. 마지막으로, 데이터센터 위치 최적화를 통해 지속 가능성을 높이기도 한다. 예를 들어 데이터센터를 차가운 기후 지역 또는 심해에 위치시켜 자연 에너지를 활용해 냉각 비용을 절감하고, 지속 가능한 운영을 실현하는 것이다.

온디바이스 AI와 에지 컴퓨팅의 확산

삼성전자는 2024년 1월 갤럭시S24를 AI 폰으로 포지셔닝하면서 계속 줄어들고 있던 판매량을 반전시켰다. 동시에 삼성전자는 온디바이스 AI에 대한 관심과 수요를 확인할 수 있었다. 애플도 2024년 6월 아이폰, 아이패드, 맥북으로 대표되는 애플 생태계에 애플 인텔리전스(Apple Intelligence)라 불리는 생성형 AI를 도입한다고 발표한 이후 주가가 7% 상승하고 200달러를 넘어섰다.

델은 AI 디바이스와 인프라스트럭처를 지원하는 AI 팩토리를 발표하면서 AI PC에 대한 계획도 함께 발표했다. 새로운 AI PC는 온디바이스 코파일럿과 높은 연산 처리 속도를 지원한다고 밝혔고, 앞으로 출시할 모든 PC는 AI PC가 될 것이라고 발표했다. 이처럼 '온디바이스 AI'에 대한 수요와 공급이 확대될 것으로 보인다.

온디바이스 AI는 데이터 처리와 분석을 클라우드가 아닌 디바이스 자체에서 수행하는 기술로 저지연, 보안, 실시간 처리를 필요로 하는 상황에서 유용하다. 글로벌 리서치 회사 및 산업 전문가들은 이런 변화가 정체됐던 스마트폰, PC 시장의 교체 수요를 확대하고 단가도 높아질 것으로 전망한다. 이제야 AI 관련 기능들이 도입되고 있기 때문에 그 변화도 수년간 지속될 강력한 추세이다.

온디바이스 AI는 좀 더 크게 보면 에지 컴퓨팅(멀리 있는 기기가 데이터를 실시간 처리, 스스로 작업하도록 돕는 네트워크 기술)을 바탕으로 데이터 처리를 중앙 클라우드가 아닌 데이터가 생성되는 근처에서 수행하는 기술이다. 이를 통해 실시간 데이터 처리가 가능하며, 대역폭을 절약하고 응답 시간을 줄일 수 있다. 대표적으로 엔비디아의 젯슨(Jetson) 플랫폼이 있으며, 드론, 로봇, 스마트 카메라 등의 에지 디바이스에서 사용된다. 젯슨 자비에르(Jetson Xavier) NX는 자율주행 차량에서 실시간 객체 인식과 경로 계획을 수행할 수 있다. 마이크로소프트 애저의 IoT

에지(Edge)는 다양한 산업 IoT 애플리케이션에서 사용되며, 데이터가 생성되는 현장에서 바로 분석을 수행한다. 특히 제조 현장에서 품질 검사와 예측 유지보수를 위한 데이터 분석에 사용되는 것이 대표적인 예시다.

에지 컴퓨팅 시장은 2025년까지 150억 달러 규모에 이를 것으로 전망하며, 온디바이스 AI는 관련 디바이스들의 수요가 늘어나고 기술이 확산되는 추세를 따라 주요 성장이 예상되는 기술 중 하나로 소개한다. 주요 세계 테크놀로지 시장과 관련된 전망과 리서치를 공급하는 IDC(International Data Corporation)는 2025년까지 생성되는 데이터의 75%가 에지 컴퓨팅에서 처리될 것으로 예측한다. 이는 사물인터넷(IoT) 기기의 증가와 실시간 데이터 처리 요구 때문이다.

맞춤형 솔루션의 발전과 데이터 처리 및 관리의 중요성

AI 인프라스트럭처는 수년간 계속해서 확장될 것이지만 컨설팅 회사 맥킨지가 제시한 AI 가치사슬에 따르면 AI 발전은 하드웨어에서 시작해 소프트웨어, 알고리즘, 데이터, 인프라, 최종적으로는 비즈니스 애플리케이션과 통합되는 순서로 진행된다. 맥킨지는 하드웨어 확장 이후에는 소프트웨어와 알고리즘의 발전으로 모든 영역에서 자동화를 통해 효율성이 높아질 것으로 예상했다.

또한 비즈니스 애플리케이션이 하드웨어의 성능에 맞춰 발전하면서 특정 산업과 시나리오에 맞춘 맞춤형 솔루션이 개발될 전망이다. 이는 자동차, 금융, 의료 및 제조 등의 다양한 산업 영역에서 생산성의 증가를 가져온다. 이를테면 스마트 팩토리에서는 제조 공정에 AI를 통한 예측, 유지보수, 품질 관리, 생산 최적화 등이 가능해 생산성 향상과 비용 절감을 가져오는 것이다.

의료 업계에서는 개인화된 의료 서비스가 가능해지며, AI를 통해 환자의 유전 정보와 의료 데이터를 분석하여 맞춤형 치료 계획을 제공할 수 있다. 이 모든 것이 가능하려면 고품질의 데이터와 데이터 처리 능력이 가장 필수적인 요소이다. 자율주행, 헬스케어, 금융, 전자 상거래, 농업 등 다양한 산업 분야에서 AI 모델 학습을 위한 고품질의 데이터 필요성이 커지고 있다.

특히 수요와 발 맞춰 기술 발전이 일어나고 있다. 데이터 수집 및 라벨링 기술이 발전하면서 더 효율적이고 정확한 데이터 제공이 가능해지고, 클라우드 컴퓨팅, 빅데이터 분석, 머신러닝, 자동화 도구 등을 통해 데이터 처리 속도가 향상되고 있다. AI 모델이 정교해지고 다양해짐에 따라 더 많은 데이터와 복잡한 데이터 셋이 필요하게 된다. 예를 들어 자율주행 자동차는 날씨, 밝기, 온도, 상황, 도로 유형 등 더 구체적이고 특정한 데이터들을 필요로 한다.

또한 데이터 공급 산업은 AI의 발전에 맞춰 함께 성장할 것으로 예측된다. 주요 산업에 대한 전망을 발표하는 그랜드뷰리서치(Grand View Research)는 데이터 공급 시장은 2020년에 약 209억 달러였으며, 2030년까지 지속 성장하여 884억 달러 규모로 성장할 것으로 전망한다.

딥시크(Deep Seek)
AI 게임 체인저, 데이터센터 판도 변한다

AI 기술 발전으로 데이터센터의 연산력 수요가 급증하면서 기존 GPU 기반 운영 방식의 한계가 드러나고 있다. 딥시크는 저성능 GPU 최적화 기술을 통해 비용과 전력 소모를 줄이며 AI 인프라 시장에 변화를 예고한다.

이 기술은 서버 비용 절감, 냉각 비용 절약, 전력 소비 감소 등의 효과를 가져오며, AI 서비스 가격 경쟁력을 높인다. 결과적으로 AI 시장이 기존 빅테크 중심

딥시크와 기존 모델의 비교

특징	딥시크	기존 AI 모델(예: 오픈AI)
개발 비용	약 500만 달러	약 1억 달러
하드웨어 사용량	2,000여 개 저성능 칩	수만 개의 고성능 칩
오픈소스 여부	오픈소스	N/A

자료: 《더타임즈》

에서 탈중앙화된 구조로 전환될 가능성이 커지며, 스타트업과 연구기관도 보다 쉽게 AI 기술을 활용할 수 있게 된다. 또한 지속 가능성을 고려한 친환경 데이터센터 구축이 촉진될 것이다.

딥시크의 확산으로 데이터센터 구조의 변화도 불가피하다. 기존 고성능 GPU 의존에서 벗어나 최적화된 연산 아키텍처로 전환이 가속화되며, 엔비디아와 AMD 같은 기업들은 새로운 솔루션을 모색해야 한다. 향후 AI 데이터센터는 성능을 유지하면서도 더 효율적인 하드웨어 활용과 최적화 기술을 중점적으로 고려하는 방향으로 변화할 것이다.

이러한 변화는 시장 경쟁 구도를 재편하며, 더 많은 기업과 기관이 AI 기술을 적극적으로 활용할 수 있는 환경을 조성할 것이다. 또한 AI 연구개발의 진입장벽이 낮아지면서 혁신적인 기술 발전이 촉진될 가능성이 크다. 결국 딥시크의 등장으로 AI 데이터센터와 인프라 산업 전반이 효율성 중심으로 재구성될 것이다.

스타게이트(Stargate) 프로젝트
AI 주도권 경쟁

미국은 AI 주도권을 강화하기 위해 트럼프 대통령 취임 후 스타게이트 프로젝트를 추진하며, 총 5,000억 달러를 투자해 AI 슈퍼컴퓨팅 네트워크를 구축하고 있다. 마이크로소프트, 엔비디아, AMD 등이 참여해 AI 인프라를 확장하고 연산 비용을 절감하는 것이 목표다. 이 프로젝트는 AI 모델 학습 속도를 높이고, 데이터센터 비용을 줄이며, 미국 내 AI 연구 및 개발 역량을 강화할 것으로 예상된다.

스타게이트 프로젝트가 성공하면 미국 내 데이터센터 투자가 폭발적으로 증가할 전망이다. AI 연산 비용이 낮아지면서 스타트업과 중소기업이 보다 쉽게 AI 개발에 참여할 수 있는 환경이 조성될 것이다. 또한 전력 효율성과 칩 최적화 기술이 발전하면서 냉각 및 네트워크 인프라 혁신도 가속화될 것이다.

그러나 글로벌 AI 시장의 경쟁이 심화될 가능성이 크다. 중국, 중동, 유럽 등

항목	세부 내용
프로젝트 명칭	스타게이트(Stargate) 프로젝트
발표일	2025년 1월 21일
주요 참여 기업	SoftBank Group Corp., 오픈AI, 오라클, 마이크로소프트, 엔비디아, ARM, MGX 등
총 투자 규모	향후 4년간 5,000억 달러
초기 투자액	즉시 1,000억 달러 투입 예정
주요 목표	미국 내 AI 인프라 구축을 통해 AI 리더십 강화, 수십만 개의 일자리 창출, 경제적 이익 창출, 국가 안보 강화
주요 활동	대규모 데이터 센터 및 AI 슈퍼컴퓨터 건설, 최첨단 AI 인프라 개발, 의료 데이터 분석 및 AGI 연구
장기 목표	인공지능(AGI) 개발을 통한 기술 혁신 및 사회적 영향 증대

자료: 소프트뱅크

여러 국가가 AI 인프라 투자를 강화하면서 기술 주도권을 둘러싼 경쟁이 치열해질 것이다. 특히 중국의 AI 소프트웨어 개발 속도가 빠르게 진행되면서 미국이 지속적으로 우위를 점하기 위해선 연산력 확보뿐만 아니라 AI 알고리즘 최적화와 소프트웨어 혁신에도 집중해야 한다.

또한 미국 내 데이터센터 확장이 가속화됨에 따라 전력 수급 문제가 중요한 과제로 떠오를 것이다. AI 산업의 급격한 성장으로 인한 에너지 소비 증가에 대한 대응책 마련이 필수적이며, 이를 해결하지 못할 경우 AI 인프라 확장의 한계에 직면할 수 있다. 동시에 AI 산업의 독점 문제도 해결해야 할 과제로 남아 있으며, 정부 규제 및 정책 변화가 시장에 미칠 영향도 고려해야 한다.

결과적으로 AI 시장은 연산력 경쟁을 넘어 최적화와 분산화로 나아갈 가능성이 크다. 딥시크 같은 기술은 적은 연산으로도 강력한 성능을 내도록 돕고, 스타게이트 프로젝트는 AI 시장 확장을 견인할 것이다. 이러한 변화는 글로벌 경제와 산업 구조 전반에 영향을 미치며, AI 기술의 보편화와 혁신을 더욱 가속화할 것이다.

주요 산업 플레이어

NO.	기업 이름	영문	티커	내용
1	휴렛팩커드 엔터프라이즈	HP Enterprise	HPE	• 기업에 서버, 스토리지, 네트워킹 하드웨어 판매 및 서비스를 제공하는 미국의 다국적 IT 기업 • 델과 더불어 업계를 선도하는 글로벌 리딩 기업
2	휴렛팩커드	HP	HPQ	• 개인 및 기업에 PC 및 이미징, 프린팅 디바이스 판매 및 서비스를 제공하는 미국을 대표하는 IT 기업 • 전 세계 PC 판매 2위(2023년)
3	넷앱	NetApp	NTAP	• 미국의 하이브리드 클라우드 데이터 서비스 및 데이터 관리 기업 • 글로벌《포춘》500대 기업
4	뉴타닉스	Nutanix	NTNX	• 데이터센터 및 하이브리드 멀티 클라우드 배포를 위한 소프트웨어 솔루션을 판매하는 미국의 클라우드 컴퓨팅 회사
5	퓨어스토리지	Pure Storage	PSTG	• 데이터 스토리지를 위한 하드웨어, 소프트웨어 및 서비스를 제공하는 미국 IT 회사 • 2019년부터 매출이 연평균 16% 이상 성장, 주가는 285% 성장

델 테크놀로지스 Dell Technologies (DELL)
서버, 스토리지 및 PC 글로벌 리더 인공지능 시장을 정조준하다

#1 기업 개요

전 세계 서버 및 스토리지 시장의 리더이자 PC 시장의 글로벌 3위 공급사인 델 테크놀로지스(이하 델)는 1984년 마이클 델(Michael Dell)에 의해 개인용 컴퓨터 판매를 목표로 설립됐으며, 본사는 텍사스주의 라운드 록에 있다. 마이클 델은 당시 대학 재학 중이었으며, 자신의 대학교 기숙사 방에서 시작한 사업이 전 세계적으로 성장하게 될 줄 상상도 못 했다. 처음에는 고객과의 직거래로 개인 컴퓨터를 조립, 판매하며 시작했지만, 그 후 델은 기업 시장으로 확장하고 다양한 IT 인프라 및 솔루션을 제공하는 글로벌 리더로 자리매김했다.

델 기업 정보

설립 연도	1984년	시가총액 (십억 USD)	83.1
상장 거래소	뉴욕증권거래소	시가총액 (조 원)	119.0
상장일	1988. 6. 22.	배당수익률	1.3%
CEO	마이클 델	52주 최저-최고 범위 (USD)	71.05-179.70
주요 주주	마이클 델 49.49%		
직원 수	120,000명	현재 주가 (USD)	119.18
홈페이지	dell.com	평균 목표 주가 (USD, Yahoo Finance 기준)	151.51
회계연도 종료	2024. 2. 2.		

* 기준일: 2024. 12. 12.
자료: Yahoo Finance

델 기업 실적 및 투자 정보

구분	FY22	FY23	FY24	FY25F	FY26F	5년 연평균 성장률
매출 (십억 USD)	101.2	102.3	88.4	97.2	105.1	2%
EBTIDA (십억 USD)	9.7	10.8	10.1	11.1	12.5	0%
영업이익 (십억 USD)	7.8	8.6	7.7	8.3	9.5	-2%
순이익 (십억 USD)	5.6	2.4	3.2	4.0	5.3	10%
주당순이익 (USD)	7.0	3.2	4.4	5.7	7.0	11%
주당 배당 (USD)	0.0	1.3	1.5	1.7	1.9	-
EBTIDA 이익률 (%)	9.5	10.5	11.5	11.4	11.9	-
영업이익률 (%)	7.7	8.4	8.7	8.5	9.1	-
순이익률 (%)	5.5	2.4	3.6	4.1	5.0	-
PER (x)	19.3	8.0	19.7	14.7	12.2	-
PBR (x)	26.1	5.1	-	-	-	-
EV/Revenue (x)	1.1	0.5	0.6	1.0	1.0	-
EV/EBITDA (x)	10.0	6.0	7.1	9.2	8.2	-
ROE (%)	1240.1	84.9	-	-	208.5	-

자료: 회사 자료, Capital IQ
주1: 미국 회계기준(US-GAAP)
주2: 전망치는 2024년 8월 30일 Capital IQ 기준

델 매출액 & 성장률 전망

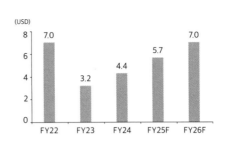

(십억 USD)

■ 매출액 ━●━ 성장률(YoY, 우측)

자료: 델 테크놀로지스, Capital IQ (2024년 8월 30일 기준)

델 주당순이익 전망

(USD)

FY22	FY23	FY24	FY25F	FY26F
7.0	3.2	4.4	5.7	7.0

자료: 델 테크놀로지스, Capital IQ (2024년 8월 30일 기준)

델 주가 추이

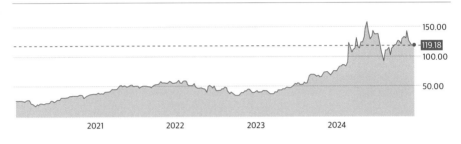

#2 비즈니스 모델

델의 사업 부문은 총 두 가지다. 2021년 네트워크와 보안 프로그램을 제공하는 사업 부문이었던 VM웨어(VMware)를 분사하면서 총 세 가지였던 사업 부문이 두 가지로 줄어들어 핵심 영역에 더 집중하게 됐다. FY25 1분기(2024년 3월 ~ 2024년 5월) 기준으로 매출의 절반 이상(54%)을 차지한 클라이언트 솔루션 그룹(CSG)은 개인 고객과 기업 고객을 대상으로 데스크톱 및 노트북 컴퓨터를 판매하는 사업 부문이다. 서버, 스토리지 등의 하드웨어와 관련 솔루션을 판매하는

2023년 델 사업 부문별 매출 비중

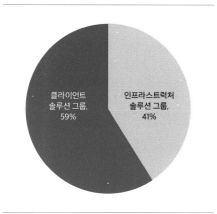

2023년 델 지역별 매출 비중

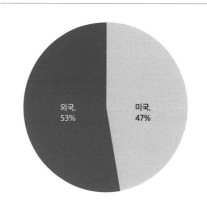

사업 부문인 인프라스트럭처 솔루션 그룹(ISG)은 총매출 중 46%를 차지하고 있으며 지속적으로 그 비중이 확대되고 있다.

#3 투자 포인트

1) AI PC 도입과 관련 서비스 및 솔루션 수요로 기업 및 개인용 데스크톱 및 노트북 수요 급증

가트너가 2024년 5월 발표한 자료에 의하면 AI PC는 2024년에 전체 PC의 22%를 차지하고, 2026년엔 모든 기업의 PC는 AI PC가 될 것으로 예상했다. 기업 및 개인들이 업무 또는 학습용으로 사용하는 데스크톱 및 노트북의 교체 수요가 향후 3년간 증가할 것이다.

2) 기업들의 AI 도입과 관련 인프라스트럭처 투자로 인한 서버 및 네트워킹, 스토리지의 장기 수요 성장

가트너에 따르면 2023년 말 기준으로 글로벌 데이터센터 인프라스트럭처 시장 규모는 약 2,400억 달러에 달했으며, 2024년에는 이 시장이 10% 이상 성장할 것으로 예상된다. 특히 AI 서버 투자가 하이퍼스케일러의 전체 서버 지출의 약 60% 이상을 차지할 전망이다. 그에 맞춰 델의 ISG 부문의 매출 비중이 지속적으로 성장하고 확대될 것으로 예상된다.

3) 혁신적 기술 도입과 엔비디아와의 전략적 파트너십 강화

델의 FY25 1분기 퍼포먼스 리뷰 보고서에 따르면 델은 서버 및 네트워킹, 스토리지, PC에 AI 관련 모든 포트폴리오를 갖추고 있으며, 가장 방대한 포트폴리오를 가지고 있다고 주장했다. 델은 엔비디아와 다양한 전략적 파트너십을 선보이고 있으며 마이크로소프트, 퀄컴, AMD, 허깅페이스(Hugging Face), 인텔, 메타, IBM에 인수된 글로벌 오픈소스 솔루션 기업 레드햇(Red Hat) 등 다양한 생태계의 선도 기업들과 협력을 진행하고 있다.

#4 2024년 실적 및 향후 전망

델은 연간 실적(FY24)의 부진으로 2024년을 시작했지만 AI 수요와 판매 개선을 통해 향상된 실적과 AI 마진 확대에 대한 기대를 계속 받고 있다. 델의 FY24(2023년 2월 4일 ~ 2024년 2월 2일) 매출은 884억 달러로 전년 대비 14% 감소하며, 영업 이익은 52억 달러였다. AI 최적화 서버 판매의 강력한 순차적 개선과 연간 87억 달러의 강력한 현금흐름을 기록했다. 델에 따르면 연간 실적의 부진은 PC 시장의 수요 부진과 기업들의 경제적인 어려움으로 서버 투자가 축소된 영향이다. 델은 AI 중심 솔루션의 성장을 예상하며, AI 혁신을 통한 PC 수요 회복을 기대하고 있다. CSG 부문의 매출 감소는 PC 시장의 지속적인 축소가 주된 이유이다. CSG는 연간 매출이 16% 줄어든 489억 달러를 기록했으며, 특히 상업 고객 부문에서의 매출이 영향을 받았다. ISG는 AI 최적화 서버와 같은 새로운 기술에 대한 수요 증가를 통해 부분적으로 매출 감소를 상쇄했으나, 전체적인 경제적 어려움과 시장의 불안정성으로 인해 연간 매출이 12% 감소한 339억 달러를 기록했다.

반면 델은 FY25 들어 지속적인 실적 향상을 보였다. FY25 2분기(2024년 5~7월)에 전년 대비 9% 증가한 250억 달러 매출을 기록했으며 2분기 실적은 컨센서스를 4% 상회했다. 순이익은 13.7억 달러로 전년 대비 7% 증가했다. FY25 1분기(2024년 2~4월)엔 매출이 전 분기와 유사했던 반면 영업이익이 전 분기 대비 38% 감소했는데, 시장은 AI 서버 마진이 거의 0%였던 것으로 해석해 주가에 매우 부정적인 영향이 있었다. 이런 맥락에서 2분기의 AI 서버 및 서버를 포함한 ISG의 이익 증가는 해당 우려를 상쇄할 수 있는 좋은 신호이다.

FY25 2분기의 호실적은 AI 서버와 기존 서버의 강력한 수요가 견인했다고 델은 밝혔다. AI 서버의 매출은 31억 달러로 전 분기 대비 82% 증가했고, 강력한 수주와 수주 잔고를 지속적으로 보여줬다. 델은 시장 컨센서스를 상회하는 가이던스를 내놓았고, 특히 ISG 부문의 가이던스는 AI 서버 및 기존 서버의 강력한 수요로 인해 전년 대비 30% 매출 증가를 예상했다.

FY25 3분기에도 AI 서버의 역사적 분기 매출인 3.6억 달러 관련 파이프라인 50% 증가를 기록하며 강력한 AI 수요를 보여줬으나, PC가 포함된 CSG 부문의 실적 저조로 전체 매출은 24.4억 달러로 컨센서스를 하회했고 가이던스도 시장 컨센서스를 하회했다. 그로 인해 주가는 13% 하락했다. 이후 해당 주가 수준에서 횡보하는 흐름을 보여주고 있다. 앞으로도 AI 관련 인프라스트럭처 관련 수요는 강력하고 델은 지속적으로 시장을 리드하겠지만 PC의 시장의 회복 여부가 이후 전체 매출과 주가에 영향을 미칠 것으로 예상된다.

또 다른 호재는 2024년 9월 23일부터 델이 S&P500 지수에 편입된 것이다. 한 가지 우려는 여전히 절반 이상의 매출을 차지하는 PC 등을 포함한 CSG 부문이 예상보다 실적이 좋지 않고 PC 수요가 생각보다 회복이 늦어 전체 실적에 안 좋은 영향을 미칠 수 있기 때문에 해당 동향 및 실적을 주시할 필요가 있다는 점이다.

델 테크놀로지스 연혁

1984	텍사스대학 학생이던 마이클 델이 피시 리미티드(PC Limited) 설립. 기숙사에 본사를 둔 회사는 재고 부품들로 만든 IBM PC 호환 컴퓨터 판매
1985	자체적으로 설계한 최초의 컴퓨터 터보 피시(Turbo PC)를 생산. 795달러에 판매 시작. 운영 첫해 7,300만 달러 이상 수익 기록
1988.06	IPO 후 6월 한 달간 시총 3,000만 달러에서 8,000만 달러로 증가
1999	사내 기업 스토리지 시스템 개발 실패 후, 3억 3,000만 달러에 컨버지넷 테크놀로지스(ConvergeNet Technologies) 인수 (회사 역사상 첫 인수)
2007.01	2004년 물러났던 설립자 마이클 델이 다시 CEO로 임명됨. 직원 수를 줄이고 회사 제품을 다양화하는 'Dell 2.0' 캠페인 론칭
2013.02	마이클 델과 실버레이크파트너스(Silver Lake Partners)에 의한 244억 달러의 LBO 거래 성사. 자사 주식을 시장에서 매입한 후 비상장회사로 전환할 것을 발표
2015.10	기업용 소프트웨어 및 스토리지 회사 EMC 인수 발표. 인수가 670억 달러로 당시 역사상 가장 큰 테크 인수 건으로 기록됨. 가상 워크스테이션 회사 VM웨어는 상장사로 유지됨
2018.07	현금과 주식 217억 달러로 VM웨어의 트랙킹 스톡(tracking stock) 지분 매입, 다시 상장기업 등극
2020.06	VM웨어 스핀오프(기업분할) 계획 발표. 기존 VM웨어 주주들을 위한 130억 달러 일회성 배당금 가능성 언급되며, 델 테크놀로지스 주가 14% 상승
2023	생성형 AI 인프라스트럭처와 멀티클라우드 포트폴리오 소개

시스코시스템즈 Cisco Systems (CSCO)
글로벌 네트워크 장비 세계 1위 공급자 인공지능에 힘입어 구조조정과 체질 개선에 성공할 것인가?

#1 기업 개요

시스코시스템즈(이하 시스코)는 1984년 스탠퍼드대학의 컴퓨터공학 연구원이었던 레오나르도 보삭(Leonard Bosack)과 샌디 러너(Sandy Lerner) 부부에 의해 설립됐다. 혁신적인 라우터 기술로 시장에 진입하고 이후 인수합병(M&A)을 통해 포트폴리오를 확장했다. 1990년대 후반 인터넷 붐으로 세계 최대의 네트워크 장비 공급업체로 자리 잡았다.

#2 비즈니스 모델

시스코는 네트워킹, 보안, 협업 솔루션, 옵저빌리티(Observability) 네 개의 상

시스코 기업 정보

설립 연도	1984년	시가총액 (십억 USD)	234.4
상장 거래소	나스닥	시가총액 (조 원)	335.6
상장일	1990. 2. 16.	배당수익률	2.7%
CEO	척 로빈	52주 최저-최고 범위 (USD)	44.50-60.23
주요 주주	뱅가드 그룹 9.59%		
직원 수	84,900명	현재 주가 (USD)	58.58
홈페이지	cisco.com	평균 목표 주가 (USD, Yahoo Finance 기준)	61.91
회계연도 종료	2024. 7. 31.		

* 기준일: 2024. 12. 12.
자료: Yahoo Finance

시스코 기업 실적 및 투자 정보

구분	FY22	FY23	FY24	FY25F	FY26F	5년 연평균 성장률
매출 (십억 USD)	51.6	57.0	53.8	55.9	58.4	3%
EBTIDA (십억 USD)	19.3	20.8	20.9	20.4	21.5	3%
영업이익 (십억 USD)	17.3	19.1	18.4	18.3	19.4	3%
순이익 (십억 USD)	11.8	12.6	10.3	8.7	10.8	0%
주당순이익 (USD)	2.8	3.1	2.5	2.2	2.8	2%
주당 배당 (USD)	1.5	1.5	1.6	1.6	1.7	3%
EBTIDA 이익률 (%)	37.4	36.5	38.8	36.5	36.9	-
영업이익률 (%)	33.6	33.5	34.2	32.8	33.3	-
순이익률 (%)	22.9	22.1	19.2	15.5	18.4	-
PER (x)	17.4	17.5	15.3	14.1	13.0	-
PBR (x)	5.0	4.8	4.3	4.3	4.0	-
EV/Revenue (x)	3.7	3.5	3.4	3.9	3.7	-
EV/EBITDA (x)	11.6	11.3	10.7	10.6	10.1	-
ROE (%)	34.8	38.0	23.0	31.0	31.9	-

자료: 회사 자료, Capital IQ
주1: 미국 회계기준(US-GAAP)
주2: 전망치는 2024년 8월 30일 Capital IQ 기준

시스코 매출액 & 성장률 전망

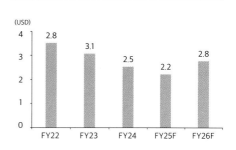

자료: 시스코시스템즈, Capital IQ (2024년 8월 30일 기준)

시스코 주당순이익 전망

자료: 시스코시스템즈, Capital IQ (2024년 8월 30일 기준)

시스코 주가 추이

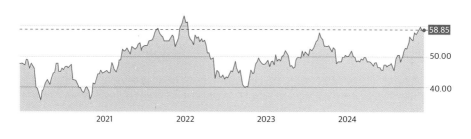

품과 서비스까지 5개의 사업 부문을 보유하고 있다. FY24(2023년 7월 30일 ~ 2024년 7월 27일) 기준으로 매출의 절반 이상을(54%)을 차지한 네트워킹은 고객과 기업 고객을 대상으로 라우터, 스위치, 이동통신 장비 등의 통신 장비를 판매하는 사업 부문이다. 보안 부문은 네트워크 보안, 클라우드 보안 및 다양한 보안 관련 솔루션 등을 판매하며 약 9%의 매출 비중을 갖고 있다. 웹엑스(Webex) 등의 협업 플랫폼을 제공하는 협업 솔루션 부문도 약 8%의 매출을 기록했다. 마지막 상품 부문인 옵저빌리티는 네트워크, 애플리케이션, 인프라 자산 등의 다양한 IT 자산을 관리해주는 솔루션을 판매하는 부문으로 총매출 비중이 2% 정도로 미

2023년 시스코 사업 부문별 매출 비중

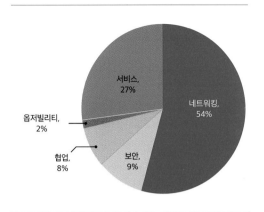

2023년 시스코 지역별 매출 비중

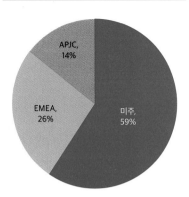

미하지만 지속해서 성장하고 있는 중요한 부문이다. 서비스 부문은 기업이 네트워크 인프라를 설계, 구축, 운영 및 최적화할 수 있도록 다양한 서비스와 지원을 제공하는 부문으로 약 27%의 매출을 담당한다.

#3 투자 포인트

1) AI 관련 주문 확대 및 파이프라인의 증대

FY25(2023년 8월 ~ 2024년 7월)에 약 10억 달러의 인공지능 주문 중 대다수는 하이퍼스케일러(hyperscaler, 컴퓨팅 및 스토리지와 같은 서비스를 엔터프라이즈 규모로 제공할 수 있는 대형 클라우드 서비스 공급자; 아마존 웹 서비스, 마이크로소프트 애저, 구글 클라우드가 대표적)가 발주했으며, 약 30억 달러 규모의 AI 파이프라인도 역시 대부분 하이퍼스케일러의 수요로 예상된다. 주로 하이퍼스케일러와 클라우드 제공 업체에서 10억 달러의 백엔드 이더넷 및 옵틱스 AI 주문을 예상하고 있다. 그 외에도 엔터프라이즈 고객을 공략하기 위해 엔비디아와 파트너십을 맺어 기회를 모색 중이다.

2) 스플렁크의 인수와 시너지

시스코는 2024년 3월 18일, 280억 달러에 스플렁크(Splunk)를 인수했다. 이 인수는 보안 및 옵저빌리티 부문의 역량을 강화하기 위해 이루어졌다. 스플렁크는 로그 및 머신 데이터 분석에 특화된 솔루션을 제공하며 다양한 IT 환경에서 데이터의 실시간 가시성을 제공하는 것이 강점이다. 스플렁크는 AI 및 머신러닝 기반의 데이터 분석 기능을 강화하고 보안 및 IT 운영에서의 활용도를 높여주는 솔루션들을 보유하고 있다. AI 및 데이터 주도로 더욱 복잡해지는 IT 운영 환경 변화로 더욱 중요해지는 두 가지 부문에서 시너지를 낼 것으로 예상된다. 시스코는 인수 후 스플렁크의 연간 반복 매출(Annual Recurring Revenue)이 15% 이상 성장할 것으로 예측하고 있다.

3) 구독 모델로의 전환

전체 매출은 줄어들고 있지만 구독 수익은 증가하고 있다. FY24 3분기 기준 구독 매출은 전체 매출의 54%인 69억 달러이고, 총 연간 반복 매출도 전년 대비 22% 성장했다. 구독 및 연간 반복 매출은 지속적인 수익 흐름을 창출할 수 있어 안정적인 매출과 수익을 확보할 수 있다.

#4 2024년 실적 및 향후 전망

시스코의 FY24(2023년 7월 30일 ~ 2024년 7월 27일) 기준 총매출은 538억 달러이며, 전년 대비 6% 감소했다. 시스코는 고객들이 기존 보유 장비를 지속적으로 활용하고 있기 때문이라고 설명했다. 스플렁크 인수로 구독 모델로의 비즈니스 모델 전환이 가속화되고 있으며 스플렁크는 FY24 기준 14억 달러의 매출에 기여했다. 시스코는 FY24 실적을 발표하며 네트워크 사업부의 7%에 달하는 인력 구조조정 계획을 발표하면서 주가는 7%가 상승하여 2020년 11월 이후 가장 높은 주가 상승률을 보였다. 시스코는 이미 2024년 2월에 약 4,000명의 인력을 조정했기에 추가로 2,000명의 인력을 조정할 것으로 예상된다.

시스코는 FY25 1분기 첫 실적을 138.4억 달러를 기록하며 시장 컨센서스를 상회하였으나 4분기 지속 매출이 하락하는 추세를 보였다. 매출 초과 실적은 예상대로 성장이 예상되는 보안 및 옵저빌리티 부문에서 나타났고 네트워크 시장은 컨센서스를 약간 하회했다. 회계연도 매출 가이던스를 553억~566억 달러로 상향했다. 중장기적으로 스플렁크 인수를 통한 잠재 시장의 성장률 증가, 구독 비즈니스 모델의 가속화, 핵심 시장인 네트워크 장비의 회복이 기대된다. FY25에는 가장 핵심 사업 부문인 네트워크 시장이 회복될 것으로 전망되어 그에 맞게 매출 성장이 이뤄지는지와 스플렁크 인수로 인한 시너지와 보안 및 옵저빌리티의 성장세를 지켜볼 필요가 있다.

시스코시스템즈 연혁

1984	레오나르도 보삭과 샌디 러너가 시스코시스템즈 설립
1986	최초의 프로덕트, TCP/IP 프로토콜 라우터 판매
1990	나스닥 IPO(시가총액 224만 달러)
1992-1994	이더넷 스위칭 기업 인수: 칼파나(Kalpana), 그랜드 정션(Grand Junction), 크레센도 커뮤니케이션즈(Crescendo Communications)
1996	46.7억 달러에 스위칭 장비 제조사 스트라타컴 인수
1998	시가총액 1,000억 달러 돌파
1999	17개 회사 인수: 전화 통화 라우팅 소프트웨어 회사, 광섬유 네트워크 장비 회사, 무선 LAN 장비 회사, 이탈리아 피렐리(Pirelli & C. SpA)의 광섬유 통신 장비 사업부 등
2000	시가총액 4,500억 달러 돌파
2006	인도 벵갈루루에 글로벌 센터 설립
2009	모바일 전문 회사 스타렌트 네트웍스 및 다른 회사들 인수를 통해 새로운 시장으로 진출
2012	EU로부터 TV 소프트웨어 개발사인 NDS 인수 허가
2013	홈 라우터 사업 부문 벨킨 인터내셔널사에 매각. 소비자보다 기업 고객에 집중
2018-2019	2.7억 달러에 AI-driven 비즈니스 인텔리전스 스타트업 어컴퍼니(Accompany), 고객 경험 매니지먼트 회사인 클라우드체리(CloudCherry) 인수
2023	역대 가장 큰 규모인 280억 달러에 사이버 보안 회사 스플렁크 인수

슈퍼마이크로 Super Micro Computer (SMCI)

인공지능 수요에 날개를 달았던 슈퍼마이크로, 공매도 리포트의 암초를 넘어설 수 있을 것인가?

2024년 기준 전 세계 서버 글로벌 3위 공급사인 슈퍼마이크로 컴퓨터(이하 슈퍼마이크로)는 1993년 대만 출신으로 스탠퍼드대학에서 전자공학 석사 학위를 받은 찰스 리앙에 의해 실리콘밸리에서 설립됐다. 초기엔 겨우 5명의 직원과 함께 회사를 시작했다. 2000년대 초반 인터넷 붐과 데이터센터 확장이 이루어지면서 고성능 서버 기술, 데이터센터 솔루션, 그린 IT 기술 등을 기반으로 빠르게 성장했다. 최근 인공지능으로 인한 고성능 서버와 데이터센터 수요 확대로 인해 매출 증가와 급격한 주가 상승을 기록했다.

슈퍼마이크로의 사업 부문은 크게 두 가지로 볼 수 있다. FY24 3분기 기준(2023년 12월 ~ 2024년 3월) 매출의 대부분(96%)을 차지하는 서버와 스토리지 시스템은 고성능 서버, 블레이드 서버, 스토리지 서버 등을 포함한 다양한 서버 제품 군을 제공하는 사업 부문이다. 또한 매출의 4%를 차지하는 서브 시스템과 액세서리 사업 부문이 있다. 슈퍼마이크로는 서브 시스템과 부품들로 사업을 시작해서 점차 사업을 확장시켜 서버와 스토리지 시스템의 매출 비중이 계속 확대되고 있다. 고객의 절반은 주문 제조 공급자(OEM Appliance)와 대형 데이터센터이며 대기업과 채널이 나머지 절반, 그리고 매출 비중으로는 아주 적은(1%) 통신 사업자들이 있다.

슈퍼마이크로는 인공지능 서버의 선도 기업이자 엔비디아의 세 번째로 큰 고객일 정도로 AI 서버의 리딩 기업이다. 전체 직원 수의 50% 이상이 엔지니어인 슈퍼마이크로는 엔지니어 기반의 문화를 갖고 있으며, 그로 인해 가능한 모듈 디자인 방식, 신기술의 빠른 도입, 액체 냉각 시스템을 갖춘 서버 랙을 대량으로 생산 및 고객사에 인도할 수 있는 능력으로 AI 서버에서 경쟁력을 지속적으로 유지할 것으로 예상된다.

다만 2024년 8월 27일 행동주의 공매도 투자 회사인 힌덴버그 리서치는 슈퍼마이크로의 특수 관계인과의 거래, 회계 부정 및 무역 제재 등에 대한 심각한 의혹을 제기했고, 슈퍼마이크로사는 실적은 어닝콜에 보고한 대로이나 경영진이 내부 통제 시스템을 검토하는 데 시간이 걸린다고 고지하면서 예정된 연례 보고서(10-K) 제출을 연기했다. 그에 따라 주가는 8월 28일 하루 만에 19% 내렸다. 2024년 초에 AI 수요에 따른 놀라운 매출 성장을 보여주면서 1,000달러가 넘는 주가를 기록(최고점: 1,229달러, 분할 전)했고 이후 조정이 됐지만 지속적인 놀라운 매출 성장률을 보여줬다. 2025년에도 거의 동일한 수준의 매출 성장을 목표했기 때문에 가이던스대로라면 안정적인 주가 흐름을 보여줄 것으로 예상됐으나, 힌덴버그 리서치가 제기한 의혹이 의혹에 그칠지, 아니면 심각한 문제로 드러날지 지켜볼 필요가 있다.

2024년 9월 9일엔 또 다른 공매도 투자 회사인 글래스하우스 리서치가 리포트를 발행하며 "해당 이슈에 대해 회계 조작이 이루어지지 않았다고 보며, 이 경우 그간의 주가 하락은 매력적인 진입 기회를 형성한다"고 발언하고, "슈퍼마이크로 컴퓨터에서 확인할 수 있는 양적 회계 지표들은 힌덴버그 리서치가 발표한 숏 보고서에서 지적하는 논리에 부합하지 않는다. 숏 보고서 발표 직후에 10-K 보고서 제출이 연기됐지만, 이는 사측이 숏 보고서에서 언급된 사항들을 다시 한번 확인하기 위해 선제적으로 대응한 것이라고 볼 수 있다"고 평가했다. 이로 인해 주가가 상승(+6%)했다. 이후 9월 26일 미 법무부가 슈퍼마이크로에 대한 힌덴버그 리서치 보고서 조사를 개시했다는 보도에 의해 주가가 하락(-12%)했으나 10월 7일 슈퍼마이크로사는 우수한 출하량을 발표하며 주가가 급등(+14%)하기도 했다.

하지만 10월 24일 회계감사를 맡았던 언스트앤영이 사임하면서 회계 부정 가능성과 규제 불확실성으로 주가가 그야말로 폭락했다. 그로 인해 엔비디아를 포함한 고객사들은 인공지능 공급체인을 델과 HPE 등 주요 공급사들로 변경할 계획으로 타 주요 공급사들에는 수혜가 될 수 있으나 인공지능 공급에는 악영향을 끼칠 수 있다. 감사인을 찾고 있는 슈퍼마이크로사가 실적보고서 등 제출이 늦어질 경우 상장 폐지까지도 가능한 상황이고 주요 애널리스트들도 목표 가격을 하향하거나 취소하면서 포지션을 변경하고 있기 때문에 투자에 매우 조심해야 할 상황이다. 이후 감사인 선정에 어려움을 겪으면서 거의 상장 폐지 위기에 처했지만 12월 BDO를 감사인으로 선임하면서 폐지 위기를 넘기고 회계 문제가 없다는 입장을 다시 밝히면서 주가가 다시 급등하기도 했으나 재하락하는 등 여전히 위험이 사라진 것은 아니다. 여전히 새로운 감사인이 회계 감사를 수행하고 제출해야 할 보고서를 어떻게 보고하는지 지켜보고 법무부 조사 등의 중요한 이슈들이 어떻게 해소될지 주의 깊게 지켜보아야 할 필요가 있다.

반도체
클라우드, 인공지능, 자율주행 등 모든 혁신은 반도체에서 시작된다

허 진 10년 이상 반도체 분야에서 일하며 PC, 서버, 모바일, 오토모티브 등 다양한 응용처를 담당하였고 연간 경영계획 수립, 제품별 가격 및 판매전략 설계, 시장 데이터 분석 등의 업무를 수행했다. 2021년 USC 경영전문대학원(MBA) 졸업 후 현재는 미국에 거주하며 글로벌 메모리 제조사에서 시니어 매니저로서 시황 분석 및 전망 업무를 담당 중이다.

2024년 리뷰
인공지능이 가져온 반도체 시장의 봄

팬데믹이 불러온 반도체 시장의 겨울

2020년 시작된 팬데믹은 전 세계 경제에 큰 타격을 주었으나, IT 업계는 예외적으로 호황을 맞이했다. 팬데믹으로 재택근무가 대중화되면서 기업용 PC 수요가 급증했고, 이에 따라 중앙 처리 장치(CPU), 그래픽 처리 장치(GPU), 메모리 반도체 등 IT 제품 전반의 수요도 크게 증가했다. 시장조사기관 IDC에 따르면 글로벌 PC 판매량은 2019년 2억 7,000만 대에서 2021년 3억 5,000만 대로 급증했는데, 특히 고사양 PC와 게이밍용 PC에 대한 수요가 크게 증가했다. PC 수요의 증가와 함께 클라우드 서비스 수요도 빠르게 확대됐다. 아마존, 마이크로소프트(MS), 구글, 메타 등 주요 IT 기업들은 데이터센터 확장을 위해 투자를 확대했고, 반도체 업계도 빠르게 증가하는 수요를 충족시키기 위해 생산 용량을 늘렸다.

팬데믹 시기 동안 경제 위축을 극복하기 위해 각국 정부는 막대한 유동성을 공급했으며, 이에 따라 최종 소비자들의 수요도 빠르게 증가하며 IT 업계의 호황을 불러왔고, 일부 전문가들은 팬데믹 이후에도 IT 업계의 호황이 지속될 것이라 전망하기도 했다. 하지만 급격한 유동성 공급은 곧 높은 인플레이션을 초래했다. 그 결과 얼마 지나지 않아 소비자들의 소비 여력이 팬데믹 이전보다 낮은 수준으로 감소했고, IT 제품의 수요 또한 영향을 받기 시작했다. 특히 중국의 경제 회복이 예상보다 더디게 진행되며 중국의 수요 또한 부진했고, 엎친 데 덮친 격으로 중국 정부의 제로 코로나 정책으로 인해 글로벌 공급망에도 차질이 생겼다. 2022년 러시아의 우크라이나 침공은 글로벌 경제에 불안 요소를 더하며 IT 시장의 성장세를 급격히 둔화시켰다.

2022년은 글로벌 반도체 매출이 최고점을 기록한 해였으나, 동시에 메모리 반도체 시장의 하락세가 시작된 해이기도 했다. 10년 동안 이어져온 메모리 반도체 호황기 동안 많은 투자가 이뤄졌고 생산 용량이 크게 확대됐으나, 수요 급감으로 인해 메모리 반도체 제조사들은 빠르게 대응하지 못했다. SK하이닉스와 마이크론은 2022년 10월과 11월에 투자 축소와 생산 감산을 발표했지만, 메모리 반도체 1위 공급사인 삼성전자는 2023년 4월에 들어서야 감산에 나섰다. 이미 시장에는 공급 과잉으로 인한 재고가 쌓여 메모리 가격은 급격히 하락했다. 2022년 말에는 전례 없는 수준의 가격 하락이 발생했고, 2023년 글로벌 메모리 반도체 매출은 1,200억 달러에서 920억 달러로 급락했다. 이는 지난 10년 중 가장 가혹한 하락세였다.

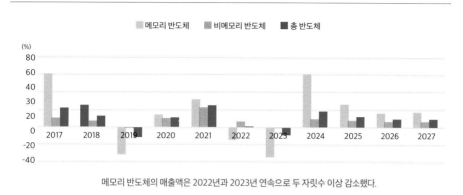

메모리 반도체와 비메모리 반도체 연간 매출액 증감률

■ 메모리 반도체   ■ 비메모리 반도체   ■ 총 반도체

메모리 반도체의 매출액은 2022년과 2023년 연속으로 두 자릿수 이상 감소했다.

자료: 옴디아

하지만 이 시기에 인공지능(AI) 기술의 급성장이 새로운 기회를 제공했다. 2022년 11월 오픈AI의 챗GPT-3.5가 발표된 이후 전 세계적으로 AI에 대한 관심이 폭발적으로 늘었다. 챗GPT 가입자는 매우 빠른 속도로 증가했고, AI 모델 학습에 필요한 GPU 수요가 급증했다. 이에 따라 엔비디아의 최신 AI 가속기용 GPU인 H100은 AI 모델 개발에 필수적인 부품이 됐으며, AI 가속기용 고대역폭 메모리(HBM)의 수요도 함께 증가했다. SK하이닉스는 엔비디아 H100에 사용되는 HBM3를 독점 공급하며 시장에서 빠르게 우위를 점했다.

AI 시장의 급성장은 위기에 빠진 메모리 반도체 시장에 새로운 기회를 제공했다. AI 가속기는 대규모 데이터를 빠르게 처리하기 위해 고대역폭과 낮은 지연시간을 갖춘 HBM과의 결합이 필수적이다. HBM은 여러 개의 D램을 수직으로 쌓아 고성능 연산 작업에 최적화된 메모리 반도체로, AI 가속기와 결합하면서 그 수요가 급격히 증가했다. 하지만 HBM은 기존 D램에 비해 생산과 패키징이 어려워 생산량이 제한되고 제조 수율 또한 범용 D램에 비해 낮은 수준이라 HBM 생

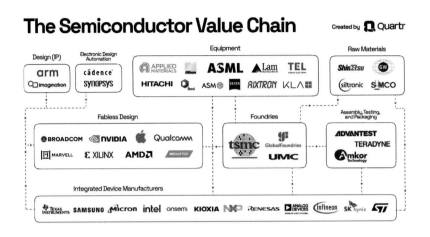

자료: Quartr

산이 늘수록 범용 D램 생산량은 줄어들었다. 게다가 2022년 하반기부터 시작된 메모리 반도체 감산이 2023년 하반기부터 효과를 보기 시작하며 수요와 공급이 점차 안정을 찾아갔다.

GPU, 인공지능 생태계의 기축통화가 되다

"과소 투자로 인해 경쟁에서 뒤쳐지는 것이 과잉투자보다 훨씬 더 위험하다." 아마존, 마이크로소프트(MS), 구글, 메타와 같은 클라우드 서비스 제공 업체(CSP)들은 AI 관련 투자 과잉에 대한 우려에 입을 모아 이같이 답한다. 2024년, 대형 CSP 업체들은 AI경쟁에서 승리하기 위해 전년 대비 자본지출(Capital Expenditure, CapEx)을 대폭으로 증액하며 AI 관련 투자를 공격적으로 확대해나 갔다. CSP들의 AI 관련 투자는 미국 내에만 국한되지 않고 유럽과 아시아 등을

주요 클라우드 서비스 제공 업체들의 자본지출액 증가 예상(2023~2025년)

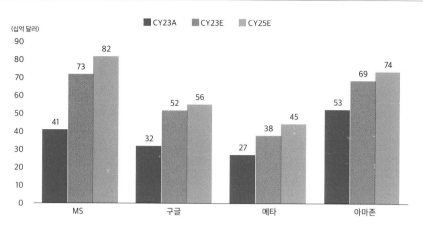

폭발적으로 증가하는 AI 수요를 감당하기 위해 서비스 제공 업체들의 자본지출액 또한 빠르게 증가하고 있다.

자료: 제프리스 파이낸셜 그룹

비롯한 전 세계로 확장됐는데, 이 투자에 가장 적극적인 MS의 경우 말레이시아, 인도네시아, 그리고 일본 등지에 수십억 달러 규모의 투자를 통해 AI 및 클라우드 인프라 확장을 약속했다.

이러한 AI 관련 투자 확대 기조는 CSP들뿐만 아니라 델(Dell), HPE와 같은 전통적인 서버 강호들, 코어위브(Coreweave), 코히어(Cohere) 등 신규 GPU 클라우드 서비스 제공 업체들, 그리고 각국 정부에 이르기까지 거의 모든 곳으로 빠르게 확산됐다. 이렇게 폭발적으로 증가하는 AI 관련 투자의 흐름을 쫓다 보면 그 중심에는 언제나 엔비디아와 엔비디아의 AI 가속기용 GPU인 H100이 자리 잡고 있다.

엔비디아는 2023년 하반기부터 자사의 AI 가속기 H100의 폭발적인 수요로 매 분기 기록적인 매출을 달성하기 시작했다. H100 출시 전 분기당 40억 달러 이하였던 데이터센터 매출이 2024년에는 분기당 200억 달러를 넘어섰고, 연매출

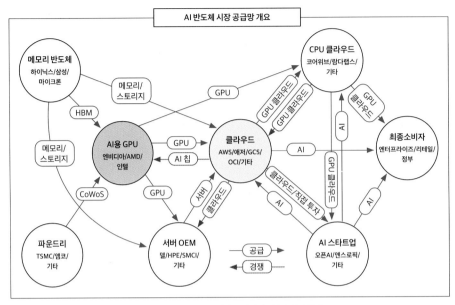

AI 반도체 시장 공급망 개요

엔비디아의 AI 가속기는 전체 AI시장의 기축통화가 됐다.

자료: 저자 허진

1,000억 달러 돌파 전망도 나왔다. 미국 정부가 고성능 AI 가속기의 중국 판매를 제한했음에도 불구하고, 중국 외의 수요만으로도 H100 공급이 부족해 한때 리드타임(lead time, 제품 생산 소요 시간)이 최대 11개월에 달했고, 고객들은 프리미엄을 지불하면서까지 제품을 확보하려 했다. H100의 수요 급증은 공급망에도 영향을 미쳤다.

HBM을 공급하는 SK하이닉스와 패키징을 담당하는 세계 최대 파운드리(반도체 위탁 생산) 기업 TSMC는 생산량을 최대한 늘렸으나, 설비 확장에 한계가 있었다. 특히 HBM은 생산 수율이 낮아 공급 부족이 지속될 수밖에 없었다. HBM 수요는 전년 대비 200% 증가했고, SK하이닉스를 비롯한 공급사들은 2024년 생

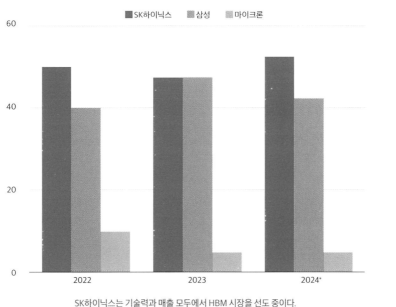

SK하이닉스는 기술력과 매출 모두에서 HBM 시장을 선도 중이다.

* Forecast
자료: 트렌드포스

산량을 모두 조기 판매 완료했으며, 2025년 물량도 대부분 2024년 중순에 예약이 완료됐다. TSMC 역시 CoWoS(Chip-on-Wafer-on-Substrate) 공정 생산량을 2023년 대비 150% 확대했으나, 공급 부족은 해소되지 않아 2025년에 다시 한번 생산량을 두 배로 확장할 예정이다. AI 반도체 수요 증가와 공급 부족이 맞물리며 메모리 업체들과 TSMC는 2024년 매출이 크게 성장했고, 특히 메모리 업체들은 최근의 매출 부진을 벗어나 흑자로 전환했다.

AI 가속기 수요 확대로 가장 많은 이득을 본 파운드리 업체는 TSMC였다. TSMC는 엔비디아와 AMD의 AI 가속기뿐만 아니라 아마존, MS, 구글, 메타 등 대형 클라우드 서비스 제공 업체가 자체 제작하는 주문형 반도체(Application-

Specific Integrated Circuit, ASIC) 기반 AI 칩 수주를 거의 독점하며 시장 지배력을 공고히 했다. 특히 2012년 TSMC가 자체 개발한 첨단 패키징 기법인 CoWoS가 엔비디아의 AI 가속기를 생산하기 위한 핵심 공정으로 자리 잡으며 AI 반도체 시장에서 TSMC의 위상은 단순히 반도체를 위탁 생산하는 파운드리 회사 이상이 됐다.

기존의 패키징이 여러 반도체 칩들을 하나의 회로기판(PCB) 위에 올리고 재배선(RDL)을 통해 칩들을 연결했다면, TSMC의 CoWoS는 인터포저(Interposer)라는 아주 얇은 실리콘 층 위에 여러 반도체 칩을 직접 배치하여 하나의 패키지로 만드는 방식이다. CoWoS는 기존의 회로기판 방식 대비 제조 난이도가 높고 비용이 많이 들지만, AI 컴퓨팅에 필수적인 고대역폭(High-bandwidth)과 저지연(Low-latency) 측면에서 엄청난 강점이 있다. 따라서 엔비디아는 자사의 GPU와 SK하이닉스의 HBM을 하나로 패키징하기 위해 CoWoS를 선택했고, TSMC의 CoWoS 생산량에 따라 전체 AI 가속기의 생산량이 결정되는 상황이 됐다. 반면 삼성전자는 2017년 파운드리 사업을 별도로 독립시키며 성장시키려 했으나 AI 관련 칩 생산에서 TSMC와의 격차를 좁히지 못했고, 인텔 역시 미국 정부의 반도체 지원법(CHIPS Act) 지원을 바탕으로 파운드리 사업을 확장하려 했으나 TSMC의 독주를 따라잡기에는 역부족이다. 이러한 상황에서 TSMC는 AI 가속기 시장에서 기술적 우위를 점하며 경쟁사들을 압도하는 위치를 차지하게 됐다.

한편 AI 시장에서 엔비디아의 주도권이 지속적으로 강해짐에 따라 구글, 인텔, 퀄컴 등을 중심으로 한 반(反) 엔비디아 전선이 형성됐다. 대형 CSP들은 엔비디아 AI 가속기의 의존도를 낮추고, 자사의 AI 모델 최적화를 위해 적극적으로 오픈소스 기반의 자체 AI 칩을 개발하기 시작했다. 이 칩들은 대부분 ASIC 기술을 기반으로 하여 각 회사의 애플리케이션과 서비스에 특화되어 있다. 주로 추론

TSMC의 CoWoS 개요

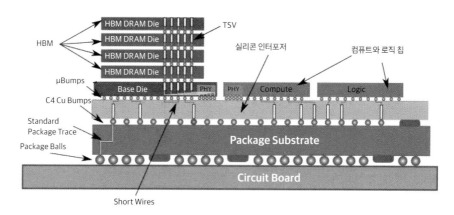

엔비디아의 최첨단 AI 가속기의 생산량은 TSMC의 CoWoS 생산능력에 달려 있다.

자료: 세미어날리시스

(Inferencing)에 초점이 맞춰진 ASIC 기반의 AI 칩들은 각각 특화된 AI 모델에서는 매우 뛰어난 성능을 보여주지만 그 이외의 모델에서는 그만큼의 성능이 나오지 않는다. 따라서 AI 학습(Training)용으로 설계된 엔비디아의 범용 AI 가속기를 당장 대체할 수는 없겠지만 장기적으로 봤을 때 AI 시장에서 엔비디아 의존도를 낮출 것으로 기대된다.

팬데믹 시기 반도체 공급망의 취약성과 중국 반도체 기업들의 급성장으로 인해 미국은 자국 반도체 산업 보호에 나섰다. 2022년 10월, 미국 상무부(US Department of Commerce)는 첨단 반도체와 관련 기술에 대한 수출 통제를 발표하며 중국의 반도체 기술 발전을 강력히 견제했다. 이에 따라 2023년부터 엔비디아, AMD, 인텔의 고성능 AI 가속기도 중국 수출이 제한됐다. 엔비디아는 성능이 제한된 제품을 개발해 대응하려 했으나, 미 상무부의 지나 레이몬도(Gina Ramondo) 장관은 "엔비디아가 규제를 피하기 위해 칩을 재설계할 경우, 그 즉시 새로운 칩 또한 규제 대상이 될 것"이라고 하며 강력한 경고를 남겼다. 이로 인해 엔비디아의 중국 매출은 급감했고, 중국의 AI 기술 발전 속도도 더디게 됐다. 그러나 이러한 제재는 오히려 중국이 독자적인 반도체 기술 개발에 박차를 가하게 하는 계기가 되기도 했다.

미국 정부는 대중 제재와 동시에 자국 내 반도체 산업 지원도 강화했다. 2022년 제정된 반도체 지원법은 530억 달러 규모로, 미국 내 반도체 제조 및 연구 시설을 지원하는 내용을 담고 있다. 1990년대까지 세계 반도체 생산의 37%를 차지했던 미국은 2020년대 초반 10% 수준으로 비중이 하락했다. 미국 내 반도체 생산이 감소하면서 반도체 생산의 주도권은 한국과 대만 등 아시아 국가들로 넘어갔고, 팬데믹 시기 반도체 공급망 안정성이 흔들리며 미국은 반도체로 인한 국가 안보의 위협까지 느꼈다. 이러한 문제를 해결하기 위해 미국 정부는 국내 반도체 제조업을 확대하고자 매우 파격적이라고 할 수 있는 지원 정책을 실시했다. 반도체 지원법의 가장 큰 수혜 기업은 인텔과 마이크론이라고 볼 수 있다. 2024년 11월 조 바이든 행정부는 인텔에 79억 달러의 보조금을 지원할 것이라고 발표하였고, 마이크론도 12월 61억 6,500만 달러의 지원을 확정받아 뉴욕과 보이시(Boise)에 D램 공장을 건설할 계획을 밝혔다.

인텔 왕국의 몰락

2024년 8월 1일, 인텔의 24년 2분기 실적 발표 이후 29.05 달러에 마감됐던 인텔의 주가는 하루 만에 무려 26% 이상 하락했다. 인텔의 2분기 매출과 순손실은 각각 128억 달러와 16억 달러로 전망치를 한참 미치지 못했을 뿐만 아니라, 3분기 매출 가이던스 또한 전년 동 분기 대비 8% 감소할 것으로 발표했다. 물론 100억 달러 정도의 비용 절감을 위한 구조조정, 4분기 배당금 지급 중단, 연간 자본지출(Capital Expenditure, CapEx) 20% 감축 등 사업 정상화를 위한 대안을 제시했으나, 어디까지나 단기적인 처방일 뿐 인텔이 직면한 근본적인 문제를 해결하기엔 한참 부족했다. 한때 "지하실에서 외계인을 고문해 기술을 뽑아낸다"고 했을 정도로 반도체 산업의 기술 혁신을 이끌며 오랜 시간 동안 반도체 업계 매출 1위 자리를 놓치지 않았던 반도체의 제왕 인텔에겐 너무나도 처참한 성적표였다. 특히나 엔비디아를 비롯한 다른 반도체 업체들이 AI 바람을 타고 실적과 주가 모두 성적을 내고 있다는 점을 감안하면 인텔의 추락은 더욱 뼈아픈 것이었다.

현재 인텔은 사실상 사면초가의 상태에 몰려 있다. 인텔은 AI 가속기 시장에서는 엔비디아는 물론 그보다 훨씬 작은 규모인 AMD 조차 상대할 수 없는 체급이고, 전통적으로 인텔이 강세를 보여왔던 서버와 PC 시장에서도 인텔의 지위는 예전과 같지 않다. 우선 서버 시장에서는 2023년 신규 CPU인 사파이어 래피즈(Saphire Rapids)의 개발 지연과 양산 도중 발견된 버그 등의 문제로 인해 AMD에게 계속해서 점유율을 빼앗겼고, 이후 출시된 에메랄드 래피즈(Emerald Rapids)의 판매 또한 기대에 미치지 못하며 2024년 3분기에는 AMD의 매출 기준 점유율이 역대 최고치인 34%까지 증가했다. 그나마 PC 시장에서는 여전히 인텔이 80% 가까운 수준의 점유율을 유지하고 있으나, 문제는 PC 완제품 판매 수량의 성장이 이미 안정기에 접어든 상태라 더 PC용 CPU의 성장 또한 한계가 명확하다는 점이다. 정체된 PC 시장의 차세대 성장 동력으로 주목받는 AI PC 시장에서는 신흥 도전자인 퀄컴(Qualcomm)에게 선수를 빼앗겼다. 퀄컴은 자사의 모바일용 스냅드래곤(Snapdragon)의 뛰어난 전성비(전력 소비량 대비 성능 비율)를 앞세워 MS, 델, HP, 레노버, 삼성 등의 주요 PC 제조사들의 AI PC에 사용되는 칩을 우선 공급했고, 2024년 6월 퀄컴의 스냅드래곤 X를 탑재한 AI PC들이 시장에 출시됐다. 반면 인텔의 차세대 칩인 루나 레이크(Lunar Lake)는 그보다 한 분기 뒤처지는 2024년

9월 출시됐다.

어려운 상황에 처해 있긴 하지만 그래도 CPU 사업에서는 꾸준히 매출과 이익을 내고 있는 반면, 인텔의 파운드리 사업은 막대한 액수의 적자를 내고 있다. 인텔은 2024년 1분기부터 사업 부문을 반도체 설계와 개발을 담당하는 '인텔 프로덕트(제품) 그룹'과 반도체 위탁 생산을 담당하는 '인텔 파운드리 그룹'으로 나눴다. 이에 따라 각 사업부별 재무제표를 분리해 발표하기 시작했다. 파운드리 그룹은 2023년에는 약 70억 달러의 매출 손실을 기록했고 2024년 1분기와 2분기에는 각각 25억 달러와 28억 달러로 상반기 누적 53억 달러의 손실이 발생했다. 그동안 인텔은 미세 공정에 필요한 극자외선 노광장비인 EUV(Extreme Ultraviolet Radiation)의 도입이 늦었기 때문에 파운드리 사업의 제조 역량이 TSMC를 비롯한 경쟁사 대비 뒤처져 있었고, 이를 만회하고자 최근 집행한 대규모의 투자가 파운드리 실적 부진의 원인이 됐다. 따라서 대규모 투자가 어느정도 마무리되고 신뢰성 있는 제품들이 나와 매출 성적을 올려주기까지는 다소 시간이 걸릴 것으로 예상된다. 2024년 초 인텔은 파운드리 사업을 독립시키며 2027년 1.4나노미터(nm) 초미세 공정 도입, 2030년 매출총이익률 60%, 영업이익률 40% 달성 등과 같은 매우 공격적인 목표를 제시했다. 하지만 현재로선 이러한 목표 달성이 쉽지 않을 것으로 보인다.

결국 인텔은 2024년 9월 파운드리 사업부를 분사하고 유럽 내에 짓고 있는 공장들도 일시적으로 건설을 중단하는 등의 내용을 담은 구조조정 방안을 발표했다. 파운드리 사업의 경우 2024년부터 별도의 재무 실적을 공개해왔는데, 이를 넘어서 사업부 전체를 완전히 독립시켜 자회사로 만들기로 한 것이다. 인텔의 팻 겔싱어(Pat Gelsinger) CEO는 직원들에게 보내는 서한을 통해 "파운드리 사업을 자회사로 분리할 경우 외부 자금을 조달하기 유리하고, 독립성에 대한 고객들의 우려를 완화할 수 있다"고 밝혔다. 파운드리 사업의 분사와 함께 인텔은 재무건전성을 강화하기 위해 해외 공장 건설 프로젝트들을 중단하고 대대적인 구조조정에 나섰다. 그뿐만 아니라 향후 안정적인 수익 창출을 위해 AWS의 AI용 칩 생산 계약을 체결했고, 국방부에 공급할 군사용 반도체 생산을 위해 30억 달러의 추가 보조금도 따냈다. 2024년 12월 1일, 인텔의 CEO 펫 겔싱어가 전격 사임하고 최고재무책임자(CFO) 데이비드 진스너(David Zinsner)와 제품 그룹의 책임자인 미셸 존스턴 홀트하우스(Michelle Johnston Holthaus)가 공동 CEO를 맡아 인텔호의 차기 선장을 물색 중이다. 현재 인텔은 1968년 창립 이후 50년이 넘는 긴 시간 속에서 가장 큰 위기를 맞이하고 있다. 앞으로 인텔이 반도체 산업의 왕좌를 되찾을 수 있을지, 아니면 이대로 몰락할 것인지 귀추가 주목된다.

2025년 전망
미-중 반도체 패권 전쟁과 AI

2025년 반도체 시장의 가장 중요한 키워드 두 가지를 꼽으라면 미-중 반도체 패권 전쟁과 AI라고 할 수 있을 것이다. 미국과 중국의 반도체 패권 전쟁은 두 국가의 국내 정치와도 밀접하게 연결되어 있을 뿐만 아니라, 그들을 둘러싼 주변국들의 이해관계와도 복잡하게 얽혀 있어 사실상 전 세계 반도체 시장에 영향을 미치고 있다. AI의 경우 AI 가속기를 중심으로 메모리와 스토리지 공급사들, 파운드리와 여러 장비 업체들, 더 나아가 서버 제조사들과 클라우드 회사들에 이르기까지 다양한 이해관계로 연결된 서플라이 체인 전체를 관통하는 핵심 주제이다. 따라서 이 두 키워드는 2025년 반도체 시장을 전망하기 위한 좋은 가늠자가 될 것이다.

미-중 반도체 패권 전쟁의 승리자는 누가 될 것인가?

미국이 반도체 지원 법을 통해 반도체 업체들을 지원하는 사이 중국 또한 반도체 굴기를 위해 막대한 양의 자금을 쏟아붓고 있는 중이다. 미국의 대중 반도체 장비 수출 규제가 심해지자, 중국 정부는 이에 맞서 2024년 5월에 3,440억 위안(약 65조 원) 규모의 반도체 기금을 조성하며 반도체 산업 육성을 장려하고 있다. 일례로 2020년 이후 미국 정부가 중국의 첨단 반도체 생산을 제한하기 위해 극자외선 노광장비 EUV 수출을 강력하게 규제했으나, 2023년 하반기 중국의 SMIC(Semiconductor Manufacturing International Corporation)는 한 세대 이전 심자외선 장비인 DUV(Deep Ultraviolet)만을 이용해 7나노 공정을 개발하여 화웨이에 모바일용 기린 9000S(Kirin 9000S)를 공급하는 데 성공했다.

그뿐만 아니라 규제로 인해 AI 칩 수입 또한 어려워지자 화웨이는 자체 AI 칩인 어센드 910B를 개발하기도 했다. 화웨이는 여기서 멈추지 않고 2024년 4분기에는 엔비디아의 H100와 비슷한 성능을 가졌을 것으로 예상되는 어센드 910C의 출시를 예고하며 AI 시장에서 엔비디아의 아성에 계속해서 도전장을 내고 있다. D램의 경우는 창신 메모리 테크놀로지스(ChangXin Memory Technologies, CXMT)가, 낸드플래시는 양쯔 메모리 테크놀로지스(Yangtze Memory Technologies, YMTC)가 기존의 메모리 제조사들을 빠르게 추격해왔다. 특히 YMTC의 성장이 놀라운데, 2024년과 2025년에는 매년 비트(bit) 생산량이 40% 이상 증가하며 시장 평균 성장률을 가볍게 넘어설 것으로 예상된다.

물론 중국의 모바일 칩이나 AI 칩은 경쟁사 대비 여전히 기술적으로 수년 정도 뒤처졌을 뿐만 아니라 생산 수율 또한 시장 평균에 비해 낮아 경제성이 매우 부족하기 때문에 중국 정부의 지원과 내수 시장 없이는 시장에서 살아남기가 쉽지 않다. CXMT와 YMTC의 생산량이 빠르게 성장해온 것은 사실이나 주요 고객들 또한 중국 내의 업체들로 제한되어 있다. 이제 중국 정부는 점점 강해지는 미국의 수출 제한 속에서 경쟁력이 부족한 자국 기업들을 위해 끝이 보이지 않는 지원을 계속해야 하는 상황에 놓였다. 최근 중국의 경제 성장이 눈에 띄게 둔화되고 있다는 점을 고려하면 중국 반도체 업체들이 시장에서 유의미한 성과를 낼 수 있을 때까지 정부의 지원이 지속될 수 있을지 지켜볼 필요가 있다.

미국 공화당의 도널드 트럼프가 47대 대통령으로 당선되면서 반도체 시장에도 변화가 예상된다. 우선 바이든 행정부가 제정한 '반도체 지원법(Chips Act)'은 축소되거나 철회될 가능성이 크다. 트럼프는 선거 운동 중 이 법안을 '부자 기업 지원 정책'이라며 비판했으며, 공화당 소속의 마이크 존슨 하원 의장도 폐지를 언급해 논란을 일으켰다. 트럼프 행정부가 지원법을 축소하거나 철회한다면 인텔, 마이크론 등 미국 회사뿐만 아니라 TSMC, 삼성전자 등의 미국 내 공장 신설 계획도 영향을 받을 수 있다. 트럼프는 반도체 지원법 대신 수입 반도체에 고관세를 부과해 국내 생산을 촉진하겠다는 입장이다. 이 타깃은 먼저 중국산 반도체에 집중될 가능성이 높지만, 대만과 한국 제품까지 확대될 수 있다. 미국 반도체 제조 업체들은 일부 경쟁력에서 이점이 있을 수 있으나, 수입 반도체 가격 상승으로 시장 축소와 완제품 가격 인상이 예상된다. 트럼프 행정부는 바이든 행정부와는 달리 자국 생산 강화와 반도체 수출 통제 강화라는 정책을 펼치겠지만, 이러한 정책이 오히려 미국의 글로벌 경쟁력을 약화할 가능성도 있다. 그뿐만 아니라 그동안 구축해온 한국, 대만, 일본 등 동맹국들과의 긴밀한 글로벌 반도체 공급망에 균열이 생길 수 있다. 다만 중국에 대한 반도체 장비 수출 및 기술 이전 통제는 지속적으로 강화될 전망이다. 이는 중국으로의 반도체 생산 장비 및 기술 유출을 막아 중국의 반도체 기술 발전을 제한하고, 미국과 중국 간 인공지능, 클라우드 등 최첨단 기술 격차를 유지하려는 의도다.

AI가 계속해서 반도체의 성장을 이끌어줄 수 있을까?

다른 응용처들의 수요 성장이 상대적으로 부진한 가운데 2024년 반도체 시장의 수요 성장은 AI가 홀로 이끌었다. 반도체 관련 기업들은 입을 모아 AI가 반도체 시장의 핵심이고, 앞으로도 한동안은 AI의 성장세가 지속될 것이라고 전망한다. 하지만 과연 이 열풍이 2025년을 넘어 그 이후까지 지속될 수 있을 것인가에 대한 시장의 전망은 낙관론과 비관론으로 엇갈린다. AI의 성장이 계속될 것이라고 보는 낙관론자들은 여전이 AI 기술이 개발 초기 단계에 있으며 앞으로 AI 기술이 발전할수록 응용처가 지속적으로 확대될 것이라고 예상한다. 응용처가 확대될수록 AI 관련 사업의 매출 또한 증가하면서 기업들이 수익을 낼 전망이다.

2022년 오픈AI의 챗GPT-3.5가 공개됐을 때만 해도 AI 서비스의 유료 구독 정도가 유일한 수입원이었지만, 불과 2년이 채 지나지 않아 AI는 기업들의 생산성 향상 및 매출 증대를 위해 폭넓게 사용되고 있다. 예를 들어 세계 최대의 음원 스트리밍 서비스를 제공하는 스포티파이(Spotify)는 AI를 이용한 음악 추천 기능을 통해 사용자 리텐션(User Retention)을 20% 향상시켰고, 가구 업체인 이케아(IKEA) 또한 AI 기반의 고객 응대 서비스를 활용하여 고객들의 대기시간을 30% 감소시키기도 했다.

이처럼 생성형 AI는 기업들의 다양한 분야에 접목되어 가시적인 성과를 내고 있으며 기업들의 AI 채용은 점차 증가할 것으로 예상된다. 그뿐만 아니라 다양한 AI 모델 개발, 데이터 학습 및 활용 등이 이뤄지면서 이를 위한 컴퓨팅 파워 및 메모리 수요 또한 계속해서 증가할 것으로 예상된다. 특히 2023년과 2024년 사이 대규모 AI 모델의 학습과 개발이 주를 이루었다면, 2025년은 AI 모델들을 활용할 수 있는 추론에 대한 수요가 증가할 것이고, 이들이 개별 기업, 개인용 PC, 혹은 모바일 기기 등으로 확산되며 이를 위한 반도체 수요가 늘어날 것으로 보인다. 물론 이 모든 AI 관련 산업의 중심에 서있는 엔비디아의 AI용 GPU의 수요 성장세 또한 견고할 것임은 낙관론자들에겐 너무나 당연한 전망이다.

하지만 이와 반대로 AI 성장과 관련해 부정적인 전망 또한 만만치 않다. 유명 벤처캐피탈(VC) 세쿼이아는 엔비디아의 AI용 GPU 판매를 기반으로 추산했을 때, AI 관련 연간 매출이 약 6,000억 달러가 필요하지만 현재까지 실제 시장의 매출은 1,000억 달러 정도밖에 되지 않는다고 주장했다. 세쿼이아의 주장대로 AI를 이용한 비즈니스 모델을 확립하고 실제 의미 있는 매출을 만들어내는 기업들이 아직까지는 많지 않다. 오픈AI나 MS 정도를 제외하고는 AI 관련 제품으로 직접적인 수익이 나는 경우를 찾아보기 힘들고, 대부분은 AI를 활용해 업무 효율성을 증대시켜 비용을 감소시켰거나 메타와 같이 영상과 광고 알고리즘을 개선하여 추가적인 수익을 얻는 수준에 그치고 있다.

AI를 이용한 수입 모델은 확실하지 않은 반면 AI 모델을 개발하고 학습시키기 위한 AI 데이터센터 건설에는 천문학적인 비용이 들어간다. 예를 들어 테슬라의 일론 머스크 CEO는 xAI의 그록3(Grok 3)를 훈련하는 데 엔비디아의 H100가 10만 개가량 필요할 것이라고 밝혔는데, 이는 GPU 구매에만 30억~40억 달러를 지출해야 한다는 의미다. AI 서버 건설 비용 중 AI용 GPU 비중이 대략 50% 정도임을 감안하면 xAI는 거의 70억~80억 달러를 순전히 그록3를 위한 데이터센터 건설에 사용해야 한다. 더 큰 문제는 AI용 데이터센터의 유지 비용이다. AI용 GPU는 '전기 먹는 하마'로 유명한데, H100의 경우 최대 소비전력이 700W로 가정용 전자레인지와 맞먹는다. 결국 'AI에 투자하는 만큼의 수익이 발생하는가?'

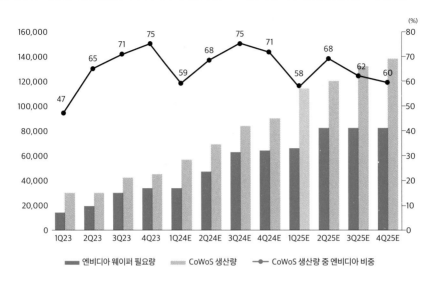

폭발적으로 증가하는 인공지능 반도체의 생산량을 따라잡기 위해서는 매년 CoWoS의 생산량 또한 두 배씩 늘어야 한다.

자료: 제프리스 파이낸셜 그룹

라는 의문이 여전히 남아 있으며, 지금은 초기 경쟁에서 주도권을 잡기 위해 대형 클라우드 업체들 위주로 투자가 이뤄지고 있지만 이 추세가 언제까지 지속될 것인지 주의를 가지고 지켜볼 필요가 있다.

2025년 1월, 중국의 저비용 인공지능(AI) 딥시크(DeepSeek)가 딥시크-V3와 딥시크-R1을 선보이며 AI 시장에 엄청난 충격을 줬다. 그동안 오픈AI, 엔비디아 등 AI 시장을 선도하는 회사들은 정교한 AI 모델 개발을 위해 천문학적인 투자와 막대한 양의 고성능 AI GPU가 필요하다고 주장해왔다. 하지만 딥시크는 미국의 주요 빅테크들보다 훨씬 더 적은 비용으로 더 뛰어난 AI 모델을 개발했다고 밝혔고 심지어 이 모델 개발을 위해 H100보다 성능이 떨어지는 H800을 사용한 것으로 알려져 시장에 엄청난 파문을 일으켰다. 만약 이들의 주장이 사실이라면

하늘 높은 줄 모르고 치솟던 고성능 AI용 GPU의 수요가 크게 감소할 것이기 때문이다. 하지만 딥시크가 엔비디아의 호퍼(Hopper) GPU를 5만 개 이상 보유하고 있을 것이라는 일론 머스크의 주장처럼 딥시크의 발표에 의문을 제기하는 목소리들 또한 나오기 시작했다. 따라서 앞으로 한동안 딥시크의 주장이 사실인지를 두고 갑론을박이 지속될 것으로 보이며, 그 결과에 따라 AI 관련 반도체 시장은 큰 변화를 겪을 수 있다.

AI 데이터센터용 솔루션 시장 성장 가능성 커

포인투테크놀로지 박진호 CEO(인터뷰 진행 및 정리: 허진)

Q   포인투테크놀로지는 어떻게 창립됐고, 주요 제품은 어떤 것이 있나요?

2016년 미국 캘리포니아주 산호세에 창립된 포인투테크놀로지(Point2 Technology)는 단·장거리 유선 통신 솔루션을 제공합니다. 사명도 유선통신을 의미하는 '포인트 투 포인트(Point-to-Point)'에서 따왔을 정도로 유선통신 솔루션에 집중하고 있으며, 네크워크 반도체 시장의 백화점이라 할 수 있을 만큼 다양한 제품들을 개발 및 판매하는 것이 목표입니다. 주력 제품은 자체 개발한 데이터센터용 단거리 통신 솔루션인 'e튜브(e-Tube)'와 광통신용 반도체 칩인 '레인지 익스텐더(RangeXtender)' 등이 있습니다. e튜브는 기존의 케이블에 비해 저렴하면서도 초고속으로 통신이 가능한 솔루션입니다. 기존에는 서버 랙(Server Rack) 내에서 스위치와 각 서버들을 연결할 때나 서버 간 연결에 구리 케이블이 주로 사용됐지만, 전송 속도가 빨라질수록 신호 손실이 발생하는 단점이 있습니다. 광케이블은 이를 해결하지만, 높은 비용이 문제였죠. 그래서 우리는 부도체를 이용해 전기 신호를 전파로 전환하고, 이 전파를 케이블로 전달하는 기술을 개발했습니다. 전파를 이용한 무선통신을 스프링클러로 화단에 물을 뿌리는 것에 비유한다면, 우리의 기술은 호스를 통해 화분에 직접 물을 주는 방식인 거죠. e튜브는 기존의 구리선 대비 신호 손실이 적고 더 멀리 전송할 수 있으며, 광케이블보다 저렴하며 전력 소모 또한 훨씬 적습니다.

Q   포인투테크놀로지의 주요 고객은 누구이며, 향후 성장 전망은 어떤가요?

저희 주요 고객은 대규모 데이터센터를 운영하는 하이퍼스케일러(Hyperscaler)들입니다. 기존에는 이들이 주로 클라우드 서비스를 제공했지만, AI 수요가 급증하면서 AI 데이터센터로 흐름이 바뀌고 있습니다. 이런 흐름에 따라서 저희의 고객사들도 AI 관련 업체들도 확장되고 있고요. AI 데이터센터에서는 GPU 간 데이터 전송 속도와 효율이 매우 중요한 만큼 네트워크의 중요성이 점점 더 강조될 것이라고 봅니다. 단적인 예로 엔비디아의 블랙웰 기반 NVL72 서버는 AI용 GPU가 72개가 사용되는데, 이들 GPU를 병렬로 연결하기 위해 무려 5,000개 이상의 케이블이 필요합니다. 구리 케이블은 AI 데이터센터가 요구하는 속도를 감당할 수 없고, 광케이블은 높은 비용과 전력 소모가 문제입니다. 저희 e튜브는 이 두 가지 문제를 해결할 수 있어 AI 데이터센터에서 큰 역할을 할 것으로 기대됩니다. 실제로 여러 AI 기업들이 저희 제품 도입을 검토 중이고, 관련 투자 논의도 진행 중입니다. 반도체 산업은 초기 투자 비용이 크고, 매출 발생까지 오랜 시간이 걸립니다. 저희는 이제 매출이 발생하는 시기에 접어들었으며 2026년 1,000억 원 이상의 매출을 기대하고 있습니다.

Q 현재 AI 서버 네트워크 시장은 엔비디아와 브로드컴을 중심으로 한 반(反) 엔비디아 진영으로 양분화되고 있습니다. 포인투테크놀로지는 그 사이에서 어떤 포지셔닝을 취하고 있나요?

저희 e튜브는 이미 데이터센터에 범용적으로 사용되는 스위치와 서버 표준 규격(Ethernet)에 맞춰진 제품입니다. 즉 저희 제품을 사용하기 위해 별도의 추가 장치가 필요하지 않으며 어느 서버에서나 범용적으로 사용이 가능합니다. 따라서 고객사들이 저희 제품을 사용하는 데 부담이 없으며 기존 솔루션에서 당사의 솔루션으로 전환할 때 발생하는 교체 비용이 매우 낮은 수준입니다. 또한 AI 데이터센터용 솔루션이지만 전통적인 서버에도 충분히 사용이 가능합니다. 따라서 양쪽 진영 모두에서 저희 제품을 폭넓게 사용될 수 있을 것으로 봅니다.

Q 일반 투자자들이 언제쯤 포인투테크놀로지에 투자할 수 있나요?

매출 성장과 더불어 2026년에는 코스닥 시장 상장(IPO)도 준비 중입니다. 원래 나스닥 상장을 준비했는데요. 최근 2~3년간 한국 반도체 기업들이 코스닥에서 좋은 가치평가를 받으며 상장하는 것을 보고 코스닥 쪽으로 방향을 선회하게 되었습니다.

Q AI 관련 업체들을 고객사로 두고 계신 입장에서 AI 시장의 흐름을 어떻게 전망하나요?

지금은 AI 관련 제품과 서비스가 출시된 지 얼마 지나지 않은 초기 단계이기 때문에 관련 시장이 매우 빠르게 성장 중입니다. AWS, MS 같은 클라우드 업체들이 이제 막 시작된 AI 시장에서 선점 효과를 누리기 위해 GPU, 메모리, 네트워크 등 AI 관련 반도체에 대규모 투자를 하고 있죠. 몇몇 고객사들이 제시하는 로드맵을 보면 최소 향후 2~3년은 투자가 지속될 것으로 보입니다. 하지만 한편으로는 '이러한 대규모 투자가 영원히 지속될 수 있겠느냐'라는 의문이 존재하는 것도 사실입니다. 모든 기술이 그렇듯, AI 시장도 언젠가는 정체기를 겪을 수 있습니다. 그 이후에는 현재 저희가 사용하고 있는 제품과 서비스를 뛰어넘는 새로운 응용처가 나와야 AI 시장이 다시 성장할 수 있을 것으로 봅니다.

Q 제품에 필요한 칩 생산을 TSMC에 위탁하고 있는데, 최근 AI 반도체 수요 증가로 인한 영향을 체감하고 있나요?

예전엔 TSMC에 전량 생산을 의뢰했지만, 공급 리스크를 줄이기 위해 삼성전자와 글로벌 파운드리에도 생산을 위탁하고 있습니다. 최근 AI 반도체 수요가 급증하면서 TSMC의 선단 공정인 3나노와 5나노 공정은 애플, 엔비디아 같은 대형 고객사들에게 대부분 할당된 상태입니다. 저희는 최신 공정보다는 성숙 공정(Legacy)을 사용 중인데, 이 공정은 안정적이고 생산 원가가 저렴하며, 웨이퍼 공급이 비교적 여유롭다는 장점이 있습니다.

엔비디아 Nvidia Corporation (NVDA)
인공지능으로 향하는 길은 모두 하나로 통한다

#1 기업 개요

엔비디아 코퍼레이션(이하 엔비디아)은 젠슨 황(Jensen Huang), 크리스 말라초프스키(Chris Malachowsky), 커티스 프리엠(Curtis Priem)에 의해 1993년에 설립된 GPU(Graphic Processing Units, 그래픽 처리 장치) 개발 회사이다. 초기 엔비디아는 게이밍용 GPU를 개발하는 데 주력했으며, 지포스(Geforce)라는 브랜드로 AMD의 라데온(Radeon)과 함께 오랜 시간 동안 게이밍 그래픽 카드 시장을 양분해왔다. 1998년 8월 최초의 지포스 제품인 '지포스 256'을 출시한 뒤 20년 동안 꾸준히 신제품을 출시하며 외장형 GPU 시장의 1인자로 자리매김했지만 엔비디아는 일부 게이머들을 제외하고 대중적으로 크게 알려진 회사는 아니었다. 그러나 2018년 GPU를 이용한 암호화폐 채굴이 유행처럼 번지며 GPU 수요가 급증했고

엔비디아 기업 정보

설립 연도	1993년	시가총액 (십억 USD)	3,412.0
상장 거래소	나스닥	시가총액 (조 원)	4,885.3
상장일	1999. 1. 22.	배당수익률	0.0%
CEO	젠슨 황	52주 최저-최고 범위 (USD)	47.32-152.89
주요 주주	뱅가드 그룹 8.73%		
직원 수	29,600명	현재 주가 (USD)	137.34
홈페이지	nvidia.com	평균 목표 주가 (USD, Yahoo Finance 기준)	171.78
회계연도 종료	2024. 1. 31.		

* 기준일: 2024. 12. 12.
자료: Yahoo Finance

엔비디아 기업 실적 및 투자 정보

구분	FY22	FY23	FY24	FY25F	FY26F	5년 연평균 성장률
매출 (십억 USD)	26.9	27.0	60.9	125.4	174.7	60%
EBTIDA (십억 USD)	11.2	5.8	34.5	81.1	113.7	82%
영업이익 (십억 USD)	12.7	9.0	37.1	83.2	114.8	76%
순이익 (십억 USD)	9.8	4.4	29.8	67.7	91.2	84%
주당순이익 (USD)	0.4	0.2	1.2	2.7	3.7	85%
주당 배당 (USD)	0.0	0.0	0.0	0.0	0.0	19%
EBTIDA 이익률 (%)	41.7	21.4	56.6	64.7	65.1	–
영업이익률 (%)	47.2	33.5	61.0	66.3	65.7	–
순이익률 (%)	36.2	16.2	48.8	54.0	52.2	–
PER (x)	55.5	139.8	81.2	42.0	30.0	–
PBR (x)	18.6	35.3	45.6	32.0	17.1	–
EV/Revenue (x)	16.6	29.9	34.1	23.1	16.6	–
EV/EBITDA (x)	41.7	99.4	66.2	35.8	25.5	–
ROE (%)	51.8	34.3	99.3	106.2	78.8	–

자료: 회사 자료, Capital IQ
주1: 미국 회계기준(US-GAAP)
주2: 전망치는 2024년 8월 30일 Capital IQ 기준

엔비디아 매출액 & 성장률 전망

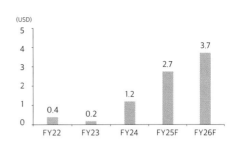

자료: 엔비디아, Capital IQ (2024년 8월 30일 기준)

엔비디아 주당순이익 전망

자료: 엔비디아, Capital IQ (2024년 8월 30일 기준)

엔비디아 주가 추이

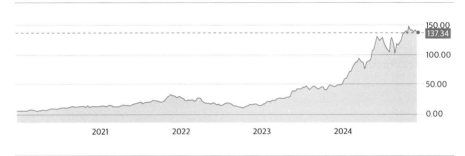

엔비디아가 게이머들을 넘어 일반 투자자들에게도 주목받게 됐다. 하지만 얼마 지나지 않아 암호화폐 채굴 수요가 감소하며 시장 내 과잉 공급됐던 GPU 가격이 폭락하는 일이 발생했고 엔비디아의 전성기는 짧게 지나가는 것처럼 보였다.

그러나 2020년 암페어(Ampere) 아키텍처 기반의 데이터센터용 GPU, A100를 출시하면서 엔비디아는 다시 한번 성장의 기회를 잡게 된다. AI 훈련과 추론, 고성능 컴퓨팅(HPC) 작업을 위해 설계된 A100는 엔비디아의 데이터센터향 매출을 크게 확대하는 기회가 됐고, A100 출시 전 게이밍 GPU 매출의 절반이 채 되지 않았던 데이터센터용 GPU 매출이 게이밍 GPU의 매출과 거의 비슷해지는 수

H100는 중앙의 GPU와 이를 둘러싼 5개의 HBM3로 구성되어 있다.
6개의 칩셋 중 하나는 비어 있는 더미(Dummy) 칩 패키지다.

자료: 씨넷

준까지 성장했다. 2022년 말 오픈AI의 챗GPT-3.5가 출시되면서 AI 시장이 폭
발적으로 성장하게 됐고 A100의 후속작인 H100는 이러한 폭발적인 AI 수요에
힘입어 엄청난 매출 성장을 이루게 된다. 이후 엔비디아는 H200, B200, 그리고
GB200 등 후속 제품을 계속해서 선보이며 AI 시장의 절대강자로서의 지위를 공
고히 하고 있다.

#2 비즈니스 모델

엔비디아의 사업 분야는 데이터센터, 게이밍, 전문 그래픽 시각화, 그리고 오
토모티브, 이렇게 네 개의 카테고리로 나눌 수 있다. 엔비디아의 주력 제품은

FY24 엔비디아 사업 부문별 매출 비중

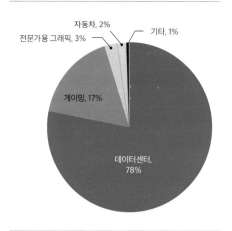

FY24 엔비디아 지역별 매출 비중

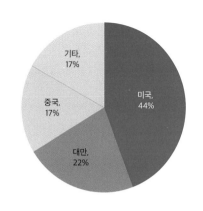

FY24: 2023년 2월 ~ 2024년 1월

GPU이고 모든 사업 영역에 걸쳐 GPU를 중심으로 한 서버, 소프트웨어, 네트워크 등을 판매하고 있다. 한마디로 'GPU의, GPU에 의한, GPU를 위한 회사'라고 할 수 있다. FY24(2023년 1월 30일 ~ 2024년 1월 28일) 기준으로 매출의 78%를 차지한 데이터센터 사업에서는 최근 핫한 AI용 GPU들과 AI 서버 등을 판매했다. 매출의 17% 차지한 게이밍 사업에서는 지포스 RTX 시리즈 게이밍 GPU를, 전문가용 그래픽 시각화 사업(매출 비중 2.5%)에서는 '엔비디아 옴니버스(Omniverse)' 등 다양한 고성능 그래픽 솔루션에 주력한다. 전체 매출의 1.8%를 차지한 오토모티브 사업에서는 자율주행 및 자동차와 관련된 다양한 제품 판매를 진행 중이다.

2020년 데이터센터용 GPU가 출시되기 전만 해도 게이밍용 GPU가 엔비디아의 전부였다고 해도 과언이 아니었다. FY20 2분기에 데이터센터용 GPU A100의 매출이 급증하며 데이터센터 비즈니스의 매출이 게이밍을 넘어선 이후, 데이터센터의 매출은 지속적으로 빠르게 증가했다. 최근 FY25 3분기에는 데이터센터의 매출이 전체 매출에서 차지하는 비중이 88%에 육박했다. 엔비디아의 CEO 젠슨 황은 '우리는 새로운 시대의 초입'에 서 있으며 현재 1조 달러 정도인 데이터센터 관련 인프라가 4~5년 사이에 2조 달러 수준으로 늘어날 것이라고 전망하며 향후 데이터센터 관련 매출이 계속해서 증가할 것임을 시사했다. 물론 엔비디아는 GPU 이외에도 2007년 출시한 GPGPU(General-Purpose GPU) 전용 개발 툴인 쿠다(Compute Unified Device Architecture, CUDA), 2015년에 출시한 클라우드 게임 스트리밍 서비스인 '지포스 나우(GeForce NOW)', 그리고 2020년에 출시된 3D 디자인 협업과 시뮬레이션을 위한 '엔비디아 옴니버스' 등 다양한 소프트웨어 플랫폼들을 제공하며 하드웨어와 소프트웨어를 결합한 독자적인 생태계를 구축해 나가고 있다.

#3 투자 포인트

AMD와 인텔이 AI 가속기 전쟁에 잇달아 참전하고 AWS, MS, 구글, 메타 등 쟁쟁한 CSP들도 ASIC을 기반으로 한 AI 칩들을 자체 개발하며 AI 반도체 시장의 경쟁이 격화되고 있다. 하지만 엔비디아의 견고한 아성을 무너뜨릴 만큼 위협적인 경쟁자는 아직 보이지 않고, 엔비디아의 독주는 당분간 이어질 것으로 예상된다.

1) 넘을 수 없는 벽 - 체급 차이

엔비디아의 AI용 GPU의 성능은 현존하는 AI 칩들 가운데 가장 뛰어나다. 2024년 2분기 말 출시된 블랙웰(Blackwell) 기반의 GPU(B100)는 기존의 호퍼(Hopper) 아키텍처 기반의 GPU(H100)뿐만 아니라 경쟁사인 AMD의 MI300X와 비교했을 때도 훨씬 더 강력한 성능을 자랑한다. 물론 AI 추론 작업으로 용도를

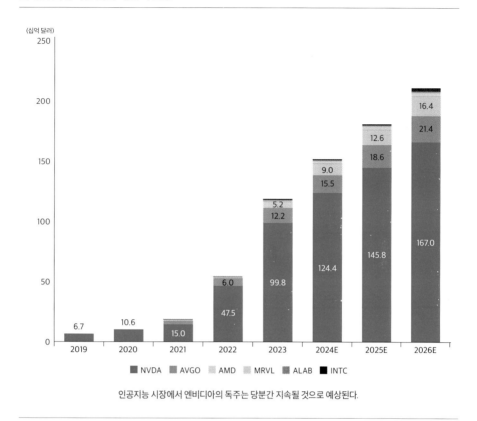

인공지능 시장에서 엔비디아의 독주는 당분간 지속될 것으로 예상된다.

자료: 제프리스 파이낸셜 그룹

제한하면 ASIC 기반의 AI 칩들이 엔비디아의 AI용 GPU의 성능을 뛰어넘는 경우도 있지만, 학습과 추론이 모두 가능하면서도 양쪽 모두에서 안정적인 고성능을 내는 칩은 엔비디아의 GPU들이 유일하다. 경쟁사들이 엔비디아 GPU의 성능을 따라잡을 만한 칩을 개발한다 해도 또 다른 난관이 그들을 기다리고 있다. AI 칩의 생산은 TSMC가 독식하고 있는데, 이미 생산 용량이 과포화 상태일 뿐만 아니라 엔비디아가 이미 대다수의 생산 용량을 선점하고 있기 때문에 경쟁사들로선 단기간 내에 엔비디아를 추격할 만큼의 제품을 충분히 생산해낼 수 없다.

이러한 현실이 매출 전망에도 반영되어 다수의 기관사들이 엔비디아의 2024년 데이터센터향 매출이 1,000억 달러에 달할 것으로 전망하는 반면 AMD 의 경우 50억 달러, 인텔은 겨우 10억 달러에 그칠 것으로 예상하고 있다. 따라서 경쟁자들의 부단한 노력에도 불구하고 향후 2~3년 동안은 AI 칩 시장에서 엔비디아의 독주는 계속될 것으로 보인다.

2) 칩을 넘어서 플랫폼으로 향한다

젠슨 황은 글로벌 컨퍼런스 'GTC2024'에서 차세대 GPU 블랙웰을 공식 발표하며, 엔비디아는 단순히 개별 칩을 판매하는 것이 아닌 자사의 GPU를 중심으로 한 플랫폼 형태의 판매를 확대해나갈 계획이라고 밝혔다. 예를 들어 엔비디아의 DGX는 고성능 컴퓨팅 및 AI 작업을 위한 서버로, 엔비디아의 AI 가속기를 중심으로 하여 CPU, 대용량 메모리와 NVMe SSD로 이뤄진 스토리지, 멜라녹스 인피니밴드(Mellanox InfiniBand) 네트워크 어댑터, 고속 GPU 전용 네트워크(NV링크, NV스위치), 그리고 관리 소프트웨어까지 대부분이 엔비디아가 제공하는 솔루션으로 구성됐다. 엔비디아는 여기서 더 나아가 자체 개발한 서버용 CPU인 그레이스(Grace)와 AI 가속기를 결합하여 성능을 극대화한 컴퓨팅 전용 서버를 출시했는데, 2024년 하반기 출시 예정인 GB200 NVL72의 경우 그레이스 CPU 하나와 블랙웰 아키텍처 기반의 GPU 두 개가 결합된 슈퍼칩(Superchip)이 총 72개 사용한 괴물 같은 스펙의 AI 전용 서버이다.

엔비디아가 이렇게 플랫폼 비즈니스로 전환하고자 하는 이유는 명확하다. 이쪽이 더 '돈이 되기' 때문이다. 각각의 AI용 GPU를 별도로 판매할 때보다 이들을 하나로 결합한 통합 솔루션으로 판매했을 때 매출과 이윤을 극대화할 수 있고, 고객사들 맞춤이 아닌 엔비디아 표준으로 통일된 솔루션들이 많이 판매될수록

엔비디아 NLV72 서버

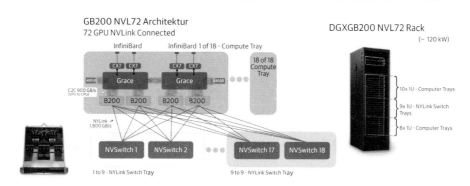

엔비디아의 차세대 AI 가속기 B200가 72개, 서버용 CPU인 그레이스가 32개나 장착된, 괴물 같은 인공지능 서버이다.

자료: 엔비디아

엔비디아의 AI 서버 시장 장악력도 커지게 된다. 엔비디아는 2025년 블랙웰 기반의 GPU를 DGX 서버 혹은 NVL72/36 등으로 우선적으로 할당할 예정이며 AI 가속기가 필요한 고객들이 자사의 DGX 서버를 구매하도록 유도하고 있다. 이러한 플랫폼 판매 전략으로 인해 엔비디아의 2025년 데이터센터 매출은 전년도 매출을 가볍게 뛰어넘을 수 있을 뿐만 아니라 이후에도 새로운 판매 기록을 계속해서 써나갈 것으로 예상된다.

#4 2024년 실적과 향후 전망

2024년 미국 주식시장에서는 "파월보다 젠슨"이라는 말이 돌았다. 제롬 파월 미국 연방준비제도 의장보다 엔비디아의 CEO인 젠슨 황의 한마디가 주식 시장에 미치는 파급력이 더 강하다는 것이다. 이 말처럼 많은 투자자들의 눈과 귀가 엔비디아의 FY24 3분기(24년 8~10월) 실적에 쏠렸다. 그런 기대에 부응하듯, 엔비디아는 3분기 총매출액 351억 달러를 달성하며 가이던스(기업 자체 전망치)와 시장 전망을 훌쩍 넘어섰다. FY23 1분기(2023년 2~4월) 70억 달러의 매출을 기록한 이후로 매 분기 매출액이 40억 달러 이상 계속해서 증가했을 뿐만 아니라, 여섯 분기 연속으로 시장 예상치를 뛰어넘는 가이던스를 제시하는 기염을 토했다. FY24 3분기에도 전 분기들과 마찬가지로, AI용 GPU를 판매하는 데이터센터 사업부가 이런 기록적인 매출 성장을 이끌었으며, FY23 1분기에 전체 매출의 60% 정도를 차지하던 데이터센터 매출이, 해당 분기에는 매출 비중이 88%까지 증가했다.

엔비디아는 AI용 GPU의 수요가 공급을 크게 초과한 상태이며 차세대 AI용 GPU인 블랙웰(Blackwell)의 강한 수요 성장세를 따라잡기 위해 공급을 빠르게 확대하는 중이라고 밝혔다. 현 주력 제품인 호퍼(Hopper) GPU의 수요는 여전히 견조하며 2025년에도 호퍼와 블랙웰의 수요 모두 동반 성장할 것이라고 전망했다. 이날 젠슨 황은 컴퓨팅 기술이 기존 CPU 기반의 코딩에서 GPU 기반의 머신러닝으로 패러다임이 전환되고 있으며 AI 시대는 이제 막 시작되었다고 말하며 엔비디아의 AI 사업이 계속해서 성장해나갈 것임을 거듭 강조하였다. 다만 다음 분기 매출 가이던스로 375억 달러를 제시하였는데 이는 시장 전망인 365억 달러를 상회하는 수준이긴 하나 그동안 폭발적으로 매출이 증가했던 것과 비교했을 때 성장세가 다소 둔화되는 것이 아니냐는 우려가 시장 일부에서 제기되기도 했다.

시장 일부의 우려에도 불구하고 2024년을 넘어 2025년에도 엔비디아의 AI 사업 전망은 매우 긍정적이다. 우선 주요 고객사들인 MS, 메타 등 CSP 업체들의 자본지출(CapEx)이 향후 수년간은 지속해서 증가할 것으로 보인다. 이제 막 시작한 AI 레이스에서 투자를 줄인다는 것은 곧 경쟁에서의 탈락을 의미하기 때문이다. 게다가 엔비디아는 AI용 GPU 공급을 사실상 독점하다시피 하고 있는데, 경쟁사

GPU 기반의 AI 가속기와 ASIC 기반의 가속기 비교

인텔 서버용 CPU
사파이어 레피즈

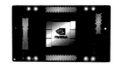

엔디비아 AI 가속기
H100

메타 ASIC 기반 AI 가속기
MTIA 1

범용성 ←　　　　　　　　　　　　　　　　　　　→ 효율성

ASIC 기반의 AI 가속기는 GPU 대비 효율성은 더욱 뛰어나지만 범용성이 떨어진다.

자료: 인텔, 엔비디아, 메타

인 AMD와 인텔의 AI용 GPU 매출은 '경쟁사'라는 말이 민망한 수준에서 한동안 벗어나지 못할 것으로 보인다. 경쟁사들이 AI용 GPU 판매에 이제 겨우 발을 들여 놓은 상황에서, 엔비디아는 단순히 칩을 판매하는 것에서 그치지 않고 자사의 AI용 GPU가 포함된 AI 서버 플랫폼, 그리고 AI 데이터센터 전체를 판매하는 방향으로 한참 더 앞서 나아가고 있다. 엔비디아의 고객들은 엔비디아의 AI용 GPU가 필요하면 AI 서버에 포함된 CPU, 네트워크 등을 모두 한 번에 패키지처럼 구매해야 하고 이는 엔비디아에 더 많은 부가가치를 가져다줄 것이다. 투자은행 모건스탠리는 "글로벌 인공지능 반도체 공급망에서 차세대 AI용 칩인 엔비디아 'GB200' 수요 전망이 더 밝아지고 있으며, 2024년보다 2025년 수요가 더 강력할 것"이라고 예상했다. 시장조사기관 트렌드포스 또한 GB200의 매출액이 연간 2,000억 달러에 달할 것으로 예상했다. 2024년 엔비디아의 전체 데이터센터향 매출 전망이 1,000억 달러 정도일 것임을 고려하면 2025년에는 GB200 판매만으로 전년도 매출의 두 배를 넘어서는 것이다.

물론 AI 시장에서 엔비디아의 독점적인 지위를 위협하는 존재가 아주 없는 것은 아니다. 범용 AI 가속기용 GPU의 가격이 너무 비싸고 공급이 원활하지 않게 되자, ASIC이라는 주문형 반도체들의 수요가 증가하고 있다. 이미 AWS, MS, 구글, 메타 등과 같은 대형 CSP들은 브로드컴(Broadcom), 마벨(Marvell), AI칩(AIchip)과 같은 칩 설계 회사들과의 협력을 통해 자체적으로 AI 칩을 개발하여 자사의 AI 서버에 사용 중이며, 테슬라, 오픈AI, 바이트댄스와 같은 업체들도 차제 AI 칩 개발에 뛰어들고 있다. 실례로 일론 머스크는 2024년 2분기 실적 발표 도중 "엔비디아의 GPU 수요가 너무 강해 GPU를 구하는 것에 어려움을 겪고 있다"며 테슬라의 슈퍼컴퓨터 '도조(Dojo)' 전용 AI 칩 개발과 생산에 더욱 박차를 가할 것이라고 했다. 애플 또한 자사의 AI 모델 학습을 위해 엔비디아의 GPU가 아닌 구글이 개발한 ASIC 기반의 AI 칩인 TPU를 사용할 것이라고 밝기도 했다. 이는 대규모 AI 모델 학습에 엔비디아의 AI 가속기가 사용되지 않은 첫 사례이며, 애플의 인공지능 모델이 의미 있는 성과를 거두게 된다면 ASIC 기반의 AI 칩의 확장성을 입증하는 좋은 예가 될 것이다.

이렇듯 ASIC 기반의 AI 칩들에 대한 수요가 점차 증가하고 있긴 하지만, 단기간 내에 엔비디아의 인공지능 가속기를 대체하지는 못할 것으로 예상된다. 우선 ASIC 칩들은 맞춤형으로 설계되다 보니 특정 AI 모델이 아니면 제대로 된 성능을 발휘할 수가 없어 상대적으로 범용성이 떨어지고, 설계와 생산 비용이 만만치 않다 보니 대량생산을 통해 규모의 경제를 달성할 수 있는 대형 CSP 업체들이나 테슬라 정도의 회사가 아니면 자체 개발에 나서기도 어렵다. 이러한 어려움으로 인해 시장조사기관 IDC 또한 향후 수년간은 AI 가속기 시장에서 GPU가 차지하는 비중이 80% 이상일 것으로 전망했다. 따라서 향후 수년간 AI 시장이 계속해서 커지는 한 엔비디아의 GPU와 AI 서버 매출 또한 함께 증가할 것으로 예상할 수 있다.

마이크론 Micron Technology (MU)
미국 메모리 반도체의 자존심

#1 기업 개요

마이크론 테크놀로지(이하 마이크론)는 1978년 미국의 아이다호주의 주도인 보이시(Boise)에 설립된 메모리 반도체 제조사로 메모리(D램)와 스토리지(NAND Flash)를 주력으로 하는 회사이다. 1981년 64Kb D램을 출시한 이후로 1996년에는 텍사스 인스투르먼트(Texas Instruments)의 메모리 사업부를 인수하고 2013년에는 일본의 엘피다 메모리(Elpida Memory)를 인수하며 모바일 D램 사업을 강화했다. 이후 2018년에는 대만의 이노테라 메모리(Inotera Memories)도 인수하며 지속적으로 메모리 사업을 확대해나갔다. 2023년 기준 삼성과 SK하이닉스 뒤를 이어 메모리 제조사 중 3위의 매출액을 기록하고 있다.

2017년 CEO로 취임한 산제이 메로트라(Sanjay Mehrotra)는 마이크론의 글로

마이크론 기업 정보

설립 연도	1978년	시가총액 (십억 USD)	113.7
상장 거래소	나스닥	시가총액 (조 원)	162.8
상장일	1984. 6. 1.	배당수익률	0.5%
CEO	산제이 메로트라	52주 최저-최고 범위 (USD)	78.63-157.54
주요 주주	뱅가드 그룹. 8.81%		
직원 수	43,000명	현재 주가 (USD)	98.24
홈페이지	micron.com	평균 목표 주가 (USD, Yahoo Finance 기준)	145.92
회계연도 종료	2024. 8. 31.		

* 기준일: 2024. 12. 12.
자료: Yahoo Finance

마이크론 기업 실적 및 투자 정보

구분	FY22	FY23	FY24	FY25F	FY26F	5년 연평균 성장률
매출 (십억 USD)	30.8	15.5	25.0	38.2	44.3	10%
EBTIDA (십억 USD)	16.8	2.0	9.0	20.5	24.9	15%
영업이익 (십억 USD)	10.3	-4.8	1.8	12.3	16.7	17%
순이익 (십억 USD)	8.7	-5.8	0.8	9.8	13.4	18%
주당순이익 (USD)	7.8	-5.3	0.7	8.6	11.7	18%
주당 배당 (USD)	0.4	0.5	0.5	0.5	0.5	38%
EBTIDA 이익률 (%)	54.7	12.9	36.1	53.6	56.2	-
영업이익률 (%)	33.4	-31.0	7.2	32.1	37.7	-
순이익률 (%)	28.2	-37.5	3.3	25.6	30.1	-
PER (x)	8.9	-	78.8	10.2	7.8	-
PBR (x)	1.5	1.7	2.4	2.0	1.7	-
EV/Revenue (x)	2.3	4.2	4.5	2.9	2.5	-
EV/EBITDA (x)	4.2	16.8	12.3	5.5	4.5	-
ROE (%)	18.5	-10.3	2.4	18.8	21.6	-

자료: 회사 자료, Capital IQ
주1: 미국 회계기준(US-GAAP)
주2: 전망치는 2024년 8월 30일 Capital IQ 기준

마이크론 매출액 & 성장률 전망

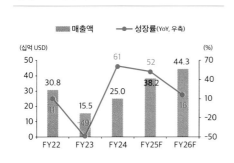

자료: 마이크론 테크놀로지, Capital IQ (2024년 8월 30일 기준)

마이크론 주당순이익 전망

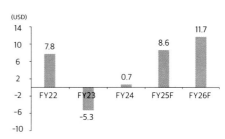

자료: 마이크론 테크놀로지, Capital IQ (2024년 8월 30일 기준)

마이크론 주가 추이

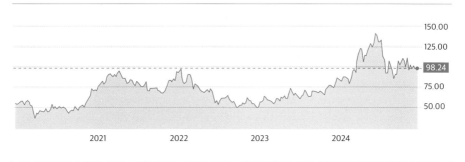

벌 제조 역량을 강화하는 데 집중해왔으며 최근에는 미국 정부의 반도체 지원법을 바탕으로 뉴욕과 보이시에 마이크론의 메모리 제조 시설을 대규모로 증설할 계획을 발표했다. 해당 메모리 제조 시설들은 2026년 이후 가동될 것으로 예상되며, 마이크론은 메모리 제조시설 확충과 더불어 HBM 등 첨단 제품의 개발과 생산에도 박차를 가해 AI로 인해 증가하는 메모리 수요에 적극적으로 대응하겠다는 강력한 의지를 보이고 있다.

#2 비즈니스 모델

마이크론의 주력 제품은 메모리(D램)와 스토리지(낸드플래시)로 나눌 수 있으며, 분기별로 다소 차이는 있으나 각각 전체 매출액의 70%와 30%를 차지하고 있다. 마이크론을 한마디로 요약하자면 '실속'이라고 할 수 있다. 시장조사기관 트렌드포스의 데이터에 따르면 마이크론의 2023년 D램 매출액은 119억 달러로, 삼성과 SK하이닉스에 이은 3위(시장점유율 23%)를 차지했다. 비록 시장점유율은 메모리 빅3(삼성, SK하이닉스, 마이크론) 중 가장 낮지만, 2024년 상반기 기준 전체 D램 매출의 80% 이상이 선단 공정(최신의 미세화된 파운드리 공정, 1-알파 & 1-베타)일 정도로 선단 공정 개발과 양산에 적극적이며 차기 공정(1-감마)에서는 EUV를 적용하여 미세 공정의 생산 효율을 한층 더 개선할 것으로 예상된다.

낸드플래시 2023년 매출액은 44.5억 달러로 단일 제조사 기준 시장점유율 4위(11.7%)이며 3위인 SK하이닉스(12.9%)를 근소한 차이로 추격 중이다. 그러나 합작 회사를 운영 중인 키오시아(Kioxia)와 웨스턴디지털(Western Digital)을 하나로, SK하이닉스와 솔리다임(2021년 SK하이닉스가 인수)를 다른 하나로 묶을 경우 2위인 '키오시아+웨스턴디지털'(31%)은 물론 3위인 'SK하이닉스+솔리다임'의 시장점유율(19.3%)과도 매우 큰 차이로 뒤처진다. 다만 D램과 마찬가지로 낸드플래시 또한 선단 공정과 고가치 제품(QLC, 232단, 엔터프라이즈 SSD 등)들의 개발과 양산에 많은 힘을 쏟고 있으며, 삼성, SK하이닉스와 함께 키오시아와 웨스턴디지털을 따돌리고 점차 낸드플래시 시장에서 기술적 우위를 점할 것으로 예상된다.

마이크론의 주요 응용처는 서버, PC 그리고 모바일(Mobile and Intelligence Edge)로 나뉜다. 우선 서버는 클라우드의 등장 이후 명실공히 메모리 제조사들에게 가장 중요한 응용처로 떠올랐으며, 특히 AI 붐과 함께 메모리 시장의 가장 치열한 전장이 됐다. 마이크론도 서버 시장을 장악하기 위해 HBM, 고용량 D램, 엔

2024년 마이크론 사업 부문별 매출 비중

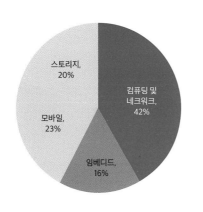

- 스토리지, 20%
- 모바일, 23%
- 임베디드, 16%
- 컴퓨팅 및 네크워크, 42%

2024년 마이크론 제품별 판매 비중

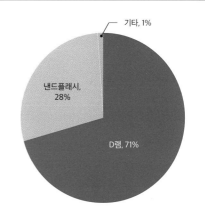

- 기타, 1%
- 낸드플래시, 28%
- D램, 71%

2023년 12월 ~ 2024년 11월

터프라이즈 SSD 등 선단 공정을 이용한 주력 제품군들을 개발 및 양산하고 있다. 그뿐만 아니라 모바일용 D램인 LPDDR(Low Power Double Data Rate)을 서버에 공급하는 다소 모험적인 전략을 펼치기도 하는 등 다양한 방법을 통해 서버 시장 공략에 나서고 있다. PC의 경우 서버에 밀려 다소 우선순위가 떨어지기는 하지만, 2024년 하반기부터 출시되는 AI PC들의 평균 D램 탑재량이 대폭으로 증가하여 그동안 저조했던 PC용 D램 판매를 이끄는 동력이 될 것으로 보인다.

마이크론은 차량용, 산업용 메모리 분야에서 다른 공급사들과는 차별적인 강점을 가지고 있다. 해당 응용처는 산업의 특성상 반도체 부품들의 높은 성능 신뢰도와 공급 안정성을 중요시하기 때문에 선단 공정의 제품들 보다는 오랜 시간 동안 검증된 레거시(Legacy) 제품들을 선호하는 경향이 강하며 한 번 결정된 공급사를 잘 바꾸지도 않는다. 마이크론은 경쟁사들 대비 레거시 제품 운영에 많은 공을 들여왔으며 차량용, 산업용 메모리 시장에서 오랜 시간 동안 지배적인 영향력을 발휘해왔다. 다만 2019년 삼성이 차량용 메모리 반도체 사업에 본격적으로 뛰어들며 조금씩 점유율을 높여가며 마이크론과 치열한 경쟁 중에 있다.

#3 투자 포인트

1) 반도체 산업의 숙명, 선단 공정으로의 전환과 원가절감

모든 반도체 제조사들이 그렇듯 메모리 공급사들에게도 선단 공정의 개발을 통한 원가절감은 숙명과도 같은 것이고, 이 과업을 얼마나 잘 이뤄내는가에 따라 비즈니스의 성과가 달렸다고 해도 과언이 아니다. 마이크론 또한 이 사실을 누구보다 잘 이해하고 있기에 2024년 선단 공정의 개발에 박차를 가하고 있다. 우선 D램의 경우, 2025년에는 EUV 공정을 적용한 1-감마 공정(1-gamma node)을 사용한 제품을 선보일 예정이다. 이미 EUV 공정을 도입한 삼성과 SK하이닉스와는 달리 EUV 도입이 한 세대 정도 뒤처져 있기 때문에 마이크론의 입장에선 해당 제품의 성공이 절실하다. EUV 장비 도입을 통해 미세 공정의 정밀도를 높이고 생산 효율을 개선하는 데 성공한다면 의미 있는 수준의 원가절감 또한 이뤄낼 수 있을 것으로 보인다. 낸드플래시도 마찬가지로 삼성과 SK하이닉스, 솔리다임에 비해 고부가가치 시장의 진입이 다소 늦은 것은 사실이다. 경쟁사들이 QLC(Quad-level Cell) 낸드를 사용한 고용량 엔터프라이즈(enterprise) SSD를 개발하여 AI 서버용 수요에 대응하며 높은 이익을 내고 있는 것과는 달리, 마이크론은 아직까지는 QLC SSD를 PC OEM용으로만 판매하고 있다. 하지만 2025년에는 마이크론 또한 QLC 낸드를 사용한 고용량 eSSD 개발을 통해 AI 서버와 같은 하이엔드 SSD 시장에 진출함으로써 낸드플래시 사업의 이윤을 확대해나갈 수 있을 것으로 기대된다.

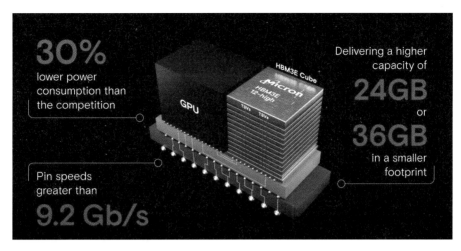

마이크론의 HBM3E는 경쟁사 대비 전력 효율이 30%가량 뛰어나다.

자료: 마이크론

2) AI 시장에서의 존재감 확대

PC와 모바일 등의 중요 응용처의 수요가 기대보다 더디게 회복되는 상황에서 AI는 메모리와 스토리지 수요 성장을 이끄는 가장 중요한 응용처로 자리 잡았다. 따라서 메모리 제조사들에겐 AI 시장의 선점이 무엇보다 중요한 목표라고 할 수 있다. 마이크론은 AI 서버 시장을 장악하기 위해 HBM, 32Gb 기반 128GB D램(1beta node 적용), eSSD 등 AI 서버용 맞춤 제품군들을 개발 및 양산하고 있다. 특히 마이크론은 가장 치열한 전장인 HBM 시장에서 다소 뒤처진 것을 만회하고자 HBM3e 개발에 집중했고, 그 결과 경쟁사들 보다 먼저 최신 제품인 HBM3e 12HI 샘플을 고객사에 전달할 수 있다. 마이크론의 HBM3e는 단순히 개발만 빨랐던 것이 아니라 타사 대비 전력 효율성이 30% 정도 뛰어난 것으로 평가받고 있으며 중요 고객사 또한 HBM 공급선 다변화에 적극적이기 때문에 시장에서 좋은 성과를 낼 수 있을 것으로 기대된다. 다만 HBM3e를 생산하기 위한 마이크론의 생산능력 확장에 다소 시간이 필요할 것으로 보이며 이를 우선적으로 해결하는 것이 HBM 사업 성공을 결정짓는 중요한 요소로 보인다.

#4 2024년 실적과 향후 전망

　FY25 1분기(2024년 9~11월) 마이크론의 매출액은 87억 달러로 전년 동기 대비 84%나 상승했다. 총이익률(Gross Margin)과 EPS(Earning Per Share) 또한 시장 전망치를 상회하며 좋은 성과를 냈지만 이날 실적 발표후 마이크론의 주가는 시간 외 시장에서 16~17%가량 급락하며 투자자들을 패닉에 빠트렸다. 급락의 원인은 F25 2분기(2024년 12월 ~ 2025년 2월)까지의 실적 가이던스였다. 당초 시장에서는 2분기 매출이 90억 달러에 달하며 8분기 연속 매출 성장을 이어나갈 것으로 예상하였으나, 이날 마이크론이 제시한 매출 가이던스는 79억 달러로 시장 전망과는 무려 11억 달러나 차이가 날 뿐만 아니라 FY23 2분기 이후 2년 만에 처음으로 전 분기 대비 매출이 하락하게 됐다. 마이크론의 CEO 산제이 메로트라(Sanjay Mehrotra)에 따르면 비록 AI 관련 수요는 여전히 견조하지만, 최종 소비자들의 PC와 모바일 제품 수요가 여전히 저조한 가운데 PC와 모바일 제조사들이 신규 반도체 구매보다는 보유한 재고 소진을 우선하면서 당분간은 고객사들의 재고 조정이 지속될 것으로 예상된다. 그나마 인공지능 가속기의 견조한 수요로 인해 HBM과 서버용 D램의 수요는 꾸준히 성장하고 있으나 낸드플래시의 경우는 수요 감소폭이 기존 예상보다 훨씬 더 클 것으로 보인다. 산제이는 낸드플래시의 수요와 공급 균형을 찾기 위해 적극적인 조치가 필요하다고 주장하며 마이크론은 낸드플래시용 자본지출(CapEx)의 삭감, 차세대 기술 전환 속도 조절 및 웨이퍼 투입량 축소 등을 이미 시행하고 있다고 밝혔다.

하지만 2년 전 메모리 시장이 겪었던 심각한 불황과 비교하면 이번 하락세는 지속 기간도 짧고 하락 폭도 상대적으로 크지 않을 것으로 보인다. 2년 전과는 다르게 AI와 데이터센터용 D램 및 HBM의 수요는 여전히 강세이고 이들이 전체 메모리 시장의 하락을 일부 완충했기 때문이다. 마이크론 역시 PC와 모바일 그리고 오토모티브 수요에 대해 다소 부정적인 시황을 제시했으나 인공지능 가속기용 HBM의 2025년 전체 유효시장(Total Addressable Market, TAM) 규모를 기존

D램 수요와 공급 그래프

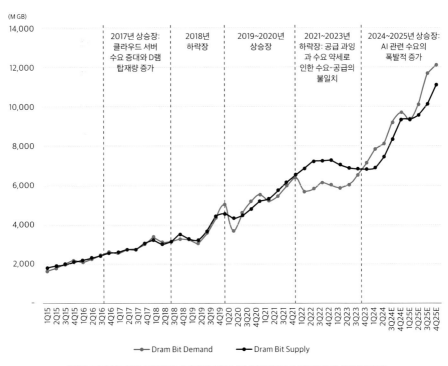

2021~2023년 D램은 공급 과잉 상태였으나 2024년 들어서면서 수요가 공급을 초과하게 된다.

자료: SIG 파이낸셜 그룹

250억 달러에서 300억 달러로 상향 조정하였고, 2030년까지 1,000억 달러 규모까지 빠르게 성장할 것으로 전망하였다. 그리고 시장 내의 재고 수준이 점차 정상화되며 2025년 하반기에는 PC와 모바일의 수요 또한 점차 상승할 것으로 기대된다. 공급 측면에서도 주요 공급사들이 생산량 확대에 적극적이지 않아 다시 한번 메모리 시장에서의 과잉 공급이 발생할 가능성은 낮다. 따라서 이번 메모리 시장의 하락세는 2~3분기 정도 지속되다가 2025년 하반기에 접어들면서 다시 상승세로 돌아설 것으로 예상된다. 이는 수요와 공급이 건정성을 찾아가는 과정이며 2022년과 같은 반도체의 겨울은 2025에 다시 찾아 오지 않을 것이다.

브로드컴 Broadcom (AVGO)
엔비디아의 아성에 도전하는 도전자

브로드컴은 1991년에 설립된 팹리스(Fabless) 회사로 모바일, 서버, 스토리지 등에 사용되는 네트워크 칩을 공급하고 있다. 대표적으로 아이폰에 들어가는 네트워크 칩의 제조사이며 최근 수요가 급성장하고 있는 AI 서버에 사용되는 고성능 네트워크 칩을 설계하고 있다. AI 서버가 아무리 고성능의 AI 가속기를 사용한다 해도 데이터를 전송하는 네트워크에서 제 성능을 발휘해주지 못하면 비싼 가속기들이 무용지물이 되기 때문에 브로드컴의 네트워크 칩은 AI 서버의 가장 중요한 부품 중 하나로 자리 잡았다. 따라서 MS, 구글, 메타, 알리바바 등의 대형 CSP들이 브로드컴의 칩을 구매하고 있으며 AI 열풍을 따라 최근 매출 또한 계속해서 상승하고 있다.

또한 브로드컴은 AI 서버용 주문형 반도체(ASIC) 칩을 설계 및 공급한다. 지난 2년간 엔비디아의 AI용 GPU의 수요가 급증하면서 가격이 너무 비싸지고 적시에 공급을 받기도 어려워지면서 AI 서버용 ASIC가 대안으로 떠오르고 있다. 브로드컴의 ASIC은 AI 작업에 특화된 맞춤형 칩을 제공하여 AI 모델 훈련과 추론 과정에서 높은 성능을 제공할 뿐만 아니라 영국 반도체 설계 업체(ARM)의 최신 AI 반도체 기술을 기반으로 하기 때문에 전력 효율 면에 있어서도 큰 장점이 있다. 특히 AI 서버 운영에 있어서 막대한 양의 전력 소비로 인한 비용 증가가 심각한 걸림돌로 작용하는 만큼 브로드컴의 ASIC 칩 수요는 계속해서 증가할 것으로 예상된다.

최근 시장에서 브로드컴이 주목받는 가장 중요한 이유는 브로드컴의 제품들이 반(反) 엔비디아 전선을 구축하는 데 필수이기 때문이다. 우선 브로드컴의 ASIC 칩은 현재 AI 시장을 독점하다시피 하는 엔비디아의 AI GPU들을 일부 대

범용 AI 가속기와 주문형 반도체의 성장 전망

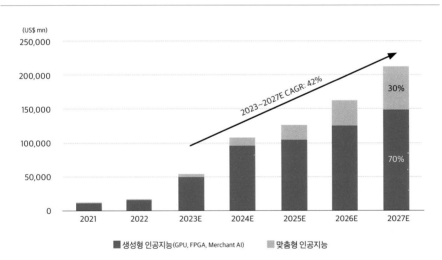

인공지능 추론 모델의 성장과 함께 주문형 반도체들의 수요는 계속해서 증가할 것으로 보인다.

자료: 브로드컴, 가트너, 모건스탠리

체할 수 있는 대체재이다. 구글, 메타 등 AI 선두 기업들뿐만 아니라 오픈AI, 바이트댄스 등 또한 브로드컴의 AI 칩을 기반으로 한 AI 데이터센터를 제작 및 운영 중인 것으로 알려져 있다. 구글의 경우 자사의 AI 칩인 텐서 처리 장치(Tensor Processing Unit, TPU)를 브로드컴과의 협업을 통해 제작하여 자체 AI 모델의 학습과 추론에 사용하고 있는데, 최근 애플이 구글의 TPU를 사용하여 자사의 AI 모델을 학습시켰다고 발표하며 업계에서 파장이 일기도 했다. 왜냐하면 그동안 엔비디아의 GPU가 AI 모델 학습의 98%를 차지하고 있었고 특히나 애플과 같은 빅테크 기업들이 엔비디아 GPU 이외의 AI 칩을 사용해 AI 모델을 학습한 전례가 없었기 때문이다. 여기서 더 나아가 2024년 12월에는 애플이 브로드컴과의 협력을 통해 자체 AI 서버용 AI 칩을 개발 중이라는 소식이 알려졌다. 시장에서는 이러한 애플의 행보가 빅테크 기업들의 탈 엔비디아 행렬을 가속화하는 신호탄이 될 것으로 보고 있다.

AI 칩뿐만 아니라 네트워크 분야에서도 두 회사는 경쟁 관계에 있는데, 브로드컴의 네트워크 스위치는 높은 대역폭(High-bandwidth)과 낮은 지연시간(Low-latency)으로 AI 서버의 효율성을 극대화시킨다. 반면 엔비디아는 NV링크, 인피니밴드와 같은 자체 솔루션을 자사의 AI용 GPU와 결합하여 통합 솔루션으로 판매하고 있기 때문에 브로드컴의 강력한 네트워크 솔루션들이 눈엣가시 같을 수밖에 없다.

FY24 4분기(2024년 8~10월) 브로드컴의 매출은 140.5억 달러로 전년 동기 대비 51% 성장하며 시장 전망치에 부합하였다. 전체 매출 중 반도체 사업의 실적이 82억 달러를 달성하였고, 그중에서도 AI 매출액이 34억 달러로 전 분기 대비 20%나 상승하며 전체 실적 상승에 기여하였다. 브로드컴의 혹 탄(Hock Tan) CEO는 인공지능용 커스텀 반도체(ASIC)와 고성능 네트워킹 수요의 견조한 성장에 힘입어 FY24 기준 150억~200억 달러 정도 규모인 AI SAM(Serviceable Addressable Market)이 FY27에는 600억~900억 달러까지 확대될 것으로 전망하였다. 특히 브로드컴에 ASIC AI 칩 디자인을 의뢰한 세 개의 하이퍼스케일러 고객들이 FY27년까지 각각 100만 개 이상의 AI 가속기를 보유한 대규모 인공지능 클러스터를 구축할 것이라고 하며 ASIC AI 가속기와 네트워킹 시장이 빠르게 성장해나갈 것으로 예상하였다. 게다가 기존 세 개의 하이퍼스케일러 고객들 이외에 두 개의 신규 하이퍼스케일러들로부터 커스텀 반도체 프로젝트를 추가로 수주했다고 발표하며 향후 AI 관련 매출 성장이 지속될 것임을 강조하였다. 4분기 실적 발표 이후 인공지능용 커스텀 반도체 시장의 성장성에 대한 기대감이 높아지며 브로드컴의 시가총액도 급등하였고, 뉴욕 증시에 상장된 지 26년 만에 처음으로 1조 달러를 돌파해 세계 최대 파운드리 회사 TSMC와 버크셔 해서웨이를 제치고 시총 순위 8위까지 상승하였다.

향후에도 많은 AI 관련 업체들이 AI 모델을 자체적으로 개발하는 데 그치지 않고 그에 맞는 칩까지 직접 개발하고자 할 것이다. 다만 고객사의 AI 모델에 맞춰 디자인을 하는 ASIC 칩의 특성상 개발 기간이 1년 정도인 범용 AI GPU와는 달리 개발부터 생산까지 약 2년여의 시간이 걸리는 만큼 2024년에 시작된 프로젝트들이 폭발적인 매출 성장으로 이어지기까지는 조금 더 시간이 필요할 것이다. 물론 브로드컴은 CSP들의 AI 칩 설계를 꾸준히 맡아오고 있었던 만큼 2025년에도 견조한 성장을 이어나갈 전망이다. 향후 AI용 ASIC 칩과 GPU의 경쟁 구도는 반도체 시장을 보는 중요한 관전 포인트가 될 것이다.

서비스형 소프트웨어(SaaS)
AI로 더욱 강력해진 SW 파워

조종희 데이터와 소프트웨어를 활용한 과학적 마케팅 분석 전문가이다. 빅토리아시크릿, 포드자동차, JP모건체이스 등의 세계적인 기업의 미국 마케팅 부서에서 19년간 분석적 마케팅 업무를 담당했다. 카네기멜론대학에서 경영학석사(MBA) 학위를 받았다. 저서로는《클라우드의 미래에 투자하라》가 있다.

2024년 리뷰
소프트웨어가 주도하는 디지털 트랜스포메이션은 계속된다

코로나19 팬데믹으로 인해 갑자기 찾아온 원격근무의 대중화는 서비스형 소프트웨어(Software as a Service, SaaS) 업계에 급격한 활황을 초래했다. 대부분 웹 기반 구독으로 이루어지는 SaaS는 재택근무와 잘 어울리기 때문이다. 저금리 상황에서 SaaS 업계의 주요 회사들은 확장에 열을 올렸고 급격한 매출 성장은 주가를 빠른 속도로 끌어올렸다. 덕분에 많은 SaaS 업체들의 주가는 2022년 하반기에 정점을 찍었다. 하지만 이후 금리가 상승하면서 부채가 많은 SaaS 업체들의 밸류에이션에 대한 재평가가 이뤄지며 주가 또한 많이 하락했다.

SaaS 산업의 시장 규모 전망[7]

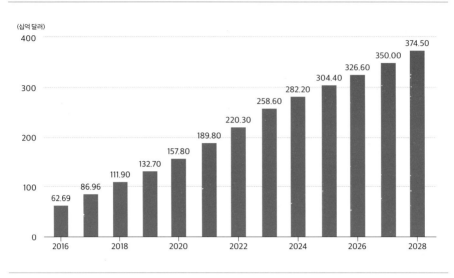

(십억 달러)

자료: 스태티스타 마켓 인사이트

2024년 SaaS 산업은 디지털 환경을 계속해서 재정의하며 소프트웨어의 새로운 접근 방식이라는 초기의 개념을 훨씬 넘어서서 진화했다. 기업들이 점점 더 복잡해지는 기술 환경을 헤쳐나가는 가운데 SaaS는 디지털 전환의 중추로 자리 잡아 놀라운 수준의 유연성, 확장성, 혁신을 제공한다. AI 기반 분석 플랫폼에서부터 블록체인 기반 보안 솔루션에 이르기까지 SaaS 분야는 기술 발전의 속도를 따라가는 데 그치지 않고 비즈니스의 거의 모든 부분이 소프트웨어적으로 연결되는 세상에서 기업들이 운영하고, 협력하며, 성장하는 미래의 모습을 적극적으로 형성하고 있다.

SaaS 시장은 매출 상승세를 유지하여 2023년부터 2028년까지 연평균 성장률이 약 7.7%로 기대된다. 이러한 지속적인 성장은 산업 전반에 걸친 지속적인 디지털 전환, 원격 및 하이브리드 작업 모델의 부상, 클라우드 네이티브 기술의 증가

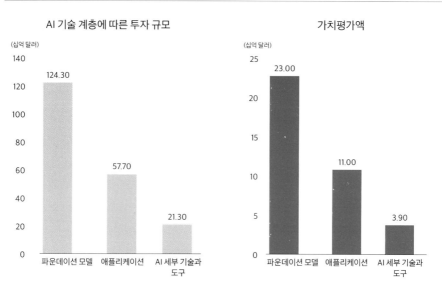

AI 가치 창출의 대부분은 모델 분야에 집중되어 있다.

자료: 베세머 벤처 파트너스, 모건스탠리[8]

하는 도입 등에 기인한다.

AI와 머신러닝의 통합

최근 인공지능 분야에 대한 투자는 매우 활발하며, 특히 대규모 언어 모델 (LLM)로 대표되는 파운데이션 AI 모델에 대한 투자가 가장 많다.

2024년에는 AI와 머신러닝이 많은 SaaS 솔루션의 구성요소가 됐다. 이 기술 들은 더 이상 단순한 유행이 아니라 SaaS 제품에 깊이 통합돼 기능성, 자동화, 사 용자 경험을 향상시키고 있다. 예측 분석, 자연어 처리, 지능형 자동화와 같은 AI 기반 기능이 이제 많은 SaaS 애플리케이션에서 주요 기능이 됐다.

고객 관계 관리(CRM) SaaS 제품들은 AI를 활용해 더 정확한 매출 예측, 개인화된 고객 상호작용, 자동화된 리드 스코어링을 제공하고 있다. 예를 들면 세일즈 포스는 아인슈타인(Einstein)으로 명명한 자체 AI 기능을 활용해 제품에 매출 예측 기능을 추가했고, 허브스팟(Hubspot)은 AI 기반의 콘텐츠 창작 도구를 출시하여 마케터들이 블로그 포스트와 소셜 미디어 컨텐츠를 손쉽게 제작할 수 있도록 돕는다. 마찬가지로 프로젝트 관리 SaaS 도구들은 ML 알고리즘을 사용하여 자원 할당을 최적화하고 워크플로우의 잠재적 병목현상을 예측하고 있다.

점점 중요해지는 보안 이슈

클라우드 기반 서비스에 대한 의존도 증가와 사이버 위협의 증가로 인해 보안과 규정 준수가 SaaS 산업의 중심 무대에 올랐다. SaaS 제공 업체들은 엔드-투-엔드(End-to-End) 암호화, 다중 인증, 고급 위협 탐지 시스템 등 강력한 보안 조치에 막대한 투자를 하고 있다.

GDPR(General Data Protection Regulation), CCPA(California Consumer Privacy Act) 및 산업별 표준과 같은 데이터 보호 규정 준수가 SaaS 기업들의 중요한 판매 포인트가 됐다. 많은 기업들이 이제 고객이 규제 의무를 충족할 수 있도록 내장된 규정 준수 도구와 상세한 감사 추적을 제공하고 있다.

2024년 7월, 구글의 모회사 알파벳은 구글 역사상 최대 규모의 인수 금액인 23억 달러를 들여 AI 기반 보안 기술에 강점이 있다고 평가되는 사이버 보안 스타트업 위즈(Wiz)를 인수한다고 발표했다. 점점 치열해지는 클라우드 시장에서 구글 클라우드의 경쟁우위를 가져가기 위한 인수로 해석된다. 결국 두 회사의 인수합병 협상은 결렬됐지만 23억 달러라는 인수 예정 금액은 클라우드 보안 기술의 잠재력을 잘 보여준다.

같은 달, 사이버 보안 업체 크라우드스트라이크(CrowdStrike)는 보안 소프트웨어 패치를 업데이트하는 과정에서 마이크로소프트(MS)의 윈도우 운영체제와 충돌을 일으켜 MS 애저 클라우드의 서비스가 전 세계적으로 차질이 빚어졌다. 이로 인해 항공 업계는 전 세계적으로 3,000여 편이 결항되고 3만여 편이 지연되는 엄청난 타격을 입었다. 항공 업계뿐만 아니라 MS 애저 클라우드를 사용하는 대부분의 업계에서 상당한 피해가 발생했다. 이 사태는 클라우드 보안 역사상 최대 규모의 피해로 기록됐으며, 클라우드에 있어서 보안의 중요성을 다시 한번 일깨워주는 계기가 됐다.

수직적 SaaS와 마이크로 SaaS의 부상

다양한 산업에 SaaS 서비스를 제공하는 '수평적 SaaS' 솔루션이 계속해서 시장을 지배해왔다. 하지만 특히 2024년부터는 특정 산업에 특화된 SaaS 서비스를 제공하는 '수직적 SaaS' 제품들의 성장이 두드러졌다. 이러한 솔루션은 의료, 금융, 교육, 제조와 같은 특정 분야의 고유한 요구사항을 충족하도록 맞춤화됐다.

특히 수직적 SaaS 회사들 중 제약 및 생명과학에 특화된 비바시스템즈(Veeva Systems), 건설업에 특화된 프로코어(Procore), 레스토랑 관리에 특화된 토스트(Toast), 스포츠 매니지먼트에 특화된 타포스(Thapos), 가정방문 간호에 특화된 클리어케어(Clear Care) 등 산업 특화된 과제와 규제에 대한 깊은 이해로 갖춘 업체들이 주목을 받고 있다. 비바시스템즈는 생명과학에서 매우 중요한 프로세스인 임상 임상시험에 대한 특화된 기능을 솔루션에 성공적으로 통합시켰고, 토스트는 AI를 활용한 레스토랑 식재료 재고 예측 기능을 도입했다. 이들은 수평적 SaaS 제품에 종종 부족한 특화된 기능, 규정 준수 도구, 통합을 제공한다. 이러한 추세는 데이터 프라이버시와 보안 우려가 가장 중요한 고도로 규제된 산업에서 특히 두드러진다.

SaaS 마켓 내 다양한 솔루션들이 통합되고 대형화되는 가운데, 한편에선 소규모의 기업과 팀을 대상으로 좀 더 작고 구체적인 분야의 문제를 해결하는 데 특화된 '마이크로 SaaS' 비즈니스가 성장하는 추세도 눈에 띈다. 주로 기존 SaaS 플랫폼의 확장 프로그램이나 플러그인으로 구축된 마이크로 SaaS 제품들은 민첩성, 특화된 기능성, 비용 효율성에 강점이 있다. 이러한 추세는 어도비나 세일즈포스와 같은 대기업들이 헤드라인을 장식하는 가운데, 소규모 SaaS 업체들이 시장에 진입할 수 있는 기회를 제공하고 있다.

사용자 경험과 맞춤화, 통합 및 생태계 개발

SaaS 시장의 경쟁이 점점 심화됨에 따라, SaaS 제공 업체들은 사용자 경험(UX)과 맞춤화에 더 큰 중점을 두고 있다. 직관적인 인터페이스, 개인화된 대시보드, 원활한 모바일 경험은 SaaS 제품에선 더 이상 부가 기능이 아닌 필수 기능이다.

이에 따라 SaaS 애플리케이션을 맞춤화하고 확장할 수 있는 능력이 핵심 차별화 요소가 됐다. 많은 SaaS 플랫폼들이 이제 광범위한 코딩에 대한 지식 없이도 고객이 소프트웨어를 특정 요구에 맞게 조정할 수 있는 로우코드(Low-code) 또는 노코드(No-code) 도구를 제공한다. 이런 추세는 소프트웨어 개발을 대중화하고 기업이 표준화된 SaaS 플랫폼 위에 맞춤형 솔루션을 만들게 한다.

최근 기업들이 점점 더 많은 SaaS 솔루션에 의존함에 따라, SaaS 업계에선 이러한 도구들을 원활하게 통합하는 능력이 강조된다. 2024년에는 많은 회사들이 소프트웨어 간의 통신을 도와주는 API(Application Service Interface) 구축과 생태계 개발 촉진에 더 큰 중점을 뒀다. 페이먼트 SaaS의 대표주자 중 하나인 스트라이프는 금융 서비스 API를 확장해 다양한 회계 서비스와 통합을 쉽게 만들었다.

API SaaS의 선두 주자 트윌리오는 음성과 비디오를 통합하는 새로운 API를 내놓았다. 그 외에도 많은 SaaS 기업들이 제3자 개발자들이 보완적인 도구와 통합을 제공할 수 있는 마켓플레이스를 만들어 핵심 플랫폼의 기능을 확장 중이다. 이러한 생태계 접근 방식은 고객을 위한 가치 제안을 강화할 뿐만 아니라 SaaS 제공 업체들에게 새로운 수익원을 창출하고 개발자들에게 기회를 제공한다.

지속 가능성과 사회적 책임

기업의 사회적 책임을 강조하는 환경, 사회, 지배구조(Environmental, Social, Governance: ESG) 고려사항이 SaaS 산업에서 점점 강조되고 있다. 기업들은 운영의 지속 가능성에 초점을 맞출 뿐만 아니라 고객들이 환경 영향을 추적하고 개선할 수 있도록 돕는 기능을 개발하고 있다.

세일즈포스를 비롯한 SaaS 제공 업체들은 탄소 배출 추적 도구를 제공하고,

세일즈포스의 탄소 배출을 측정하는 대시보드 화면

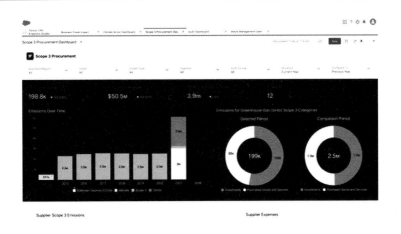

자료: 세일즈포스

MS 애저는 클라우드 컴퓨팅 에너지 소비를 측정하고 절감하기 위한 도구를 제공한다. 그 외 많은 SaaS 업체들은 재무 및 운영 소프트웨어에 ESG 관련 보고 기능을 통합하고 있다. 이러한 추세는 비즈니스 운영에서 지속 가능성이 강조되는 흐름을 반영하며, 글로벌 차원의 비즈니스 문제를 기술이 해결할 수 있는 역할을 보여준다.

2025년 전망
AI의 본격적 도입으로 SaaS가 더 스마트해진다

2025년 서비스형 소프트웨어(SaaS) 산업은 지속적인 성장과 변화를 앞두고 있다. 전년도에 구축된 견고한 기반을 바탕으로 SaaS 분야는 새롭게 부상하는 기술, 변화하는 비즈니스 요구사항, 글로벌 경제 변화에 대응하여 진화할 것으로 예상된다.

글로벌 SaaS 시장은 꾸준한 성장 궤도를 유지할 것이다. 이러한 확장은 여러 산업에 걸친 클라우드 기술 채택 증가, 원격 및 하이브리드 작업 모델의 확산, 확장 가능하고 유연한 소프트웨어 솔루션에 대한 수요 증가 등 여러 요인에 의해 주도될 전망이다.

그러나 시장은 또한 경쟁 심화와 통합을 경험할 것이다. 대형 SaaS 제공 업체들은 제품 라인을 확장하기 위해 틈새 기업들을 계속 인수할 수 있으며, 신규 진입자들은 시장점유율을 확보하기 위해 고도로 전문화된 솔루션이나 새로운 기술의 통합에 집중할 가능성이 있다.

2025년까지 AI와 머신러닝 기능은 추가적 기능에서 SaaS 제품의 기본 구성

요소로 전환될 것으로 예상된다. 많은 산업에서 AI를 비즈니스에 적극적으로 활용함에 따라, 다양한 분야의 SaaS 솔루션에 더욱 정교한 AI 기반 분석, 예측 모델링, 자동화된 의사결정 프로세스가 통합되는 추세가 강화될 것이다.

자연어 처리와 대화형 AI가 더욱 보편화되어 사용자 인터페이스를 개선하고 SaaS 애플리케이션과의 더 직관적인 상호작용을 가능하게 할 것으로 보인다. 이는 SaaS 플랫폼 내에서 복잡한 쿼리를 처리하고 최소한의 인간 개입으로 작업을 수행할 수 있는 AI 비서의 광범위한 채택으로 이어질 수 있다.

사용자의 물리적 위치와 가까운 곳에서 컴퓨팅을 수행하는 개념인 에지 컴퓨팅은 사물인터넷(IoT)의 대중화와 함께 연평균 20%에 육박하는 빠른 성장을 보여주고 있다.[9]

2025년에는 에지 컴퓨팅과 SaaS의 융합이 가속화될 것이다. 기업들이 특히 IoT 애플리케이션에 대해 더 빠른 처리 시간과 낮은 지연 시간을 추구함에 따라, 에지 지원 SaaS 솔루션이 등장할 가능성이 있다. 이러한 하이브리드 모델은 데이터 발생 장소에 더 가까운 곳에서 데이터 처리를 가능하게 하여 성능을 향상시키고 빠른 대응이 필요한 중요 시나리오에서 실시간 분석이 가능할 것이다. 이 트렌드는 특히 제조업, 의료, 스마트 시티 인프라와 같이 빠른 데이터 처리와 분석이 중요한 운영 개선을 이끌 수 있는 산업에서 큰 영향을 미칠 수 있다. AWS, MS 애저, 구글 클라우드 등의 클라우드 인프라 사업자들은 에지 컴퓨팅 솔루션에 대한 투자를 대폭 늘리고 에지 컴퓨팅에 특화된 오퍼링을 확대할 것으로 예상된다.

2025년에는 수직적 SaaS 솔루션이 확대되는 트렌드가 가속화될 것으로 예상된다. 산업이 계속 디지털화되고 고유한 규제 및 운영 과제에 직면함에 따라, 전문화된 분야별 SaaS 제품에 대한 수요가 증가할 것이다. 원격 의료, 지속 가능한 에너지 관리, 자율 주행 차량들의 대규모 운영, 금융 서비스를 위한 규제 기술 등의 분야에서 수직적 SaaS 솔루션이 확장될 것이다. 이러한 수직적 솔루션들은 산업별 워크플로우, 규정 준수 도구, 데이터 모델과 더 깊은 통합을 제공하여 틈새 시장의 고객들에게 더 많은 가치를 제공할 가능성이 있다.

전 세계적으로 데이터 보호 규정이 계속 발전함에 따라, 2025년에 SaaS 제공 업체들은 데이터 프라이버시와 주권에 더욱 큰 중점을 둘 필요가 있다. 고객이 데이터가 저장되고 처리되는 지리적 위치를 지정할 수 있는 더욱 정교한 데이터 현지화 기능을 볼 수 있을 것으로 예상된다. 또한 동형 암호화와 연합 학습과 같은 프라이버시 강화 기술이 SaaS 제품에서 더욱 일반화되어 개인 데이터 프라이버시를 손상시키지 않고 데이터 분석과 AI 모델 훈련을 가능하게 한다.

2025년에도 환경, 사회, 지배구조(ESG) 고려사항이 SaaS 개발과 운영에서 더 중요한 역할을 할 것으로 보인다. SaaS 제공 업체들은 에너지 효율성을 위해 클라우드 인프라를 최적화하는 데 더욱 집중할 수 있으며, 제품 라인 전반에 걸쳐 탄소 배출 추적을 표준 기능으로 제공하게 될 것이다. 또한 기업들이 다양한 운영 전반에 걸쳐 환경 영향을 추적, 보고, 개선하는 데 도움을 주는 지속 가능성 관리 전용 SaaS 플랫폼의 등장을 예상된다.

아직 초기 단계이지만, 2025년에는 블록체인 기술과 분산 아키텍처가 SaaS 환경에 영향을 미치기 시작할 수 있다. 분산형 SaaS 모델이 등장하여 향상된 보안, 투명성, 복원력을 제공한다. 이러한 솔루션은 공급망 관리나 디지털 신원 확인과 같이 높은 수준의 신뢰와 감사 가능성이 필요한 시나리오에서 특히 매력적일 수 있다.

블록체인 플랫폼에 구축된 스마트 계약은 또한 SaaS에 대한 새로운 가격 책정 및 라이선싱 모델을 가능하게 하여, 제공 업체와 고객 사이에 더욱 유연한 사용량 기반 계약을 잠재적으로 허용한다.

2023년부터 2034년까지 양자 컴퓨팅 시장 규모 예측[10]

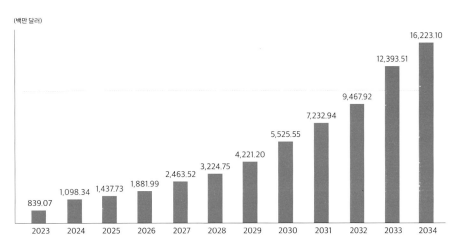

(백만 달러)

연도	금액
2023	839.07
2024	1,098.34
2025	1,437.73
2026	1,881.99
2027	2,463.52
2028	3,224.75
2029	4,221.20
2030	5,525.55
2031	7,232.94
2032	9,467.92
2033	12,393.51
2034	16,223.10

양자 컴퓨팅 시장은 향후 10년간 폭발적으로 증가할 것으로 예상된다.

자료: 프레시던스 리서치

증강현실(AR), 가상현실(VR), 혼합현실(MR)을 포함한 확장 현실 기술이 계속 성숙함에 따라, 2025년까지 이러한 기능들이 SaaS 플랫폼에 더욱 통합되는 것을 볼 수 있다. 이는 SaaS 애플리케이션 내에서 새로운 형태의 협업, 훈련, 데이터 시각화를 가능하게 한다. 예를 들어 프로젝트 관리 SaaS 도구는 몰입형 팀 회의를 위해 VR을 통합할 수 있으며, 산업용 유지보수 SaaS는 현장 지침과 원격 전문가 지원을 위해 AR을 활용할 수 있다.

양자역학을 활용해 기존의 컴퓨터보다 빠르게 복잡한 문제를 해결하는 양자 컴퓨팅은 미래에 엄청난 혁신을 가져다줄 컴퓨팅 기법으로 많은 기대를 받고 있다. 2030년에는 양자 컴퓨팅 시장 규모가 100억 달러가 넘을 것으로 예상된다. IBM, 구글, 아마존, MS 등의 대형 IT 서비스 기업들은 양자 컴퓨팅의 잠재력을 인정하고 대규모 투자를 지속할 것이다.

전면적인 양자 컴퓨팅은 아직 몇 년 더 걸릴 수 있지만, 2025년에는 초기 양자역학 알고리즘과 SaaS 모델을 통해 제공되는 양자 컴퓨팅 서비스가 등장할 수 있다. 이는 처음에는 물류, 금융 모델링, 신약 개발과 같은 분야의 최적화 문제에 초점을 맞출 수 있다. SaaS 제공 업체들은 양자 컴퓨팅 기능을 추가 서비스로 제공하기 시작해 기업들이 상당한 인프라 투자 없이 양자 알고리즘을 실험할 수 있게 할 수 있을 전망이다.

2025년까지 로우코드/노코드 움직임이 더욱 탄력을 받을 것으로 예상되며, 더 많은 SaaS 플랫폼이 최소한의 코딩으로 맞춤화와 앱 개발을 위한 강력한 도구를 제공할 것이다. 이 트렌드는 비즈니스 사용자들이 애플리케이션을 만들고 수정할 수 있게 하여 IT 부서의 부담을 잠재적으로 줄이고 디지털 전환 이니셔티브를 가속화할 것으로 기대된다.

일반 사용자용 통합 도구의 부상 또한 예상된다. 이는 엔지니어가 아닌 일반 사용자들이 다른 SaaS 애플리케이션 간의 복잡한 워크플로우와 통합을 이룩할 수 있게 해줄 것이다.

2025년까지 SaaS 가격 책정 모델은 더욱 정교하고 유연해질 가능성이 있다. 사용량 기반 가격 책정이 더욱 세분화되어 기업들이 광범위한 접근 권한 구매 대신 특정 기능이나 컴퓨팅 자원에 대해 비용을 지불할 수 있다. 우리는 또한 SaaS 솔루션 사용을 통해 달성된 측정 가능한 비즈니스 결과와 연계된 결과 기반 가격 책정 모델의 등장을 볼 수 있을 것이다. 또한 고객이 제공 업체의 생태계나 파트너 네트워크 내의 여러 제품을 사용할 때 할인이나 혜택을 받는 생태계 기반 가격 책정 모델이 인기를 얻을 수 있다.

기업들이 계속해서 여러 SaaS 솔루션에 의존함에 따라, 다양한 플랫폼 간의 원활한 통합과 데이터 흐름에 대한 수요가 증가할 것이다. 더욱 발전된 API 관리 도구, 사전 구축된 커넥터, 서비스형 통합 플랫폼(Integration Platform as a Service, iPaaS) 제품들이 출시될 것으로 예상된다. 산업 분야 전반에 걸친 공통 데이터 모델과 표준의 개발도 다양한 SaaS 솔루션 간의 더 쉬운 상호운용성을 촉진한다.

2025년의 SaaS 산업은 증가된 지능, 전문화, 유연성으로 특징지어질 것이다. AI가 보편화되고, 수직적 솔루션이 확산되며, 에지 컴퓨팅이나 블록체인과 같은 새로운 기술들이 영향을 미치면서, SaaS 생태계는 모든 부문의 기업들에게 더욱 다양하고 강력한 도구를 제공하게 될 것이다.

산업 관련 종목

NO.	기업 이름	영문	티커	내용
1	어도비	Adobe Systems	ADBE	• 크리에이티브 소프트웨어에서 출발해서 종합 마케팅 솔루션 회사로 성장
2	세일즈포스	Salesforce	CRM	• 고객 관리 시스템 분야에서 업계 1위
3	인튜이트	Intuit	INTU	• 미국 제일의 세금보고 솔루션 터보택스와 중소기업 회계 솔루션 퀵북으로 유명
4	서비스나우	Servicenow	NOW	• 각종 IT 서비스를 효율적으로 관리할 수 있게 도와주는 솔루션
5	쇼피파이	Shopify	SHOP	• 중소기업들의 원스탑 이커머스 솔루션 제공
6	크라우드스트라이크	Crowdstrike	CRWD	• 종합 사이버 보안 솔루션 제공
7	비바시스템즈	Veeva Systems	VEEV	• 제약 및 생명과학 분야에 특화된 클라우드 시스템
8	데이터독	Datadog	DDOG	• 클라우드 모니터링 분야의 선두 주자
9	워크데이	Workday	WDAY	• 인사관리 및 재무분야에 특화된 클라우드 시스템
10	유아이패스	UIPath	PATH	• 프로세스 자동화 분야 전문 클라우드 소프트웨어 솔루션. 업계 1위

스노우플레이크 Snowflake (SNOW)
클라우드 데이터베이스의 선두 주자

#1 기업 개요

전설적인 투자의 대가 워런 버핏은 주로 안정된 실적을 보여주는 검증된 기업에 장기투자하는데, 버핏답지 않게 IPO(기업공개) 투자에 대규모로 참여한 기업이 있어서 매우 화제가 됐다. 바로 스노우플레이크이다.

스노우플레이크는 세 명의 공동창업자 브누아 다제빌(Benoit Dageville), 티에리 크루아네스(Thierry Cruanes), 마르친 주코우스키(Marcin Zukowski)에 의해 2012년 창립됐다. 다제빌과 크루아네스는 오라클의 데이터 아키텍트 출신이고 주코우스키는 벡터와이즈라는 스타트업 출신이다. 스노우플레이크는 눈송이라는 뜻으로 클라우드(구름)의 의미와도 절묘하게 어울린다. 2018년 15억 달러의 밸류에이션을 인정받아서 유니콘(가치평가 10억 달러 이상의 스타트업) 대열에 합류했고,

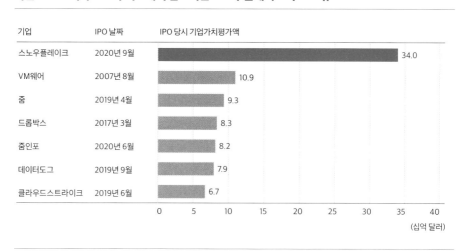

다른 소프트웨어 IPO와 비교해서 압도적인 스노우플레이크의 IPO 규모

기업	IPO 날짜	IPO 당시 기업가치평가액
스노우플레이크	2020년 9월	34.0
VM웨어	2007년 8월	10.9
줌	2019년 4월	9.3
드롭박스	2017년 3월	8.3
줌인포	2020년 6월	8.2
데이터도그	2019년 9월	7.9
클라우드스트라이크	2019년 6월	6.7

(십억 달러)

2020년 9월에는 소프트웨어 업계 사상 최대의 규모로 IPO를 실시했다.

스노우플레이크의 장점은 클라우드 플랫폼에 관계없이 작동한다는 것이다. 즉 메이저 클라우드 플랫폼인 AWS, MS 애저, 구글 클라우드에서 모두 작동하고 세 플랫폼 사이에서 자유롭게 이동할 수 있다. 특정 클라우드 플랫폼에 종속될 필요가 없다는 이유로 스노우플레이크와 같은 솔루션을 선호하는 고객들도 많다.

#2 비즈니스 모델

스노우플레이크는 기본적으로 고객의 데이터 처리 사용량에 기반해서 사용료를 받는 단순하면서도 합리적인 사업 모델을 사용한다. 미리 일정 규모의 사용량을 약정할 경우 사용료 할인을 제공한다. 스노우플레이크 플랫폼에 데이터를

스노우플레이크 기업 정보

설립 연도	2012년	시가총액 (십억 USD)	56.8
상장 거래소	뉴욕증권거래소	시가총액 (조 원)	81.3
상장일	2020. 9. 16.	배당수익률	-
CEO	스리드하 라마스와미	52주 최저-최고 범위 (USD)	107.13-237.72
주요 주주	뱅가드 그룹 6.72%		
직원 수	7,296명	현재 주가 (USD)	170.00
홈페이지	snowflake.com	평균 목표 주가 (USD, Yahoo Finance 기준)	183.99
회계연도 종료	2024. 1. 31.		

* 기준일: 2024. 12. 12.
자료: Yahoo Finance

스노우플레이크 기업 실적 및 투자 정보

구분	FY22	FY23	FY24	FY25F	FY26F	5년 연평균 성장률
매출 (십억 USD)	1.2	2.1	2.8	3.5	4.3	49%
EBTIDA (십억 USD)	-0.7	-0.8	-1.0	0.3	0.4	-
영업이익 (십억 USD)	-0.7	-0.8	-1.1	0.1	0.3	-
순이익 (십억 USD)	-0.7	-0.8	-0.8	-1.3	-1.2	17%
주당순이익 (USD)	-2.3	-2.5	-2.6	-3.9	-3.7	-1%
주당 배당 (USD)	0.0	0.0	0.0	0.0	0.0	
EBTIDA 이익률 (%)	-57.2	-37.9	-35.4	7.9	9.4	-
영업이익률 (%)	-58.6	-40.5	-39.0	3.2	5.9	-
순이익률 (%)	-55.8	-38.6	-29.8	-35.9	-27.7	-
PER (x)	-	-	-	189.4	122.0	-
PBR (x)	16.8	11.0	9.9	9.4	8.8	-
EV/Revenue (x)	112.9	40.4	21.4	9.8	8.0	-
EV/EBITDA (x)	-	-	-	123.9	84.9	-
ROE (%)	0.1	1.7	6.6	4.7	8.5	-

자료: 회사 자료, Capital IQ
주1: 미국 회계기준(US-GAAP)
주2: 전망치는 2024년 8월 30일 Capital IQ 기준

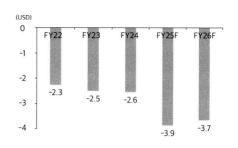

스노우플레이크 매출액 & 성장률 전망

매출액   성장률(YoY, 우측)

(십억 USD)   (%)

- 106
- 69
- 36
- 26
- 23

	FY22	FY23	FY24	FY25F	FY26F
매출액	1.2	2.1	2.8	3.5	4.3

자료: 스노우플레이크, Capital IQ (2024년 8월 30일 기준)

스노우플레이크 주당순이익 전망

(USD)

	FY22	FY23	FY24	FY25F	FY26F
	-2.3	-2.5	-2.6	-3.9	-3.7

자료: 스노우플레이크, Capital IQ (2024년 8월 30일 기준)

스노우플레이크 주가 추이

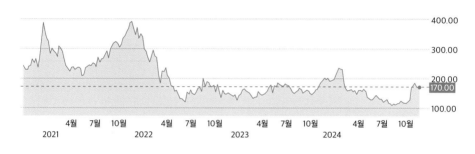

저장하는 것은 데이터 저장 용량에 따라 별도의 요금을 징수하고, 코텍스(Cortex) 등의 AI 관련된 제품을 사용할 때에도 사용량에 따라 별도의 요금이 부과된다.

스노우플레이크의 매출 대부분은 클라우드 SaaS 업체답게 제품 구독에서 일어나고 10% 정도는 프로페셔널 서비스와 기타 부문에서 일어난다. 지역별로는 대부분의 매출이 북미에서 일어나고 있지만 유럽과 아시아에서도 사업을 확장하고 있으며, 최근엔 한국에도 진출했다.

FY24 스노우플레이크 사업 부문별 매출 비중

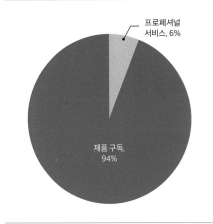

프로페셔널
서비스, 6%

제품 구독,
94%

FY24 스노우플레이크 지역별 매출 비중

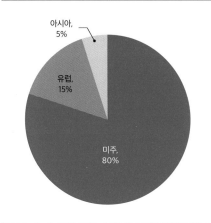

아시아,
5%

유럽,
15%

미주,
80%

#3 투자 포인트

1) 혁신적인 클라우드 네이티브 아키텍처

스노우플레이크의 핵심적인 강점은 클라우드 시대에 발맞춰 클라우드 전용으로 처음부터 설계된 클라우드 네이티브 아키텍처이다. 클라우드 환경을 위해 변경된 레거시 데이터베이스 시스템들과 달리, 스노우플레이크는 클라우드 인프라의 확장성과 유연성 및 비용 대비 효과성을 활용하기 위해 디자인됐다.

스노우플레이크의 클라우드 아키텍처는 사용자의 특정한 요구에 기반해서 사용 가능한 자원을 독립적으로 할당할 수 있는 스토리지와 컴퓨팅의 분리를 제공한다. 많은 수의 사용자가 동시에 사용해도 문제가 없는 멀티 클러스터 데이터 공유 아키텍처이다. 최대 장점은 AWS, MS 애저, 구글 클라우드 등의 다양한 메이저 클라우드 인프라 사업자들의 인프라와 모두 호환되는 유연성이다.

이러한 혁신적 아키텍처는 빠른 속도로 성장하는 클라우드 전용 데이터 플랫폼 마켓에서 스노우플레이크가 선두 주자로 성장할 수 있게 된 배경이다.

2) 강력한 매출 성장세와 고객 확대

스노우플레이크는 2020년 IPO 이후에 놀라운 매출 성장을 이룩해왔다. 가장 최근 회계연도인 FY24(2023년 2월 ~ 2024년 1월)에도 연간 매출 성장률 36%를 기록했다.

기업 고객의 수도 꾸준히 상승해서 FY25 2분기(2024년 5~7월)에 거의 1만 개에 육박했고, 특히 안정적인 매출을 제공하는 대형 고객(포브스 글로벌 2000(Forbes Global 2000)의 숫자가 꾸준히 증가하는 것은 향후 매출 전망에 청신호를 제공한다.

가장 인상적인 지표는 최근 3년간(FY22~FY24) 평균 130%가 넘는 NRR(Net Retention Rate)이다. NRR은 고객 만족도를 잘 보여주는 핵심 지표인데, SaaS 업계에서는 NRR이 120%가 넘으면 아주 우수한 축에 속하며, 130%가 넘으면 업계 최상급의 NRR이다.

총 고객 수

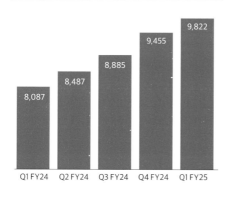

포브스 글로벌 2000 고객 수

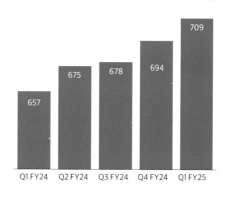

3) 계속적으로 확장되는 데이터 클라우드 관련 시장 규모

스노우플레이크는 계속해서 데이터 공유, 데이터 마켓플레이스 등의 새로운 기능을 추가함으로써 진출 가능한 데이터 클라우드 시장의 규모를 키워가고 있다. 예를 들어 조직 내의 다른 팀들과 자유롭게 데이터를 공유할 수 있는 기능, 각종 특정 산업에 특화된 데이터 클라우드 솔루션들, 실시간 데이터 분석 기능과 머신러닝 지원 등이다.

#4 2024년 실적 및 향후 전망

스노우플레이크의 FY24 매출은 전년 대비 36% 증가한 28억 600만 달러를 기록했다. 연간 제품 매출이 100만 달러가 넘는 대형 고객의 수가 전년 대비 39% 증가하면서 전체 매출 증가를 견인했다. FY24 기준 NRR은 131%로 업계 최고 수준을 유지했다. 다만 AI 관련 투자가 계속 증가하면서 FY24 영업손실은 10억 9,400만 달러를 기록해서 전년 대비 30% 증가했다.

FY25 3분기(2024년 8월 ~ 2024년 10월) 매출은 전년 같은 분기 대비 28% 증가한 9억 4,200만 달러를 기록했다. 계속적인 투자로 인한 직원 수의 증가로 인해

(분기 말 기준 7,823명으로 전년 대비 15% 증가) 영업손실은 3억 6,700만 달러로 전년 같은 분기 대비 40% 증가했다. 연간 매출 성장률 가이던스도 26%에서 29%로 상향 조정했다.

2024년의 주가 흐름은 스노우플레이크의 주력 제품이었던 데이터 웨어하우스보다 유연성이 강화된 데이터 레이크하우스 분야에 투자 금액이 많아지면서 영업손실 규모가 커진 여파로 3월을 정점으로 하락한 뒤 다소 약세를 나타냈으나, 11월 분기 실적 발표에서 매출 성장세가 확인되면서 주가가 연초 수준에 근접하게 회복되었다.

2025년에 AI 분야에 최적화된 데이터 아키텍처인 데이터 레이크하우스의 수요가 많아지면 매출 성장 및 주가 상승의 새로운 동력이 생길 것으로 기대된다. FY25기준 연간 매출은 35억 달러로 전년 대비 26% 증가할 것으로 예상되며, 특히 처음으로 영업이익 흑자 전환이 기대(시장 컨센서스 기준)된다. 하지만 강력한 경쟁자인 데이터브릭스와의 경쟁은 주가에 부정적인 영향을 미칠 우려도 있다.

스노우플레이크 연혁

2012	브누아 다제빌, 티에리 크루아네스, 마르친 주코우스키에 의해 설립
2014	마이크로소프트 임원 밥 무글리아(Bob Muglia)를 CEO로 영입
2015	최초의 제품인 클라우드 데이터 웨어하우스 출시
2018	15억 달러 가치평가로 투자를 받아 유니콘 등극
2019	서비스나우 CEO 출신인 프랭크 슬루트만(Frank Slootman)을 CEO로 영입
2020	9월 16일 IPO(소프트웨어 IPO 역사상 최대 규모 중 하나)
2022	검색 스타트업 니바(Neeva) 인수
2024	2월 스리드하 라마스와미(Sridhar Ramaswamy) CEO 취임

세일즈포스 Salesforce (CRM)
CRM을 넘어 종합 소프트웨어 솔루션 회사로

#1 기업 개요

세일즈포스는 기업들이 고객 관계를 관리하고 디지털 시대에 운영하는 방식을 혁신했다. 1999년 마크 베니오프(Marc Benioff), 파커 해리스(Parker Harris), 데이브 멜렌호프(Dave Moellenhoff), 프랭크 도밍게즈(Frank Domingguez)가 설립한 세일즈포스는 인터넷을 통해 소프트웨어 애플리케이션을 제공한다는 비전으로 시작해 전통적인 온프레미스 소프트웨어 설치 모델에 도전했다.

회사의 대표 제품인 세일즈 클라우드는 2000년에 출시되어 클라우드 기반 고객관계관리(CRM) 솔루션을 제공했다. 이 혁신적인 접근 방식은 기업들이 인터넷 연결만으로 어디서나 고객 데이터에 접근하고 관리할 수 있어, 비싼 하드웨어와 복잡한 소프트웨어 설치의 필요성을 없앴다.

세일즈포스 기업 정보

설립 연도	1999년	시가총액 (십억 USD)	342.6
상장 거래소	뉴욕증권거래소	시가총액 (조 원)	490.6
상장일	2004. 6. 23.	배당수익률	0.5%
CEO	마크 베니오프	52주 최저-최고 범위 (USD)	212.00-369.00
주요 주주	뱅가드 그룹. 8.90%		
직원 수	72,682명	현재 주가 (USD)	358.03
홈페이지	salesforce.com	평균 목표 주가 (USD, Yahoo Finance 기준)	394.88
회계연도 종료	2024. 1. 31.		

* 기준일: 2024. 12. 12.
자료: Yahoo Finance

세일즈포스 기업 실적 및 투자 정보

구분	FY22	FY23	FY24	FY25F	FY26F	5년 연평균 성장률
매출 (십억 USD)	26.5	31.4	34.9	37.9	41.3	14%
EBTIDA (십억 USD)	8.2	8.9	12.7	12.8	14.6	17%
영업이익 (십억 USD)	5.0	7.1	10.6	12.4	14.0	30%
순이익 (십억 USD)	1.4	0.2	4.1	6.0	7.0	12%
주당순이익 (USD)	1.5	0.2	4.2	6.1	7.1	10%
주당 배당 (USD)	0.0	0.0	0.0	1.5	1.7	-
EBTIDA 이익률 (%)	31.1	28.4	36.5	33.8	35.5	-
영업이익률 (%)	18.7	22.5	30.5	32.8	33.9	-
순이익률 (%)	5.5	0.7	11.9	15.9	17.0	-
PER (x)	77.0	180.5	123.5	25.1	22.7	-
PBR (x)	5.0	3.0	3.4	4.0	3.5	-
EV/Revenue (x)	10.4	6.5	6.2	6.4	5.8	-
EV/EBITDA (x)	53.5	45.3	29.6	18.9	16.5	-
ROE (%)	9.4	9.0	13.7	15.8	16.5	-

자료: 회사 자료, Capital IQ
주1: 미국 회계기준(US-GAAP)
주2: 전망치는 2024년 8월 30일 Capital IQ 기준

세일즈포스 매출액 & 성장률 전망

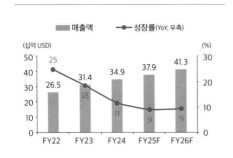

자료: 세일즈포스, Capital IQ (2024년 8월 30일 기준)

세일즈포스 주당순이익 전망

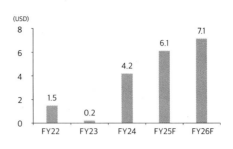

자료: 세일즈포스, Capital IQ (2024년 8월 30일 기준)

세일즈포스 주가 추이

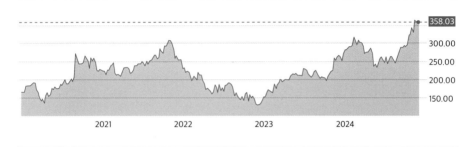

세일즈포스의 초기 성공은 "소프트웨어 없음(No Software, 기존의 온프레미스 소프트웨어는 더 이상 없다는 뜻)"이라는 슬로건을 바탕으로 구축됐으며, 클라우드 컴퓨팅이 업계 표준이 되기 전에 그 이점을 강조했다. 회사는 2004년 뉴욕증권거래소에 상장되어 IPO를 통해 1억 1,000만 달러를 조달했다.

세일즈포스는 수년에 걸쳐 CRM을 넘어 제품 라인업을 확장했다. 회사는 고객 서비스 관리를 위한 서비스 클라우드, 디지털 마케팅 자동화를 위한 마케팅 클라우드, 전자상거래 솔루션을 위한 커머스 클라우드를 도입했다. 2011년에는 기업용 소셜 네트워킹 도구인 채터(Chatter)를 출시해 기업용 소프트웨어 혁신 기업으로서 입지를 더욱 굳혔다.

세일즈포스의 성장 전략에는 유기적 발전과 전략적 인수가 포함된다. 주목할 만한 인수로는 마케팅 클라우드의 기반이 된 이그잭트타깃(ExactTarget, 2013년 25억 달러), 세일즈포스의 통합 기능을 강화한 뮬소프트(MuleSoft, 2018년 65억 달러)가 있다. 2019년 데이터 시각화 분야의 대표주자 타블로(Tableau)를 157억 달러에 인수하며 데이터 시각화 및 분석 시장에 본격 진출했다.

2020년, 세일즈포스는 지금까지 가장 큰 규모의 인수를 단행하여 협업 메시징 분야의 강자 슬랙 테크놀로지(Slack Technologies)를 277억 달러에 매입했다. 이 움직임은 세일즈포스가 직장 협업 공간에서 더 직접적으로 경쟁할 수 있게 포지셔닝해 슬랙의 메시징 플랫폼을 자사의 클라우드 기반 도구 제품군과 통합했다.

세일즈포스의 비즈니스 모델은 주로 클라우드 서비스의 구독 수익을 기반으로 한다. 회사는 단계별 가격 책정 계획과 산업별 솔루션을 제공하여 다양한 분야의 모든 규모의 기업을 대상으로 한다. 세일즈포스는 또한 앱익스체인지(AppExchange) 마켓플레이스를 통해 수천 개의 추가 애플리케이션과 통합을 제공하는 강력한 개발자 및 파트너 생태계를 육성했다.

기업의 사회적 책임은 설립 이래 세일즈포스 정체성의 핵심 부분이다. 회사는 1-1-1 모델을 선도하여 자사 주식의 1%, 제품의 1%, 직원 시간의 1%를 자선 활동에 기부하기로 약속했다. 이 접근 방식은 많은 다른 기업들이 사회적 책임을 강조하는 유사한 관행을 채택하도록 영감을 줬다.

2024년 기준, 세일즈포스는 CRM 시장에서 지배적인 힘을 유지하고 있으며 더 넓은 기업용 소프트웨어 영역에서 그 영향력을 계속 확장 중이다. 혁신, 전략적 인수, 고객 성공에 대한 회사의 집중은 세계에서 가장 큰 소프트웨어 회사 중 하나로 성장하는 원동력이 됐다.

#2 비즈니스 모델

세일즈포스는 다른 클라우드 기반 SaaS 회사와 마찬가지로 주력 제품은 구독 기반 소프트웨어 서비스이고, 매출의 거의 대부분은 고객 기업이 지불하는 구독료에서 나온다. 그리고 트레이닝 등의 고객 서비스와 커스터마이제이션 등에서 추가적인 매출이 발생한다.

세일즈포스의 사업은 상당히 글로벌화 되어 있어서 미국 외의 지역에서도 전체 매출의 1/3 정도가 발생한다. 세일즈포스의 주요 제품군은 영업관리 솔루션, 서비스관리 솔루션, 플랫폼과 커뮤니케이션 솔루션, 마케팅과 커머스 솔루션, 통합과 분석 솔루션으로 나뉘는데 각 제품군은 별도의 가격 체계를 가진다.

엔터프라이즈 소프트웨어 업체로서 세일즈포스의 장점은 다양한 제품군에서

FY24 세일즈포스 사업 부문별 매출 비중

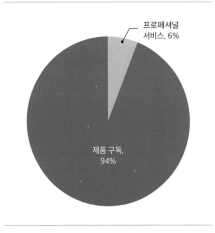

프로페셔널
서비스, 6%

제품 구독,
94%

FY24 세일즈포스 지역별 매출 비중

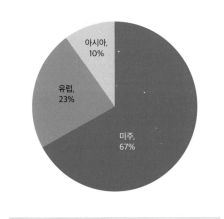

아시아,
10%

유럽,
23%

미주,
67%

골고루 매출이 발생한다는 것이다. 전체적으로 매출 구조가 안정적인 이유이다.

#3 투자 포인트

1) 시장 리더십과 브랜드 강점

세일즈포스가 CRM 시장에서의 리더십을 보유한 점은 큰 장점이다. 시장조사 기관 IDC가 2024년에 발표한 자료 기준으로 세일즈포스는 시장점유율 21.7%를 차지하며 오라클(Oracle), SAP, 마이크로소프트와 같은 경쟁사들을 크게 앞섰다. 11년째 CRM 시장에서 점유율 1위 자리를 지킨 것이다. 이러한 리더십 위치는 단순히 수치상의 의미를 넘어 여러 가지 실질적인 이점을 제공한다.

가장 큰 이점은 네트워크 효과로서, 더 많은 기업이 세일즈포스를 사용할수록 그들의 파트너사와 고객들이 플랫폼과 통합하기가 더 쉬워진다. 큰 시장점유율은 더 많은 전문가들이 세일즈포스에 익숙하다는 것을 의미하며, 기업들이 숙련된 직원과 컨설턴트를 찾기 쉽게 만든다. 많은 분야에서 세일즈포스는 CRM의 사실상 표준이 되어 IT 의사결정자들에게 안전한 선택이 된다.

세일즈포스 브랜드의 강점은 단순한 인지도 이상이다. 세일즈포스 브랜드는 기업 소프트웨어 분야에서 혁신과 품질을 연상시킨다. 이러한 강력한 브랜드 자산은 세일즈포스가 제품에 대해 프리미엄 가격을 책정하고, 신규 시장에 더 쉽게 진입하고, 최고 수준의 인재를 유치하고, 고객 충성도를 유지하게 한다. 세일즈포스는 세계 최대의 테크 컨퍼런스 중 하나가 된 연례 드림포스(Dreamforce) 컨퍼런스를 포함한 일관된 마케팅 노력을 통해 브랜드를 강화한다.

2) 다양한 제품 포트폴리오

세일즈포스가 단일 제품 CRM 회사에서 종합적인 엔터프라이즈 클라우드 컴퓨팅 솔루션 제공 업체로 진화한 것은 핵심 강점이다.

세일즈포스의 다양한 포트폴리오는 교차 판매 기회를 통해 기존 고객에게 추가 제품을 판매하여 고객당 수익을 증가시킬 수 있다. 다양한 비즈니스 기능에 걸쳐 원활하게 통합된 제품을 제공할 수 있는 능력은 운영을 간소화하려는 기업에게 중요한 판매 포인트이다. 제품의 다각화는 세일즈포스가 단일 제품 카테고리 실적의 감소로부터 보호받을 수 있게 한다. 광범위한 제품군은 세일즈포스를 많은 기업 요구에 대한 원스톱 숍으로 만들어 고객이 추가 기능을 위해 경쟁사로 전환할 가능성을 줄인다.

3) 강력한 재무적 성과

세일즈포스의 재무적 성과는 투자자들에게 매력적인 주요 요인이다. FY24(2023년 2월 ~ 2024년 1월)의 매출이 349억 달러로 전년 대비 11% 성장한 것은 세일즈포스처럼 큰 규모의 회사에게는 인상적인 수치다. 이러한 지속적인 성

세일즈포스의 주요 제품 포트폴리오

세일즈 클라우드	영업 자동화를 위한 핵심 CRM 제품
서비스 클라우드	고객 서비스 및 지원 관리용
마케팅 클라우드	디지털 마케팅 캠페인 및 고객 여정 관리용
커머스 클라우드	B2B 및 B2C 비즈니스를 위한 전자상거래 솔루션
데이터 클라우드(타블로 및 슬랙)	데이터 시각화, 분석 및 팀 협업용
플랫폼 및 기타	앱 개발 및 통합을 위한 세일즈포스 플랫폼 라이트닝(Lightning), 히로쿠(Heroku), 뮬소프트(Mulesoft) 포함

장은 회사가 시장을 확장하고 고객 지출을 늘릴 수 있는 능력을 보여준다. 세일즈포스는 역사적으로 수익성보다 성장을 우선시했지만, 최근 수년간은 영업이익률 개선에 초점을 맞추었다. FY24에 세일즈포스는 30.5%의 영업이익률을 기록했는데, 이는 전년도의 22.5%에서 크게 상승한 수치다.

세일즈포스는 FY24에 79억 달러의 영업현금흐름을 기록했다. 이는 회사에 투자, 인수, 주주 가치 환원을 위한 재정적 유연성을 제공한다. 세일즈포스 수익의 상당 부분은 구독에서 발생하여 재무 결과에 예측 가능성과 안정성을 제공한다. 2024년 1월 31일 기준(FY24 회계연도 말)으로 세일즈포스는 119억 달러의 현금 및 유가증권을 보유하고 있어, 경제적 불확실성을 견디고 성장 기회를 추구할 수 있는 충분한 자원을 가지고 있다.

#4 2024년 실적 및 향후 전망

세일즈포스의 FY25 3분기(2024년 8~10월) 매출액은 94억 달러로 전년 같은 분기 대비 8% 증가했으며, 주당순이익(EPS)은 1.58달러로 전년 같은 분기 대비 26% 증가했다. 회사는 FY25 3분기 실적 발표 때 FY25 연간 가이던스로 시장 컨센서스와 유사한 매출 378억~380억 달러, 주당순이익 9.98~10.03달러를 제시했다. FY25 3분기(8~10월) 현재 잔여계약의무(cRPO)는 전년 동기 대비 10% 증가하면서 컨센서스와 일치했다.

세일즈포스는 기업 AI 업무의 기반이 되는 데이터 클라우드와 생성 AI 제품군을 보유하고 있어서 최근의 AI 열풍에 올라탈 수 있는 AI 수혜주 중의 하나로 여겨진다. 세일즈포스는 클라우드 업계에서 가장 멀티 프로덕트 전략을 잘 수행해왔고, 그에 따라 다양한 분야에서 성장 동력을 유지하고 있는 것으로 평가된다. 세일즈포스의 최대 컨퍼런스인 '드림포스'에서 2024년 9월에 공개된 에이전트포스(Agentforce) 플랫폼은 AI 활용에 목마른 기업 고객들을 공략할 수 있는 다양한 기능을 갖춘 생성형 AI 솔루션으로서, 사용량에 따라 요금을 책정함으로써 세일즈포스 성장 모멘텀을 견인할 것이다.

세일즈포스 연혁

1999	마크 베니오프, 파커 해리스, 데이브 멜렌호프, 프랭크 도밍게즈에 의해 창립
2000	닷컴 버블 직후 경영난으로 직원의 20% 해고
2003	드림포스 개최 시작
2004	IPO로 1.1억 달러 자금 조달
2008	매출 10억 달러 돌파(클라우드 소프트웨어 업계 최초)
2014	매출 50억 달러 돌파
2016	업계 최초의 AI 플랫폼 아인슈타인 발표
2019	데이터 시각화 소프트웨어의 강자 타블로 인수
2021	협업 소프트웨어 업체 슬랙 인수
2022	SAP를 제치고 세계 최대의 엔터프라이즈 소프트웨어 회사로 등극

데이터브릭스 Databricks (비상장)
AI 개발에 강점이 있는 클라우드 데이터 솔루션

데이터브릭스는 2013년 캘리포니아대학교 버클리의 AMP랩(AMPLab)에서 탄생했다. 알리 고드시(Ali Ghodsi), 마테이 자하리아(Matei Zaharia), 아이온 스토이카(Ion Stoica) 등의 창립자들은 대규모 데이터 처리를 위한 오픈소스 통합 분석 엔진인 아파치 스파크(Apache Spark)의 개발자들이었다. 그들은 기업용 컴퓨팅 분야에서 아파치 스파크의 잠재력을 인식하고, 이 기술을 상용화하고 기업들이 더 쉽게 접근할 수 있도록 데이터브릭스를 설립했다.

데이터브릭스는 창립 초기에 실리콘밸리의 저명 벤처캐피탈 앤드리슨호로비츠(Andreessen Horowitz)의 투자를 연달아 받으면서 성장에 가속도가 붙었다. 가장 최근(2023년 10월)의 투자에서 데이터브릭스는 430억 달러의 가치평가를 받았다. 데이터브릭스는 AI 반도체 분야의 최강자인 엔비디아의 직접 투자를 받은 것으로 유명하며, 두 회사는 현재도 밀접한 파트너십 관계를 유지하고 있다.

데이터브릭스 제품의 핵심은 데이터 레이크와 데이터 웨어하우스의 장점을 결합한 레이크하우스 플랫폼이다. 이 혁신적인 접근 방식을 통해 조직은 단일 플랫폼에서 데이터, 분석, AI를 통합할 수 있다. 레이크하우스 아키텍처를 통해 기업은 방대한 양의 구조화 및 비구조화 데이터를 저장하면서도 전통적인 데이터 웨어하우스와 관련된 성능과 거버넌스 기능을 제공받는다.

데이터브릭스는 설립 이후 놀라운 성장을 경험했다. 회사는 앤드리슨호로비츠, 블랙록(BlackRock), 티로우프라이스(T. Rowe Price) 등 유명 투자자들로부터 30억 달러 이상의 자금을 조달했다. 2021년에는 기업가치가 430억 달러에 도달

다양한 형태의 데이터를 처리할 수 있는 데이터브릭스의 레이크하우스 플랫폼

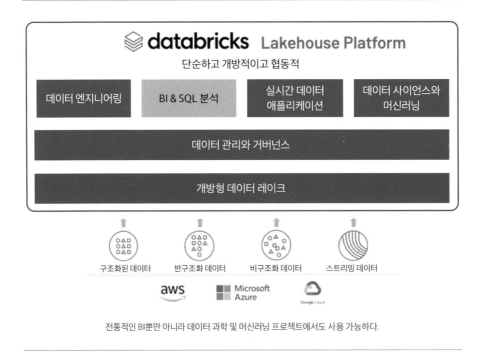

전통적인 BI뿐만 아니라 데이터 과학 및 머신러닝 프로젝트에서도 사용 가능하다.

데이터브릭스 플랫폼의 주요 기능

델타 레이크(Delta Lake)	데이터 레이크에 신뢰성을 제공하는 오픈소스 스토리지 레이어
ML플로우(MLflow)	머신러닝 수명 주기를 위한 오픈소스 플랫폼
데이터브릭스 SQL	데이터 분석가를 위한 서버리스 SQL 엔진
데이터브릭스 런타임(Runtime)	최적화된 아파치 스파크 버전

하여 데이터베이스 관련 기술 분야에서 가장 가치 있는 유니콘 스타트업 중 하나가 됐다.

회사의 고객 기반은 의료, 금융, 소매, 제조 등 다양한 산업 분야의 수천 개 조직으로 확대됐다. 주요 고객으로는 셸(Shell), HSBC, 컴캐스트(Comcast), 티모바일(T-Mobile) 등이 있다.

데이터브릭스는 데이터 분석과 AI의 경계를 넓히기 위해 연구개발에 지속적으로 많은 투자를 하고 있다. 회사는 정기적으로 오픈소스 프로젝트에 기여하고 있으며, 스트리밍 데이터 처리를 위한 프로젝트 라잇스피드(Project Lightspeed)와 지시를 따르는 대규모 언어 모델인 돌리(Dolly) 등 여러 혁신적인 기술을 소개했다.

회사의 인상적인 성장 궤도는 재무 실적에서 드러난다. 비상장 기업이기 때문에 정확한 수치는 공개되지 않았지만, 보고서에 따르면 데이터브릭스는 2023년에 16억 달러의 연간 매출을 달성했으며, 이는 50%가 넘는 전년 대비 성장이다. 이러한 급속한 확장은 동사의 제품에 대한 강력한 시장 수요를 보여주며, 데이터 및 AI 영역에서 잠재적 선두 주자로 자리매김하고 있다.

데이터브릭스의 강점은 혁신적인 기술 스택에 있다. 회사의 레이크하우스(Lakehouse) 플랫폼은 데이터 웨어하우스와 데이터 레이크의 장점을 결합하여 구조화 및 비구조화 데이터를 저장, 처리, 분석할 수 있는 통합 솔루션을 제공한다. 이러한 접근 방식은 기업들이 분산된 데이터 시스템을 다룰 때 직면하는 많은 문제들을 해결하여 잠재적으로 큰 비용 절감과 효율성 향상을 가져다준다.

또한 데이터브릭스가 아파치 스파크(Apache Spark)와 함께 델타 레이크(Delta Lake) 개발을 통해 오픈소스 커뮤니티와 강한 유대 관계를 맺고 있다는 점은 독특한 이점을 제공한다. 이러한 연결은 회사가 기술 발전의 최전선에 머물 수 있게 하면서 동시에 대규모의 참여도 높은 개발자 커뮤니티를 육성하게 한다.

데이터브릭스는 AWS, MS 애저, 구글 클라우드 등 주요 클라우드 제공 업체들과 전략적 파트너십을 맺었다. 이러한 제휴는 회사의 영향력을 확대할 뿐만 아니라 고객들에게 유연한 배포 옵션을 제공한다. 데이터브릭스가 기존 클라우드 인프라와 원활하게 통합될 수 있는 능력은 전체 IT 생태계를 뒤엎지 않고도 데이터 전략을 현대화하려는 기업들에게 매력적인 옵션이 될 전망이다.

CHAPTER

3

오일·가스와
저탄소 솔루션
에너지의 미래를 이끈다

오일·가스
전통 화석연료 – 안정적인 에너지 수급의 필요성을
기회로 삼다

김상원 스탠퍼드대학에서 경영과학 전공으로 박사 학위를 받은 뒤 산업정보 회사 IHS(현 스탠더드앤드푸어스)에서 에너지산업 컨설팅 매니징 디렉터와 경영전략 자문 회사인 전략적의사결정그룹(Strategic Decisions Group)에서 에너지산업 부문장을 역임했다. 현재는 경영전략 자문 회사 스트래티직핏(StrategicFit)에서 미주 지역 부문장이자 파트너로 일하고 있는 에너지산업 전문가이다.

2024년 리뷰
저탄소 시대에도 화석연료는 계속 필요하다

세계 석유 시장은 미국 석유 업계의 창과OPEC+의 방패 대결

세계 경제가 코로나19 팬데믹에서 회복하면서 시작된 인플레이션 고공 행진의 주역이었던 유가는 2023년에 이어 2024년에도 서부 텍사스산 원유(West Texas Intermediate, WTI) 가격이 배럴당 월평균 80달러 수준으로 비교적 안정세를 보였다.

2022년 2월 러시아의 우크라이나 침공 당시 배럴당 월평균 120달러에 육박했던 유가가 지난 2년간 안정세를 보이고 있는 이유는 중동 산유국이 주도하는

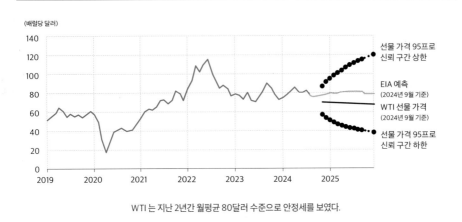

(배럴당 달러)

선물 가격 95프로
신뢰 구간 상한

EIA 예측
(2024년 9월 기준)

WTI 선물 가격
(2024년 9월 기준)

선물 가격 95프로
신뢰 구간 하한

WTI는 지난 2년간 월평균 80달러 수준으로 안정세를 보였다.

자료: 미국 EIA

OPEC(Organization of the Petroleum Exporting Countries)과 미국·사우디아라비아와 함께 세계 3대 산유국인 러시아와의 석유 생산량 동맹인 OPEC+, 셰일(Shale) 혁명의 진원지인 퍼미안 분지(Permian Basin)를 중심으로 크고 작은 기업들이 주도하는 미국 간의 경쟁에서 찾을 수 있다. OPEC+가 2022년 중반부터 석유 생산량 감산 전략으로 유가 방어에 나선 반면, 미국의 석유 생산량은 2024년에는 일일 생산량 1,320만 배럴로 사상 최고치를 경신할 것으로 전망된다.[1] 이 중 퍼미안 분지에서만 절반에 가까운 630만 배럴이 생산되고 있다. 퍼미안 분지를 하나의 국가로 간주한다면 세계 4위의 산유국에 해당할 수 있을 정도이다. 미국 석유 생산량의 지속적인 증가는 팬데믹 기간 동안 급격히 위축됐던 미국 석유 산업의 경쟁력 회복과 동시에 세계 석유 수요가 아직은 건재함을 보여주는 신호로 풀이된다.

한편 OPEC+의 2022년 최고치 대비 일일 생산량 220만 배럴 상당의 석유 감산 정책이 2025년에도 지속될 것인가에 대해서는 전망이 엇갈린다. 미국 에너

알래스카와 멕시코만 제외 미국 월평균 석유 생산량(2009~2025년)

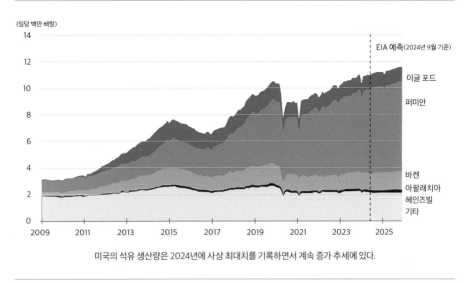

(일당 백만 배럴)

EIA 예측(2024년 9월 기준)

이글 포드
퍼미안

바켄
아팔래치아
헤인즈빌
기타

미국의 석유 생산량은 2024년에 사상 최대치를 기록하면서 계속 증가 추세에 있다.

자료: 미국 EIA

지정보국(Energy Information Administration, EIA)은 유가가 안정됐다고 판단한 OPEC+가 2025년부터는 감산 정책을 조금씩 완화할 것이라는 전망을 내놓았으나 일각에서는 OPEC+가 현재의 감산 정책이 주요하다고 보고 계속 생산량을 억제할 것이라고 내다보기도 한다. 만약 OPEC+의 감산 정책이 계속되고 유가가 70달러 이상의 수준으로 유지된다면 유가 동향에 빠르게 적응할 수 있는 미국 셰일 업계의 세계 석유 공급 지분은 계속 증가세를 보일 것으로 예상된다.

2024년에도 계속된 인수합병

미국의 석유와 천연가스 생산 기업들의 몸집 불리기 경쟁은 2024년에도 계속됐다. 미국의 대표적인 기업 엑슨모빌(ExxonMobil)의 셰일 업계의 강자 파이오니어내추럴리소시즈(Pioneer Natural Resources) 인수, 이에 뒤질세라 미국 석유 업계

2위인 쉐브론(Chevron)의 탄탄한 중견 기업이자 엑슨모빌의 가이아나 스타보렉 (Staborek) 블록의 해상광구 개발 파트너인 헤스코퍼레이션(Hess Corporation, 이하 헤스)의 인수 등 슈퍼메이저들(정부 소유가 아닌 전 세계에서 가장 큰 6개의 석유 회사[2])이 거대 합병 소식으로 2023년의 인수합병 시장을 주도했다면, 2024년은 중견 기업들의 세분화된 전략에 근거한 인수합병이 대부분을 차지했다.

예를 들어 퍼미안 분지에 생산 자산이 집중된 다이아몬드백에너지 (Diamondback Energy)는 비상장 회사이면서 오랫동안 여러 회사들의 러브콜을 받아왔던 엔데버에너지리소시즈(Endeavor Energy Resources) 인수에 성공하면서 퍼미안 분지에서만 일일 80만 배럴이 넘는 생산 자산을 확보했다. 그 밖에 셰일 천연가스 회사의 대표격인 체사피크에너지(Chesapeake Energy)는 또 다른 천연가스 회사인 사우스웨스턴에너지(Southwestern Energy) 인수를 발표하면서 공급 과잉으로 침체된 미국 내 천연가스 시장에서 규모의 경제를 추구하고 원가절감에 적극적으로 나설 수 있게 됐다.

슈퍼메이저 바로 밑의 급이면서 시가총액 기준으로 미국 석유 회사 중 3위인 코노코필립스(ConocoPhillips)도 이글포드·바켄·적도기니 등지에 생산 자산을 가지고 있던 마라톤오일(Marathon Oil)을 인수하면서 경쟁 회사들의 몸집 불리기에 뒤지지 않겠다는 의지를 보였다.[3] 한국 업체로는 2024년 6월 발표된 SK이노베이션과 SK E&S의 합병(한화 106조 원, 미화 760억 달러)이 눈에 띈다. 그에 비해 규모는 크지 않지만, 크고 작은 미국 석유 회사 간의 지속적인 인수합병은 미국의 석유와 천연가스 자산을 기반으로 한 업스트림(Upstream, 석유·천연가스 탐사 및 시추, 생산) 사업에 회사들이 장기적으로 투자할 계획이 있다는 것과, 동시에 저탄소 에너지 전환 시대를 맞이하면서 미국 석유 산업의 통폐합(Consolidation) 또한 불가피하다는 것을 상징한다.

2024년 전반기 미국 석유 천연가스 회사 주요 인수합병 현황[4]

인수합병 회사	인수합병 주요 목적	거래 총액 (미화, 억 달러, 기업가치 (Enterprise Value) 기준)	거래 총액(한화) (1달러 = 1,383원 기준)
다이아몬드백 에너지	엔데버 에너지 리소시즈	퍼미안 분지 석유	260	36조
코노코필립스	마라톤오일	이글포드, 바켄, 적도기니 생산 자산	225	31조
체사피크에너지	사우스웨스턴 에너지	헤인즈빌, 마셀러스 천연가스 자산	170	23조 5,000억
코드에너지	에너플러스 코퍼레이션	바켄 석유	110	15조 2,000억
SK이노베이션	SK E&S	에너지 밸류체인 통합	760	106조

2024년의 인수합병 시장은 중견 회사들의 지역 집중 전략이 주도하는 모습이다.

한편 헤스를 인수하면서 엑슨모빌의 대표적인 업스트림 사업인 가이아나 스타보렉 블록 해상 석유 개발에 동참할 기회를 마련한 쉐브론은 예상하지 못했던 암초를 만났다. 이 중심에는 가이아나 정부와 석유 자원 개발 참여 업체들 간에 맺어진 자원 개발 계약에 포함된 우선매수권(Pre-emptive rights) 조항이 있다. 스타보렉 블록의 45%의 지분을 보유하고 있는 엑슨모빌 측에서 이 우선매수권을 근거로 들면서 쉐브론이 헤스에 제시한 가이아나 지분 인수 조건에 상응하는 제안을 기존 사업자들이 제시할 경우 헤스의 가이아나 사업 지분을 우선 매수할 권리가 있다고 주장하고 나선 것이다. 과연 법원이 엑슨모빌의 손을 들어줄 것인지는 확실치 않지만, 110억 배럴 상당의 석유가 이미 발견된 가이아나 스타보렉 해상 석유 산업이 미국 석유 산업의 대표격인 두 회사에 얼마나 중요한 위치를 차지하는지를 짐작할 수 있는 대목이다.

가이아나 원유 발견과 한국 동해 심해 자원 개발

남미의 북동쪽 해변에 위치하고 있는 가이아나는 전통적 석유 생산 강국인 베네수엘라와 브라질에 근접해 있고 한반도만 한 면적에 약 80만 명 정도의 인구가 사는 작은 나라다. 그러나 스타보렉 해상 블록에서 엑슨모빌이 2015년 리자-1(Liza-1) 시추 유정을 시작으로 무려 30개가 넘는 크고 작은 석유 시추에 성공해 총 110억 배럴의 석유가 현재까지 발견됐고 지금도 석유 시추가 계속되고 있다.[5] 이로써 가이아나는 단숨에 해양 석유 생산 강국으로 발돋움했고 2030년까지 일일 생산량 120만 배럴로 비 OPEC 국가로는 브라질, 노르웨이, 미국 다음으로 해상 석유 생산량 세계 4위를 기록할 것으로 예상된다. 한편 가이아나의 성공이 최근 화제가 된 동해 심해 유전 가능 석유 매장량(추정 매장량) 소식에 관한 논의에 비교 대상으로 자주 언급되고 있다. 한국 정부에 따르면 최대 140억 배럴의 석유가 동해 심해 유전에 매장되어 있을 가능성이 있다고 한다. 천연자원이 많지 않은 한국에게는 희소식이 아닐 수 없지만 몇 가지 중요한 차이점을 숙지할 필요가 있다. 우선 동해의 가능 매장량은 실제로 막대한 자본을 들여 석유 시추를 하기 전 탄성파 검사 자료(Seismic data)에 기반한 추정치라는 점이다. 석유 매장량은 시추에 성공했는지, 그리고 상업적으로 회수할 가능성이 있는지에 따라 다르게 예측된다. 한국 동해 심해 유전은 아직 시추 공사가 시작되기도 전이므로 이미 시추, 검증된 가이아나의 석유 매장량과는 분명히 구분해야 한다. 예를 들어 가이아나의 석유 매장량은 거의 대부분이 생산될 예정이지만, 한국 동해 심해 유전은 현 단계에선 매장량 추정치에서 약 10% 미만만이 상업적으로 회수할 수 있을 것으로 보는 것이 타당하다. 또한 정부의 발표 자료에 따르면 동해의 심해 매장량은 75%가 석유가 아닌 천연가스로 추정되고 있으니 이 점도 석유 자산인 가이아나의 스타보렉 블록과는 큰 차이가 있다. 그리고 심해 유전 개발에는 시추부터 생산 단계까지 10년 이상의 기간과 심해 유전 시추 개발 경험 및 기술력이 필요하다. 과연 Non-op(천연자원 개발을 직접 운영하지 않고 소수 지분만 참여) 중심으로 운용되

며 공기업이라는 한계를 가진 석유공사가 메이저 회사들의 영역인 심해 자원 개발에 필

요한 기술력을 확보하고, 무엇보다 정부의 지원을 계속 받게 될 수 있을지도 지켜봐야 할

일이다.

슈퍼메이저들의 에너지 전환 전략
통합 에너지 회사 vs. 탄화수소 분자 회사

2024년의 또 다른 큰 화두는 슈퍼메이저들이 에너지 전환이라는 시대의 과제에 대처하며 어떻게 기존의 화석연료 사업과 저탄소 신재생에너지 사업의 적절한 균형을 유지하는가이다. 미국 석유 산업을 대표하는 엑슨모빌과 유럽을 대표하는 BP의 포트폴리오 전략은 좋은 대조를 이룬다. 코로나가 창궐했던 2020년으로 돌아가 보자.

2020년 코로나19 팬데믹을 거치면서 세계 석유 산업은 큰 위기를 맞이했다. 석유 수요는 급감했고 유가는 폭락했다. 이미 탈탄소와 에너지 전환이라는 큰 과제를 안고 있던 세계 석유 산업계에는 팬데믹이 끝나더라도 기존 화석연료에 대한 수요가 결코 회복되지 않을 거라는 위기의식이 팽배했고, 환경단체와 에너지 전환을 주도하던 유럽의 국가들은 신재생에너지에 대한 투자를 대폭 늘리고 화석연료의 생산을 하루빨리 중단해야 한다고 목소리를 높였다. BP는 이 위기를 기회로 삼으면서 발빠르게 움직였다. 2050년까지 스코프(Scope) 1, 2, 3를 모두 포함한 넷제로 야망(Ambition)을 발표했고 통합 '석유' 회사가 아닌 통합 '에너지' 회사(Integrated Energy Company)로의 출범을 공식 선언했다.[6] 무엇보다 BP는 회

사의 총 석유 생산량을 2030년까지 40%(일일 100만 배럴 상당) 감축하고 새로운 지역의 석유 탐사 활동을 중단하겠다고 선언했다.[7] 스코프 3 넷제로의 의미는 결국 화석연료의 생산을 전면적으로 중단하거나 자사가 생산한 석유 제품을 소비자가 사용하는 과정에서 발생되는 이산화탄소 발생분을 상쇄할 만한 양의 이산화탄소를 포집하여 저장하겠다는 의미였다. 2020년 2월에 BP의 CEO가 된 버나드 루니(Bernard Looney)는 공격적인 에너지 전환 전략을 통해 자신만의 BP시대를 시작하고 있음을 알렸다.

반면 엑슨모빌은 장기적인 넷제로 목표 수립보다는 3~5년 내에 달성 가능한 수치에만 집중했고 "범사회적인 2050년까지의 넷제로 달성 운동을 지지하며 시장 원리에 근거한 효율적인 정책 수립이 시급하다"는 원론적인 입장만 고수했다.[8] 2021년 2월에는 저탄소 사업(Low Carbon Solutions)을 발족하며 기존에 있던 저탄소 기술 포트폴리오의 상용화를 위해 2025년까지 총 30억 달러를 투자하겠다고 발표했지만, 이것은 엑슨모빌 전체 투자 금액 대비 5%도 안 되는 금액이었고, 2025년까지 저탄소 사업 투자액을 연간 30억~40억 달러까지 끌어올리겠다고 공언한 BP에 비하면 미미한 수준이었다.

2024년 기준, 세계 시장의 석유 수요는 팬데믹에 따른 수요 감축에서 회복했고 한때 배럴당 20달러 이하로 떨어졌던 유가도 80달러 수준(WTI 기준)으로 회복됐다.

여전히 장기적으로는 화석연료 수요가 지금 수준을 유지할지, 언제부터 실제로 감소하게 될지 아직 미지수이지만, 러시아의 우크라이나 침공, 계속되는 중동 분쟁들의 지정학적인 요소들로 인해 탈탄소 못지않게 안정적인 에너지 수급이 강조되면서 석유 회사들은 불과 4년 전과는 아주 다른 환경에 처해 있다.

어느 누구보다 넷제로 목표 달성에 선두 주자임을 자처했던 BP는 급기야

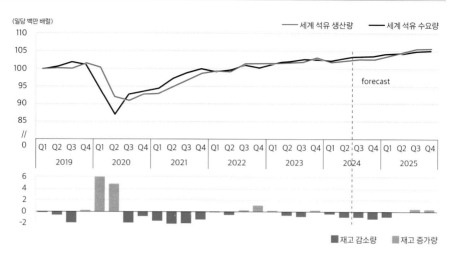

세계 석유 시장 공급과 수요(2019~2025년)

(일당 백만 배럴)

— 세계 석유 생산량   — 세계 석유 수요량

forecast

Q1 Q2 Q3 Q4 | Q1 Q2 Q3 Q4 | Q1 Q2 Q3 Q4 | Q1 Q2 Q3 Q4 | Q1 Q2 Q3 Q4 | Q1 Q2 Q3 Q4 | Q1 Q2 Q3 Q4
2019 | 2020 | 2021 | 2022 | 2023 | 2024 | 2025

■ 재고 감소량   ■ 재고 증가량

세계 석유 수요는 팬데믹 전 수치를 회복하고 2025년까지 계속 증가할 것으로 미국 EIA는 전망했다.

자료: 미국 EIA

2023년 자사의 석유 생산량 감산과 이산화탄소 배출량 축소 목표를 하향 조정했다.[9] 게다가 자사의 석유와 천연가스 사업에 2030년까지 기존 계획보다 최대 80억 달러를 추가로 투자하고 단기적으로는 생산량을 오히려 늘리겠다고 발표했다.[10] 그 중심에는 BP의 대표적인 사업이며 배럴당 이산화탄소 배출치가 낮은 미국 멕시코만의 심해 유전 개발에 2025년까지 70억 달러의 투자 계획이 자리 잡고 있다. 2050년 장기 넷제로 야망은 수정하지 않으면서도 단기적으로는 전통 화석연료 사업에서 최대한 가치를 창출하겠다는 의도이다. 버나드 루니의 뒤를 이어 CEO에 취임한 머레이 오친클로스(Murray Auchincloss)는 2024년 휴스턴에서 열린 세라위크(CERAWeek) 컨퍼런스에서 자사의 미국 멕시코만 심해 산업에 큰 기대를 하고 있음을 피력했다.

BP가 기존 화석연료 사업에 다시 무게를 실어주는 동안 엑슨모빌은 에너지 전환 사업의 경제성을 확신한 듯한 행보를 보여왔다. 미국 셰일오일 붐의 진원지라고 할 수 있는 퍼미안 분지 자산에 국한하여 2030년까지 스코프 1, 2 이산화탄소 넷제로를 달성하겠다고 깜짝 발표했고, 다른 회사보다는 늦었지만 2050년까지 이를 엑슨모빌이 운영하는 모든 자산으로 확대하겠다고 선언했다.[11] 2022년에는 기존에 있던 저탄소사업부를 이 거대 회사의 업스트림, 정유화학(Product Solutions) 사업 부문과 어깨를 나란히 하는 정식 사업부로 승격시키는 조직 개편을 단행했다. 엑슨모빌은 이례적으로 외부 인사인 댄 아만(Dan Amman)을 이 사업부의 최고 책임자로 임명했다. 댄 아만은 미국을 대표하는 자동차 회사인 제너럴모터스(GM)에서 자율주행 자동차 사업을 이끌던 인물이다. 2023년에는 미국 아칸소주에서 배터리 제조의 주성분인 리튬의 개발을 대규모로 시작했으며, 미국 최대의 이산화탄소 수송망을 운용하는 회사인 덴베리(Denbury)를 인수했다. 엑슨모빌 대런 우즈(Darren Woods) CEO는 운영 자산 규모가 2,000조 원이 넘는 규모인 노르웨이 국부펀드 CEO 니콜라이 탕겐(Nicolai Tangen)과의 팟캐스트 인터뷰에서 엑슨모빌은 저탄소 사업을 포함한 탄화수소 분자(hydrocarbon molecule)를 다루는 모든 사업에 자신이 있다며 "엑슨모빌은 (탄화수소) 분자 회사다(ExxonMobil is a molecule company)"라고 선언했다.[12]

세계 석유 업계를 대표하는 두 회사의 지난 수년간의 행보는 표면적으로는 다르게 보이지만 본질에는 탈탄소라는 시대적 사명에 어떻게 화석연료 업계가 대처해야 하는가 하는 동일한 문제가 자리 잡고 있다. 두 회사는 저마다의 방식으로 전통적인 화석연료 사업으로부터의 현금흐름을 극대화하면서도 신규 사업인 저탄소 사업에서도 경쟁력 확보에 노력하고 있음을 보여준다. 이는 기존의 화석연료 사업과 새로운 저탄소 사업을 균형적으로 배분한 포트폴리오를 가지고 있는 회사들이 에너지 전환 시대에 유리한 고지를 점령하게 될 것임을 알게 해준다.

2025년 전망
미국 석유 산업의 중흥은 현재 진행 중

세계 석유 시장과 미국 석유 산업

2022년부터 약 2년간 큰 등락 없이 WTI 월평균 80달러대를 유지했던 유가는 2024년 3분기 들어 70달러 밑으로 떨어지면서 약세를 보여왔다. 중국의 석유 수요 증가세 둔화와 인플레이션 억제에 중점을 뒀던 고금리 정책 기간이 막을 내리기 시작하면서 세계 경제가 불황에 접어들 수 있다는 우려 때문이다. 이에 당초 석유 생산량을 조금씩 늘리기 시작할 것으로 전망됐던 OPEC+는 급기야 2024년 9월, 기존의 하루 220만 배럴 상당의 석유 감산량을 당분간 고수할 것임을 공표했다.[13] 이에 미국 EIA는 2024년 9월 발표된 단기 전망에서 세계 석유 재고가 점차적으로 줄어들고 있는 점을 강조하면서 2025년에도 WTI 가격이 80달러 초반대를 유지할 것이라는 기존의 전망을 고수했다.

2025년의 유가 전망은 몇 가지 시나리오로 요약할 수 있다. 만약 중국의 석유 수요가 우려했던 대로 감소하고 세계 경제가 불황으로 빠져든다면 OPEC+가 감산을 유지한다고 해도 유가는 60달러나 그 아래 수준으로 떨어질 수 있다. 그러나 경제가 연착륙해서 수요가 안정되고 이스라엘과 아랍 진영 간의 중동 지역 분쟁이 확산되거나 이란에 대한 제재 등의 새로운 지정학적 요소로 인해 공급에 차질이 생긴다면 90달러 수준으로 상승할 가능성도 동시에 존재한다. 석유 가격의 방패 역할을 해온 OPEC+가 이미 220만 배럴 감산으로 더 이상 감축이 어렵다는 점을 감안할 때, 2025년의 유가는 상승 요인보다는 하락 요인들이 조금 더 우세해 보이는 국면이다.

장기적인 전통 화석연료 산업 전망에 빠질 수 없는 고려사항은 '과연 어느 시점부터 석유와 천연가스로 대표되는 화석연료에 대한 수요가 줄어들기 시작하는가이다. 코로나19 팬데믹 기간 동안 눈에 띄게 줄었던 석유 소비량은 2022년을 기준으로 예전 수준을 회복한 뒤 완만한 증가세를 보여왔다. 탈탄소 에너지 전환의 필요성을 늘 강조해왔고 프랑스 파리에 본사를 두고 있는 친환경론 성향의 국제에너지기구(International Energy Agency, IEA)의 전망에 따르면 2030년경 세계 석유 수요는 최고점을 찍은 뒤 하향 곡선을 그릴 것이라고 내다봤다. 이는 장기적으로 화석연료에 대한 수요가 계속 증가할 것을 예측하는 일부의 전망과 대조를 이루지만 당분간은 화석연료 개발에 대한 투자와 생산이 계속될 것임을 의미한다. 또한 이미 우리에게 익숙해진 에너지원의 신재생에너지로의 전환(Energy Transition)의 프레임이 아닌 신재생에너지라는 에너지원이 추가되고 기존의 화석연료 수요는 유지되거나 증가할 수 있다는 에너지 부가(Energy Addition) 논리에 힘을 실어준다.[14] 실제로 지금까지 총 에너지 소비량이 계속 늘어나면서 비교적 새로운 자원이자 상대적으로 이산화탄소 배출치가 낮은 천연가스가 본격적으로 생산되기 시작한 이후에도 석유 생산량은 계속 증가해온 점을 보면 에너지 부가 이론의 논리가 설명된다.

IEA의 석유 생산 부문 예측을 살펴보면 계속 증가되는 석유 수요가 어떻게 충족될 것인지를 엿볼 수 있다. 미국은 지난 3년간 시장에 일일 생산량 360만 배럴의 추가 공급을 함으로써 세계 석유 공급에 독보적인 위치를 차지하고 있음을 보여줬다. 추가로 2030년까지 일일 생산량 130만 배럴을 더 공급하게 될 것이라고 IEA는 전망했다. 이는 세계 석유 시장의 안정적인 수급을 위해서는 미국에 석유 자산을 두고 있는 업체들이 계속적인 투자를 통해 공급량을 지속적으로 늘리게 될 것임을 의미한다.

세계 에너지 수급에 있어 미국의 중요성은 석유에 국한되지 않는다. 셰일석유

주요 산유국별 석유 생산량 증감치 비교

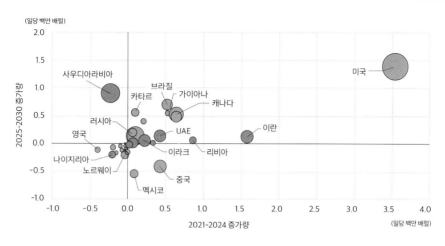

세계 석유 시장의 지속적인 팽창은 미국의 석유 공급이 주도하고 있다.

자료: IEA 2024 석유 전망[15]
주: 원의 크기는 2024년 총원유 생산량을 뜻하며 OPEC 회원국은 회색 원으로 표시됨.

보다 먼저 시작된 셰일가스의 막대한 생산량을 바탕으로 불과 15년 전만 해도 전무했던 액화천연가스(Liquified Natural Gas, LNG)를 통한 천연가스 수출은 미국을 전통 LNG 수출국인 호주, 카타르를 제치고 세계 LNG 수출국 1위로 올려놓았다. 이는 세계 화석연료 시장을 미국이 호령하고 있음을 알리는 동시에 화석연료 산업의 중흥을 선도하는 미국 기업들 중에서 투자 기회를 찾을 수 있다는 것을 시사한다.

이러한 미국 화석연료 사업의 부흥은 관련 회사들의 주식 가격에도 고스란히 반응됐다. 실제로 스탠더드앤드푸어스가 집계하는 다우존스 석유 천연가스 부문별 지수는 2024년 9월 기준 지난 3년간 연평균 25%의 증가율을 보이면서 같은 기간 동안 연평균 9% 상승으로 준수한 실적을 보여온 S&P500 지수를 훨씬 웃돌았다. 굵직한 지정학적 분쟁에도 불구하고 지속되는 세계 유가의 안정세, 커져

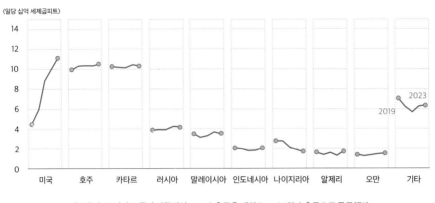

(일당 십억 세제곱피트)

미국은 호주, 카타르 등의 전통적인 LNG 수출국을 제치고 LNG 1위 수출국으로 등극했다.

자료: 미국 EIA

만 가는 미국 석유 산업의 영향력, 계속되는 크고 작은 인수합병으로 인한 미국 석유 기업들의 효율성 극대화, 그리고 기업들의 계속적인 투자와 기술 개발 등의 노력으로 당분간은 미국 석유 산업계의 강세는 지속될 것으로 전망된다.

미국 대선 결과가 오일·가스 산업에 미치는 영향

매 4년마다 벌어지는 미국 대선은 2024년엔 과거 어느 선거보다도 흥미로운 양상으로 전개됐다. 많은 구설수에 오르내리고 수십 가지 혐의로 형사·민사소송이 진행 중이었던 도널드 트럼프 전 대통령은 암살 시도까지 피해가는 천운을 등에 업고 화려하게 부활하면서 공화당의 공식 후보로 지명된 뒤 당시 현역 대통령이었던 바이든 전 대통령의 불출마 선언 이후 돌풍을 일으켰던 민주당의 해리스 후보를 물리치고 미국 제48대 대통령에 당선됐다.

트럼프가 대통령으로 선출됨에 따라 향후 4년 동안 미국 석유 산업이 큰 영

퍼미안 분지 석유 리그 카운트와 리그당 석유 생산량

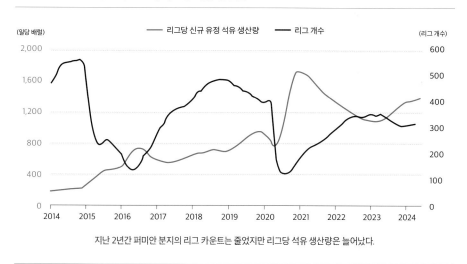

지난 2년간 퍼미안 분지의 리그 카운트는 줄었지만 리그당 석유 생산량은 늘어났다.

자료: 미국 EIA 시추 생산성 보고서(Drilling Productivity Report)

향을 받을 것이란 예측은 섣부르다. 오히려 바이든 정부의 임기 4년간 미국 석유 산업은 코로나19 팬데믹으로 인한 대폭적인 수요 감소와 러시아의 우크라이나 침공으로 인한 유가 폭등의 사이클에서 완전히 회복해 사상 최대치의 석유 생산량을 기록하며 고공 행진을 계속했다. 여기서 주목할 것은 석유 생산에 필요한 투자의 잣대가 되는 리그 카운트[Rig Count, 유정 개발에 가동되고 있는 석유 굴착 장치(Rig)의 개수]는 오히려 팬데믹 전보다 대폭 줄어들었다는 점이다.

실제로 미국의 베이커휴즈사에서 집계하는 퍼미안 분지 리그 카운트에 따르면 코로나19 팬데믹 전 500개에 가까웠던 리그 카운트는 팬데믹 기간 동안 100개 수준까지 감소했다가 2024년 기준 300개 정도에 머무르고 있다. 그러나 대폭 감소된 리그 카운트에도 불구하고 셰일석유 생산으로 대표되는 미국 석유 생산량은 오히려 사상 최대치를 기록하고 있다. 이는 엑슨모빌, 셰브론 등의 거대 기업들이 퍼미안 분지 등의 셰일석유 생산 지역에서 본격적인 생산량 증가에 나서면서 규모의 경제를 실현하고 리그(Rig) 대비 생산성을 최대화하고 있음을 보여 줌과 동시에 더 나아가 미국 셰일 산업이 화석연료 업계가 겪어왔던 호황과 불황 (Oil & Gas Boom and Bust) 주기에 조금 더 유연하게 대처할 수 있는 기반을 마련 했다고 해석할 수 있다. 따라서 정권 교체에 관계없이 향후 수년간은 미국 석유 산업의 강세가 지속될 것이라고 보는 것이 타당하다.

트럼프 정부는 향후 4년간 석유 천연가스 산업의 각종 규제를 완화할 것으로 예상된다. 이는 계속 최고점을 찍고 있는 미국 석유 생산량 증가를 더 촉진시켜 자칫 공급 과잉으로 인한 유가 하락의 원인을 제공할 수 있다. 최대 관심사는 트럼프 정부가 과연 바이든 정부의 최대 업적 중의 하나인 경기 부양 및 탈탄소 정책들을 백지화할 것인가 하는 점이다. 그러나 미국 내 자본투자 유치와 세금 감면 등의 혜택이 주요 골자인 이 법안들은 공화당의 전반적인 정책 기조와 일맥상통하고, 경기 부양 정책의 주요 수혜 지역이 노스다코타 등의 공화당 텃밭이라는 점, 그리고 세계 전기차 시장을 배터리의 원료 생산에서부터 전기차 제조까지 장악하고 있는 중국에 대항하여 '메이드인 USA'를 표방하는 정책이라는 걸 고려할 때 이 법안들이 부분적으로 수정될 수는 있어도 완전히 백지화될 가능성은 희박하다.

오히려 트럼프 2기 정부의 석유 산업에 대한 영향은 지정학적인 요소에서 찾을 수 있다. 예를 들어 중국과의 교역 갈등이 더 심해지고 이에 중국이 대만과의 영토 분쟁에 무력 대응을 더 적극적으로 시사하게 된다면 트럼프 행정부는 중국 정부를 더 적대시함으로써 상황을 크게 악화시킬 수 있는 위험 요소가 존재한다. 또한 주요 산유국인 이란을 고립시켰던 과거의 정책과 속을 알 수 없는 푸틴에 대한 자세 등으로 볼 때 트럼프 2기 정부의 외교 정책이 큰 변수로 작용하면서 세계 석유 시장이 급등과 급락을 반복한다면 이는 미국 석유 산업에 악재가 될 것으로 보인다.

산업 관련 종목

NO.	기업 이름	영문	티커	내용
1	선코어에너지	Suncor Energy	SU	• 캐나다 최대 자산인 오일샌드 개발의 아버지 격인 회사로 새로운 CEO의 진두지휘하에 과감한 원가절감에 나선 캐나다의 대표 에너지 회사
2	코드에너지	Chord Energy	CHRD	• 2020년 팬데믹 기간 동안 기업 파산에서 2달 만에 회복한 뒤 공격적인 인수합병으로 3대 셰일 생산 지역인 바켄의 선두 주자가 된 업스트림 회사
3	BP	BP	BP	• 석유 회사에서 에너지 회사로의 변신을 선언한 뒤 투명한 넷제로 달성에 앞장선 영국을 대표하는 슈퍼메이저 회사
4	다이아몬드백에너지	Diamondback Energy	FANG	• 엔데버에너지리소시즈(Endeavor Energy Resources) 인수에 성공하면서 미국 최대의 셰일오일 생산지인 퍼미안 분지에서 슈퍼메이저에 밀리지 않는 자산을 가진 업스트림 회사
5	헤스	Hess Corporation	HES	• 양질의 셰일 자산과 110억 배럴의 석유가 발견된 가이아나 지분으로 쉐브론의 인수 표적이 된 중견 석유 회사
6	엔브릿지	Enbridge	ENB	• 유가 변동에 관계없이 수익을 창출할 수 있는 석유 송유관을 운용하는 북미 최대의 원유 송유 회사

기업 분석 업체 선정 배경

오일·가스-전통 화석연료 부문의 기업 분석에는 캐나다 오일샌드 산업의 주역 선코어에너지, 미국 셰일 혁명의 스토리를 잘 표현해주는 코드에너지, 그리고 통합 에너지 회사로의 변신을 선언했으면서도 전통 화석연료 사업에도 적극적으로 투자하고 있는 BP를 선정했다. 전통 화석연료 업계를 대표하는 엑슨모빌은 '오일·가스: 저탄소 솔루션 – 지속 가능한 미래를 위한 가장 현실적인 선택' 파트에서 다룬다. 자칫 BP와 엑슨모빌의 선정 부문이 바뀐 것이 아닌가 의문을 가질 독자가 있을 수도 있다. 하지만 저자들은 앞서 '슈퍼메이저들의 에너지 전환 전략: 통합 에너지 회사 vs. 탄화수소 분자 회사' 섹션에서 다뤘듯, 두 슈퍼메이저의 최근 경영전략에 초점을 맞춰 두 회사를 어느 산업 부문에서 다룰지 결정하게 됐음을 참조하기 바란다.

천연가스 사업 전망 밝고 채산성과
경제성 높은 석유 프로젝트에 관심을

글로벌 에너지 전문가 미쉘킴 (인터뷰 진행 및 정리: 김상원)

● 미국 석유 산업은 글로벌 에너지 업계 최대의 화두인 저탄소 에너지원으로의 전환과 당장 필요한 화석연료 자원의 안정적인 공급이라는 두 가지의 상반된 목표를 달성하기 위해 나아가고 있다. 이에 거대한 유전 개발로 최근의 한국 동해 심해 유전 뉴스에도 자주 거론되는 가이아나와 전반적인 업스트림 산업에 관한 장기적인 전망, 석유 기업들이 저탄소 에너지 사업을 추진하는 데 있어서 어떤 어려움이 있는지 등에 관해 현업에 종사하고 있는 전문가들의 의견을 직접 듣는 것이 중요하다.

미쉘킴(Michelle Kim)은 고려대학교에서 지질학 학사와 동 대학원에서 석사 학위를 받은 뒤 20년이 넘게 해외에서 일해온 에너지 전문가이다. 대우 E&P 재직 시절 팀원으로서 미얀마 쉐(Shwe) 가스전 발견에 활약했고 이후 다국적 기업 탤리즈만에너지(Talisman Energy), 스페인의 국영 석유 회사 렙솔(Repsol)에서 주로 아시아와 북미 지역의 업스트림 사업, CCUS, 저탄소 에너지 사업 개발을 이끌어왔다.

Q 대학에서 지질학을 전공하시고, 대우, 탤리즈만에너지, 렙솔 등의 회사에서 업스트림 사업 부문에 오랫동안 일했습니다. 요즘 많이 회자되고 있는 가이아나의 유전 개발에 참여를 고려하고 있는 회사들은 어떤 점을 유념해야 할까요?

가이아나의 거대 유전 발견 신화는 제가 처음 근무했던 대우(現 포스코인터내셔널)의 미얀마 쉐 가스전 성공 신화와 상당히 비슷합니다. 엑슨모빌이 2013년 당시 가이아나를 탐사했을 때 이미 40개의 건공(Dry Well, 상업적 석유 발견에 실패한 시추공)이 해당 지역에 시추된 후라 거대 유전을 발견할 수 있을지 의문이었죠. 지질학자들의 견해로는 베네수엘라의 거대 유전들이 계속 가이아나에도 이어질 가능성이 있었어요. 하지만 엑슨모빌은 리스크가 큰 층서 트랩(Stratigraphic Trap)의 리자(Liza) 유망 구조의 시추 승인을 주저했습니다. 이에 지분양도(Farm-out)를 통해 파트너사들이 시추 비용을 대부분 부담하는 조건으로 시추를 결정했습니다. 미얀마 쉐 가스전도 매우 비슷했습니다. 층서 트랩이었고 시추 비용을 대부분 파트너사가 부담했었기에 대우 경영진의 부담이 적었죠.

그러나 대형 유전이 발견됐다고 해서 가이아나의 탐사 리스크가 없어졌다고 볼 수 없습니다. 미얀마 쉐 가스전 발견 후 다른 추가 탐사정 시추에서 실패한 경우가 나왔듯, 엑슨모빌 또한 리자 탐사정 성공 후 엑슨모빌 및 여러 회사들이 다른 층서 트랩 유망 구조를 시추했으나 모든 탐사에서 성공하진 못했습니다. Koebi-1 시추공이 그 예시입니다. 또한 엑슨모빌이 초기 가이아나 정부와 협상해서 좋은 조건으로 광권을 따냈던 것과 달리 상업적 석유 부존이 확인된 이때, 가이아나 정부도 새로 들어오려는 석유 회사에 대해 만만치 않은 로열티를 요구하고 있습니다. 따라서 광권 경쟁 및 가격도 상당히 높아졌죠. 이미 리자 유전 발견 후 140여 곳 이상이 시추됐습니다. 따라서 앞으로 참여를 고려하는 회사들은 투자 비용 대비 얼마나 큰 이익을 창출할 수 있는가를 봐야 합니다. 또한 가이아나 국가 전체의 석유 탐사 개발 사업을 전 세계적으로 가장 영향력이 큰 엑슨모빌이 선두에서 이끌고 가이아나 정부와도 긴밀한 협력을 하기에, 작은 지분의 참여사로 운영 결정에 큰 비중을 차지하기 힘들 것이라는 면도 고려해야 합니다.

Q 업스트림 사업에 오랫동안 일하시면서 호황과 불황 주기를 직접 수차례나 경험했는데요. 향후 몇 년간 석유 천연가스 산업에 대한 전반적인 전망을 부탁드립니다.

천연가스 사업의 전망은 밝습니다. 천연가스가 다른 탄소 에너지인 석유에 비해 이산화탄소 발생량이 낮습니다. 이로 인해 석유 부존 자원 없이 해외에서 에너지를 전량 수입해야 하며, 이산화탄소 감축이라는 큰 숙제까지 안고 있는, 특히 우리나라와 일본의 천연가스 선호도는 뚜렷합니다. 이러한 천연가스에 대한 관심은 러시아-우크라이나 전쟁을 시작으로 유럽 국가들의 에너지 안보의식이 일깨워지면서 LNG 사업이 다시 주목을 받는 계기가 됐습니다. 천연가스에 대한 수요 및 사용은 늘어날 것으로 예상합니다.

이에 비해 엑슨모빌이나 쉐브론 같은 해외 메이저 석유 회사들은 탄소 감축 때문에 천연가스 생산 비중을 늘리기보다는 좀 더 포괄적으로 석유 자원의 중요성에 집중하는 모습입니다. 석유보다는 천연가스를 선호했던 몇 년 전과 달리 채산성 및 경제성이 좋다면 석유 프로젝트도 과감히 투자하여 시장점유율을 늘리는 양상입니다. 이러한 유연성은 우리나라 에너지 기업이 수용할 만한 모델인지 검토해보면 좋을 것 같습니다.

Q 최근에는 렙솔에서 저탄소 사업 개발을 직접 주도했습니다. 에너지 전환 시대를 맞아 CCUS (탄소 포집·활용·저장) , 수소 에너지, 암모니아 등의 분야에 관심이 많은 데 비해 아직 실제적인 투자액은 크지 않은 상태입니다. 회사들이 이런 새로운 사업에 투자를 결정하는 데 어떠한 어려움이 있나요?

현재 에너지 전환 사업의 가장 큰 어려움은 사업 대부분들이 성공적 상업 모델이 없다는 것입니다. 이로 인해 많은 사업들이 중단되거나 미뤄지는 경우를 많이 봅니다. 이는 이러한 수소, 암모니아 등 저탄소 에너지가 현재까지로는 기존 화석 에너지와 가격 경쟁이 되지 않기 때문이며, 이러한 새로운 에너지원을 사용하기 위해서는 그에 맞는 수송, 저장 등의 인프라가 있어야 한다는 점도 상업화하는 데 어려움을 가중합니다.

이런 상황에서 저탄소 에너지 사업의 활성화를 위해서는 정부의 지원이 가장 중요합니다. 중국의 태양에너지 사업의 경우 중국 정부의 전폭적인 지원이 자국의 많은 기업의 참여를 유도했습니다. 그러한 경쟁적 기업 활동이 기술 혁신 및 큰 폭의 원가절감으로 태양열 발전 사업을 가속화시켰고, 지금은 정부 지원 없어도 될 만큼 경쟁력을 확보했습니다. 미국의 세제 혜택을 통해 저탄소에너지 사업을 지원하려는 IRA 법안만 보더라도 사업 활성화가 필요한 처음 12년 정도를 정부가 보조를 하겠다는 의지를 볼 수 있습니다.

또 하나는 사업의 필요성과 안전성 여부에 대한 적극적인 홍보입니다. CCUS는 UN FCCC(United Nations Framework Convention on Climate Change)에서 탄소 배출을 완화하는 데 중요한 역할을 하며 장기적으로 에너지 부문의 탈탄소화를 위한 핵심 기술이라고 정의하지만, 대중들에게 그 실효를 증명하기 위해서는 좀 더 구체적인 대화와 정보 공유가 필요합니다.

IRA 법안 등으로 CCUS 사업에 대한 탄소 포집·활용·저장(45Q) 세제 혜택을 보장하고 있으며, 이미 50년 이상 이산화탄소를 저장해온 미국에서조차 CCUS 사업에 대해 부정적인 견해를 갖는 주변 시민사회의 반대로 인해 사업이 잠시 중단 되는 등의 어려움을 겪는 프로젝트도 있었습니다.

Q 에너지 전환 시대를 맞아 주목해야 할 사업과 회사를 하나씩 꼽아주신다면?

완전한 수소경제로 가기 전 단계로 암모니아가 대체 연료로 거론되고 있으며, 많은 회사들이 암모니아 밸류체인 사업에 관심을 갖고 투자하고 있습니다. 이러한 시대적 요구에 암모니아 기반 수소 연료전지 시스템 전문 기업 아모지(Amogy, 대표 우성훈)의 행보가 주목됩니다. 아모지는 최근 세계 최초의 무탄소 암모니아 추진 실증 선박을 만들어 해양 산업의 탈탄소화에 이바지하겠다는 포부를 갖고 있는데 아직 상장 전 기업임에도 사우디 아람코, 싱가포르 국부 펀드 및 SK이노베이션 등의 기업으로부터 1억 3,900만 달러의 투자 유치를 성공해 앞으로의 행보가 주목됩니다.

Q 마지막으로 석유와 천연가스 산업계의 미국 주식 투자에 관심이 있으신 독자들에게 하시고 싶은 말씀이 있다면?

미국의 풍부한 셰일가스 자원을 보유한 미국은 2050년까지 천연가스 수출국의 위치를 유지할 전망입니다. 수출의 대부분은 LNG의 형태로 한국과 일본 등 동북아시아 국가와 유럽이 주 수요지가 될 전망입니다. 또한 IRA 등 CCUS 사업을 활성화하기 위한 45Q 세제 혜택 제도가 마련되어 있어 LNG 공정 과정 중 발생하는 이산화탄소를 CCS(탄소 포집 및 저장)로 처리하여 저탄소 LNG 생산 및 공급이 활성화 될 좋은 기반이 마련되어 있어 천연가스 사업이 유망합니다.

그러나 미국 내 대표 벤치마크 거래 가격인 헨리허브(Henry Hub) 가스 가격은 변동이 심하고 다른 나라의 가스 마켓에 비해 비교적 낮은 가격에 거래되고 있다는 점을 간과해서는 안 됩니다. 가격이 낮다는 것은 그만큼 가스를 탐사 개발하는 기업들이 많다는 의미이며, 공급 단가를 낮추기 위한 경쟁도 치열하다는 것을 말합니다. 유가에 연동성을 보여주는 가스 가격은 국제 유가가 떨어지면 가스 가격도 하락하여 이익률에 큰 영향을 미칠 수 있습니다. 또한 미국은 대부분 셰일/타이트 가스(Shale/Tight Gas, 전통적인 사암층에 비해 매우 낮은 공극과 투수율을 갖는 셰일층에 천연가스가 저장된 것)에서 가스를 개발합니다. 셰일층에서 가스를 생산 추출하려면 수압균열법 등 추가 생산공법이 적용되어 생산 비용이 높은 점도 주지해야 할 점입니다. 이에 특히 미국 셰일 생산 자산을 기반으로 하는 업스트림 회사에 투자할 경우 생산 단가 부문에서 경쟁력이 있는 회사인지 검토하는 것이 중요합니다.

선코어에너지 Suncor Energy (SU)
오일샌드 자산 집중을 선언한 캐나다의 대표 기업

#1 기업 개요

1917년 선컴퍼니(Sun Company)에서 시작한 선코어에너지는 서부 캐나다 앨버타주의 막대한 오일샌드(Oil Sands) 자원 개발 기술을 최초로 개발하고 상용화했다. 캐나다 앨버타주 캘거리(Calgary)에 본사를 두고 있는 선코어에너지는 앨버타주 포트맥머레이(Fort McMurray) 지역에 매장된 오일샌드 업스트림 자산 외에 캐나다 전역에 정유소와 페트로캐나다(Petro Canada) 브랜드의 주유소 네트워크를 보유한 캐나다의 대표적인 에너지 기업이다.

이산화탄소 배출이 많은 오일샌드 자원의 의존도를 극복하기 위해 해상 석유 자원 개발, 신재생에너지 등의 사업 다각화를 추진하던 선코어에너지는 경쟁 회사에 비해 현저히 뒤떨어지는 주가와 계속되는 사업장의 안전사고로 인해

선코어에너지 기업 정보

설립 연도	1917년	시가총액 (십억 USD)	47.9
상장 거래소	뉴욕증권거래소	시가총액 (조 원)	68.6
상장일	1992. 3. 18.	배당수익률	4.4%
CEO	리치 크루거	52주 최저-최고 범위 (USD)	30.89-41.95
주요 주주	Sanders Capital, LLC 4.56%		
직원 수	14,906명	현재 주가 (USD)	37.19
홈페이지	suncor.com	평균 목표 주가 (USD, Yahoo Finance 기준)	43.86
회계연도 종료	2024. 12. 31.		

* 기준일: 2024. 12. 12.
자료: Yahoo Finance

선코어에너지 기업 실적 및 투자 정보

구분	2022	2023	2024F	2025F	2026F	5년 연평균 성장률
매출 (십억 USD)	58.5	50.7	51.6	51.6	48.8	5%
EBTIDA (십억 USD)	23.1	18.3	16.4	16.0	16.0	5%
영업이익 (십억 USD)	14.3	11.9	9.8	9.4	8.9	5%
순이익 (십억 USD)	9.1	8.3	6.5	6.4	5.9	8%
주당순이익 (USD)	6.5	6.3	5.3	5.8	5.5	15%
주당 배당 (USD)	1.9	2.1	2.2	2.3	2.4	18%
EBTIDA 이익률 (%)	39.5	36.0	31.8	31.1	32.8	-
영업이익률 (%)	24.5	23.4	18.9	18.2	18.2	-
순이익률 (%)	15.5	16.3	12.6	12.4	12.1	-
PER (x)	11.2	7.8	10.1	10.1	8.9	-
PBR (x)	1.6	1.4	1.5	1.4	1.4	-
EV/Revenue (x)	1.7	1.3	1.6	1.6	1.7	-
EV/EBITDA (x)	5.0	3.5	5.0	5.2	5.2	-
ROE (%)	30.4	20.1	14.8	13.7	13.5	-

자료: 회사 자료, Capital IQ
주1: 국제 회계기준(IFRS)
주2: 전망치는 2024년 8월 30일 Capital IQ 기준
주3: 1 CAD는 992.77 원(2024년 8월 30일 기준)

선코어에너지 매출액 & 성장률 전망

자료: 선코어에너지, Capital IQ (2024년 8월 30일 기준)

선코어에너지 주당순이익 전망

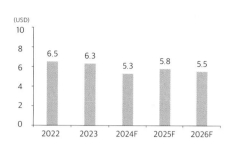

자료: 세일즈포스, Capital IQ (2024년 8월 30일 기준)

선코어에너지 주가 추이

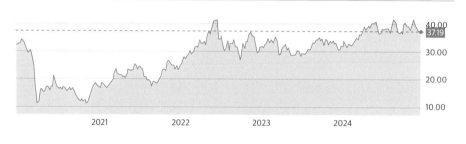

2022년 큰 위기를 맞았다. 이후 주주행동주의(Shareholder Activism)를 주도하는 대표적 기업 중의 하나인 엘리엇(Elliott Investment Management)에 의해 재편된 이사회는 물러난 마크 리틀(Mark Little) 전 CEO의 후임으로 선코어에너지의 라이벌이자 엑슨모빌의 자회사인 임페리얼오일(Imperial Oil)의 CEO를 역임한 뒤 은퇴했던 리치 크루거(Rich Kruger)를 새로운 CEO로 선임했다. 리치 크루거는 이후 과감한 조직 개편과 비용 절감으로 선코어에너지를 다시 정상궤도에 올려놓았다는 평가를 받고 있다.

선코어에너지는 본거지인 캐나다의 토론토증권거래소(Toronto Stock

Exchange)와 미국의 뉴욕증권거래소(New York Stock Exchange)에 동시에 상장돼 있다. 이는 세계 최대의 자본시장인 미국에서 회사의 인지도를 높이고 미국 달러 대비 캐나다 달러 환율 변동에 따른 위험도 축소시켜주는 장점이 있다. 실제로 캐나다를 대표하는 기업인 세계 최대의 비료 회사 뉴트리언(Nutrien)과 북미에서 가장 큰 석유 수송망을 가지고 있는 엔브릿지(Enbridge)도 미국과 캐나다 주식시 장에 동시에 상장돼 있다.

#2 비즈니스 모델

선코어에너지는 엑슨모빌, 쉐브론 등의 슈퍼메이저와 마찬가지로 에너지 밸류 체인의 업스트림(석유 생산) 사업과 다운스트림(정유, 소매) 사업을 동시에 하는 통합 회사(Integrated Company)이다. 따라서 유가 변동에 따른 리스크도 업스트림 자산에만 집중하는 회사에 비해서는 크지 않다. 선코어에너지의 업스트림 사업

2023년 선코어에너지 사업 부문별 매출 비중

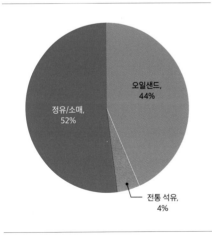

정유/소매, 52%
오일샌드, 44%
전통 석유, 4%

2023년 선코어에너지 지역별 매출 비중

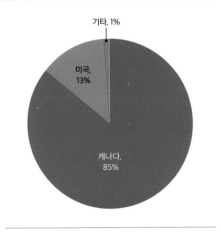

기타, 1%
미국, 13%
캐나다, 85%

은 대부분 캐나다 앨버타주에 위치한 오일샌드 사업으로 이뤄져 있다.

오일샌드는 무엇인가?

베네수엘라와 캐나다에 주로 분포되어 있는 오일샌드는 셰일과 더불어 대표적인 비전통 석유 자원 중 하나다. 역청(Bitumen)이라고 불리는 아스팔트처럼 찐득찐득한 물질 형태의 원유가 말 그대로 모래, 점토와 뒤섞여 있는 형태의 천연자원을 말한다. 대개 역청 함량은 10% 정도여서 정유소에서 쓸 수 있는 석유를 생산하기 위해서는 고도의 프로세싱이 필요하다. 개발 방법은 자원의 매장 깊이에 따라서 노천 채광(Open Pit Mining, 이하 마이닝) 방식으로 집채만 한 크기의 장비로 역청을 채굴·분쇄하여 운반하는 방법과 고온의 수증기를 이용해서 역청을 녹여 운반하는 인시추(In-Situ) 방법이 있다. 캐나다 앨버타에는 1,600억 배럴 이상의 역청이 매장된 것으로 알려져 있다. 캐나다의 석유 생산량은 대부분 이 오일샌드에서 나오고 있으며, 2022년 기준으로 총 일일 생산량이 320만 배럴에 달한다.[16]

오일샌드 자원 개발로 석유를 생산하는 대표적인 회사로는 선코어에너지 외에 CNRL(Canadian Natural Resources Limited), 세노보스(Cenovus), 임페리얼오일 등이 있다. 한국석유공사도 하베스트(Harvest Operations Corp)를 통해 오일샌드 사업에 진출했다. 개발을 위해서는 거대한 자본투자가 필요하고 이산화탄소 배출치가 석유 자원 중 가장 높다는 약점이 있지만 석유 시추 리스크가 없고 세계 최대 석유 시장인 미국에 근접해 있으며 아시아로 수출도 용이 하다는 장점이 있다.

다운스트림 사업인 정유소와 페트로캐나다 주유소 체인은 유가가 안정되면서 2024년 1분기에는 회사 전체 순수익의 40%를 차지하면서 2023년의 32%에 비해

비중이 오히려 늘었다. 선코어에너지의 정유소는 가동률과 수익성 면에서 좋은 성과를 보여왔다. 2009년 페트로캐나다사와의 합병으로 얻게 된 페트로캐나다 주유소 네트워크는 캐나다 전역에 1,500개가 영업 중이며 브랜드 인지도가 높다.

#3 투자 포인트

1) 새 CEO 리치 크루거의 과감한 조직 축소와 원가절감

2023년에 CEO에 취임한 리치 크루거는 대대적인 조직 축소와 원가절감을 선언했다. 이를 위해 무려 전 직원의 22%에 달하는 1,800명의 직원이 회사를 떠났고 이미 매년 4억 5,000만 달러(캐나다 달러)의 원가절감을 달성했다고 회사는 2024년 5월 열린 인베스터데이를 통해 밝혔다.[17] 이미 업계 선두를 달리고 있던

선코어에너지 원가절감 성과와 2026년 목표치

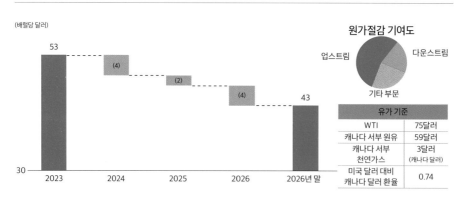

선코어에너지는 리치 크루거 취임 후 과감한 원가절감을 실행하고 있다.

자료: 선코어에너지2024년 사업 업데이트

정유소 가동률뿐만 아니라 업스트림 자산 가동률도 끌어올리면서 총생산량은 2024년 1분기 일일 생산량 기준으로 83만 5,000배럴을 기록해 사상 최대치를 경신했다.

이런 노력들로 인해 기존에 WTI 기준으로 53달러였던 손익분기점 유가(Breakeven Oil Price)를 2024년에는 배럴당 4달러까지 더 낮출 수 있을 것으로 내다봤다. 그리고 2026년 말까지 배럴당 6달러를 더 낮춰서 전체 손익분기점 유가를 43달러까지 내릴 목표를 가지고 있음을 알렸다. 불과 3년 내에 배럴당 10달러의 원가를 낮출 수 있는 데에는 새로운 CEO의 강력한 드라이브뿐만 아니라 그만큼 선코어에너지의 자산들이 그동안 방만하게 운용되고 있었다는 것을 의미한다. 실제로 리치 크루거는 인베스터데이에서 앞으로의 목표치도 초과 달성할 여력이 있다는 자신감을 보였다.

2) 코어 사업인 오일샌드로의 집중과 자산 최적화

오일샌드 상용 개발에 처음 성공한 선코어에너지는 오일샌드 산업의 아버지라고 할 수 있다. 그러나 오일샌드의 역청을 석유로 정제하는 과정은 많은 연료를 필요로 하고 추출되지 못한 역청이 함유된 폐기물을 양산하기 때문에 환경보호론자들은 오일샌드 개발을 중단해야 한다고 꾸준히 주장해왔다.[18] 게다가 진보정치 성향의 저스틴 트루도(Justin Trudeau) 총리가 이끄는 캐나다 연방정부의 탄소세(Carbon Tax) 도입으로 생산 단가는 올라갔다. 대세인 넷제로 운동을 피할 수 없었던 선코어에너지도 급기야 2050년까지 스코프 1, 2 넷제로 달성을 선언하고 신재생에너지, 해상 석유 자원 개발 등으로 사업 다각화를 모색해왔다. 그러면서 오일샌드 생산량 1위 자리도 라이벌인 CNRL에 내주게 됐다.

그러나 최근에는 2018년에 생산을 시작한 포트힐스(Fort Hills) 프로젝트의 나

선코어에너지 오일샌드 자산 지도

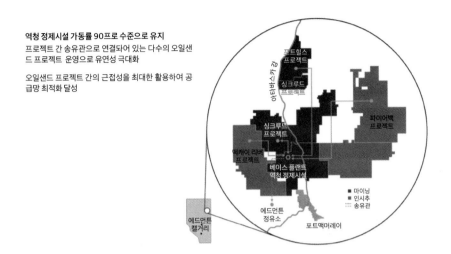

역청 정제시설 가동률 90프로 수준으로 유지

프로젝트 간 송유관으로 연결되어 있는 다수의 오일샌드 프로젝트 운영으로 유연성 극대화

오일샌드 프로젝트 간의 근접성을 최대한 활용하여 공급망 최적화 달성

포트힐스 프로젝트
싱크루드 프로젝트
아타바스카 강
싱크루드 프로젝트
파이어백 프로젝트
맥캐이 리버 프로젝트
베이스 플랜트 역청 정제시설
에드먼튼 정유소
포트맥머레이
에드먼튼 캘거리

■ 마이닝
● 인시추
--- 송유관

선코어에너지의 방대하면서 서로 근접해 있는 오일샌드 자산은 자산 최적화를 통한 가치 창출의 기회를 제공한다.

자료: 선코어에너지 2024년 2분기 실적 발표 자료

머지 지분을 인수하는 등 오일샌드 사업에 다시 집중하는 모습이다. 비록 총생산량 1위 자리는 내주었지만 선코어에너지의 오일샌드 자산은 마이닝과 인시추 자산이 좋은 균형을 보이고 있다. 2021년에는 이미 최대 지분을 보유하고 있던 싱크루드(Syncrude) 프로젝트를 직접 운용하게 되면서 원래 운용하던 자산과의 통합을 추구해 자산 최적화의 발판을 마련했다. 예를 들면 선코어에너지가 운용하는 역청 정제시설(Upgrader)에 쓸 역청을 보다 더 많은 프로젝트에서 받을 수 있게 되어 신축성을 높이고 프로젝트 간 필요한 자원 등을 공유할 수 있게 된 것이다. 또한 이미 사상 최대치를 경신한 석유 생산량을 2026년까지 계속 끌어올리고 마이닝에 필요한 트럭을 더 큰 용량의 자율주행 트럭으로 교체하여 총 트럭의 개수를 줄이는 등의 방식으로 배럴당 단가를 계속 줄여나갈 것이라고 회사는 밝혔다.

#4 2024년 실적과 향후 전망

이미 애널리스트들로부터 선코어에너지를 정상 궤도에 올려놓았다고 평가받는 리치 크루거는 2026년까지 원가절감 노력을 계속해나갈 것이라고 밝혔다. 과연 리치 크루거의 호언대로 2026년까지 손익분기점 배럴당 10달러 절감에 성공할 수 있는가의 여부는 업스트림 사업에서 계속 자본투자를 줄이면서 생산량을 끌어올려 수익 구조를 계속 개선해나갈 수 있느냐에 달려 있다. 이는 선코어에너지의 투자 자본이 업스트림 사업에 대부분 집중돼 있기 때문이다. 이를 위해 선코어에너지는 최초의 오일샌드 프로젝트인 베이스마인의 대체 자원 개발에 향후 5년간 투자하지 않겠다고 선언했다. 이는 선코어에너지가 업스트림 투자 자본을 2026년까지 계속 감축하는 데 원동력을 제공한다.

선코어에너지의 업스트림 투자 감축 계획은 리치 크루거가 공언한 원가절감 목표 달성을 위해 미래를 위한 투자는 잠시 보류하고 단기 실적에 집중할 것임을 말해준다. 과연 뜻하는 대로 업스트림 자본투자 감축이 잉여현금 증가로 나타날지는 두고 봐야겠지만 이미 1년 만에 이룬 성과로 자신감이 붙은 경영진은 자본투자 감축만큼은 확실히 해낼 것으로 보인다. 역청 정제시설과 정유소 가동률을 지금 수준으로 계속 유지할 수 있다면 단기간의 잉여현금 창출도 가능할 것으로 보인다. 2024년 2분기 실적 발표회에서 선코어에너지는 1분기에 이어 업스트림·다운스트림 사업 모든 부문에서 또다시 시장 기대치를 넘는 실적을 발표했다. 특히 몇 년마다 주기적으로 실행하는 역청 정제시설 보수 작업(Upgrader Turnaround)으로 인한 생산 손실을 최소화하고 지속적으로 운용비를 절감한 것은 고무적이다.[19] 이는 리치 크루거 취임 이전부터 고질적으로 지적됐던 역청 정제시설 가동률 하락의 우려를 해소시키면서 또 하나의 호재로 작용한다.

월가의 애널리스트들은 향후 2년간의 주가 동향에 낙관적인 전망을 내놓으면

선코어에너지 업스트림 자산 잉여현금 창출 계획

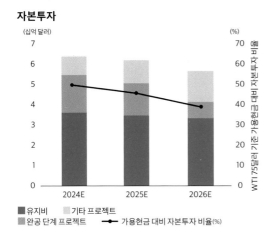

자본투자

(십억 달러)

완공 단계 프로젝트
- 베이스 플랜트 열병합발전소(2024)
- 업그레이더 드럼 교체(2025)
- 마이닝 장비 교체(2025)
- 밀드레드 레이크 프로젝트 서부(2025)
- 웨스트 화이트 로즈 해양 프로젝트(2026)
- 포트힐스 프로젝트 북부(2026)

향후 5년간 베이스마인
대체 투자자본 최소화

■ 유지비 　■ 기타 프로젝트
■ 완공 단계 프로젝트 ━●━ 가용현금 대비 자본투자 비율(%)

선코어에너지는 2026년까지 점차적으로 업스트림 자산 자본투자를 줄이고 잉여 현금흐름을 극대화할 계획이다.

자료: 2024년 사업 업데이트

서도 2025년 연매출액은 2024년과 동일한 수준인 520억 캐나다 달러를 유지하고 상각 전 영업이익(EBITDA)도 2024년과 동일한 160억 캐나다 달러를 기록할 것으로 내다봤다. 물론 이 수치들은 2025년 유가 동향에 민감하게 반응할 것이며, 만약 리치 크루거의 공언대로 손익분기점 유가를 43달러대로 줄이는 데 성공한다면 더 좋은 결과를 가지고 오는 것도 가능하다.

2026년까지 과감한 원가절감 계획을 가지고 있는 선코어에너지의 주식은 리치 크루거의 취임 후 꾸준한 성장세를 보여왔다. 만일 리치 크루거의 호언대로 원가절감과 함께 손익분기점 유가를 계속 줄여나갈 수 있다면 선코어 주식의 향후 1~2년 전망은 밝다. 목표 대비 실적 현황을 매 분기마다 열리는 실적 설명회에서 자세히 밝히고 있으니 이 자료를 검토한 뒤 투자하는 것이 좋다. 선코어에너지는 2025년 5월 인베스터 데이를 계획하고 있는데 만약 지금까지 보여준 것처럼 목표치를 초과하는 실적을 계속 보여준다면 주가 상승에 큰 호재로 작용할 수 있다. 선코어에너지 주식의 연간 주당 배당률은 4.4%(2024년 12월 12일 기준)로 비교적 준수하다.

선코어에너지 연혁

1917	캐나다 몬트리올 지역에서 윤활유와 등유를 생산하는 선컴퍼니로 시작
1968	총 10억 달러의 공사비가 들어간 최초의 대규모 오일샌드인 '그레이트 캐나다 오일샌드 프로젝트' 생산 가동
1979	선컴퍼니의 캐나다 자산과 그레이트 캐나다 오일샌드 프로젝트가 합쳐진 선코어(Suncor Inc.) 출범
1992	토론토증권거래소에 주식 상장
1995	본사를 토론토에서 자산의 60 %가 집중됐던 앨버타주 캘거리로 이전
1997	뉴욕증권거래소 상장 오일샌드 자산에서 석유 생산량 일일 10만 배럴 달성
2009	라이벌이었던 페트로캐나다와의 합병으로 캐나다 최대 석유 회사가 됨
2021	최대 지분을 보유하고 있던 일일 생산량 40만 배럴의 싱크루드 프로젝트 직접 운용 시작
2023	주주행동주의 회사 엘리엇에 의해 재편된 이사회에서 라이벌 임페리얼오일 출신의 리치 크루거를 CEO로 선임 뒤 대대적인 조직 개편과 원가절감 단행

코드에너지 Chord Energy (CHRD)
공격적인 인수합병으로 바켄의 선두 주자가 된 업스트림 회사

#1 기업 개요

코드에너지는 퍼미안·이글포드와 함께 미국 3대 셰일석유 생산지인 미국 북부 바켄 지역에 회사 대부분의 자산이 집중된 업스트림 회사이다. 전신이었던 오아시스페트롤리엄(Oasis Petroleum)은 2020년 코로나19 팬데믹 기간 동안 전략적인 파산 신청으로 채무 구조를 재정비한 뒤 2달 만에 파산에서 회복했다. 2021년에만 해도 일일 석유 생산량이 7만 6,000배럴에 불과했으나 2022년 파산에서 회복 중이던 바켄의 또 다른 업스트림 회사 화이팅페트롤리엄과 합병하고, 2023년에는 엑슨모빌의 자회사인 XTO의 바켄 지역 자산을 인수하면서 급성장했다. 화이팅페트롤리엄과의 합병 이후 탈 석유 회사 브랜딩인 코드에너지로 탈바꿈한 뒤 급기야 2024년 바켄 지역의 또 다른 업스트림 회사인 에너플러스(Enerplus

코드에너지 기업 정보

설립 연도	2007년	시가총액 (십억 USD)	7.3
상장 거래소	나스닥	시가총액 (조 원)	10.5
상장일	2010. 6. 17.	배당수익률	8.5%
CEO	대니얼 브라운 (Daniel E. Brown)	52주 최저-최고 범위 (USD)	115.96-190.23
주요 주주	뱅가드 그룹 10.1%		
직원 수	514명	현재 주가 (USD)	119.82
홈페이지	chordenergy.com	평균 목표 주가 (USD, Yahoo Finance 기준)	183.9
회계연도 종료	2024. 12. 31.		

* 기준일: 2024. 12. 12.
자료: Yahoo Finance

코드에너지 기업 실적 및 투자 정보

구분	2022	2023	2024F	2025F	2026F	5년 연평균 성장률
매출 (십억 USD)	3.4	3.6	4.8	4.7	4.8	26%
EBTIDA (십억 USD)	1.7	2.0	2.5	2.9	3.0	90%
영업이익 (십억 USD)	1.4	1.4	1.4	1.7	1.7	-
순이익 (십억 USD)	1.9	1.0	1.1	1.2	1.3	32%
주당순이익 (USD)	57.6	23.5	18.1	20.0	22.2	7%
주당 배당 (USD)	27.0	11.9	9.9	9.4	15.4	53%
EBTIDA 이익률 (%)	50.9	54.1	53.3	62.0	63.3	-
영업이익률 (%)	40.1	37.6	29.7	35.1	35.8	-
순이익률 (%)	54.3	28.2	22.6	25.7	26.8	-
PER (x)	9.8	3.9	7.5	7.5	7.0	-
PBR (x)	2.2	1.3	0.9	1.0	-	-
EV/Revenue (x)	2.2	1.8	2.1	2.1	2.1	-
EV/EBITDA (x)	16.7	2.9	4.0	3.4	3.4	-
ROE (%)	30.7	16.4	13.4	12.4	11.0	-

자료: 회사 자료, Capital IQ
주1: 미국 회계기준(US-GAAP)
주2: 전망치는 2024년 8월 30일 Capital IQ 기준

코드에너지 매출액 & 성장률 전망

자료: 코드에너지, Capital IQ (2024년 8월 30일 기준)

코드에너지 주당순이익 전망

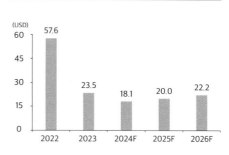

자료: 코드에너지, Capital IQ (2024년 8월 30일 기준)

코드에너지 주가 추이

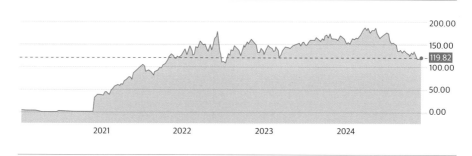

Corporation)를 인수하면서 합계 일일 생산량 27만 배럴, 시가총액 100억 달러를 내다보는 중견 회사로 부상했으며,[20] 앞으로도 바켄 지역의 선두 자리를 굳건히 할 전망이다.

#2 비즈니스 모델

석유 탐사와 생산을 담당하는 업스트림, 파이프라인이나 트럭을 이용해 정유

비전통적 셰일석유와 천연가스 시추 방법

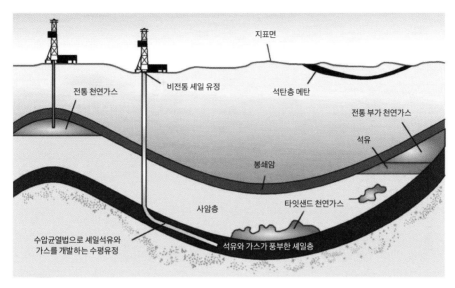

전통적인 유전 개발 방법이 수직유정으로 얕은 곳의 유전을 개발하는 데 비해 비전통적 자원인 셰일은 더 깊은 유전을 수평유정과 수압균열법의 기법을 사용하여 유정의 생산성을 극대화한다.

자료: 미국 EIA

소로 석유 운반을 책임지는 미드스트림, 석유를 여러 가지의 석유화학 제품으로 정유하고 소비자에게 공급하는 역할을 하는 다운스트림의 구조를 가지고 있는 석유 업계에서 코드에너지는 업스트림, 그중에서도 바켄이라는 한 지역에만 집중하는 기업이다. 이런 업스트림 집중 기업들의 성공 여부는 생산성이 높은 유정을 시추할 수 있는 리스(Lease)를 얼마나 소유하고 있는가, 그리고 여러 개의 유정을 동시에 개발할 수 있는 패드(Drilling Pad)를 이용하여 유정당 개발 비용을 줄이고 깊고 얇게 매장된 셰일 원전을 개발하기 위해 수평유정(Horizontal Well)의 길이를 최대한 길게 뚫어 생산단가를 얼마나 줄일 수 있는가 등의 요인에 달려 있다. 따라서 코드에너지가 지난 몇 년간 집중해온 바켄 지역의 인수와 합병 전략

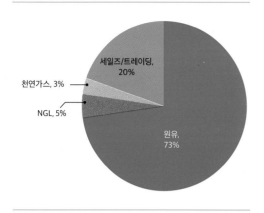

이 바로 계속적인 양질의 리스 확보와 지속적인 생산단가 절감을 위한 것임을 알 수 있다.

　석유나 천연가스 판매가 주 수입원인 만큼 업스트림 기업들의 경영 실적은 자연히 유가의 움직임에 민감하게 반응하게 된다. 불과 수일 만에도 유정을 뚫어 수 개월 만에 자본투자 회수가 가능하고, 유정당 생산 감소율이 커서 계속 먼저 땅을 파고 유정을 확보하는 시추(Drilling) 작업과 고압의 물을 주입하는 수압균열법을 포함한 완공(Completion) 작업을 대규모로 지속해야 하는 셰일 개발의 특성은 시시각각으로 변하는 유가에 능동적으로 대처할 수 있는 기반을 제공한다. 셰일석유 업체들은 유가의 동향에 따라서 운용하는 리그(Rig)의 개수를 조정해서 자본투자 금액과 시추·완공 작업의 속도를 조절한다. 유가가 오를 때를 대비해서 시추는 끝났지만 완공 작업을 해야하는 DUC(Drilled but Uncompleted, 시추 작업은 마쳤으나 아직 완공 작업을 마치지 않은 유정들)를 비축해놓고 유가가 오를 경우 빠르게 완공 작업을 마치고 유정의 석유 생산을 가동함으로써 생산량을 끌어올리기도 한다. 또한 선물 시장(Futures Market)을 이용해 자사의 석유가 판매될 가격을 미리 정할 수 있는 헤지(Hedging) 기법을 통해 유가의 움직임에 따른 위험을 최소화하는 방법도 널리 쓰이고 있다. 바로 이런 노력들이 OPEC+라는 거대 공룡에 맞서 미국을 세계 1위의 석유 생산국으로 도약시켜준 원동력을 제공했다.

#3 투자 포인트

1) 에너플러스와의 합병으로 인한 원가절감과 양질의 리스 확보

코드에너지 경영진은 2024년 5월에 완료된 에너플러스와의 합병으로 매년 2억 달러의 원가절감 효과를 가져올 것이라고 내다봤다. 이는 당초 계획했던 원가절감 수치보다 5,000만 달러가 증가한 수치로 합병 작업이 진행되면서 경영진의 원가절감에 대한 확신이 높아지고 목표치를 상향 조정할 만큼 기존 예상보다

에너플러스와의 합병으로 인한 원가절감 계획

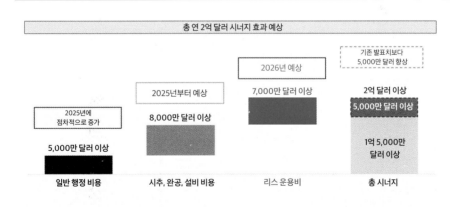

원가절감 목표의 상향 조정은 합병으로 얻어질 수 있는 시너지 효과 실현에 경영진의 자v신감을 드러낸다.

자료: 코드에너지 투자자 자료

더 많은 분야에서 생산단가를 줄일 수 있는 기회를 확보한 것으로 보인다. 코드에너지가 발표한 자료에 따르면 원가절감은 빠르면 2025년, 늦어도 2026년까지 일반관리비, 유정의 시추와 완공 비용, 리스 운용비의 모든 부문에서 고르게 실현될 것이라고 내다봤다.

코드에너지는 에너플러스와의 합병으로 향후 10년 동안 시추·완공할 수 있는 면적의 리스를 확보했다고 발표했다. 물론 이 수치는 가동하는 리그 수에 따라서 변동될 수 있지만 향후 수년간 코드에너지가 외부 확장보다는 인수합병을 통해 이미 확보한 자산의 개발에 집중할 수 있는 기반을 마련했다는 것을 보여준다.

2) 3마일 수평유정 시추 실적

셰일원전 개발의 핵심에는 수평유정 기법이 있다. 깊고 가늘게 묻혀 있는 셰일 원전을 경제적으로 개발하기 위해 셰일 개발을 전문으로 하는 업스트림 회사들은 기존의 수직유정의 틀을 깬 수평유정 기법을 개발했다. 나아가 지속적인 기술 개발로 수평유정의 길이를 늘려왔다. 코드에너지의 수평유정은 총 길이가 무려 3마일(4.8km)에 달한다. 더 긴 수평유정의 개발이 얼마나 더 이윤을 창출하는가 하는 데는 여러 가지의 요소들을 고려해야 한다. 코드에너지의 경우에는 기존의 2마일 유정보다 자본 투자비는 20% 늘어나는 대신 유정당 축적 생산량은 40% 증가한다고 발표했다. 게다가 에너플러스와의 합병으로 이 3마일 기법을 더 폭넓게 적용할 수 있게 됐다. 수평유정의 길이를 계속 늘려 자본투자 대비 이윤을 극대화하는 코드에너지의 전략은 에너플러스와의 합병으로 이 검증된 기법을 적용할 기회를 더 많이 확보해 경쟁사들과 차별화된 가치를 창출하는 기반을 만들었다.

#4 2024년 실적과 향후 전망

코드에너지는 지난 3년간 2022년 화이팅페트롤리엄과의 합병, 2023년 XTO 바켄 자산 인수, 2024년 에너플러스와의 합병 등으로 숨가쁘게 달려왔다. 따라서 당분간 이미 확보한 운용 지역에서 3마일 수평유정 개발 기법으로 잉여현금흐름을 최대화할 것으로 보인다. 2024년의 경우 WTI 70달러를 가정했을 때 6억 달러, WTI 90달러일 경우 10억 달러가 넘는 잉여현금흐름을 낼 수 있다고 전망했다. WTI 80달러 수준에서 안정세를 보여온 유가를 감안하고 2025년부터는 에너플러스 합병 효과를 온전히 다 가져온다면 매년 10억 달러 이상의 잉여현금흐름이 가능하다. 월가의 애널리스트들도 2025년에는 총매출액 47억 달러(시장 컨센서스 기준), EBITDA 29억 달러라는 낙관적인 전망을 내놓고 있다. 특히 2025년 EBITDA는 2024년에 비해 16% 늘어날 것으로 예상돼 합병으로 인한 원가절감 효과가 반영될 것으로 기대된다.

향후 코드 에너지 실적은 에너플러스와의 합병으로 인한 원가절감 목표 달성, 3마일 수평유정 기법의 확대 진행 상황, 유가 변동과 이에 따른 적절한 선물 시장을 이용한 헤지 등의 요소들이 좌우할 것으로 예상된다.

코드에너지의 주가는 2022년 파산에서 회복한 이후 계속되는 인수합병으로 가파르게 상승한 뒤 2024년에는 많이 하락한 모습니다. 바켄이라는 한 지역에 집중하는 업스트림 기업인 코드에너지의 주가는 역시 유가의 움직임에 가장 민감하다. 이에 코드에너지 주식은 유가 상승 시 동반적으로 투자해볼 만한 종목이다. 또 하나의 고려사항은 예상치 못했던 인수합병을 주도하거나 타깃이 될 경우에 주가가 크게 변동할 수 있다는 점이다. 그러나 이미 계속된 바켄 지역의 자산 인수로 인해 이미 인수한 자산 통합에 집중할 것으로 보여 당분간 가능성이 낮을 것으로 예상된다. 중견 업스트림 회사로는 이례적으로 코드에너지는 연간 8.5%(2024년 12월 12일 기준)라는 높은 배당률을 보인다는 점도 주목할 점이다.

코드에너지 연혁

2007	코드에너지 전신인 오아시스페트롤리엄 설립
2010	뉴욕증권거래소에 주식 상장
2013	셰일오일 3대 지역 중의 하나인 바켄 지역 자산 대거 인수
2020	코로나19로 인한 유가 폭락 뒤 전략적으로 미 연방 파산법 제11조(챕터 11)에 따른 파산 보호 신청 후 채무 구조조정으로 두 달 만에 파산에서 회복
2022	바켄 지역 자산을 가지고 있던 화이팅페트롤리엄과 합병, 코드에너지라는 새 회사로 출범과 함께 나스닥 상장
2023	엑슨모빌의 자회사인 XTO 의 바켄 자산 인수
2024	바켄 지역에 자산을 가지고 있던 에너플러스 인수로 총 일일 생산량 27만 배럴 달성

BP BP PLC (BP)
통합 에너지 회사로 탈바꿈을 선언한
영국의 슈퍼메이저

1909년 지금의 이란인 페르시아에서 석유 시추 성공으로 시작된 BP는 아모코(Amoco), 아르코(Arco), 캐스트롤(Castrol) 등의 회사와 합병에 성공하면서 슈퍼메이저로 등극했다. 2010년 미국 멕시코만 심해 호라이즌 리그 폭발로 인한 사상 최대의 석유 유출 사건으로 회사가 절체절명의 위기를 맞았으나, 미국 멕시코만 심해 자산, 천연가스 개발을 통한 LNG, 미국 셰일오일 자산 등의 탄탄한 업스트림 자산을 바탕으로 세계 61개 국가에 8만 명이 넘는 직원과 다양한 브랜드의 소매점을 2만 개 이상 운영하는 거대 기업이 됐다. 영국 런던에 본사를 둔 BP는 런던증권거래소에 상장했지만, 미국 뉴욕증권거래소에도 예탁증서(ADR) 형태로 상장돼 미국 시장에서도 주식을 거래할 수 있다.

BP의 통합 석유 회사에서 통합 에너지 회사로의 탈바꿈 전략은 업스트림 자산투자 재증가와 탄소 배출치 감축 목표 축소 등의 궤도 수정을 겪기도 했지만 BP는 슈퍼메이저 중 가장 투명하고 구체적인 넷제로 계획을 가지고 있다. 실제로 2030년까지 전통 화석연료 사업의 자본 투자를 지금의 수준으로 유지하는 대신 소매업과 저탄소 사업 투자 비용을 점차 늘려감으로써 2030년까지 전사 이익의 20%가량을 이 두 사업 부문에서 창출할 계획이다. BP는 자사의 장·단기 탄소 배출치 감축 목표와 목표 대비 진행 상황을 자사 홈페이지에 자세히 공개한다. 이는 보통 자사에게 유리한 실적 달성만을 강조하는 경쟁사들과는 확실히 차별되어 있음을 보여준다. 또한 매년 BP는 에너지 전망을 발표하며 친환경론적인 IEA와 비슷한 예측을 내놓으면서 넷제로 시나리오를 항상 포함하여 파리 협정 내용 이행의 중요성을 상기시키고 있다. 이는 스코프 3를 포함한 넷제로를 선언한 회사로서 장기적인 에너지 산업에 대한 전망과 그에 따른 회사 전략이 일치함을 보여준다.

BP의 주식은 미국의 대표적인 슈퍼메이저인 엑슨모빌, 쉐브론에 비해 저평가됐는데 이는 전임 CEO였던 버나드 루니의 갑작스런 사임으로 2024년 1월에 취임한 머레이 오친클로스 CEO 체제에 대한 불확실성과 2025년까지 과연 에너지 전환 성장(Transition Growth Engine) 사업이 계획대로 실적을 낼 수 있을지에 대한 우려에 기인한 것으로 보인다. 2025년 2월에 전사 전략 업데이트를 발표할 예정인 BP는 새로운 CEO가 이러한 우려들을 불식시킬 만한 행보를 보여주고 신규 사업인 에너지 전환 성장 사업에서 지속적인 성장을 해낼 수 있다면 다른 경쟁사의 주식 대비 향후 1~2년간 더 높은 수익률을 낼 가능성이 충분하다. 투자자들은 2024년 실적이 발표하는 2025년 2월 전사 전략 업데이트에 대한 시장의 반응을 확인한 뒤 투자 시기를 고려하는 것이 적절하다고 판단한다.

BP 연혁

1908	지금의 이란인 페르시아에서 석유 시추 성공
1909	앵글로페르시안석유회사(Anglo-Persian Oil Company) 설립과 함께 런던증권거래소 주식 상장
1954	브리티쉬페트롤리엄(British Petroleum)으로 회사 명칭 변경
1998	미국 회사였던 아모코(Amoco)와 당시 석유 회사로서는 사상 최대 규모의 합병(당시 가치 480억 달러) 후 BP 아모코(BP Amoco)로 회사 명칭 변경
2000	미국 알래스카의 사업 파트너였던 아르코(Atlantic Richfield Company, ARCO) 인수
2001	BP로 회사 명칭 변경
2010	미국 멕시코만에서 개발 중이던 매콘도(Macondo) 유정에서 심해 호라이즌 리그 폭발 사고로 인해 11명의 사망과 함께 사상 최대의 석유 유출 사건 발생
2020	2050년까지 스코프 3 넷제로 달성, 그리고 2030년까지 업스트림 일일 생산량 100만 배럴 감축을 목표로 하는 통합 에너지 회사로서의 출범 선언

오일·가스
저탄소 솔루션 – 지속 가능한 미래를 위한
가장 현실적인 선택

정철균 서울대학교 에너지시스템공학부 학·석사를 마치고, 스탠퍼드대학교에서 에너지자원공학 석유 전공으로 박사 학위를 받았다. 서울대 에너지신기술연구소와 스탠퍼드 자원예측연구소에서 지구통계학과 자료통합 모델링 연구를 수행했으며, 현재 슐럼버저에서 인공지능 및 자료과학 솔루션 개발팀을 이끌고 있다. SPE, IADC, IAMG, SPWLA 정회원으로 논문 발표와 학문 교류를 이어가고 있으며 한미 석유과학자 협회 기술이사로 활동 중이다. 저서로는 《넷제로 에너지 전쟁》이 있다.

2024년 리뷰
저탄소 솔루션 – 에너지 산업의 새로운 패러다임

탈탄소에서 저탄소의 시대로

글로벌 컨설팅 회사 엑센츄어(Accenture) 글로벌 자원 관리 부문 의장 및 지속 가능성 서비스 리드를 맡고 있는 스테파니 제이미슨(Stephanie Jamison)은 2024년 〈변화를 위한 동력(Powered for Change)〉 보고서에서 "탈탄소화를 위한 신속하면서도 산업에서 수용할 수 있는 경제적인 접근 방식이 필수적"이라고 강조했다. 파리 협정에 서명한 이후부터 그 첫 번째 주요 기한인 2030년까지의 중간 지점에 있는 지금, 어떠한 요인들이 빠르고 경제적인 탈탄소화로의 길을 가로

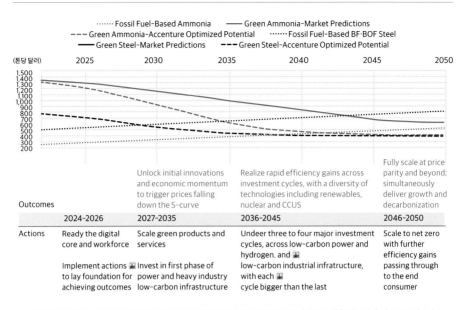

Outcomes				
		Unlock initial innovations and economic momentum to trigger prices falling down the S-curve	Realize rapid efficiency gains across investment cycles, with a diversity of technologies including renewables, nuclear and CCUS	Fully scale at price parity and beyond; simultaneously deliver growth and decarbonization
	2024-2026	2027-2035	2036-2045	2046-2050
Actions	Ready the digital core and workforce	Scale green products and services	Undeer three to four major investment cycles, across low-carbon power and hydrogen. and 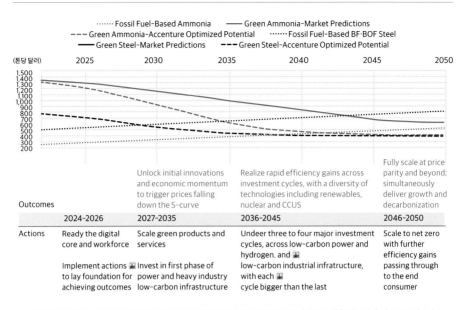 low-carbon industrial infratructure, with each 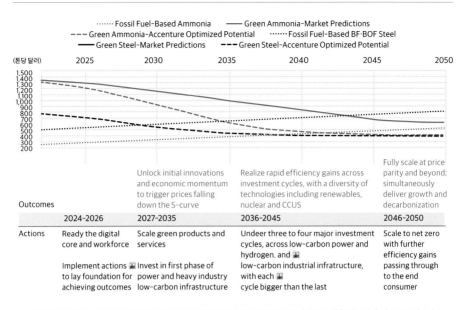 cycle bigger than the last	Scale to net zero with further efficiency gains passing through to the end consumer
	Implement actions 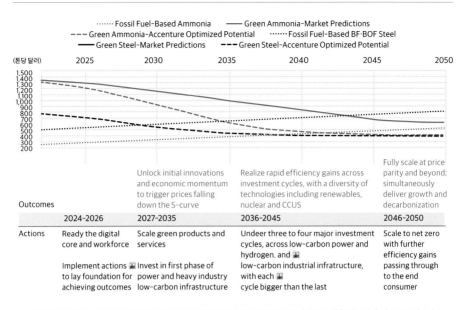 to lay foundation for achieving outcomes	Invest in first phase of power and heavy industry low-carbon infrastructure		

넷제로 시대로 가는 핵심 저탄소 기술과 그린 프로덕트들은 단계별로 다르게 가격과 효율성을 이끌어낼 것으로 기대된다.

자료: Accenture Report, 2024

막고 있는지 알아내야 한다는 것이다. 보고서는 가장 중요한 난제로 에너지 공급과 중공업 부문을 꼽았는데 굉장히 복잡한 톱니바퀴로 연결된 산업의 구조상 한 번에 넷제로의 과업을 달성하는 것이 현실적으로 어렵다는 것을 받아들여야 한다고 지적했다. 핵심적으로 세 가지 상호 의존적인 필수 사항이 산업을 악순환에서 선순환으로 전환하는 데 도움을 줄 수 있다고 분석했는데, 그 키워드는 '녹색 프리미엄', '저탄소 전력', 그리고 '저탄소 인프라'이다. 궁극적인 목표인 넷제로를 달성하기 위해 탈탄소의 시대로의 전환이 필수적이지만 그 과도기로서 '저탄소'로의 선순환을 먼저 만들어내는 것이 중요하다는 것이다.

효율성을 높이고 생산 비용을 줄이는 혁신적인 저탄소 기술을 통해 먼저 고탄소 제품과 동일한 가격 혹은 유사한 가격 수준의 녹색 제품들을 만들어내야한다. 궁극적으로는 녹색 제품이 전통적인 고탄소 제품보다 낮은 가격에 제공될수 있도록 전환할 필요가 있다. 그 시작은 세제 정책이나 보조금과 같은 그린 프리미엄을 통해 유도되며, 차츰 소비자와 기업 모두에게 지속 가능한 선택이 경제적으로 더욱 매력적으로 만드는 것으로 완성된다.

탈탄소 vs. 저탄소?

탈탄소와 저탄소는 모두 탄소 배출을 줄이는 것을 목표로 하지만, 그 접근 방식과 범위에 차이가 있다.

탈탄소(Decarbonization)

탈탄소는 탄소 배출을 완전히 제거하는 것으로 근본적인 전환을 지향한다. 이는 화석연료 사용을 전면적으로 줄이고, 완전한 재생에너지로 전환하거나, 탄소 배출이 전혀 없는 기술로의 대체를 목표로 한다. 탈탄소는 산업, 운송, 전력 생산 등 모든 분야에서 탄소 배출을 없애고, 장기적으로 탄소 중립 또는 탄소 네거티브 상태까지 달성하는 것을 포함한다.

저탄소(Low Carbon)

저탄소는 탄소 배출량을 현실에서 실현 가능한 방법으로 줄이는 데 중점을 둔 개념이다. 이는 탄소 배출을 완전히 없애는 것보다는 기존의 에너지 생산 및 산업 공정에서 발생하는 탄소 배출을 최소화하고, 가능한 효율적인 방식으로 줄이는 것을 목표로 한다. 저탄소 기술에는 탄소 포집 및 저장(CCS), 고효율 에너지 사용, 혼합 에너지원(화석연료와 재생에너지의 조합) 등이 포함된다. 저탄소는 탄소 배출을 완전히 제거하지는 못하더라도 현실적인 범위 내에서 지속 가능한 전환을 추구한다는 점에서 더 유연한 접근 방식이다.

이러한 흐름은 엑슨모빌이나 셰브론과 같은 미국의 메이저 에너지 기업들이 주장하는 공정한 전환(Just Transition)과 그 흐름이 맞닿아 있다. 경제 발전과 에너지 사용은 불가분의 관계인데, 지금부터 2050년까지 개발도상국은 1인당 국내 총생산(GDP)이 두 배 이상 증가하며 에너지 수요도 따라서 늘어날 것으로 전망된다. 이러한 수요를 저탄소 배출 에너지 옵션으로 충족하는 것이 '공정한 전환'의 최우선 목표라는 것이다. 사회의 환경 목표를 향한 진전을 이루면서 에너지 요구

부문별 에너지 관련 CO₂ 배출

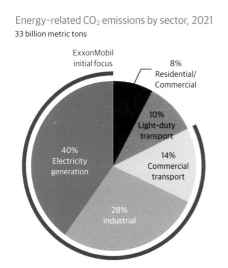

Energy-related CO_2 emissions by sector, 2021
33 billion metric tons

- ExxonMobil initial focus
- 8% Residential/ Commercial
- 10% Light-duty transport
- 14% Commercial transport
- 40% Electricity generation
- 28% Industrial

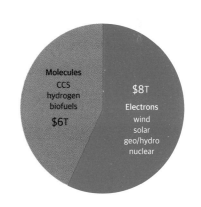

Potential size of low-carbon markets, 2050

- Molecules CCS hydrogen biofuels $6T
- $8T Electrons wind solar geo/hydro nuclear

엑슨모빌의 LCS는 탄소의 주요 배출원인 중공업과 전력, 상업용 차량에 포커스를 맞추고 있다. 2050년의 저탄소 마켓의 포텐셜은 탄소 저감과 온실가스 저장과 같은 원소(Molecules) 차원의 시장이 전력화에 비견될 만큼 큰 시장이 될 것이라고 예상한다.

자료: ExxonMobil

를 완전히 충족시키는 두 마리 토끼를 잡을 수 있는 현실적이고 균형 잡힌 대안이 필요하다는 것에 에너지 인더스트리의 공감대가 형성되고 있다.

2024년 연초에 이루어진 엑슨모빌의 저탄소솔루션(Low Carbon Solution, LCS) 사업부 세션에서 대런 우즈(Darren Woods) CEO와 저탄소 솔루션 부문장인 댄 암만(Dan Amman)은 현재의 탄소 감축 노력이 자체 운영 중인 유정과 탈탄소화가 어려운 분야에 집중돼 있다고 강조했다. 엑슨모빌은 최근 퍼미안 분지에서 부수적인 천연가스 소각에서 발생하는 탄소를 100% 제거하겠다고 발표했는데 우선적으로 직접 배출에 해당하는 스코프 1에 저탄소 솔루션을 적용하겠다는 것이다. 이러한 기술은 나아가 중공업, 상업용 교통 및 전력 생산 등의 저탄소화에 동일하게 사용된다. 암만은 이러한 분야가 전 세계 에너지 관련 CO_2 배출의 약 80%를 차지하며 이와 관련한 대안을 만들어내야 한다고 지적했다.

암만은 "시장이 자동차의 전기화가 중요하다고 판단하고 이에 많은 주목을 받고 있지만, 우리가 집중하고 있는 '산업 부문'이 자동차나 운송 부문보다 탄소 배출에 대략 8배 더 많이 기여한다는 점을 지적할 가치가 있다. 따라서 이러한 고탄소 배출 부문들을 다뤄야 한다. 그리고 그것이 우리의 역량이 발휘되는 곳이다"라고 힘주어 말했다. 다양한 엑슨모빌의 저탄소 솔루션 프로젝트 중 특히 걸프 코스트 지역에서 진행 중인 탄소 포집 및 저장(Carbon Capture and Storage, CCS) 및 수소 프로젝트는 대표적인 전환 비즈니스 기회의 사례이다. 엑슨모빌은 휴스턴 항만을 기점으로 주요 CCS 허브 클러스터 프로젝트 계획 외에도 린데(Linde)와 함께 보몬트, 루이지애나의 레이크 찰스, 그리고 미시시피강 델타를 따라 있는 배턴루지/뉴올리언스에 이르기까지 연안을 따라 다른 잠재적 허브들을 개발해 나가고 있다.

린데의 댄 얀코프스키(Dan Yankowski) 미주 지역 수석 부사장은 "깨끗한 수

엑슨모빌의 텍사스와 루이지애나에서의 저탄소 솔루션 전략

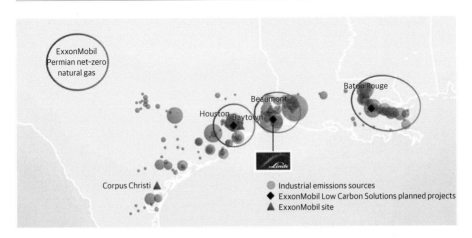

엑슨모빌은 휴스턴을 거점으로 온실가스 배출이 많은 걸프 코스트 해안에 CCS 및 LCS 허브 클러스터를 계획 중이다.

자료: ExxonMobil

소는 산업의 저탄소 경제로의 전환을 가능케 하는 핵심 요소다. 보몬트 프로젝트를 통해 린데의 고객 프로세스 탈탄소화 전략을 지원하고 대규모로 안전하고 신뢰할 수 있는 저탄소 수소를 공급할 것이다"라고 프로젝트에 대한 기대감을 드러냈다. 2025년에 가동될 예정인 보몬트 저탄소 수소 생산 시설은 네트워크 전반에 걸쳐 새로운 및 기존의 수요자들에게 깨끗한 수소를 공급할 것이다. 엑슨모빌은 린데 시설에서 매년 최대 220만 메트릭톤의 이산화탄소를 운송하고 영구 저장할 것으로 추산된다.

이러한 저탄소 에너지 생산으로의 전환에서 핵심적인 기술들은 기존의 에너지 인더스트리가 사용해오던 기술들을 새롭게 적용하는 것들이 많다. 실제로 탄소 배출 감소 작업 프로젝트들은 대부분 전통적인 석유 및 가스 유정의 건설, 운영, 글로벌 프로젝트 설계 및 계획 분야의 배경을 가진 엔지니어들의 스킬 구성과 매우 유사성이 높으며, 이에 기반한 탄소 포집 및 저장과 같은 최첨단 배출 감소 기술을 더하는 방식으로 이루어지고 있다. 탈탄소 사회로 가는 교두보로서 저탄소 에너지로의 전환이 실증화되고 가시적인 밸류를 만들어가는 흐름이 에너지 인더스트리에서 대두되고 있다.

탄소 포집 및 저장(CCS) 산업의 진전

저탄소 혹은 탈탄소 에너지 사회로 이동하기 위한 핵심적인 기술 중 하나인 CCS는 과연 긍정적인 방향으로 발전하고 있는지 확인해야 한다. 2024년 초 발간된 글로벌 CCS 현황 리포트[21]에 따르면, CCS 기술의 적용이 확대되고 있으며, 다양한 CCS 프로젝트 파이프라인은 전례 없는 용량에 도달했다. 2023년 7월 31일까지 개발, 건설 및 운영 중인 CCS 프로젝트의 이산화탄소 포집 용량은 총 361MTPA(1MTPA는 연간 100만 톤)로, 2022년 보고서에 비해 거의 50% 이상 증가했다. 현재 건설 및 개발 중인 CCS 프로젝트까지 고려하면 프로젝트의 성장률은 여전히 높은 것으로 추산된다. 또한 지난 수년간 CCS가 적용되는 산업의 다양성이 크게 증가했으며, 이는 저탄소 시대로의 전환이 실제로 진전을 보이고 있다는 것을 의미한다.

글로벌 CCS 연구소에서 발행한 다음 도표에 따르면 개발 중인 CCS 프로젝트는 계속해서 증가하는 추세이다. 하지만 2050년의 넷제로를 목표로 한다면 더 폭발적인 프로젝트 숫자의 증가가 필수적이다. 이를 위해서는 가시적인 상업적 성과를 내는 프로젝트가 많이, 그리고 빠르게 실증화돼야 한다.

긍정적인 요인은 CCS 프로젝트 개발의 모든 단계에서 포집 용량이 크게 증가했으며, 특히 진전된 개발(Advanced Development) 단계 및 초기 개발(Early Development) 단계의 프로젝트에서 47% 증가했다는 것이다. 실제 개발을 위해

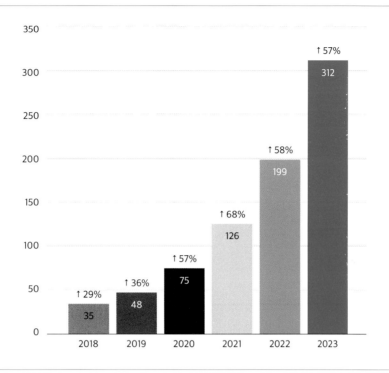

자료: Global CCS Institute, 2024

상당한 자금을 받은 CCS프로젝트들이 '진전된' 개발로 분류되었으며 이러한 프로젝트들은 최종 건설 및 가동 단계로 이동할 확률이 높다. 이러한 맥락에서 포집 용량의 47%의 증가는 실제 상용 CCS 프로젝트들이 증가되고 있다는 유의미한 성과이다.

　CCS분야의 프로젝트가 다양화되고 있다는 사실도 매우 고무적인 변화이다. CCS 프로젝트라고 하면 기본적으로 유정을 건설하여 이산화탄소를 지중 저장하는 것을 상상하기 쉽다. 그러나 실제로는 그보다 다양한 탄소 배출원에서 CCS 프로젝트를 진행하고 있다. 놀랍게도 CCS 기술을 적용한 산업 중에서 글로벌 에

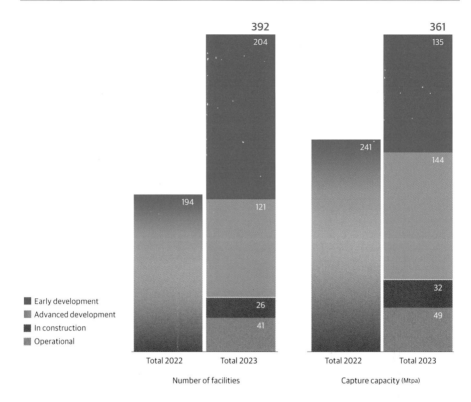

Number of facilities

Total 2022: 194

Total 2023: 392 (204, 121, 26, 41)

Capture capacity (Mtpa)

Total 2022: 241

Total 2023: 361 (135, 144, 32, 49)

- Early development
- Advanced development
- In construction
- Operational

2022년과 비교하여 2023년의 상용화된 프로젝트의 숫자와 포집 용량의 증가는 매우 긍정적이다.

자료: Global CCS Institute, 2024

탄올 산업이 70개의 시설로 전 세계에서 두 번째로 많은 포집 시설을 운영한다. 발전 및 난방 분야는 53개, 수소·암모니아·비료 산업은 50개 시설에서 CCS 프로젝트들이 수행 중이다. 전통적인 주력 산업인 천연가스 처리 분야는 2023년에 45개의 시설을 추가했다. 이외에도 시멘트 산업은 유럽 지역의 공장들이 주도하며 22개의 시설로 빠르게 성장하고 있다. 또한 현재 상업적 운영을 목표로 하는 6개의 직접 공기 포집(Direct Air Capture, DAC) 시설이 개발 중에 있어 이 분야의

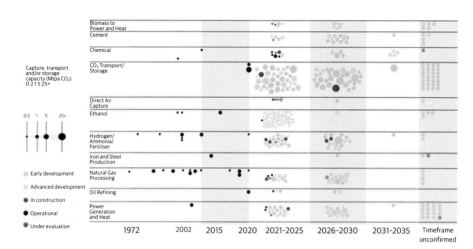

CCS의 프로젝트는 계속해서 확장해가는 추세이다.

자료: Global CCS Institute, 2024

혁신과 성장을 예고하고 있다.

정부, 기업, 지원 정책의 협력이 필수

CCS를 포함한 기후변화 완화 기술에 대한 투자는 대부분 정부 정책과 규제에 의해 주도된다. 배출권 거래 시스템, 탄소세, 직접적 또는 간접적 보조금, 배출 감소 의무화 등 다양한 정책 도구와 산업 유인 전략들은 CCS 기술에 대한 수요를 촉진하는 동시에 지속 가능한 운영을 하는 데 중요한 역할을 한다.

정부 정책에 따라 탄소 감축 솔루션의 경제성이 크게 바뀔 수 있기 때문에 정부 정책, 특히 세제 혜택과 보조금은 직접적으로 저탄소 프로젝트를 장려하는 역할을 수행한다.

배출 감소 정책에 기반한 잠재적 온실가스 저감 프로젝트 비용 및 옵션(ExxonMobil)

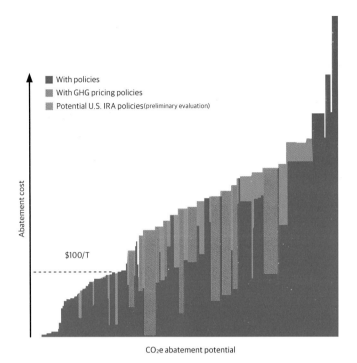

온실가스 저감의 상업적 성공을 위해서는 배출 감소 정책의 확대가 필수적이다. 많은 프로젝트들이 정책적 보조로
상업적인 가치(톤당 미화 100달러 이하의 비용)를 가지게 되는 것을 확인할 수 있다.

최근의 정책 개발, 예를 들어 미국의 인플레이션 감축법(IRA)과 초당적 인프라
법(BIL), 유럽의 핏포55(Fit for 55, 2030년까지 탄소 배출량의 55%를 감축하기 위한 기
후변화 대응 법안) 패키지 등은 CCS 프로젝트의 투자 가능성을 크게 향상시켰다.
나아가 수소와 암모니아에 대한 정책적인 유인 전략이 확장 적용됐다. 예를 들어
2022년 IRA 도입으로 저탄소 수소 생산에 대한 새로운 세액 공제도 도입됐다. 이
러한 정책은 연구개발 및 자본 지출을 위한 재정 지원을 포함해 깨끗한 암모니아
및 수소 프로젝트의 발전을 촉진하고 있다.

저탄소 에너지 운반체로서의 수소와 암모니아에 대한 글로벌 수요는 빠르게 증가하고 있으며, 이는 특히 발전소와 해상 운송 분야에서 석탄과 LNG를 대체할 잠재력을 가지고 있다. 2022년에는 글로벌 LNG 무역이 4억 톤을 기록했고 벙커 연료 수요는 약 1억 3,560만 톤에 달했는데, 이러한 연료의 10%만 수소로 대체해도 연간 약 130톤(Mt) 이상의 저탄소 암모니아가 필요할 것으로 추정된다. 수소 시장의 추가 수요는 빠르게 발생하고 증가될 수 있다. 이미 미국 걸프 코스트에서는 연간 3,000만 톤 이상의 암모니아 생산 능력을 갖춘 여러 깨끗한 암모니아·수소 프로젝트가 발표됐다. 이러한 발전은 기후변화 대응과 에너지 전환을 위한 중요한 단계로 경제적·환경적 이점을 동시에 제공할 것으로 예상된다.

저탄소 경제의 현실적 장벽들

2023년 10월, 네비게이터 CO2 벤처(Navigator CO2 Ventures)는 미국의 대표적인 에탄올 프로젝트 중 하나로 에탄올 및 비료 공장에서 포집한 이산화탄소를 지하에 저장하기 위한 배관 파이프라인을 설치하는 하트랜드 그랜웨이(Heartland Greenway) 프로젝트를 취소한다고 발표했다. 네비게이터 CO2의 최고경영자인 맷 비닝(Matt Vining)은 사우스다코타와 아이오와 주에서의 규제 및 정부 절차의 불확실성으로 인해 회사는 프로젝트를 취소하기로 결정했다고 말했다. 하트랜드 그랜웨이 시스템은 아이오와, 네브래스카 및 사우스다코타 주 등 미국 중서부 5개주 전역의 CCS 서비스 및 바이오 프로세싱 시설을 단계적으로 포함할 예정이었다.

제안에서 허가와 운영 단계로 넘어가며 한국의 SK E&S가 지분 10%를 투자했던 서밋카본솔루션스(Summit Carbon Solutions) 또한 비슷한 어려움을 겪고 있다. 아이오와주에서는 허가 절차의 막바지에 다다르고 있지만, 사우스다코타주

걸프 코스트에서의 청정 수소·암모니아 프로젝트

Facility	Product	Capacity (NH₃) Mt/yr	Target operational commencement
CF Industries Blue Point*	Clean ammonia	1.2	2030
CF Industries Donaldsonville	Clean ammonia	1.2	2025
Linde Beaumont hydrogen plant	Clean ammonia	1.1	2025
Yara Hydrogen Texas	Clean ammonia	1.4	2027
Clean Hydrogen Works Ascension Clean Energy	Clean ammonia	7.2	2027
RWE Lotte Blue Ammonia Corpus Christi*	Clean ammonia	10	2030
Grannus Blue	Clean ammonia	0.15	2027
Air Products and Chemical Louisiana Clean Energy Complex	Clean hydrogen/ammonia	1.4	2026
ExxonMobil Baytown Low Carbon Hydrogen	Clean hydrogen/ammonia	6	2027
St. Charles Clean Fuels Hydrogen Louisiana	Clean ammonia	5	2027
Total		34.65	

실제 상업적으로 추진중인 수소 암모니아 프로젝트는 계속 증가되는 추세이나 개발 계획에서
실제 프로젝트 실행이 얼마나 진전되는지를 주목해보아야 한다.

* These facilities are at the "announced" stage and do not contribute to facility statistics reported elsewhere in this report or appear in the facility list.
자료: Global CCS Institute, 2024

에서는 허가 과정에서 좌절을 겪었다고 보고됐다. 서밋카본솔루션스는 탄소 포집·저장 프로젝트가 매년 최대 1,200만 톤의 이산화탄소를 포집하고 영구적으로 저장할 수 있는 능력을 갖출 것이라고 밝혔는데, 이는 미네소타, 아이오와, 네브래스카, 사우스다코타 및 노스다코타 주의 에탄올 공장의 탄소 발자국을 절반으로 줄이는 것이다. 이산화탄소를 포집·압축·운송하는 프로젝트는 '탄소 파이프라

인'을 통해 사업을 운영하게 되는데, 이에 대한 시민사회의 반대가 사업에 큰 장벽이다. 탄소 파이프라인 반대자들은 이산화탄소를 운반하는 파이프라인의 안전성과 파이프라인 건설로 인해 농지와 기초 배수 시스템에 발생하는 모든 손상을 회사가 완전히 복구할 것인지에 대한 우려를 표명해왔다. 게다가 규제 당국은 이 허가에 미온적인 태도를 보이거나 이를 최종적으로 거부하면서 프로젝트가 좌초되는 상황에 이르고 있다.

아이오와 재생가능연료협회(Iowa Renewable Fuels Association, IRFA)는 이러한 상황에 매우 깊은 실망과 우려를 표하며, CCS가 장기적으로 농업과 지속 가능한 연료, 특히 항공연료인 SAF(Sustainable Aviation Fuel, SAF)에 필수적인 열쇠라고 강조했다. IRFA의 전무 이사인 몬테 쇼(Monte Shaw)는 "실현된다면, SAF 시장은 옥수수 하이브리드 도입 이후 최대의 농촌 경제 붐을 촉발할 것이다. 향후 수개월간 내릴 결정은 농업을 두 가지 경로 중 하나로 이끌 것이다. 하나는 옥수수 생산이 수요를 초과하는 1990년대의 침체로 이어질 것이고, 다른 하나는 우리가 이전에 본 적 없는 새로운 지속 가능한 에너지 시장 기회를 열 것"이라고 일갈했다.

지속 가능한 에너지의 시대로 가야 하지만 그러한 전환 기술의 개발과 적용이 또 다른 사회 정책적 장벽을 마주하고 있는 것이 또한 현실이다. 앞으로 저탄소 솔루션들이 어떻게 시장을 만들어나갈 수 있을지, 비용과 기대 수익으로 상업적인 가능성을 증명하고 현실의 장벽들을 넘을 수 있을지 지켜봐야 한다.

2025년 전망

탄소 중립을 향한 과도기적 전환 - 저탄소 시대로

온실가스 배출은 감소 추세

미 에너지정보관리청(EIA)의 2024년 보고에 따르면 2023년 미국의 에너지 관련 이산화탄소 배출량은 2022년에 비교해 소폭 감소했다. 2007년의 정점을 기준으로 이산화탄소 배출은 계속해서 감소세다. 여러 경제 부문에서 배출량이 줄어들었지만, 이산화탄소 배출량 감소의 80% 이상은 전력 부문에서 발생했다. 석탄화력 발전이 줄어들고, 천연가스와 태양광 발전이 발전 믹스에서 더 큰 비중을 차지했기 때문이다. 석탄은 화석연료 중에서 가장 높은 탄소 집약도를 가지고 있기 때문에 석탄을 줄이고 다른 에너지원을 사용하는 발전 믹스의 변화로 인해 전력 부문의 이산화탄소 배출량이 2022년에 비해 7% 감소할 수 있었다. 2023년 미국

미국의 에너지 관련 부문별 이산화탄소 배출량 추이

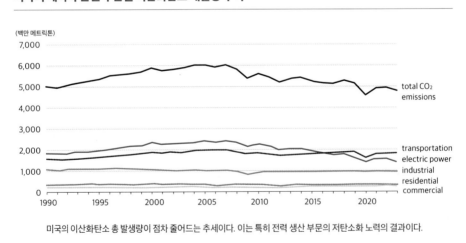

미국의 이산화탄소 총 발생량이 점차 줄어드는 추세이다. 이는 특히 전력 생산 부문의 저탄소화 노력의 결과이다.

자료: EIA

의 에너지 관련 이산화탄소 배출량은 3%, 즉 1억 3,400만 메트릭톤(MMmt) 감소했다. 이 감소의 대부분은 전력 부문에서 발생했으며, 주거 및 상업 부문의 감소세는 더디었고, 산업 및 운송 부문의 배출량은 거의 변하지 않았다.

2023년에 전력 부문의 이산화탄소 배출량은 7%(1억 1,500만 메트릭톤) 감소했으며, 이는 연간 전체 에너지 관련 이산화탄소 배출 감소의 85%에 해당한다. 이러한 감소는 석탄 화력 발전 용량이 줄어든 것에 기인하며, 2023년 석탄 화력 발전은 19% 감소하여 155테라와트시(TWh)가 줄었다. 대부분의 석탄 발전은 천연가스와 태양광 발전으로 대체됐으며, 천연가스는 7%(113TWh), 태양광은 14%(21TWh) 증가했다. 넷제로를 이루기 위한 과정으로서 가장 중요한 옵션으로 평가되는 에너지의 전력화는 얼마나 깨끗한 전기를 생산해내는가에 달려 있다. 미국의 탄소 배출량을 줄이는 데 전력 생산이 긍정적인 영향을 만들어내고 있는 것은 분명해 보인다. 미 에너지정보관리청의 전력 부문 흐름을 보면 저탄소 전력

미국의 전력 생산 믹스의 변화(1990~2023년)

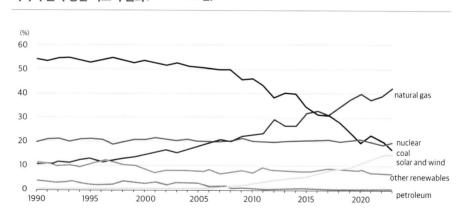

전력 생산 믹스에서 석탄의 비중이 급격히 감소하고, 이 생산 감소분을 천연가스와 태양광, 풍력과 같은 저탄소 생산원이 대체해나가고 있다.

자료: EIA

생산으로의 에너지 전환은 계속해서 가속화될 것으로 전망된다.

산업과 수송 부문의 지속 가능한 에너지가 필요

문제는 산업과 수송 부문의 에너지원을 저탄소화 혹은 탈탄소화하는 과정에 있다. 수송 부문은 미국 기준으로 전력 생산보다 더 많은 탄소를 배출하고 있고 산업 부문도 매우 주목해야 할 배출원이다. 앞서 다룬 것처럼 이 부문의 저탄소화는 아직 가시적인 성과를 내고 있지 못하고 있다. 메이저 에너지 회사들은 앞다투어 산업과 수송 부문에서의 저탄소 에너지 상업적 솔루션을 만들어내기 위해 노력 중이다. 2025년은 산업 전반의 중요한 변곡점이 될 것으로 전망된다. 탄소 포집 및 저장(CCS)이나 직접 공기 포집(Direct Air Capture, DAC)과 같은 저탄소 솔루션 프로젝트들이 각 에너지 기업의 ESG(환경·사회·지배구조) 목표를 달성하는 것을 넘어 상업적으로 유의미한 실증화를 성공해야 한다. 전제조건으로 미국의 인플레이션 감축법(IRA)의 계속적인 지원은 필수적이다.

2022년 통과된 IRA는 기후변화에 대응하기 위해 다양한 산업에 걸쳐 막대한 재정 지원을 제공하는 법안으로, 이 법안은 특히 CCS 기술과 신재생에너지 부문에 큰 유인책을 포함한다.

- 프로젝트 자금 지원: CCS 기술 개발과 상용화를 위해 연방 차원에서 자금 지원이 강화됐다. 이는 CCS 프로젝트가 초기 단계에서 자금 조달과 관련된 어려움을 극복할 수 있도록 돕는다.
- 연방 계약 및 구매: 연방 정부가 CCS를 포함한 저탄소 기술을 구매하거나 지원하는 경우가 늘어났으며, 이는 기술 상용화를 촉진한다.

탄소 크레딧 vs. 탄소 비용?

탄소 크레딧과 탄소 비용은 모두 탄소 배출을 줄이는 데 도움이 될 수 있는 정책이지만, 접근 방식이 다르다. 탄소 비용은 탄소 배출에 대한 가격으로 탄소 배출량에 대해 정부가 부과하는 세금인 탄소세뿐 아니라 배출권 거래 비용, ESG에 따른 사회적 비용까지 모두 포함한다.

탄소 비용은 기업에 배출량을 줄여야 한다는 신호를 보내고 더 효율적인 기술 개발을 장려할 수 있다. 탄소 비용은 탄소 배출에 따라 실제 비용이 발생하므로 배출을 줄이기 위한 경제적 인센티브로 작용한다.

탄소 크레딧(혹은 탄소 배출권)

탄소 크레딧은 대기에서 제거된 이산화탄소 1톤을 나타내는 금융 허가증이다. 정부는 조직이 배출할 수 있는 온실가스(GHG)의 양을 제한함으로써 탄소 크레딧을 생성한다. 기업은 이 한도 이하로 배출량을 줄여 크레딧을 얻을 수 있으며, 이 크레딧 한도를 초과한 다른 기업에 판매할 수 있다. 탄소 크레딧은 기업이 오염을 저지르는 비용을 높임으로써 배출량을 줄이도록 유인한다. 탄소 크레딧의 가격은 프로젝트의 품질, 사용된 기술, 프로젝트가 공기 중에서 탄소를 영구적으로 제거하는지 여부와 같은 요인에 따라 달라질 수 있다.

탄소 비용

탄소 비용은 탄소 배출에 대한 가격으로, 탄소세는 단위당 탄소에 대해 특정 가격을 설정해 패널티 형식으로 부과한다. 탄소 비용은 기업에 배출량을 줄여야 한다는 신호를 보내고 더 효율적인 새로운 기술의 개발을 장려할 수 있다. 탄소 비용은 탄소 배출을 줄이기 위한 경제적 인센티브로 작용하며 배출을 줄이지 않으면 더 높은 비용을 지불하게 된다.

트럼프 대통령과 공화당의 승리로 에너지 업계의 인센티브를 축소하고 시장 중심의 접근으로 전환할 가능성을 높일 것으로 우려하는 목소리가 높다. 탄소 규제에 대한 반대가 강한 공화당이 주도하는 경우, CCS 및 신재생에너지 인센티브가 약화될 수 있다는 것이다. 하지만 대부분의 전문가들은 이러한 시도가 현실적으로 쉽지 않을 것으로 전망한다. 책의 후반부에서 트럼프 2기의 미국 에너지 정책 전망에 대해 더 자세히 설명하겠지만, 실제로 공화당의 상·하원 지역구에서 상대적으로 IRA의 더 많은 수혜를 누리고 있기에 이를 축소하거나 폐지하려는 노력은 실현 가능성이 매우 낮다.

또한 트럼프 대통령에게 든든한 지지세력인 미국의 에너지 기업들과 자동차 제조사들은 이미 IRA의 혜택을 많이 받고 있으며 IRA의 축소에 반대하는 입장이다. 엑슨모빌 CEO 대런 우즈는 COP29 기후회의에서 트럼프 대통령에게 인플레이션 감축법의 철회를 반대한다고 공개적으로 밝혔다. 우즈는 IRA가 탄소 감축 목표를 시장 중심적으로 달성하도록 돕는 합리적인 법안임을 강조하며 트럼프의 행정부가 정책의 일관성을 유지하는 것이 중요하다고 제언했다. 그럼에도 불구하고 행정부는 재무부를 통해 IRA의 시행 규칙과 규정을 일부 변경하려는 시도를 할 수 있다. 그러나 이러한 시도는 많은 법적 다툼과 장기간의 소송으로 이어질 수 있기 때문에 실제로 이러한 법적·정치적·경제적인 리스크를 떠안는 시도를 하기는 어려울 것이라는 전망이 우세하다.

결론적으로 2025년의 저탄소, 탈탄소 산업은 산업과 수송 부문의 에너지 전환과 맞물려 지속적으로 성장할 것이다. 에너지 컨설팅 회사 우드맥킨지(Wood Mackenzie)는 제4차 신기술 전망 보고서, LCS 기술에 대한 최신 리포트에서 파리 협정의 1.5°C 목표를 향한 모멘텀이 약화되고 있지만, 넷제로 추구는 느려지고 있을지라도 멈추지는 않을 것이라고 강조했다. 이 넷제로를 향한 목표를 달성하기 위해서는 이미 탈탄소화의 최전선에 있는 재생 가능 에너지와 같은 기술을 보완하기 위해 여러 저탄소 기술이 대규모로 필요하다는 것이다. 실제로 탄소 포집 기술과 CCS 기술은 강력한 정책 지원과 석유 대기업들의 큰 관심을 바탕으로 꾸준히 발전하고 있다. 2024년 상반기 계획된 탄소 포집, 활용 및 저장(CCUS) 프로젝트 용량은 16억 톤에 도달했으며, 약 50%의 프로젝트가 초기 개발 단계에 있다고 추정된다.

우드맥킨지의 추정치와 맺음말은 에너지 인더스트리를 분석하고 이 산업과 시장을 바라보는 우리에게 분명한 메시지를 전달한다.

"저탄소 기술은 지속적인 투자 기회를 제공한다. 우드맥킨지는 2050년까지 34조 달러(기본 시나리오)에서 63조 달러(넷제로 시나리오) 사이의 투자가 필요할 것으로 추정한다. 분석에 포함된 많은 기술들은 산업 규모에서 필요할 것이며, 모두 자본 집약적이다. 세계가 넷제로에 근접하려면, 정책 결정자들은 연구개발(R&D)의 개념 단계부터 상용화 및 글로벌 배포까지 새로운 기술의 개발을 지원하는 데 인색해서는 안 된다."

산업 관련 종목

NO.	기업 이름	영문	티커	내용
1	엑슨모빌	ExxonMobil	XOM	• 엑슨모빌은 저탄소 솔루션을 향한 전략적 전환을 강화하며, 저탄소솔루션(LCS) 사업부를 설립하여 저탄소 기술 개발에 주력. CCS와 수소 생산 및 저장, 바이오 연료와 저탄소 연료에 대해 적극적으로 투자
2	옥시덴탈	Occidental	OXY	• 옥시덴탈은 저탄소 기술 분야에서 특히 탄소 포집, 활용 및 저장(CCUS) 기술을 활용하여 주목받고 있음. 공기 포집(DAC) 기술의 실증화를 선도해나가고 있음
3	린데	Linde	Lin	• 산업용 가스 분야에서 세계 최대 기업 중 하나로, 특히 저탄소 기술 및 지속 가능한 에너지 솔루션 개발에 미래 비전을 둠. 다양한 산업에서 필요한 가스를 제공하는 것뿐만 아니라, 기존의 가스 기술을 활용해 저탄소 기술과 에너지 전환 솔루션을 제공
4	넥스트에라에너지	NextEra Energy	NEE	• 미국에서 가장 큰 청정에너지 생산 기업 중 하나로, 주로 풍력, 태양광, 배터리 저장 시스템을 통해 저탄소 에너지 솔루션을 제공. 저탄소 전력 공급의 선두 주자로 2045년 넷제로를 목표로 다양한 저탄소 기술에 투자
5	블룸에너지	Bloom Energy	BE	• 혁신적인 연료전지 기술을 활용해 저탄소 전력을 제공하는 선도적인 청정에너지 기술 기업. 전통적인 발전 방식과는 달리, 고효율 연료전지를 통해 탄소 배출을 크게 줄이는 데 초점
6	플러그파워	Plug Power	PLUG	• 수소 연료전지와 관련된 저탄소 기술을 개발하는 기업으로, 특히 산업 및 운송 부문에서 청정 에너지 솔루션을 제공. 수소 에너지를 중심으로 한 저탄소 이동성과 에너지 저장 분야에서 빠르게 성장 중

엑슨모빌 ExxonMobil Corporation (XOM)
지속 가능한 미래를 위한 엑슨모빌의 저탄소 혁신

#1 기업 개요

엑슨모빌은 세계 최대의 국제 통합 석유·가스 회사 중 하나로, 미국에서 시가 총액 기준(5,248억 달러, 2024년 8월 30일 기준)으로 가장 큰 상장 에너지 주식이다. 약 200억 배럴의 확정 매장량(proven reserves)을 보유하고 있으며, 2024년 2분기 기준 하루에 440만 배럴 이상의 생산량을 자랑한다. 엑슨모빌은 매우 다양한 글로벌 포트폴리오를 구성하고 있으며, 북미 외 지역에서 75% 이상의 석유·가스 매장량을 보유하고 있다. 업계에서는 업스트림 부문이라 불리는 원유와 천연가스의 탐사 및 생산부터, 제품 솔루션(다운스트림)인 정제 및 석유화학 제품의 생산 및 기타 파생 제품의 제조 및 판매에 이르기까지 석유 통합 체인의 모든 단계를 아우르고 있으며, 전력 발전 시설에 대한 지분도 보유하고 있다.

엑슨모빌 매출액 & 성장률 전망

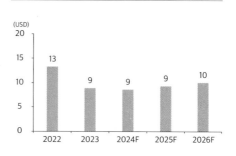

자료: 엑슨모빌, Capital IQ (2024년 8월 30일 기준)

엑슨모빌 주당순이익 전망

자료: 엑슨모빌, Capital IQ (2024년 8월 30일 기준)

엑슨모빌 주가 추이

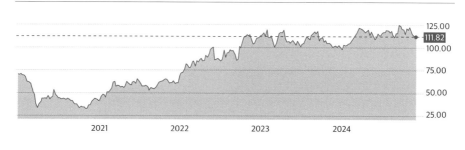

#2 비즈니스 모델

이 기업의 주요 사업 부문인 업스트림 부문, 제품 솔루션 부문, 저탄소 솔루션 부문은 에너지, 화학 제품, 윤활유, 저탄소 배출 기술을 포함한 현대 생활을 가능하게 하는 제품들을 제공하는 비즈니스이다. 엑슨모빌은 업계에서 선도적인 자원 포트폴리오를 보유하고 있으며, 세계에서 가장 큰 통합 연료, 윤활유 및 화학 회사 중 하나이다.

2023년의 사업 부문별 매출 비중을 살펴보면 총 3,446억 달러의 매출 중 약

80%에 해당하는 2,683억 달러가 에너지 제품에서 발생했다. 에너지 제품 사업 부문은 정유, 연료, 물류, 트레이딩, 마케팅 등을 포함하는 사업 부문이다. 정제 마진의 하락과 인플레이션에 따른 운영 비용의 상승, 유가에 따른 시장 변동성에 따라 수익률이 변동한다는 큰 단점이 있다. 따라서 매출 볼륨에 비해 에너지 제품 사업의 영업 이익은 약 121억 달러로 전체 영업이익에 32%에 불과하다. 영업 이익 측면에서 2023년 213억 달러의 업스트림 부문은 여전히 엑슨모빌의 핵심 비즈니스로서 견고한 수익을 창출하고 있다. 엑슨모빌의 저탄소 솔루션은 이 에너지 프로덕트의 일부로 에너지 생산과 공급에 관련된 활동에서 부가가치를 만들어내고 있다. 스페셜티 프로덕트 사업 부문은 주로 폴리머, 올레핀과 같은 고부가가치 화학 제품과 특수 제품을 다루는 부문으로, 미래에 저탄소 솔루션 사업과 함께 시너지를 만들어낼 것으로 기대된다.

지역별 매출 비중을 살펴보면 엑슨모빌의 주요 매출은 퍼미안과 가이아나, 브라질의 심해 프로젝트 등 약 64%가 미국 밖에서 만들어진다. 업스트림 부문과 수직 계열화에 따른 프로덕트들이 거두어들이는 수익이 회사 전체 수익의 대부분임을 고려해볼 때, 해외의 자산과 생산 포트폴리오를 안정적으로 관리하는 것이 매우 중요하다.

#3 투자 포인트

1) 재무건전성 개선

엑슨모빌은 2024년 2분기 말에 순부채 대비 자본 비율을 3%로 마감했다. 현재의 금리 상황에서 현금을 보유하는 수익률(5% 이상)이 부채 비용(약 3%)을 초과하는 상황에서 300억 달러 이상의 현금 잔액은 회사의 재무건전성이 매우 긍정적으로 유지되고 있음을 보여준다. 파이오니아(Pioneer Natural Resources) 인수 완료 후 자사주 매입 프로그램이 가속화될 예정이며, 연간 매입 속도가 175억 달러에서 200억 달러로 증가할 것으로 발표했다. 향후 인수합병에 대해 엑슨모빌은 지속적인 통합의 가능성을 계속 보고 있다고 강조했으며, 이는 강력한 재무건전성을 유지하는 또 다른 이유이다.

2) 늘어나는 생산량과 수익성 확대

엑슨모빌의 파이오니아 인수는 이미 견고한 퍼미안 필드의 생산량에 고품

엑슨모빌의 업스트림 부문 생산량

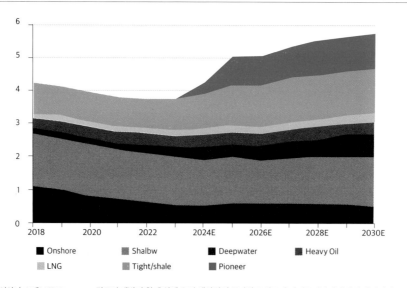

가이아나 스테브로크(Stabroek) 광구의 개발과 함께 심해 유전 생산량이 증가하고 있으며 파이오니아의 생산량이 더해져 업스트림 부문 포트폴리오가 탄탄한 성장세를 보이고 있다.

자료: HSBC

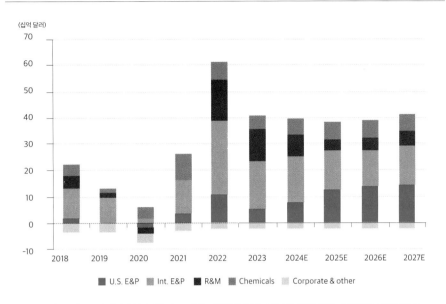

(십억 달러)

□ U.S. E&P   □ Int. E&P   ■ R&M   ■ Chemicals   □ Corporate & other

E&P 업스트림 부문의 생산 수익이 계속적으로 엑슨모빌의 안정적인 수익 구조를 담당하는 동안 다운스트림 부문과
신에너지 사업이 실적에 기여할 것으로 전망된다.

자료: HSBC

질 미개발 자산과 미들랜드 분지(Midland Basin)의 강력한 생산 자산을 추가했
다. 가이아나는 여전히 좋은 성과를 내고 있으며 2024년 상반기 가이아나의 총
생산량은 하루 62만 배럴이었다. 이는 같은 기간 2023년의 하루 약 38만 배럴
에 비해 크게 증가한 수치로, 이는 세 번째 부유식 생산 저장 및 하역선(Floating
Production Storage and Offloading, FPSO)인 프로스퍼리티호(Prosperity)의 성공적
인 가동이 주요했다. 가이아나의 세 번째 프로젝트인 파야라(Payara) 프로젝트는
프로스퍼리티 FPSO가 2023년 11월 첫 가동 후 두 달 만인 2024년 1월에 일산
22만 배럴에 도달했다.

또한 엑슨모빌은 하루 25만 배럴을 목표로 하는 여섯 번째 플랫폼 웝테일

(Whiptail)에 대한 최종 투자 결정(FID)을 발표했다. 현재 계획에 따르면 웝테일 프로젝트는 2027년에 생산이 시작될 예정이다. 현재 가동 준비 중인 필드인 옐로테일(Yellowtail)과 우아루(Uaru)는 각각 2025년과 2026년 생산 예정이다. 이미 안정된 생산 필드 포트폴리오를 가지고 있는 엑슨모빌은 계속해서 합병을 통한 수익 자산을 추가하고 가이아나와 같은 새로운 필드에서의 생산량을 확대해나가고 있다.

에너지 인더스트리와 엑슨모빌은 공히 석유화학 부문이 사이클의 바닥에 있다고 보고 있다. 정유 부문에서는 최근 디젤 마진이 약세를 보이고 있지만, 새로운 프로젝트 추진과 유럽 정유의 높은 비용이 구조적으로 높은 중기 사이클을 이끌 것으로 예상된다. 엑슨모빌은 다운스트림 혁신으로 코팅, 인프라, 석유 및

엑슨모빌의 온실가스 배출량 추이

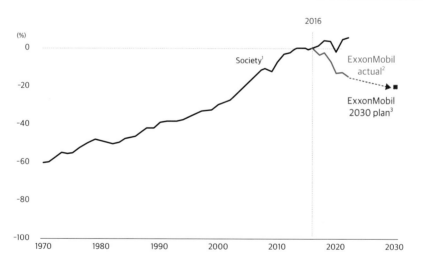

엑슨모빌은 온실가스 배출 감소와 에너지 공급의 증가라는 두 마리 토끼를 잡기 위해 최선을 다하고 있다고 밝히면서, 스코프 1 및 2의 탄소 배출을 혁신적으로 줄여나가고 있음을 보고했다. '우리는 우리 몫을 다하고 있다'는 엑슨모빌의 자신감이 엿보인다.

자료: ExxonMobil 2024 Annual Progress Report

가스, 풍력 응용에 사용할 수 있는 새로운 제품들이 실적 향상을 이끌어낼 것으로 전망한다. 동시에 엑슨모빌은 정유 부문에 대한 미래 투자에 대해 신중한 입장이다. 프랑스 포쉬르메르(Fos-Sur-Mer) 정유소의 지분 매각을 시작으로 다운스트림 포트폴리오의 고도화를 진행 중이며, 이를 통해 다운스트림의 낮은 공급 비용과 높은 통합 수준으로 실적 향상을 기대하고 있다.

3) 에너지 전환 기회 확장 계획

엑슨모빌은 블루 수소, 바이오 연료, CCS, 리튬 분야에서 에너지 전환 기회들에 대한 포트폴리오 확장 작업을 진행 중이다. 전환 에너지 카테고리 내에서 베이타운 블루수소(Baytown Blue Hydrogen) 프로젝트는 엑슨모빌의 가장 큰 프로젝트로 개발 중이다. 또한 플라스틱 폐기물 처리 능력을 2027년까지 10억 파운드로 확대하기 위한 12개 프로젝트, 철근 대체재로서 2040년까지 10억 달러의 수익을 창출할 수 있는 프록시마(Proximma) 프로젝트, 탄소 소재, 직접 공기 포집(DAC) 분야의 지속적인 노력도 진행 중이다. 엑슨모빌은 신 에너지로부터 연간 10억 달러 이상의 수익을 창출을 목표로 하고 있다.

#4 2024년 실적과 향후 전망

엑슨모빌의 2024년과 2025년의 전망은 매우 긍정적이다. 무엇보다 파이오니아 인수 완료로 업스트림 자원 기반이 강화되었다. 현금흐름 성장에 대한 가시성이 개선되고, 저유가에도 수익성을 가진 탄력적인 자산 포트폴리오를 확보했다. 2024년 하반기에는 퍼미안과 천연가스 생산 및 기타 프로젝트에서 가시적인 성장 궤적을 확보할 것으로 전망된다.

가이아나에서의 대규모 석유 개발 프로젝트 비즈니스가 계속해서 성장세인 가운데 2025년 다른 대규모 프로젝트에 대한 기대가 모아지고 있다. 생산 비용 절감 또한 혁신적으로 이뤄지며 이는 다시 강력한 재무 상태를 만드는 선순환으로 이어질 것으로 기대된다.

엑슨모빌의 긍정적인 자산 포트폴리오를 고려하면 2025년에도 계속적으로 투자자에게 매력적인 기회를 제공할 것으로 보인다. 회사의 강력한 재무 상태와 저탄소솔루션 비즈니스의 확대와 같은 미래 성장 프로젝트의 성공적인 실행은 추가적으로 장기적인 기업가치 상승 기회를 창출할 것으로 기대된다.

엑슨모빌은 CCS, 저탄소 수소 생산, 바이오 연료 개발 등 다양한 저탄소 솔루션을 바탕으로 에너지 전환을 가속화하며, 특히 산업 공정과 에너지 생산 과정에서 발생하는 이산화탄소를 포집 및 저장하는 프로젝트를 이미 성공적으로 수행 중이다. 나아가 수소 생산 기술과 항공 및 운송 산업에서 중요한 역할을 할 수 있는 바이오 연료 개발도 추진하고 있어, 지속 가능한 연료 시장에서도 큰 성장이 기대된다. 기술 혁신과 다각화된 저탄소 전략은 에너지 시장의 리더로서 엑슨모빌의 안정적인 사업 수익에 더불어 에너지 전환 과정의 선도 기업으로서 미래 비전까지 강화해 장기적으로 투자자들에게 매우 매력적인 기회를 제공할 것으로 보인다.

엑슨모빌 연혁

1870년	존 록펠러(John D. Rockefeller)에 의해 스탠더드오일(Standard Oil Company)이 설립. 당시 미국의 석유 산업을 지배하는 가장 중요한 기업이 됨
1882년	스탠더드오일 터러스트(Standard Oil Trust) 설립, 여러 개의 자회사를 통해 사업을 확장
1890년	미국의 셔먼 반독점법(Sherman Antitrust Act)으로 인해 스탠더드오일은 여러 독립된 기업으로 분리될 위기에 처함
1911년	미국 대법원은 스탠더드오일을 34개의 독립된 회사로 분리하라는 판결을 내림. 이 과정에서 엑슨모빌의 전신인 Standard Oil of New Jersey(엑슨)와 Standard Oil of New York(모빌)이 탄생
1920년대	두 회사는 각자 정유, 석유 생산 및 마케팅에서 세계적인 입지를 다지며 성장
1931년	Socony(Standard Oil of New York)와 Vacuum Oil이 합병해 Socony-Vacuum(후에 Mobil이 됨)으로 개명
1955년	Standard Oil of New Jersey가 Esso(엑슨의 전신)로 브랜드 명을 변경
1966년	Esso 브랜드로 다양한 글로벌 시장에서 확장 활동을 진행
1972년	Standard Oil of New Jersey가 엑슨으로 공식적으로 사명 변경
1980년대	엑슨과 모빌은 각자의 이름으로 글로벌 석유 및 가스 산업에서 중요한 역할을 함
1999년	엑슨과 모빌이 합병해 엑슨모빌이 탄생. 이 합병은 당시 세계 최대의 기업 합병 중 하나였으며, 통합된 회사는 세계 최대의 통합 석유 회사 중 하나가 됨
2000년대	새로운 탐사와 개발 프로젝트를 통해 자원의 확장 및 최적화에 집중. 이 시기에는 북극해, 딥워터 프로젝트 등에서 활동 강화
2013년	미국 내 가장 큰 천연가스 생산 회사 중 하나로 자리 잡음
2021년	저탄소 에너지 사업을 확장하고, 저탄소솔루션(LCS) 사업 부문을 공식 설립
2022년	수소, 탄소 포집 및 저장(CCS), 바이오 연료 등 다양한 저탄소 에너지 기술에 대한 투자 확대

옥시덴탈 페트롤리움
Occidental Petroleum (OXY)
미래를 바꾸는 도전 - 옥시의 저탄소 기술 리더십

#1 기업 개요

옥시덴탈 페트롤리움(이하 옥시)은 업스트림 부문인 석유 및 가스 필드의 탐사 및 생산, 다운스트림 부문인 옥시캠(OxyChem), 수송과 파이프라인의 중류 부문의 3개 사업 부문으로 운영된다. 옥시의 석유 및 가스 자산은 주로 미국과 중동에 분포되어 있다. 옥시캠은 가성소다, 염소 및 PVC의 주요 생산업체이다. 최근 옥시는 에너지 전환 기술로서 직접 공기 포집 및 기타 탄소 포집 방법을 실증화하고 상업화하는 프로젝트들 진행 중이다. 옥시의 본사는 텍사스주 휴스턴에 위치하고 있다.

옥시덴탈 페트롤리움 매출액 & 성장률 전망

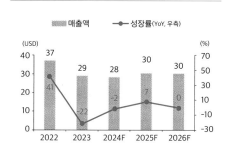

자료: 옥시덴탈 페트롤리움, Capital IQ (2024년 8월 30일 기준)

옥시덴탈 페트롤리움 주당순이익 전망

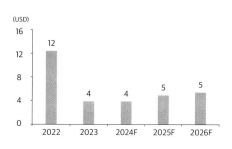

자료: 옥시덴탈 페트롤리움, Capital IQ (2024년 8월 30일 기준)

옥시덴탈 페트롤리움 주가 추이

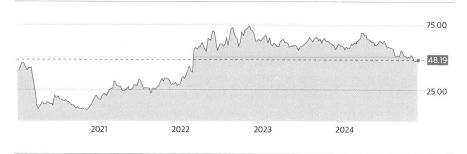

#2 비즈니스 모델

옥시는 석유와 천연가스를 탐사, 생산 및 판매하며, 화학 제품과 기타 제품도 생산하는 에너지 회사이다. 이 회사의 비즈니스 모델은 혁신과 지속 가능성에 중점을 두고 있으며, 탄소 발자국을 줄이고 저탄소 기술을 개발하는 것을 목표로 하고 있다. 옥시는 세 가지 부문을 통해 운영된다.

- 석유 및 가스 부문(Oil and gas): 석유, 콘덴세이트, 천연가스 액체(NGL) 및 천연가스를

발견, 개발 및 생산

- 화학 부문(Chemical): 기본 화학 제품, 폴리머, 그리고 특수 화학 제품을 제조 및 판매

- 미드스트림 및 마케팅 부문(Midstream and marketing): 석유, 콘덴세이트, 천연가스 액체(NGL), 천연가스, 이산화탄소 및 전력을 구매, 마케팅, 수집, 처리, 운송 및 저장

2023년 석유 및 가스 부문 세전 수익은 약 62억 달러로 높은 생산량과 원유 가격이 주요 기여 요인이었다. 화학 부문은 약 15억 달러로 원자재 및 운영 비용 증가에도 불구하고 견조한 성과를 보였다. 중류 및 마케팅 부문은 연간 세전 수익은 약 2,400만 달러로 3분기까지 적자로 고전하다가 4분기의 흑자로 겨우 연간 적자를 모면했다.

옥시의 자회사에는 필수 화학 제품을 제조하는 옥시캠과, 배출량을 줄이기 위한 기술 및 비즈니스 솔루션 개발에 중점을 둔 옥시로우카본벤처스(Oxy Low Carbon Ventures)가 포함된다. 옥시로우카본벤처스는 탄소 포집 및 저장 기술에 초점을 맞추며 에너지 전환을 위한 다양한 비즈니스를 개발한다.

- CO_2 분리막 기술: 분리막 기술 공급 업체와 협력해 분리막 성능을 개선하고, 이를 통해 공정의 탄소 강도를 줄임
- 태양광 시설: 퍼미안 분지에 120에이커 규모의 태양광 시설을 건설해 유전 운영에 전력을 공급하고, 이 지역의 탄소 발자국을 줄임

옥시의 가장 큰 시장은 전체 매출의 약 72%를 차지하는 미국으로 특히 퍼미안 분지와 DJ 분지에서의 생산이 중요한 역할을 한다. 해외의 경우 주로 오만과 UAE의 생산이 주요하며 남미와 기타 지역에서 프로젝트를 가지고 있으나 상대

적으로 규모는 작은 편이다.

#3 투자 포인트

1) 안정적인 2024년 실적

옥시의 2024년 상반기 매출은 약 271억 달러로 2023년 같은 기간에 비해 약 14% 감소했다. 저유가와 관련된 어려움에도 불구하고, 퍼미안과 멕시코만에서의 강력한 생산 성과를 통해 매출을 지탱했다. 또한 화학부문의 옥시캠과 중유·마케팅 부문에서도 안정적인 실적을 기록했다.

석유 및 가스 부문의 생산량 1분기 1,172Mboed[22](1,000배럴의 석유 환산 하루 생산량), 2분기 1,258Mboed로 소폭 증가했으며 로키스(Rockies)와 퍼미안의 생산 증가가 크게 기여했다. 생산을 위한 운영 비용도 배럴당 약 10.31달러로 견조했다. 또한 델라웨어(Delaware) 지역에서는 옥시 추가 생산층(Upper Bone Spring 지층과 Deeper Wolfcamp 지층)에서 유정 성과가 강력해 재고 지속성에 잠재적인 상승 여력을 제공하고 있다.

2) CCS의 전환 에너지 프로젝트 실증화

옥시의 첫 번째 직접 공기 포집(DAC) 공장인 스트라토스(Stratos)의 건설이 일정대로 진행 중이며, 회사는 2024년 상반기에 다수의 이산화탄소 제거 크레딧을 확보했다. DAC와 탄소 포집은 미국 정부의 상당한 지원을 받고 있으며, 미 에너지부(DOE)가 제공하는 여러 보조금은 옥시의 새로운 기술 개발과 향후 상업화에 큰 밑거름이다. 미 에너지부의 화석 에너지 및 탄소 관리 사무소(Fossil Energy and Carbon Management, FECM)는 2021년 1월 이후 탄소 운송 및 저장 연구, 개발 및 배치를 진전시키는 프로젝트에 8억 4,200만 달러 이상의 지원을 발표했다. 특히 FECM은 비전통적 저류층에서 CO_2를 이용한 석유 회수 증진(Enhanced Oil Recovery, EOR) 연구를 위해 총 2,330만 달러의 보조금을 받을 두 개의 프로젝트를 선정했는데, 비영리 단체인 GTI에너지는 미들랜드 분지에 통합 필드 연구소를 개발할 것이며, 여기서 옥시는 크라운락(CrownRock) 인수 완료 후 EOR 작업을 확장할 것으로 예상된다. 고갈된 셰일 저류층에 이산화탄소를 영구적으로 저장하기 위해 옥시의 기존 인프라를 재사용할 수 있는 가능성도 평가될 것이다.

3) 테라리튬, 버크셔 해서웨이 에너지와 파트너십 체결

옥시 소유의 테라리튬 유닛은 염수에서 리튬을 추출하기 위한 직접 리튬 추출(DLE) 기술을 개발해 리튬 개발의 미래를 진전시키기 위해 노력 중이다. 테라리튬(TerraLithium)은 버크셔 해서웨이 에너지(Berkshire Hathaway Energy, BHE)와 합작 투자(Joint Venture, JV)를 체결하여 캘리포니아주 임페리얼 밸리에 위치한 BHE의 지열 발전소에서 직접 리튬 추출 기술 배치를 추진할 예정이다. 이 발전소는 분당 5만 갤런(gpm)의 염수를 처리해 345메가와트(MW)의 전력을 생산하게 된다. BHE는 직접 리튬 추출 시설을 구축, 소유 및 운영하며, 옥시는 라이선스 계약을 통해 혜택을 받고 JV 외부에서도 개념을 입증할 수 있는 기회를 얻는다.

현재 미국에서 가장 활발한 직접 리튬 추출 개발 프로젝트인 아칸소주 스맥오버(Arkansas Smackover)의 스탠더드 리튬(Standard Lithium)은 분당 3,000갤런(gpm)의 염수를 처리하여 연간 약 6,000톤의 LCE(Lithium Carbonate Equivalent[23])를 생산하는 초기 공장을 목표해 BHE의 솔튼 호수(Salton Sea) 자산의 리튬 농도가 상당히 유사할 것으로 보인다. 옥시에게 이 벤처 사업은 BHE가 대부분의 자본 위험을 부담하면서 옥시가 직접 리튬 추출 개념을 입증할 수 있는 좋은 기회이다.

워런 버핏이 이끄는 투자 회사인 버크셔 해서웨이(이하 버크셔)는 최근 수년간 옥시의 지분을 꾸준히 확대했다. 2019년에 버크셔가 옥시에게 셰일오일 전문 업체 아나다코(Anadarko) 인수에 필요한 자금을 지원하면서 처음 대규모 투자를 시작했으며, 이후 버크셔는 지속적으로 옥시의 지분을 늘려왔다. 버크셔는 2022년 옥시 지분을 약 20% 수준으로 확대했고, 이후 2023년과 2024년에도 추가로 주식을 매입해 지분을 28% 이상으로 늘렸다. 2024년 2분기 기준 버크셔는 옥시의 최대 주주이다.

신중하고 장기적인 관점에서 가치 있는 기업에 투자하는 것으로 유명한 버핏이 옥시에 대규모로 투자했다는 것은 옥시가 장기적으로 성장할 가능성이 크다는 신호로 해석된다. 버크셔의 지분 증가는 저탄소 기술에 공격적으로 투자하는 에너지 전환 분야에서 옥시의 리더십을 긍정적으로 평가하고 있음을 보여준다. 또한 버크셔의 대규모 투자와 지분 보유는 옥시 주식에 재무적 안정성을 더한다. 특히 시장 변동성 속에서 다른 투자자들에게 신뢰를 주며, 장기적으로 옥시의 주가에 긍정적인 영향이 예상된다.

#4 2024년 실적과 향후 전망

2024년 4분기 기준으로 월가에서의 옥시에 대한 평가는 다소 보수적이다. 현금흐름에 대한 가시성이 개선되고 크라운락의 인수가 마무리되는 시점까지 이러한 분위기는 유지될 것으로 보인다. 옥시의 장기 성장 전략은 탄소 관리 및 이산화탄소 감소에 중점을 두고 있으며, 이는 보조금과 세금 공제를 통해 전례 없는 정부 지원을 기반으로 하고 있다. 정부 지원이나 탄소 크레딧에 대한 시장 수요의 변화는 옥시의 성장 기회와 저탄소 벤처 사업에 대한 투자 예상 수익에 영향을 미칠 수 있다. 또한 트럼프 정부로의 교체에 따른 정책 변화가 성장 동력에 리스크로 작용할 수 있는 불확실성 또한 존재한다.

옥시의 시장 컨센서스 기준 2024년 매출은 전년 대비 3% 증가에 그치는 995억 달러로 예상되지만, 2025년의 매출은 전년보다 17% 성장하는 1,162억 달러로 기대된다. 영업이익률도 2024년 7.5%에서 2025년 9.6%로 수익성 개선이 예

옥시덴탈 페트롤리움 연혁

1920년	옥시덴탈 페트롤리움이 캘리포니아에서 설립. 초기에는 석유와 천연가스 탐사 및 생산에 주력
1957년	아먼드 해머(Armand Hammer)가 옥시의 회장 겸 CEO로 취임. 그의 지도 아래 회사는 국제적인 확장을 시작
1960년대	리비아와 중동에서 주요 유전 탐사 및 개발 계약을 체결하며 글로벌 에너지 회사로 성장
1971년	캘리포니아에서 주요 유전을 발견해 미국 내 석유 생산을 강화
1980년대	석유화학 부문에 진출하여 사업 다각화를 시작. 석유화학 제품의 생산과 판매 확대
1990년	후커케미컬(Hooker Chemical Company)을 인수해 화학 사업을 크게 확장하며 주요 화학 제품 생산자로 성장
2000년대	중동과 북아프리카 지역에서 주요 유전 및 가스전을 추가로 개발하며 국제적으로 입지 확대
2014년	미국에서 독립적인 석유 및 가스 회사로서의 입지를 강화하기 위해 캘리포니아 자산을 분사하여 캘리포니아 리소스 코퍼레이션(California Resources Corporation)을 설립
2019년	아나다코 페트롤리엄(Anadarko Petroleum)을 인수함으로써 퍼미안 분지에서의 위치를 강화하고, 미국 내 최대 육상 석유 생산자 중 하나로 성장
2020년	탄소 관리 전략의 일환으로 탄소 포집, 활용 및 저장(CCUS) 기술에 대한 투자 확대
2021년	지속 가능한 에너지 프로젝트를 위한 로우카본벤처스(Low Carbon Ventures) 사업 부문을 공식 설립
2022년	CCUS와 저탄소 에너지 솔루션 투자를 계속 확대하며, 에너지 전환의 주요 역할을 수행

상된다.

사업 부문별 매출 비중에서 나타나듯이 옥시의 수익성은 사실상 업스트림 부문 생산량과 유가에 크게 의존한다. 업스트림 부문의 생산량은 크라운락의 성공적인 합병과 퍼미안 분지에서의 프로젝트들이 계속적으로 안정적인 생산을 해준다면 2025년까지도 회사에 크게 부정적인 리스크는 크지 않을 것으로 전망된다. 다만 유가는 많은 불확실성을 가지고 있어 단기적으로는 조심스럽게 접근할 필요가 있다. 미국의 생산 비중이 다른 메이저 석유 회사보다 크다는 점을 고려할 때, 운영 비용의 증가는 수익성에 영향을 줄 수 있는 요인이다.

중장기적인 관점에서 옥시의 저탄소 기술에 대한 적극적인 투자와 전략적 전환은 매우 유망한 것으로 보인다. CCS와 DAC 기술을 활용한 저탄소 흐름에 중요한 역할을 수행할 것으로 기대된다. 옥시로우카본벤처스는 포집한 이산화탄소를 상업적으로 활용하거나 탄소 크레딧 시장에서 거래할 수 있는 다양한 비즈니스 모델을 적극적으로 개발 중이다. 지속적으로 탄소 규제가 강화되고, 탄소 중립 목표 달성에 대한 요구가 커질수록 옥시의 수익성 또한 크게 증가할 것으로 전망된다. 이러한 기술적 경쟁력과 성장 가능성은 옥시를 저탄소 경제로의 전환 과정에서 매우 주목할 만한 기업으로 만든다.

린데 Linde PLC (LIN)
시장점유율과 수익 면에서 세계 최대의 다국적 화학 기업

린데는 전 세계적으로 산업 가스와 엔지니어링 서비스를 제공하는 글로벌 기업이다. 1879년에 독일에서 설립된 글로벌 기업으로 지속적으로 혁신을 추구하며 다양한 산업 분야에 필수적인 고품질의 가스를 공급하고 있다. 2018년 린데AG와 미국의 플렉스에어(Praxair)가 합병하며 새로운 본사를 아일랜드 더블린로 정했다. 더욱 강력한 글로벌 네트워크를 구축하며 미국 나스닥에 상장된 합병회사 린데는 나스닥에서 15번째로 큰 시가총액을 유지 중이며(2024년 10월 기준), 나스닥100 지수에 포함된 나스닥 대표 기업 중 하나다. 린데의 주요 사업 부문은 다음과 같다.

- 산업 가스: 린데는 다양한 산업 분야에 필요한 산소, 질소, 아르곤, 이산화탄소, 수소

등 다양한 산업용 가스를 생산하고 공급한다. 이러한 가스는 제조업, 화학 산업, 전자 산업, 헬스케어 등 다양한 분야에서 사용된다.

- 헬스케어: 린데는 의료용 가스 및 관련 제품을 제공하여 병원, 클리닉, 홈케어 등에서 중요한 역할을 한다. 특히 산소 치료, 마취 가스, 진단용 가스 등을 통해 환자 치료에 기여한다.
- 엔지니어링: 린데의 엔지니어링 부문은 전 세계적으로 화학 공장, 정유 공장, LNG 공장 등 대규모 산업 시설의 설계 및 건설을 담당한다. 고도의 기술력과 전문 지식을 바탕으로 인더스트리 고객에게 효율적이고 경제적인 솔루션을 제공한다.

린데는 지속 가능한 발전을 위한 환경보호 및 에너지 효율성을 최우선 과제로 삼고 다양한 비즈니스를 개발하고 있다. 수소경제의 선도자로서, 청정 에너지원으로서의 수소 생산 및 공급을 확대 중이다. 특히, 미국 걸프 코스트에서 20억 달러 규모의 블루 암모니아 프로젝트를 추진 중이며, 이는 청정에너지 프로젝트의 일환으로 수소 경제를 선도하는 중요한 이정표로 평가된다. 약 200개의 저탄소 및 청정 에너지 프로젝트를 진행 중이며, 여러 에너지 인더스트리와의 협업으로 수소경제의 엔지니어링 리더로서 자리매김하고 있다. 또한 린데는 CCS 기술을 통해 탄소 배출을 줄이기 위한 다양한 프로젝트를 추진하고 있다. 이러한 노력은 린데가 지속 가능한 발전을 위한 리더로서 역할을 강화하는 데 기여하고 있다.

린데는 가격 및 생산성 측면에서 핵심 비즈니스를 잘 수행하고 있는 것으로 평가된다. 2024년 하반기부터 시작되는 수요 회복에 따른 매출 성장과 청정에너지 투자 기회의 증가가 예상된다. 시장의 흐름에 맞춰 주가는 안정적으로 우상향하여 비교적 공정한 가격으로 평가받고 있다. 2024년 실적은 안정적인 성장세를

보일 것으로 예상되며 향후 성장 모멘텀에 대한 기대로 시장은 매수 및 볼륨 확

대로 전망치를 상향하는 흐름이다.

전력망과
에너지 정책

트럼프 2기가 만드는 변화에 주목하라

#1 아름다운 섬 하와이의 최악의 산불

2023년 8월 미국 하와이 마우이섬에서 100년 내 최악의 산불이 발생했다. 여의도 면적(2.9㎢)의 약 3배에 달하는 2,170에이커(8.78㎢)의 면적에서 주택 2,200여 채가 파괴됐으며, 이 지역의 재건을 위해 약 60억 달러가 필요한 것으로 추산됐다. 산불의 피해가 크게 확산된 원인은 기후변화로 지목됐다.

미국 내 기후변화로 인한 재난 발생과 경제적인 손실은 빠르게 확대되고 있다. 미국 국립해양대기청(NOAA)에 따르면 2023년 미국에서 기후 재난으로 인한 피해액이 최소 930억 달러에 달했다. 2024년에도 7월까지 피해 규모 10억 달러가 넘는 기후 재난은 19건이 발생하고 149명이 사망했다. 미국 서부의 홍수, 중부의 토네이도와 허리케인 등 기후 이변으로 인한 재산 및 인명 손실은 미 전역에 걸쳐 확대돼 미국 정책 입안자들이 고려해야 하는 중요한 변수가 됐다.

#2 트럼프 에너지 정책을 철회한 바이든 정부

"지금으로부터 36년 전인 1986년에 제가 미국 상원에서 최초의 기후 관련 법안을 발의했습니다. 이 문제에 대한 저의 헌신은 변함이 없었습니다. 오늘 마침내 우리가 취한 조치 덕분에, 저는 이 자리에서 미국 대통령으로서 확신을 가지고 말씀드릴 수 있습니다. 미국은 2030년까지 우리의 배출 목표를 달성할 것입니다."

2022년 11월, 이집트 샴엘 셰이크 27차 유엔기후변화협약 당사국총회(COP29)에서 미국 46대 바이든 대통령이 단상에 올라 힘주어 말했다. 2021년 대통령 취임 첫날 트럼프 전 대통령의 에너지 정책을 철회하는 행정명령에 서명하며 미국의 파리 협정 재가입을 공식화한 지 2년 가까이 됐을 즈음이다. 바이든 대통령은 기후 위기 대응을 정책 전반에 걸친 핵심 의제로 반영하며 초당적 인프라법(BIL)과 인플레이션 감축법(IRA) 등 대규모 정부 자금 집행을 통해 에너지 시장 개편 및 관련 인프라 확대 등에 박차를 가했다. 2021년 미국이 새롭게 제출한 국가 온실가스 감축목표(NDC)는 2030년까지 2005년 대비 온실가스 배출량을 50~52% 감축한다는 계획이다. 이를 위해 전력 부문의 탈탄소화, 청정에너지 기술 투자 확대, 메탄 배출 감축, 전기차(EV) 보급 확대 및 청정연료 확대 등을 방안으로 내세웠다.

#3 기후 정책은 결국 투자와도 연결

많은 사람이 여전히 '기후변화'는 환경 문제일 뿐 경제활동, 즉 투자에 직접적인 영향을 미치지 않는다고 생각한다. 하지만 기후변화의 주요 원인인 온실가스는 사실 모든 산업과 소비자들의 실생활에서 배출되기 때문에 '기후변화에 대한 정치적 입장과 정책에 대한 이해'는 올바른 투자에도 매우 중요하다. 정부의 기후변화에 대한 입장은 정책 우선순위 결정에 영향을 미치고, 이는 정부 예산 배분으로 이어진다. 이는 산업 발전 및 방향성에 직간접적으로 영향을 끼치게 되므로 기후변화는 결국 투자와도 연결된다 할 수 있다. 이제 기후변화는 단순히 환경 문제를 넘어 경제, 사회, 정치, 금융 문제로 외연이 확장됐다.

미국은 고탄소 화석연료 중심 구조에서 탈피해 저탄소 에너지로 전환하기 위해 관련 인프라 및 설비투자의 대대적인 확대, 보조금 등을 통한 민간 소비 패턴 변화, 새로운 청정에너지 기술에 대한 투자 확대 등을 진행하고 있다. 이러한 정책은 비단 에너지 기업뿐만 아니라 건설업, 관련 기계 및 부품 제조업, IT 산업 등 다양한 산업 및 기업들의 실적 및 주가가 영향을 미칠 전망이다. 미국의 기후 및 에너지 정책을 면밀히 이해한다면 미국 투자에도 큰 도움이 될 것이다.

미국의 전력망 인프라
전력망 확대에서 기회를 엿보다

정혜원 뉴욕에서 전력망 관련 클린텍 스타트업에서 근무했으며, 에노지컨설팅 대표(CEO)이다. 미국에서 에너지 및 유틸리티 분야의 컨설턴트로 일하며 미국의 주요 전력망 관련 투자자, 전력 회사, 스타트업을 대상으로 에너지 전환 전략 및 운용에 관련한 자문 일을 해왔다. 컬럼비아대학교에서 경영학 석사(MBA) 학위를 취득할 예정이며, 2022년에는 《넷제로 에너지 전쟁》을 공저했다.

이선경 연세대학교 행정학과를 졸업하고 신한투자증권과 대신증권 애널리스트, CJ그룹 전략기획 및 재무전략을 거쳐 대신경제연구소에서 ESG센터장을 역임했다. 국민연금과 미래에셋자산운용 등 대형 금융사 ESG 모델 구축 및 ESG 평가와 리서치를 총괄하고 다수의 기업 및 정부 기관 ESG 용역을 수행한 ESG 전문가이다. 금융-기업-ESG 컨설팅 전반에 걸친 경험을 기반으로 ESG 컨설팅과 녹색금융 및 기술 고도화 자문 회사 그린에토스랩의 대표이사이며 세종대학교 기후변화 특성화대학원 박사과정 중이다.

미국의 전력망 투자 확대가 지속되는 이유

1) 노후화된 인프라로 대규모 정전사태 급증

2021년 2월, 미국 남부 선벨트 지역(일조량이 많은 남부)에 이례적인 한파가 발생했다. 연평균 기온이 따뜻해 이 지역은 혹한에 대비한 전력설비 투자가 미미했다. 하지만 갑작스러운 한파로 전력 공급에 차질이 발생하자 전력 공급 시스템이 독립적인 텍사스주는 다른 주에서 전력을 공급받지 못해 약 4일간 정전이 지속됐다.

미국의 블랫아웃 발생 건수는 2020년대 들어 급격하게 증가했다. 2000년 30건에서 2015년 143건, 2020년 이후에는 매 해 300건 이상의 정전이 발생한다.

미국의 주요 정전 사고 발생 건수

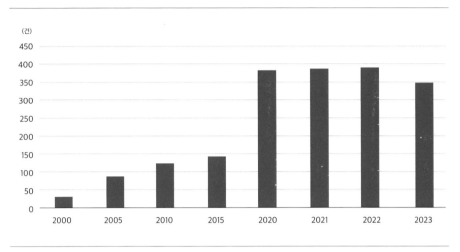

자료: 미국 에너지부

미국 에너지부(DOE)는 2018년 보고서를 통해 미국 내 정전으로 인한 직간접적 연간 경제적 손실이 약 1,500억 달러에 달하는 것으로 추산했다.

미국 전력망은 주로 1950~1960년대에 구축돼 전력망의 전형적인 수명인 50~80년에 도달하고 있거나 이미 초과한 상태이다. 70%가 넘는 전송선이 사용 연한을 25년 이상 넘은 것이다. 변압기도 평균수명이 40년인데, 현재 사용 중인 변압기 중 상당수가 이를 초과하고 있다. 미국 주요 전력망 구성요소 대부분이 노후화됨에 따라 고장과 정전의 위험이 증가하고 있는 반면, 미국의 전력 소비는 2022년 4,070테라와트시(TWh)로 1950년 대비 약 14배 증가했다. 미국 에너지 정보국(EIA)은 미국의 연간 전력 수요가 2025년까지 매년 사상 최대치를 기록할 것으로 전망하고 있다. 2024년 전력 수요를 4조 990억 킬로와트시(kWh), 2025년 수요를 4조 1,280억 킬로와트시로 전망했다.

2023년 12월에 EIA가 발간한 전력 시장 및 인프라 보고서에 따르면, 미국 내

고전압 전송 시스템의 길이는 총 25만 마일이며 변압기는 약 100만 개인 것으로 추정된다. 고전압 일반 교류 전송선 기준 설치 비용은 전압 수준, 설치 방식(지상 vs. 지하), 지역 조건 등에 따라 차이가 있지만, 캘리포니아의 주요 전력 회사 서던 캘리포니아에디슨에 따르면, 지상 전송선 기준으로 고전압(220kV)에서 설치 비용은 마일당 약 40~50만 달러이며 지하 송선은 2.5배에서 10배까지도 높아질 수 있다. 매해 일정 부분만 교체한다 하더라도 이는 엄청난 자금을 필요로 한다.

2) 재생에너지 확대와 전력망 내 병목현상

미국에선 늘어나는 전력 수요를 저탄소 에너지 발전원으로 충족하기 위해 태양광과 에너지 저장 장치(Energy Storage System, ESS), 풍력 발전원들이 꾸준히 설치되고 있다. 미국 태양광산업협회(SEIA)와 글로벌 컨설팅 기업 우드맥킨지의 미국 태양광 시장조사 보고서에 따르면, 2024년 2분기 미국에서 추가된 신규 태양광 발전 용량은 전년 동기 대비 29% 증가한 9.4기가와트(GW)이다. 그러나 전력망 인프라는 빠르게 늘어나는 전력원의 수를 따라잡지 못하고 연결 대기 시간은 늘었다. 미국 에너지부 산하 로렌스 버클리 국립연구소(LBNL)는 2023년 보고서를 통해 지난 10년간 전력망 연결 대기 시간이 상당히 증가했다고 밝혔다. 2007년부터 2014년까지 건설된 발전 프로젝트의 대기 시간이 22개월이었지만 2023년에 건설된 프로젝트의 대기 시간은 약 5년으로 2배 넘게 증가했다. 2023년 말 기준 미국 내 연결 대기 용량은 약 2,600GW로 국가 전체의 발전설비 시스템이 순간적으로 공급할 수 있는 최대 전력량인 전력망 용량과 동일한 수준으로 조사됐다. 연결 대기 용량은 전력망에 연결되기 전까지 소비자에게 전달되지 못하는 전력량으로 발전소가 건설됐거나 건설 중이지만 전력망에 아직 연결되지 않아 전력을 소비자에게 공급할 수 없는 상태를 의미한다.

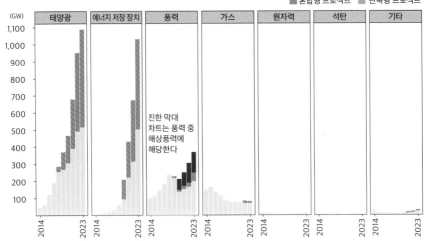

태양광과 에너지 저장 장치, 풍력 순으로 연결 대기 중인 프로젝트들이 주를 이뤘다.

자료: 로렌스 버클리 국립연구소

　　연결 대기 기간이 증가한 가장 큰 이유로는 전력망이 감당할 수 있는 전력량에 비해 태양광, 풍력 등 재생에너지원 건설이 빠르게 증가했기 때문이다. 게다가 재생에너지원 건설 기간에 비해 전력망 인프라를 확충하는 기간이 길어 대기 기간이 점차 늘었다. 업계에 따르면, 태양광은 건설 기간이 길게는 2년인 것에 반해 전력망 인프라 확충은 3년이 넘게 걸리는 것으로 전해진다. 또한 전력망 연결을 위한 절차가 복잡하고, 이 과정에서 필요한 인프라 개선 및 업그레이드 요구사항이 늘어 프로젝트가 지연되고 있다.

　　전력망 연결 대기 기간의 지연은 전력 공급을 늦출 뿐 아니라 늘어난 프로젝트 건설 기간으로 인해 추가되는 비용 때문에 프로젝트를 포기하는 개발자들이 발생할 수 있다. 이 경우 이미 기존 개발자와 전력망 영향 평가를 마쳤던 전력 회

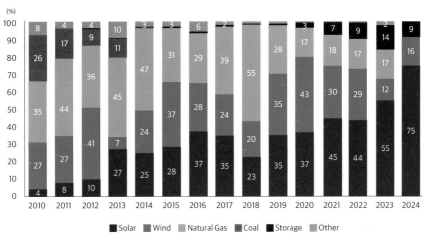

미국 전력망에 추가된 신규 발전 용량 중 태양광의 비중은 2024년 1분기 75%로 2010년부터 꾸준히 증가했다.

자료: SEIA, 우드맥킨지

사는 차후 신규 개발자와 같은 절차를 다시 밟아야 하기 때문에 전력 회사는 물론 소비자들에게도 사회적 비용을 야기한다.

재생에너지 비중이 증가할수록 전력망 내 연결 대기 용량은 더욱 큰 이슈가 될 전망이다. 미국 에너지정보청은 2024년 미국 재생에너지 발전 비중이 2023년 대비 3%포인트 늘어난 24%, 2025년에는 25%까지 증가할 것으로 예측했다. 재생에너지원의 확대에 대응하고 불필요한 비용을 줄이기 위해서는 재생에너지원의 확대에 대응하고 불필요한 비용을 줄이기 위해서는 전력망의 개선 및 확충을 우선하여 전력 대기 시간을 줄이는 게 시급하다.

3) AI로 인한 전력 수요 증가

인공지능(AI)의 발전과 클라우드 컴퓨팅의 도입도 전력 수요를 크게 증가시킬

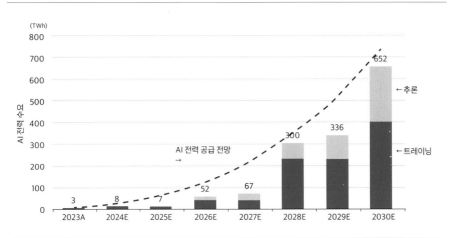

	2023A	2024E	2025E	2026E	2027E	2028E	2029E	2030E
(+) 트레이닝 전력 수요(TWh)	3	8	7	40	40	229	229	402
(+) 추론 전력수요(TWh)	0	0	0	12	27	70	107	250
AI 전력 수요 전망(TWh)	3	8	7	52	67	300	336	652
AI 운용에 공급 가능한 전력 전망(웰스파고증권 추정)	9	29	65	125	217	341	506	739

자료: 웰스파고증권

것으로 예상된다. AI의 연산 능력은 약 100일마다 두 배로 증가하고 있으며, 전세계적으로 생성되는 데이터의 총량은 18개월마다 두 배로 증가한다. MIT 테크놀로지 리뷰에 따르면 간단한 챗GPT 쿼리는 구글 검색보다 3배에서 36배 더 많은 에너지를 소비한다.

이로 인해 AI의 전력 수요는 연평균 26~36% 증가하고 있다. 투자은행 모건스탠리는 2027년까지 AI로 인한 전력 수요가 연간 70%씩 늘어날 것으로 전망했다. 미국은 전 세계에서 가장 많은 데이터센터를 보유(약 5,800개)했으며, 이는 전세계 데이터센터 수의 30%를 넘어선다. 시장조사기관 가트너에 따르면 미국의 빅테크 회사들의 생성형 AI 개발과 운영을 위한 데이터센터 구축 확대로 2024년 미국의 데이터센터 투자금은 2,390억 달러로 전년 대비 24.1%나 상승한 것으로 추정된다. 미국의 빅테크 기업들이 글로벌 AI 시장을 선도하고 있는 가운데 미국 에너지정보관리청은 미국 데이터센터 전력 소비량이 2030년까지 연평균 8% 성장할 것으로 전망했다.

AI 사용 증가로 데이터센터의 수요 또한 증가할 전망이다. 데이터센터는 일반 건물에 비해 단위면적당 훨씬 높은 전력을 소비한다. 일반 사무실은 1제곱미터당 평균 1~2킬로와트(kW)의 전력이 필요하지만 데이터센터는 10~20kW가 필요하며 1년 내내 운영된다. 데이터센터의 일반적인 랙당 전력 수요는 약 4~10kW이지만 구글이나 메타와 같은 대규모 클라우드 기반 기업들의 경우 고성능 컴퓨팅과 AI 워크로드를 처리하기 위해 랙당 10~30kW에 이르는 전력을 사용한다. 게다가 엔비디아의 GPU나 AI 가속 칩을 사용하는 고성능 랙의 경우 랙당 50~100kW 이상의 전력을 필요로 한다. 또한 데이터센터는 비선형적인 전력 부하를 발생시키며 유도성 부하에 따른 역률이 낮다. 이 역시 전력망에 주는 부담이 상당한 요소이다.

미국 빅테크 기업들은 에너지 효율이 높은 최신 서버, 스토리지, 냉각 시스템 등을 도입해 데이터센터 운영의 에너지 효율을 극대화할 뿐 아니라 각종 재생에너지 발전 시설 구축과 에너지 저장 시스템 도입, 스마트 그리드 도입 등의 노력을 강화하고 있다.

미국이 AI 강국으로서의 입지를 지속적으로 유지하려면 노후화된 전력망의 현대화는 필수적인 투자다. 구체적으로는 네트워크 망의 소재를 구리에서 섬유로 전환하거나, 에너지 저장 시스템을 확대하고, 지역 단위의 마이크로 그리드를 구축하며, 분산형 전력 발전 체계를 강화하는 등 스마트 그리드를 통해 전력망의 유

데이터센터 냉각 및 에너지 관리 솔루션 산업 관련 종목

NO.	기업 이름	영문	티커	내용
1	버티브 홀딩스	Vertiv Holdings	VRT	• 데이터센터, 통신 네트워크, 산업 및 상업 시설을 위한 전력, 냉각, IT 인프라 솔루션을 제공. 데이터센터 운영을 위한 UPS(무정전 전원 공급 장치), 냉각 시스템, 전력 분배 장치 및 모니터링 시스템을 제조
2	이튼	Eaton Corporation	ETN	• 전력 관리 및 산업 자동화 솔루션을 제공. 고효율 에너지 관리 솔루션을 제공하며, 재생 가능 에너지 및 스마트 인프라와의 통합 능력이 강점
3	에머슨 일렉트릭	Emerson Electric	EMR	• 산업 자동화와 공정 관리, 냉각 및 공조 시스템을 제공하는 글로벌 기업으로, 데이터센터를 포함한 다양한 산업군에 냉각 솔루션을 제공
4	슈나이더 일렉트릭	Schneider Electric	SBGSF (OTC)	• 에너지 관리 및 자동화 솔루션 기업. 데이터센터, 산업 시설, 상업 건물에 전력 및 냉각 솔루션을 제공

연성과 효율성을 높이는 방안이 종합적으로 고려될 가능성이 크다.

4) 급증하는 전기차

미국 자동차 시장 내 전기차 보급이 지속적으로 확대되면서 전력 수요 및 공급에도 영향을 미치고 있다. EIA에 따르면, 2024년 2월까지 EV의 총 전력 사용량은 158만 메가와트시(MWh)로, 2023년 같은 기간의 104만 MWh와 비교해 50% 이상 증가했다.

미국의 전기차 전력 수요는 매년 급등하고 있다. 2022년 전년 대비 49.2% 성장한 데 이어 2023년에도 45% 증가해 2023년 미국 전기차 전력 소비량은 760만 MWh를 기록했다. 미국의 총 전력 수요가 약 4,000테라와트(TWh)인 것을 감안

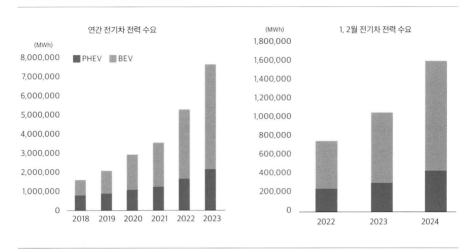

연간 전기차 전력 수요

(MWh)
8,000,000
■PHEV ■BEV
7,000,000
6,000,000
5,000,000
4,000,000
3,000,000
2,000,000
1,000,000
0
2018 2019 2020 2021 2022 2023

1, 2월 전기차 전력 수요

(MWh)
1,800,000
1,600,000
1,400,000
1,200,000
1,000,000
800,000
600,000
400,000
200,000
0
2022 2023 2024

자료: EIA

하면 2023년 기준 그 비중은 0.19% 정도밖에 되지 않지만, 전기차 수요가 급증하고 있어 이 비중 또한 앞으로 급격히 늘어날 전망이다. 2019년부터 5년간 미국 전기차 전력 수요는 연평균 37.2%의 성장률을 보였다. 탄소 감축을 위해 미국의 일부 주는 이미 내연기관차 판매를 금지하는 법을 제정했다. 캘리포니아, 뉴욕, 뉴저지 주를 포함한 미국 9개 주는 2035년까지 단계적으로 내연기관차의 판매를 줄이며 2035년 이후에는 내연기관 신차 판매가 금지된다. 따라서 전기차의 수요는 점진적으로 증가할 것으로 예상돼 전력망에 미치는 영향 또한 무시할 수 없다.

2024년 미국 캘리포니아주립대학교 데이비스 캠퍼스(UC데이비스)에서 발간한 논문 〈전기차의 충전 수요가 배전 부분에 미치는 영향〉에 의하면 전기차 수의 증가는 충전 수요를 증가시키고 전력망 부하를 심화한다. 해당 논문에서 저자는 전력 수요를 충족하기 위해 캘리포니아주가 200억 달러의 비용을 들여 주에서 인구밀도가 가장 높은 지역부터 전력망을 개선해야 한다고 주장했다. 미국의 전력 회사 AES 산하의 AES 인디애나와 기후 기술 스타트업 카무스에너지가 2024년 10월 발간한 보고서에 따르면 AES의 전력망은 2028~2029년경 전기차로 인한 전력 수요가 전력망의 한계인 티핑 포인트에 이를 것이라고 전망했다. 미국 전력 회사들은 비록 지금은 전기차로 인한 전력 수요에 대한 큰 문제를 삼지 않지만 전력망 인프라 확충이 필요하다는 인식과 함께 미래를 준비 중이다.

5) 전력망의 디지털화

전력망은 전력 사용량에 맞춰 발전하는 방식으로 설계된다. 수요에 맞춰 실시간으로 전력 공급량을 조정하는 것이 이상적이지만, 전력 수요는 하루 중에도 급격하게 변동하기 때문에 정확하게 예상하는 것은 쉽지 않다. 게다가 최근 재생에너지 발전량 증가와 AI 산업 성장에 따른 데이터센터 수요 증가도 전력 수요의 예측을 더욱 어렵게 한다. 전력 수요를 공급보다 적게 예측하면 정전과 같은 문제가 발생하며, 반대로 수요를 과대 예측하면 불필요한 전력이 생산돼 경제적 손실을 초래할 뿐만 아니라 탄소 배출과 같은 환경적 영향도 가중시킨다.

따라서 전력 회사들은 전력 시스템의 안정성 유지와 경제적인 전력 생산 계획 수립, 재생에너지 통합 촉진 및 환경 영향의 최소화를 위해 정확한 전력 수요 예측이 매우 중요하다. 전력 회사들은 이를 위해 과거 데이터를 기반으로 한 시계열 통계분석, 기상 데이터를 활용한 날씨 기반 예측 외에도 딥러닝 알고리즘을 활용한 예측 모델 등 인공지능 및 머신러닝을 활용한 수요 예측 모델 정교화에 힘쓰고 있다.

안정적이고 효율적인 전력망 운영을 위해 전력 예측 및 제어 시스템의 중요성이 확대돼 스마트 그리드 기술에 대한 관심이 늘고 있다. 스마트 그리드 기술은 전력 사용 데이터를 수집하고 분석하는 시스템인 고급 계량 인프라(AMI), 전력 수요가 높은 시기에 전력량 감소를 유도하는 수요 반응(DR) 시스템, 분산 에너지 자원 관리(DERMS), 대규모 배터리 시스템의 저장 및 방전 최적화를 통해 전력망의 수급 불균형을 해결하는 에너지 저장 관리 시스템(ESS), 전력망 모니터링 및 진단 시스템 등을 포괄한다.

스마트 그리드의 핵심 요소는 AI 및 ML을 기반한 전력 수요 패턴 분석, 스마트 기기와 센서 데이터를 실시간으로 수집하고 분석할 수 있는 IoT 통합 기능, 디지털화된 전력망을 보호하는 사이버 보안 기술 등이 있다. 스마트 그리드는 가상 발전소를 가능케 하는 핵심 기술이기도 하다. 미국 콜로라도주에 전력을 공급하는 엑셀에너지(Xcel Energy)는 2024년 3월에 미국 스마트 미터 회사 아이트론(Itron)과 협업해 350만 고객에게 스마트 미터를 도입하기로 결정했다. 엑셀에너지는 스마트 미터를 통해 고객의 시간대별 에너지 사용 데이터를 수집하고, 정전을 빠르게 감지하고 대응하며, 계량을 자동화함으로써 전력 소비자들에게 유용한 정보를 제공할 것을 목표로 한다.

아이트론 Itron (ITRI)
전력망 스마트 솔루션 마켓 리더

#1 기업 개요

아이트론은 미국 워싱턴주 리버티 레이크(Liberty Lake)에 본사를 둔 스마트 미터링 및 데이터 분석 솔루션 기업이다. 이 회사는 전력, 가스, 수도, 난방 등 다양한 유틸리티 산업에 계량 및 데이터 분석 서비스를 제공하며 유틸리티 기업들이 자사의 제품과 서비스를 통해 전력망 자원 및 에너지 사용을 효율적으로 관리할 수 있도록 한다. 1977년 아이다호주 하우저 레이크(Hauser Lake)에서 설립된 아이트론은 당시 전력 소비자들의 전력 사용 측정에 어려움을 겪던 전력 회사들의 문제를 기술적으로 해결하면서 시작했다.

당시 대부분의 계량기는 수동 검침 방식이라 오류와 지연이 빈번하게 발생했고, 이는 전력 회사와 고객 모두에게 비용과 비효율성을 초래했다. 아이트론의 창

아이트론 기업 정보

설립 연도	1977년	시가총액 (십억 USD)	5.2
상장 거래소	나스닥	시가총액 (조 원)	7.4
상장일	1993. 11. 4.	배당수익률	-
CEO	토마스 데이트리히 (Thomas L. Deitrich)	52주 최저-최고 범위 (USD)	67.21-124.9
주요 주주	블랙록 17.05%		
직원 수	5,081명	현재 주가 (USD)	111.97
홈페이지	itron.com	평균 목표 주가 (USD, Yahoo Finance 기준)	127.23
회계연도 종료	2024. 12. 31.		

* 기준일: 2024. 12. 12.
자료: Yahoo Finance

아이트론 기업 실적 및 투자 정보

구분	2022	2023	2024F	2025F	2026F	5년 연평균 성장률
매출 (십억 USD)	1.8	2.2	2.4	2.5	2.6	5%
EBTIDA (십억 USD)	0.1	0.2	0.3	0.3	0.4	26%
영업이익 (십억 USD)	0.0	0.1	0.2	0.3	0.3	-
순이익 (십억 USD)	0.0	0.1	0.2	0.2	0.2	-
주당순이익 (USD)	-0.2	2.1	4.2	4.5	5.1	-
주당 배당 (USD)	0.0	0.0	0.0	0.0	0.0	-
EBTIDA 이익률 (%)	5.3	10.4	12.4	13.4	14.4	-
영업이익률 (%)	-0.4	5.9	10.1	11.0	11.9	-
순이익률 (%)	-0.5	4.5	8.0	8.4	9.3	-
PER (x)	-	62.0	22.2	21.3	19.3	-
PBR (x)	2.0	2.4	3.4	2.9	2.5	-
EV/Revenue (x)	1.4	1.7	2.1	2.0	1.9	-
EV/EBITDA (x)	23.3	24.1	16.6	14.9	13.4	-
ROE (%)	-0.9	6.9	14.5	13.9	-	-

자료: 회사 자료, Capital IQ
주1: 미국 회계기준(US-GAAP)
주2: 전망치는 2024년 8월 30일 Capital IQ 기준

아이트론 매출액 & 성장률 전망

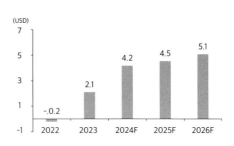

자료: 아이트론, Capital IQ (2024년 8월 30일 기준)

아이트론 주당순이익 전망

(USD)

자료: 아이트론, Capital IQ (2024년 8월 30일 기준)

아이트론 주가 추이

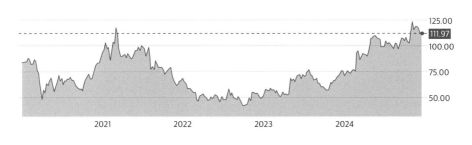

립자들은 이런 문제를 해결하기 위해 원격으로 전력 사용량을 읽고 데이터를 자동으로 수집할 수 있는 시스템을 개발했다. 이를 통해 전력 회사들은 계량 비용을 절감하고 운영 효율성을 높일 수 있었다. 초기 기술은 전화선을 이용한 통신 네트워크를 기반으로 계량기와 데이터 수집 시스템을 연결하는 방식으로, 당시로서는 혁신적인 접근이었다. 이 성공을 바탕으로 아이트론은 전력뿐만 아니라 가스와 수도 계량 분야로도 확장했다. 1990년대 초반에는 유럽 시장에도 진출하여 자동화된 계량 솔루션 수요 증가에 대응하며 글로벌 기업으로 성장했다. 현재 아이트론은 계량 솔루션을 넘어 네트워크, 소프트웨어, 컨설팅 서비스까지 제공하는 종합 유틸리티 솔루션 기업으로 자리 잡았다.

#2 비즈니스 모델

스마트 미터링, 산업용 IoT, 유틸리티 관리 솔루션을 제공하는 아이트론의 비즈니스는 세 가지 주요 부문으로 구성된다.

- 네트워크 솔루션(Networked Solutions)은 아이트론의 주요 수익원으로, 2023년 기준 매출의 67%를 차지한다. 이 부문은 스마트 미터링과 연결된 다양한 통신 네트워크 및 데이터 관리 솔루션을 제공한다.
- 디바이스 솔루션(Device Solutions)은 전체 매출의 21%를 차지하며, 주로 스마트 미터와 같은 하드웨어 장치를 판매하는 부분이다.
- 아웃컴스(Outcomes)는 매출의 12%를 차지하며 소프트웨어 제공 및 데이터 분석, 관리 서비스를 통해 고객이 더 나은 의사결정을 할 수 있는 솔루션을 제공한다.

아이트론 2023년 사업 부문별 매출 비중

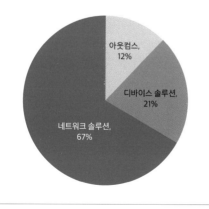

아이트론 2023년 지역별 매출 비중

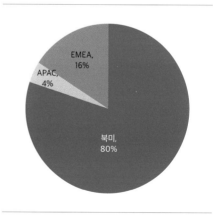

지역별로는 북미에서 80%의 매출을 창출하며, 유럽, 중동 및 아프리카에서 16%를, 아시아에서 4%의 매출을 기록했다. 아이트론은 탄탄한 현금흐름을 바탕으로 스마트 솔루션 생태계에 있는 회사들을 인수합병했다. 2017년 8.3억 달러 규모의 스마트 그리드 솔루션 업체인 실버스프링스(Silver Springs)를, 2024년 전력망 소프트웨어 회사 엘피스(Elpis)를 인수하는 등 아이트론은 생태계 내에서 입지를 넓혀가는 중이다.

#3 투자 포인트

아이트론은 전력망 인프라와 기후변화라는 테마 이외에도 회사의 재정적 건전성과 마켓 리더십 측면에서도 매력적인 투자 대상이다.

1) 글로벌 에너지 및 자원 관리의 중요성 증가

전 세계적으로 주요 이슈로 떠오르는 기후변화와 자원 부족 문제를 해결하기 위해 아이트론은 스마트 그리드와 분산형 에너지 자원(DER)의 통합을 지원하는 솔루션을 제공한다. 이러한 솔루션은 필드에 있는 스마트 기기를 통해 실시간으로 전력망과 DER 상태 모니터링이 가능하며 아이트론 솔루션의 사용자들이 실시간 모니터링을 통해 전력 자원을 효율적으로 제어하고 필드 데이터를 통해 환경규제와 지속 가능성 목표를 충족하도록 돕는다.

2) 안정적인 수익성 확보

아이트론은 2023년 9,700만 달러의 순이익을 기록하며 코로나19 팬데믹 이후 마이너스를 기록하던 순이익을 턴어라운드했다. 2024년 또한 시장 컨센서스 기준 전년 대비 순이익이 2배 늘어날 것으로 예상돼 안정적인 현금흐름이 기대된다. 또한 아이트론은 브랜드 인지도, 기술력, 시장점유율 면에서 경쟁력을 갖추고 있으며, 지속적인 인수합병과 혁신적인 기술 개발을 통해 시장점유율을 꾸준히 확대하고 있다.

3) 혁신과 기술 리더십

아이트론은 고객들에게 에너지 및 자원 관리를 위한 통합 솔루션을 제공하며, 이러한 솔루션은 높은 보안성과 실시간 데이터 분석 기능을 통해 고객의 운영 효율성을 극대화한다. 아이트론의 IoT 플랫폼은 다양한 응용 프로그램과 솔루션을 실행할 수 있는 유연한 네트워크를 제공하며, 이로 인해 고객들은 복잡한 유틸리티 인프라를 더욱 효과적으로 관리할 수 있다.

#4 2024년 실적 및 향후 전망

아이트론의 2024년 매출은 시장 컨센서스 기준 24억 2,220만 달러에 이를 것으로 예상되며, 이는 전년 대비 약 11.4% 증가할 것으로 전망된다. 이러한 성장은 코로나19 팬데믹 때 물류 대란으로 시작된 부품 공급 차질로 인한 제품 생산 지연 문제가 해결되면서 제품 판매가 빠르게 회복된 덕분이다. 특히 마진이 높은 제품의 판매 증가가 매출 향상에 중요한 역할을 했다. 네트워크 솔루션 부문의 매출은 2022년 대비 2023년에 30% 증가했으며, 2024년에도 그리드 에지 인텔리전스(Grid Edge Intelligence) 제품에 대한 고객 수요가 꾸준히 증가할 것으로 예상된다. 이에 따라 네트워크 솔루션 부문은 2024년에도 매출 성장에 중요한 기여를 할 것이다. 영업이익률은 5.9%를 기록했던 2023년에 비해 두 자릿수로 개선될 것으로 보인다. 2024년 하반기부터 공급망 문제의 완화와 함께 미뤄졌던 주문들이 실행되면서 아이트론의 수익성은 지속적으로 개선될 것으로 보인다. 또한 전력망 인프라 확충과 전력 회사들이 스마트 그리드 솔루션 업그레이드를 추진함에 따라 2025년에도 지속적인 성장이 예상된다.

아이트론 연혁

1977.6	아이트론이 아이다호주 하우저 레이크에서 설립
1980.9	최초의 핸드헬드 컴퓨터를 출시하여 유틸리티 계량 판독의 정확성과 효율성 향상
1985.5	영국의 토른 이엠아이 가스 계량 솔루션(Thorn EMI Gas Metering)과 이탈리아의 보스코(Bosco Spa)를 인수하며 유럽에 진출, 가스 계량 솔루션 생산 시작
1993.4	나스닥에 상장
2004.11	슐럼버저의 전기 계량 솔루션 부문(Schlumberger Electricity Metering)을 인수
2007.10	가스 및 수도 계량 솔루션의 기업인 액타리스(Actaris)를 인수하여 제품 포트폴리오를 다양화
2010.6	스마트 계량 기술을 발전시킨 오픈웨이 센트론(OpenWay CENTRON) 미터 출시
2012.2	셀룰러 회사인 스마트싱크(SmartSync) 를 인수하여 스마트 그리드 역량 강화
2015.5	수요 반응 및 에너지 효율 솔루션인 컴버지(Comverge) 인수
2017.9	IoT 인프라 회사인 실버스프링네트워크(Silver Spring Network) 인수
2019.10	현 CEO인 토마스 데이트리히가 CEO로 임명
2021.12	인텔리스(Intelis) 초음파 가스 스마트 미터 100만 대 판매 달성
2024	버라이즌(Verizon), GE 버노바(Vernova)와 파트너십 체결

콴타서비스 Quanta Services (PWR)
대표 인프라 솔루션 제공 기업

#1 기업 개요

콴타서비스는 미국, 캐나다, 호주 등에서 전기 및 가스 유틸리티, 재생에너지, 통신, 파이프라인 및 에너지 산업을 위한 종합적인 인프라 솔루션을 제공하는 회사이다. 콴타서비스는 전력 전송 및 배전 네트워크, 변전소 시설, 풍력 및 태양광 발전 및 전송, 배터리 저장 시설 등의 인프라를 위한 엔지니어링, 조달, 건설, 업그레이드 및 유지보수 서비스를 제공한다. 또한 통신 및 케이블 네트워크, 가스 유틸리티 시스템, 파이프라인 전송 시스템 등을 포함한 다양한 산업에 폭넓은 서비스를 제공한다. 콴타서비스는 지속적인 고객 다양화를 통해 경쟁력을 유지한다. 이 회사는 송전과 배전(T&D) 및 재생에너지 설치 분야에서 시장 선도적인 위치를 차지하며, 전력망 강화 및 현대화, 재생에너지의 성장이 예상돼 장기적인 성장

콴타서비스 기업 정보

설립 연도	1997년	시가총액 (십억 USD)	49.6
상장 거래소	뉴욕증권거래소	시가총액 (조 원)	71.0
상장일	1998. 2. 12.	배당수익률	0.1%
CEO	얼 오스틴(Earl C. Austin)	52주 최저-최고 범위 (USD)	187.27-350.19
주요 주주	뱅가드 그룹 11.30%		
직원 수	52,500명	현재 주가 (USD)	336.10
홈페이지	quantaservices.com	평균 목표 주가 (USD, Yahoo Finance 기준)	329.62
회계연도 종료	2024. 12. 31.		

* 기준일: 2024. 12. 12.
자료: Yahoo Finance

콴타서비스 기업 실적 및 투자 정보

구분	2022	2023	2024F	2025F	2026F	5년 연평균 성장률
매출 (십억 USD)	17.1	20.9	23.8	26.8	29.5	18%
EBTIDA (십억 USD)	1.7	1.9	2.3	2.7	3.0	19%
영업이익 (십억 USD)	0.9	1.1	1.4	1.7	2.0	25%
순이익 (십억 USD)	0.9	1.1	1.3	1.5	1.8	20%
주당순이익 (USD)	3.3	5.0	5.9	7.3	8.6	21%
주당 배당 (USD)	0.3	0.3	0.4	0.4	0.5	14%
EBTIDA 이익률 (%)	9.9	9.3	9.5	9.9	10.3	-
영업이익률 (%)	5.1	5.4	5.7	6.4	6.8	-
순이익률 (%)	5.5	5.1	5.4	5.8	6.0	-
PER (x)	40.0	49.4	31.9	26.9	23.1	-
PBR (x)	3.6	4.6	5.6	5.0	4.5	-
EV/Revenue (x)	1.5	1.7	1.8	1.6	1.5	-
EV/EBITDA (x)	10.2	11.3	19.3	16.5	14.5	-
ROE (%)	9.4	12.8	12.8	13.8	13.6	-

자료: 회사 자료, Capital IQ
주1: 미국 회계기준(US-GAAP)
주2: 전망치는 2024년 8월 30일 Capital IQ 기준

콴타서비스 매출액 & 성장률 전망

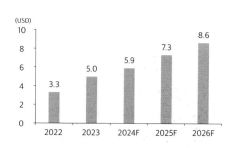

자료: 콴타서비스, Capital IQ (2024년 8월 30일 기준)

콴타서비스 주당순이익 전망

자료: 콴타서비스, Capital IQ (2024년 8월 30일 기준)

콴타서비스 주가 추이

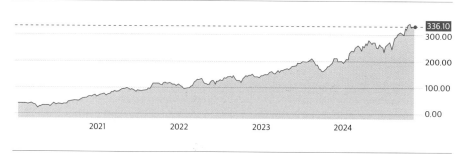

가능성이 높다.

#2 비즈니스 모델

콴타서비스의 비즈니스 모델은 전력, 재생에너지, 통신, 가스 유틸리티, 파이프라인 및 에너지 산업 등 다양한 산업에 종합적인 인프라 솔루션을 제공하는 데 중점을 둔다. 비즈니스 모델은 크게 세 가지로 나뉜다.

콴타서비스 2023년 사업 부문별 매출 비중

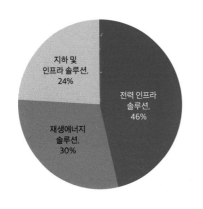

콴타서비스 2023년 지역별 매출 비중

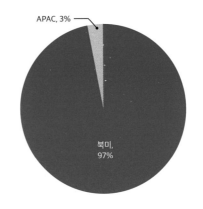

- 전력 인프라 솔루션(Electric Power Infrastructure Solutions)은 전력 전송 및 배전 인프라, 변전소 시설, 스마트 그리드 기술 등을 포함한 전력 및 통신 시장에 대한 포괄적인 서비스를 제공한다. 서비스에는 설계, 조달, 신축, 업그레이드 및 유지보수 등이 포함되며 전반적인 전력 인프라에 관한 모든 것을 커버한다. 2023년 기준 매출의 46.5%를 차지했다.

- 재생에너지 솔루션(Renewable Energy Solutions)은 유틸리티 규모의 풍력, 태양광, 수력 발전 시설 및 배터리 저장 시설을 대상으로 하는 인프라 솔루션을 제공한다. 이 부문은 설계, 조달, 신축, 리파워링(Repowering), 유지보수 서비스 등을 제공하며 재생에너지 시설을 전력망에 연결하고 전기를 송전하기 위한 인프라 구축을 지원한다. 2023년 전체 회사 매출 중 29.5%를 차지했다.

- 지하 및 인프라 솔루션(Underground and Infrastructure Solutions)은 가스 유틸리티 고객을 위한 가스 시스템 설계, 엔지니어링, 조달, 신축, 업그레이드 및 유지보수 서비스를 제공하며 2023년 매출의 24%를 차지했다.

#3 투자 포인트

콴타서비스는 송배전과 재생에너지 설치 분야에서 선도적인 입지를 차지하고 있다. 특히 정부의 재생에너지 지원 사업 콴타서비스 성장에 긍정적인 작용을 할 것으로 예상된다.

1) 전략적인 비즈니스 모델

콴타서비스는 리스크가 낮고 수익 구조에 안정적인 중소형 규모의 프로젝트를 주로 수주하며 외주보다 자체 인력으로 프로젝트를 수행한다. 이는 수익 변동성을 줄이고, 장기적인 성장을 뒷받침할 수 있는 밑받침이다.

2) 업계 내 선도적인 건설 및 유지보수 서비스

콴타서비스의 건설 및 유지보수 서비스는 에너지 업계에서 가장 큰 규모를 자랑하며 업계에서 필요한 기술자와 인력을 모집하고 훈련하는 데 풍부한 경력과 전문성을 보유한다. 전력망 건설 및 유지보수 서비스 분야의 가장 큰 리스크 중의 하나가 인력의 전문성 부족인데 콴타서비스는 하청보다는 직원을 직접 훈련시켜 현장에 투입함으로써 직원들에게는 훈련의 기회를 제공하고 회사는 필요한 인력을 훈련을 통해 지속적으로 양성해내는 윈-윈 전략을 추구한다.

#4 2024년 실적 및 향후 전망

시장 컨센서스 기준 2024년 콴타서비스의 매출은 전년 대비 14% 증가한 238억 달러를 기록할 것으로 예상된다. 매출과 순이익은 매년 꾸준히 성장할 것으로 기대된다. 이는 전력망 신뢰성 강화를 위한 대규모 투자와 재생 가능 에너지 프로젝트에 대한 IRA 의 막대한 재정적 지원 덕분이다. 콴타서비스는 이러한 전력망 및 재생에너지 프로젝트에서 강력한 입지를 다지며 성장을 이어가고 있다. 특히 전력 인프라 부문과 재생 가능 에너지 부문의 지속적인 성장이 주요 원동력이 될 것으로 전망된다. IRA의 지원을 받는 재생 가능 에너지 프로젝트와 전력망 투자 확대는 콴타서비스의 장기적인 성장 기회를 더욱 강화할 전망이며 AI 데이터 센터의 수요 증가와 전력망 인프라 강화를 위한 추가 투자도 2025년 성과에 긍정적인 영향을 미칠 것으로 기대된다. 콴타서비스는 에너지 전환 트렌드의 직접적인 수혜자가 될 것이며, 이러한 트렌드는 향후 수년간 지속될 것으로 보인다.

콴타서비스 연혁

연도	내용
1997	네 개의 컨트랙팅 회사[PAR, 포텔코(Potelco), 유니언파워(Union Power), 트랜스테크(Trans Tech)]들이 전략적 합병을 통해 콴타서비스가 탄생
1998	뉴욕 증권거래소에서 PWR 티커로 상장
2000	회사의 매출이 10억 달러를 초과
2009	S&P500 지수 편입
2013	《포춘》 500 선정
2015	캐나다와 호주로 사업을 확장
2016	현재 CEO인 얼 '듀크' 오스틴 주니어(Earl C. 'Duke' Austin, Jr.) 가 임명
2021	재생에너지 인프라 회사인 블래트너 홀딩 컴퍼니(Blattner Holding Company)를 인수하여 재생에너지 인프라 역량 확장
2024	3분기 기록적인 매출 64억 9,000만 달러와 340억 달러의 프로젝트 수주 발표. 엔지니어링 회사인 쿠퍼티노 전기(Cupertino Electric) 인수

컨스텔레이션 에너지
Constellation Energy (CEG)
미국 최대 탄소 제로 에너지 생산 기업

컨스텔레이션 에너지는 미국 메릴랜드주 볼티모어에 본사를 둔 전력 회사로, 태양광, 풍력, 원자력, 수력을 통해 전력을 생산하는 미국 최대의 탄소 제로 에너지 생산 기업이다. 이 회사는 미국 전체 무탄소 에너지 생산량의 10%를 담당하며, 가동 중인 93개의 원자로 중 23개를 운영하고 있어 미국에서 가장 많은 원자로를 보유한 전력 회사이다. 이러한 자원을 통해 컨스텔레이션 에너지는 3만 3,094MW의 전력을 생산하며, 이 중 75% 이상이 원자력과 신재생에너지원에서 나온다.

컨스텔레이션 에너지는 1999년에 설립됐으며, 2012년 엑셀론(Exelon)에 합병됐다가 2022년 분사했다. 엑셀론의 전력 발전 및 경쟁 에너지 사업부가 분사해 컨스텔레이션 에너지로 독립했고, 엑셀론은 송전 및 배전 유틸리티 사업을 유지하고 있다. 컨스텔레이션 에너지는 발전 및 판매 사업을 중심으로 운영하며, 사업 영역은 발전량과 고객, 지리적 구역에 따라 다섯 부분으로 나뉜다. 수익은 전력, 천연가스, 기타 에너지 관련 제품 및 지속 가능한 솔루션을 판매하는 계약에서 발생한다. 주요 지역으로는 미드-애틀랜틱(발전 용량 32% / 2023년 기준 매출 비중 20%)과 미드웨스트(35%/18%)가 있으며, 뉴욕(9%/8%), 텍사스(14%/5%) 및 기타 지역에서 각각 매출을 올린다. 또한 천연가스 부문은 2023년 기준 전체 매출의 14%를 차지한다.

2024년 9월, 컨스텔레이션 에너지는 마이크로소프트와 데이터센터에 필요한 장기 전력 공급 계약을 체결하며 큰 주목을 받았다. 이 계약은 테크 기업들이 AI 개발을 위해 저탄소 에너지를 조달하려는 움직임을 보여주는 중요한 사례로, 저탄소 에너지에 대한 수요 증가와 AI 붐이 컨스텔레이션과 같은 전력 회사에 새로운 기회를 제공할 것임을 시사한다. 이러한 트렌드는 앞으로 업계 전반에 걸쳐 확산될 것으로 예상된다.

초당적 인프라법과 재생에너지

인프라와 재생에너지 투자는 지속된다

이선경 그린에토스랩 대표이사

1. 초당적 인프라법

미국 역사상 최대의 인프라 투자, 초당적 인프라법

2021년 11월 15일, 바이든 전 대통령은 10년에 걸친 1.2조 달러 규모의 자금 패키지 정책인 초당적 인프라 투자 및 일자리 법안(The Infrastructure Investment and Jobs Act, IIJA)을 최종 승인했다. 이 법안은 당파를 초월한 협력의 결과물로, 미국의 인프라를 현대화하고 경제 회복을 촉진하는 중요한 법안임을 강조하기 위해 초당적 인프라법(Bipartisan Infrastructure Law, BIL)이라고도 불린다.

애초에는 2021년 3월 2조 3,000억 원 달러의 인프라 투자안인 '미국 일자리 계획(American Jobs Plan)'을 발표했으나, 양당 간 합의가 도출되는 과정에서 예산

2021년 초당적 인프라법 발표 당시 카테고리별 확정된 예산 규모

구분	카테고리	총 할당액(단위: 백만 달러)
운송	도로, 교량 및 중대한 프로젝트	325,675
	대중교통	88,212
	여객과 화물 철도	63,000
	안전	37,618
	공항과 연방 항해 행정 시설	25,000
	항구와 수로	16,672
	전기 운송수단	13,010
기후 에너지	청정에너지와 전력	74,952
	수로	64,251
	회복탄력성	37,065
	환경 복구	21,600
광대역 인프라	광대역 인프라	64,410
기타	기타	8,100
합계		**839,565**

자료: 〈Bipartisan Infrastructure Investment and Jobs Act Summary: A Road to Stronger Economic Growth〉

은 원안 대비 축소됐다. 하지만 미국의 노후화된 인프라를 대대적으로 개선하고 청정에너지 확대 및 기후변화 대응을 제고하기 위한 법안으로 역사상 최대 규모의 인프라 투자안이라는 점에서 법안의 의의가 크다.

인프라법에서 가장 많은 예산이 배분된 부문은 전통적인 인프라 영역인 운송 영역으로 운송 인프라의 현대화와 안정성 강화, 대중교통의 확대 및 친환경 교통 전환 등의 대규모 투자 지원책이 포함되어 있다.

두 번째로 큰 비중을 차지하는 청정에너지 및 전력 부문은 미국의 에너지 시스템의 회복력을 높이고 저렴한 청정에너지 공급을 목표한다. 세부 정책으로는 기후변화에 따른 정전의 방지와 에너지 비용 감소를 위한 수천 마일의 송전선 건설 및 업그레이드 등이 있다. 미국 정부는 초당적 인프라법을 토대로 역대 최대 규모의 청정에너지 및 전력망 투자를 진행 중이다.

바이든의 경제정책 '더 나은 재건' 계획

초당적 인프라법(BIL)과 인플레이션 감축법(IRA)은 바이든 정부의 주요 경제정책으로 한 뿌리에서 출발했다. 그러나 민주당과 공화당의 상당한 입장 차이가 존재하며 이를 조율하는 과정에서 초기 제안 규모 대비 상당 부분 축소돼 통과된 법안이다. 규모는 축소되었지만 두 법안은 상호 보완적으로 미국의 재생에너지, 전기차 산업 등 탄소 중립을 위한 산업 발전을 촉진하는 기반이다.

기후변화 의제는 바이든 정부의 경제정책 전반에 걸쳐 영향력을 미쳤다. 바이드노믹스로 불리는 바이든 정부의 경제정책은 '더 나은 재건(Build Back Better)'이란 구호 아래 크게 세 가지 계획으로 나뉜 대규모 정부 지출에 기반한다.

첫째, '미국 구조 계획(American Rescue Plan Act)'으로 코로나19 팬데믹에 따른 경제 충격을 완화하기 위한 포괄적인 경제 부양책이다. 둘째, '미국 일자리 계획'으로 도로·철도·상수도·전력망 등 미국의 노후화된 사회적 인프라를 대대적으로 보수함으로써 일자리를 창출한다는 계획이다. 셋째, '미국 가족 계획(American Family Plan)'으로 청정에너지 및 기후변화 대응 확대와 아동·노인·장애인에 대한 복지 확대, 의료보험 보장 및 사회 안전망 강화 복지 확대를 주요 골자로 한다. 미국 가족 계획은 '더 나은 재건법(Build Back Better Act, BBBA)'이라는 이름으로 2021년 9월 미 하원에서 약 3.5조 달러 규모로 발의돼 최초 세 가지 계획 중 가장 큰 규모로 제안된 바 있다. 그러나 상원에서 법안의 규모와 재정적 영향에 대한 협상에 난항을 겪고 1.75조 달러로 규모가 조정됐음에도 최종적으로 법안 통과에 실패했다. 바이든 정부는 이에 굴하지 않고, 추가적으로 규모를 축소하고 법안의

이름을 변경하여 2022년 8월 마침내 법안을 통과시켰는데 이 법안이 우리에게 가장 익숙한 인플레이션 감축법(IRA)이다. BBBA 법안은 교육, 복지, 세제, 환경 등 다양한 분야에 걸친 포괄적 지원을 제안했으나 IRA로 수정 통과되며 청정에너지와 의료비용 절감에 초점을 맞춘 축소된 법안으로 변경됐다.

초당적 인프라 투자의 수혜 미국 기업에 최우선 배정

바이든 정부는 대규모 인프라 투자를 통해 미국의 제조업 및 일자리 부흥을 목표로 했다. 이를 실현하고자 대규모 정부 자금이 자국 기업에 우선적으로 배분되도록 하기 위해 초당적 인프라 법안의 일환으로 2023년 8월 미국산 제품 구매 의무화 규정을 크게 강화한 법안인 빌드 아메리카, 바이 아메리카(Build America, Buy America Act, BABA)의 최종 지침을 발표했다.

BABA는 연방정부의 직간접 재정 지원을 받는 모든 인프라 프로젝트에 대해 국내 생산 재료를 사용할 것을 요구하며 2022년 5월 이후 발효된 모든 프로젝트에 적용된다. 미국 정부는 기존에도 연방정부의 물품 구매와 관련해 'Buy America Act(BAA)'란 규제가 있었는데 BABA 법안은 기존 법안 대비 규제 대상 '인프라'의 범위를 크게 확대하고 예외 적용의 인정 범위와 요건을 엄격화한 훨씬 강력한 미국산 우대 규제라고 볼 수 있다. 도로, 교량, 발전설비 등 광범위한 인프라 자체뿐만 아니라 인프라의 유지 및 보수, 수리 및 교체와 관련된 조달 활동까지도 '인프라'로 정의한다.

BABA법에 따라 모든 연방 자금이 지원되는 인프라 프로젝트에서, 철강과 유리, 플라스틱, 섬유, 목재 등 제조품과 각종 건설자재 등은 미국에서 제조된 것을 사용해야 한다. 또한 프로젝트에서 사용되는 제조 제품의 구성요소 중 최소 55%

가 미국에서 생산된 것이어야 한다. 이러한 미국산 제품 및 자재의 이용 의무는 제한적으로 면제될 수 있는데, 미국산 제품의 충분한 수량이 확보되지 못하거나 미국산을 사용해 프로젝트 비용이 25% 이상 증가할 때 등 특정한 조건 하에서만 면제가 가능하다. 면제 요청은 공공 의견 수렴 기간을 거쳐 검토하도록 하는 등 까다로운 조건 하에서만 인정돼 미국 내 유관 기업들의 이익을 보장하는 방향으로 설계됐다. 흔히 민주당의 정책이 공화당의 정책보다 무역장벽이 낮을 거라 생각하지만 초당적 인프라법에 의한 BABA는 트럼프 재임 당시의 개정된 BAA보다 훨씬 강력한 미국 제품에 대한 우선 구매를 규정했다.

BABA 법안과 기존 BAA 법안의 비교

항목	Build America, Buy America Act(BABA)	Buy American Act(BAA)
제정 배경	인프라 프로젝트에서 미국산 제품 사용을 촉진하고 미국 일자리 창출 및 제조업 지원	미국 정부의 조달에서 미국산 제품 사용을 촉진하여 국내 산업 보호 및 지원
제정 일시	2021년 11월 15일	1933년 3월 3일
법률적 근거	BIL(Bipartisan Infrastructure Law)의 일환으로 제정된 법률	1933년 공포된 연방법, 41 U.S.C. §§ 8301-8305
적용 대상	연방 재정 지원을 받는 인프라 프로젝트	연방정부가 직접 조달하는 계약
적용 방식	연방 재정 지원을 받는 인프라 프로젝트에 대해 미국산 제품 사용을 요구함	연방정부가 조달하는 계약에서 미국산 제품 사용을 요구함
예외 요건	- 공익에 반하는 경우 - 충분한 양의 미국산 제품이 없는 경우 - 비용 증가가 25% 이상인 경우	- 공익에 반하는 경우 - 충분한 양의 미국산 제품이 없는 경우 - 비용이 25% 이상 높은 경우
국제 협정과의 관계	- 국제 무역 협정 의무와 일치하도록 적용 - 조달 활동이 국제 협정 조건에 따를 것을 규정하고 있는 일부 주는 면제 신청 가능	국제 무역 협정 의무와 일치하도록 적용
중요한 기타 기준	- 모든 제조 공정이 미국에서 이루어져야 함 - 철강, 제조 제품, 건설 자재 등 각 제품군에 대한 구체적 기준 제시	- 최종 제조 공정이 미국에서 이루어져야 함 - 철강 및 기타 제품에 대한 일반적인 기준 제시

BABA 법안 품목별 주요 내용

품목	주요 내용	기타(비고)
철강(Iron and Steel)	초기 용해 단계부터 코팅 적용까지 모든 제조 과정이 미국에서 이루어져야 함	
제조 제품 (Manufactured products)	제조 제품은 미국에서 제조되고, 미국에서 채굴, 생산 또는 제조된 제조 제품의 구성요소 비용이 전체 제조 제품 구성요소 비용의 55%를 초과해야 함. 다만 관련 법률 또는 규정에 따라 제조 제품의 국내 내용물 최소량을 결정하기 위한 다른 기준이 설정된 경우는 예외임	광섬유 케이블, 비철금속, 플라스틱 및 폴리머, 유리, 목재, 엔지니어드 우드, 석고보드
건자재 (Construction materials)	모든 제조 과정이 미국 내에서 이루어져야 함	비철금속(구리 및 합금, 알루미늄), 플라스틱 및 폴리머 기반 제품, 유리, 광섬유 케이블, 목재, 엔지니어드우드, 석고보드

초당적 인프라법의 전력망 관련 프로그램

전력망 투자는 대규모 자금이 요구되는 장기 투자다. 초당적 인프라법은 재생에너지 확대 등을 위해 전력망 인프라 수준을 향상시키기 위한 다양한 프로그램을 편성했다. 또한 이는 2024년 관련 주식들의 실적 성장을 견인하는 초석이 됐다.

2022년 1월 미국 에너지부는 새로운 송전선의 배치를 가속화하고, 전력망의 회복력과 신뢰성을 개선하고자 새로운 '더 나은 전력망 구축 이니셔티브(Building a Better Grid Initiative)'를 출범했다. 이 이니셔티브는 새로운 고용량 송전선의 개발 및 기존 인프라의 업그레이드를 통해 기후변화로 인한 자연재해에 대비한 전력망의 내구성을 강화하고, 마이크로그리드 및 에너지 저장 장치와 같은 분산 에너지 자원의 통합, 전력망 보안 강화 등을 통해 전력망의 유연성과 신뢰성을 높이는 것을 목표했다.

더 나은 전력망 구축 이니셔티브의 주요 자금은 초당적 인프라법을 통해 조달되며 그 외에도 IRA 등 여러 법안과 연방 대출 보증 프로그램을 통해 일부 지원된다. 세부적으로는 전력망 업그레이드, 스마트 그리드 기술 도입, 에너지 저장 시스템 개발 등 전력망 현대화에 200억 달러를 지원한다.

IRA는 청정에너지 기술의 배치를 가속화하는 데 중점을 둔 반면, 더 나은 전력망 구축 이니셔티브는 초당적 인프라법의 자금 지원을 통해 전력망 인프라를 강화해 청정에너지 수요를 감당하도록 새로운 고용량 송전선 건설 및 기존 인프

초당적 인프라법의 전력망 현대화 및 회복력 제고를 위한 프로그램

프로그램	예산 규모	지원 내용
송전 촉진 프로그램	25억 달러	새로운 송전선 건설 및 기존 인프라 업그레이드를 지원. 마이크로그리드 연결 지원 등
전력망 탄력성 및 혁신 파트너십 프로그램	105억 달러	전력망의 탄력성을 강화하고 고급 전력망 기술을 배치 - 전력망 회복력 유틸리티 및 산업 보조금: 25억 달러가 전력 전송 및 배전 인프라 강화를 위한 기술 솔루션에 배정 - 스마트 그리드 보조금(Smart Grid Grants): 30억 달러를 전력망 효율성 향상, 시스템 장애 예방, 재생에너지 통합을 위한 기술 개발에 사용 - 그리드 혁신 프로그램(Grid Innovation Program): 50억 달러를 혁신적인 전송, 저장, 배전 프로젝트에 배정
전력망 탄력성 공식 보조금	23억 달러	산불, 극한 날씨 및 기타 재해에 대비한 전력망 강화 활동을 지원. 산불이 빈번한 지역에서 전력망을 강화하고, 전력 중단 시간을 줄이기 위한 인프라 업그레이드 극한 기후에 취약한 지역의 전력망 복구 시간 단축을 위해 스마트 그리드 및 자동화 기술 도입 청정에너지로의 전환을 촉진하기 위해 전력망에 태양광 및 풍력 에너지 통합 기술 적용

자료: 미국 에너지부

라 업그레이드 등을 지원한다.

더 나은 전력망 구축을 위한 프로그램은 크게 송전 촉진 프로그램(Trans-mission Facilitation Program, TFP), 전력망 탄력성 및 혁신 파트너십 프로그램(Grid Resilience and Innovation Partnerships, GRIP), 전력망 탄력성 공식 보조금(Grid Resilience Formula Grants)의 세 가지로 구성된다. 3개의 프로그램 모두 전력망의 현대화와 회복력을 목표로 하지만, 예산을 집행하는 기관, 지원 자격, 지원 방식 등에서 차이가 있다.

TFP는 전력망 확장을 촉진하고 청정에너지 프로젝트를 연결하기 위한 대규모 전송 인프라 구축을 지원한다. 이 프로그램은 특히 새로운 전송 라인 건설, 기존의 전송 인프라 업그레이드, 재생에너지 프로젝트와 전력망 간의 연결을 지원하는 대형 프로젝트로 전력망 소유자, 전송 운영자, 청정에너지 프로젝트와 같은 큰 규모의 전력 인프라 프로젝트를 추진하는 기관들이 주된 수혜 대상이다. 가장 큰 예산인 105억 달러가 배정된 GRIP는 전력망 회복력과 유연성을 개선하기 위해 혁신적인 프로젝트와 기술 도입을 목표로 기후변화로 인해 빈번해진 극한 날씨에 대응하기 위한 전력망 강화와 관련된 다양한 기술 솔루션을 지원한다. 전력망 탄력성 공식 보조금은 기후변화로 인해 발생하는 극한 날씨와 자연재해로부터 전력망 회복력을 높이기 위해 주로 산불, 홍수, 폭염, 극한 추위와 같은 재해에 대응하는 전력망 강화에 초점을 둔다.

이 프로그램에 주로 송전 인프라를 개발하거나 관리하는 관련 주요 미국 대기업들이 참여했다. 유관된 자금의 집행이 대부분 2024년부터 시행됐고 상당 기간에 걸쳐 집행될 것임을 감안할 때 이들 기업에 대한 관심이 요구된다.

더 나은 전력망 구축 이니셔티브 관련 기업

NO.	기업 이름	영문	티커	내용
1	넥스트라에너지	NextEra Energy	NEE	• 미국 내 최대 청정에너지 공급자 중 하나로, 대규모 풍력 및 태양광 프로젝트와 관련된 송전 인프라 개발에 주력
2	비스트라	Vistra Corp	VST	• 텍사스주에 기반을 둔 미국 내 가장 큰 전력 생산 및 소매 전력 제공 기업. 천연가스, 원자력, 태양광 및 배터리 에너지 시설 등 다양한 에너지원으로 구성된 포트폴리오 보유
3	아메리칸 일렉트릭파워	American Electric Power	AEP	• 전력 생산 및 송전에서 중요한 역할을 하는 회사로, 청정에너지로의 전환을 지원하는 송전 프로젝트에 적극적으로 참여
4	서던컴퍼니	Southern Company:	SO	• 미국 남동부 지역에서 전력 생산, 송전, 배전 및 천연가스 유통 등을 담당하는 유틸리티 기업. 송전 용량 확장과 관련된 다양한 프로젝트에 투자

2. 미국 재생에너지 시장의 성장

2015년 미국 오바마 행정부는 청정전력계획(Clean Power Plan, CPP)을 발표하고 2030년까지 전력 부문의 온실가스 배출을 32% 줄이겠다고 목표했다. 이 행정 계획은 주로 석탄 발전소의 배출을 줄이는 데 중점을 두고, 주 정부가 각자의 목표를 설정해 청정에너지원으로 전환하도록 장려했다. 하지만 이 계획은 2016년 대법원에 의해 집행이 중단됐고, 트럼프 행정부가 들어서면서 폐기됐다. 바이든 대통령은 취임 후 오바마 행정부의 기후 정책을 한층 더 강화해 2035년까지 전력 부문에서 탄소 배출을 완전히 제거하고, 2050년까지 국가 전체적으로 탄소중립을 달성하는 목표를 제시했다.

2021년 12월, 바이든 행정부는 초당적 인프라법(BIL)에 따라 에너지부 산하에 청정에너지 시연 사무소(Office of Clean Energy Demonstrations, OCED)를 설립했다. OCED는 청정 수소, 탄소 포집, 그리드 규모 에너지 저장소, 첨단 원자로 등 혁신적인 청정에너지 시연 프로젝트를 위한 초당적 인프라법 자금 215억 달러를 관리하는 역할을 담당한다. 또한 OCED는 관련 혁신 기술을 실제 조건과 유사한 환경에서 검증해 상업화 및 확대 적용을 촉진한다.

바이든 행정부는 초당적 인프라법의 다양한 프로그램과 IRA 등을 통해 청정에너지 및 전력망 기술 및 인프라 등을 위한 지원을 크게 강화했고, 이러한 정책 지원에 힘입어 2024년 미국 재생에너지 및 관련 인프라 및 유틸리티 주식들의 실적도 개선됐다. 주요 에너지 컨설팅 기관들은 2025년까지 재생에너지 산업이 지속적으로 성장할 것이라고 전망하며, 특히 태양광, 에너지 저장, 수소 에너지와 분야가 주요 성장 동력이 될 것으로 예상한다.

태양광

2023년 기준 미국 전력 시장에서 재생에너지의 비중은 약 21%이며 재생에너지 내 태양광의 비중은 약 18%이다. 미국 재생에너지 시장에서 태양광의 비중은 풍력과 수력보다 낮으나 IRA 등의 지원에 힘입어 2023년 이후 태양광 발전이 빠르게 늘었다. 태양광산업협회와 우드맥킨지가 2024년 2분기 발표한 미국 태양광 시장 보고서는 미국의 총 태양광 발전 용량이 2023년 200GW에서 2029년 438GW로 증가할 것으로 예상했다.

한편 미국의 태양광 발전 용량은 빠르게 증가해왔으나 태양광 밸류체인에서 가장 큰 비중을 차지하는 폴리실리콘, 잉곳, 웨이퍼 등 주요 부품을 동남아로부터의 수입에 의존하는 등[1] 급증한 발전 용량과 달리 미국의 태양광 모듈 등의 제조 기반은 성장이 제한됐다. 이에 미국은 중국 대비 열세인 태양광 공급망 내 경쟁력 회복을 위해 미국 내 제조 기반 확대를 통한 규모의 경제 효과와 함께 고도의 기술 개발에 박차를 가하는 전략을 추구한다. 또한 미국 정부는 태양광 산업의 글로벌 경쟁력 확보를 위한 다양한 프로그램을 지원하며, 바이든 행정부 들어 그 규모가 급격하게 확대됐다. 미국 에너지부는 2023년 5월 자국의 태양광 설비 제조 기반 확대를 위해 태양광 제조 촉진 프로그램(Solar Manufacturing Accelerator, SMA)을 발표하고 미국 내 태양광 제조 능력 강화 및 신규 기술 개발을 위한 연구 개발에 7,100만 달러 자금을 투입했다. SMA는 중국산 태양광 제조 기술에 맞서 보다 고효율의 태양광 기술 개발에 중점을 두고 농업, 건축 등 다양한 분야에 태양광 패널을 통합하는 등 미국의 태양광 기술 개발 증진을 추구한다.

2023년 4분기에 이어 2024년 1분기 기록적인 미국의 총 태양광 모듈 제조 CAPA 증가가 이뤄졌다. IRA에 의한 세액 공제와 빌드아메리카 바이아메리카 정

미국의 태양광 모듈 제조 CAPA 추이

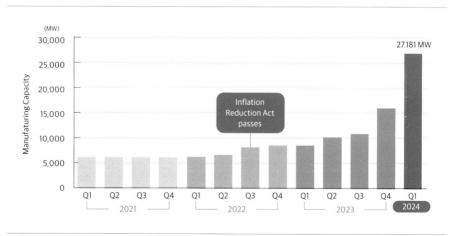

자료: 우드맥킨지

책 적용 외에도 2024년 6월 종료될 동남아산 태양광 모듈의 관세 유예 조치를 앞둔 선제적인 투자 등이 복합적으로 작용한 결과로 볼 수 있다. 덕분에 미국 내 태양광 모듈 CAPA는 IRA 시행 이전 대비 약 4배 이상 증가했다.

2024년 5월 대규모 태양광 기술 펀딩 프로그램이 발표됐다. 특히 '박막형 태양광 발전 기술 펀딩 프로그램'은 카드뮴 텔루라이드(CdTe) 및 페로브스카이트 기술과 같은 고효율 박막형 태양광 기술 프로젝트에 자금을 집중 지원한다. 캐드뮴텔루라이드 기술 분야는 현재 지배적인 비중을 차지하는 실리콘 기술 대비 생산비용 절감, 공급망 단순화 등의 잠재적 이점이 있는 기술로 평가되며 기술적인 부분으로만 보면 미국이 중국보다 우위로 평가되고 있다. 미국의 퍼스트솔라는 이 분야에서 글로벌 시장 선두 주자다.

미국은 탄소 중립 강화를 위해 태양광 연간 설치 규모를 향후 현 수준의 2배 이상 증가하는 것을 목표로 하며, 다양한 태양광 투자 지원 정책 프로그램과 관세 유예 조치 해제 등으로 미국 내 태양광 제조 기반은 더욱 확대될 전망이다. 다만 2023년 6월부터 2024년 3월까지 9개월간 2024년의 연간 설치량을 초과하는 49GW의 태양광 모듈이 수입됐고, 미국 에너지 업체들이 창고에 쌓아놓은 동남아산 태양광 모듈은 약 35GW 규모에 달한다는 업계 내 추정도 나와 동남아산 재고 소진이 2024년 내내 영향을 미쳤을 것으로 판단된다. 따라서 관세 유예 등 조치의 혜택은 2025년 이후 영향을 줄 것으로 예상된다.

2024년 6월 동남아산 태양광 모듈 관세 유예 조치 만료

미국은 2012년부터 중국산 태양광 패널에 대해 반덤핑 및 반보조금 관세를 부과했으며, 2018년에는 세이프가드 관세를 추가로 적용해 보호 정책을 강화했다. 중국산 제품에 대한 관세 부과를 피해 동남아를 우회한 미국 수출이 증가함에 따라 2022년 바이든 정부는 동남아 4개국(말레이시아, 태국, 캄보디아, 베트남)으로부터 수입되는 태양광 모듈에도 관세를 부과하기로 결정했다.

그러나 자국의 태양광 제조 기반 확대를 위해 2년간 동남아산 태양광 모듈의 관세를 유예했고, 2024년 6월 6일부터 동남아산 태양광 모듈에 대한 관세 유예 조치가 종료됐다. 관세 유예 기간 동안 수입된 태양광 패널은 180일 내 미설치 시 관세 부과 대상이 된다. 이러한 조치는 미국 내 태양광 모듈 제조업체에 긍정적인 영향을 미칠 것으로 예상된다.

산업 관련 종목

NO.	기업 이름	영문	티커	내용
1	퍼스트솔라	First Solar	FSLR	• 카드뮴 텔루라이드 기반 박막 태양광 모듈 제조 및 EPC 서비스 제공
2	선파워	SunPower	SPWR	• 고효율 태양광 모듈 제조 및 주거용 태양광 솔루션 제공
3	엔페이즈에너지	Enphase Energy	ENPH	• 태양광 인버터 및 에너지 관리 솔루션 제공. 마이크로 인버터 생산 및 판매, 태양광 시스템 모니터링 플랫폼 제공, 에너지 저장 시스템 개발
4	테슬라	Tesla	TSLA	• 태양광 패널, 에너지 저장 시스템 및 EV 통합 솔루션 제공

풍력

풍력은 미국 전력 시장에서 재생에너지 중 가장 높은 비중을 차지하는 에너지원이다. 육상풍력은 미국에서 가장 보편적인 풍력 발전 형태로, 2024년 5월 기준 미국 육상풍력의 설치 용량은 약 145GW이다. 텍사스주, 아이오와 오클라호마 등 미국 중서부의 넓은 평야지대에서 풍부한 풍력 자원을 통해 풍력은 미국의 재생에너지 시장에서 가장 높은 비중을 차지했다.

초당적 인프라법은 비용 절감과 기술 혁신, 배치 가속화를 위한 육상풍력 지원 프로그램과 함께 기술적·경제적 장벽을 해결하기 위한 다양한 프로그램을 지원한다. 대표적으로 비용 절감과 생산시간 단축을 위한 대형 풍력터빈 부품 3D 프린팅 기술 개발에 1,490만 달러가 투입되고, 보다 가볍고 강력한 적층 풍력 블레이드 제조 기술 개발에도 800만 달러가 지원된다. 또한 970만 달러가 해상풍력의 대규모 송전을 위한 고전압 직류(HVDC) 전송 기술 개발 및 장거리 전력 전송 연구에 투입될 예정이다.

현재 건설 중인 대표적인 육상 풍력 프로젝트로 2024년 1월 첫 삽을 뜬 미국 청정에너지 역사상 가장 큰 대규모 프로젝트인 선지아(SunZia) 프로젝트가 대표적이다. 이 프로젝트는 미국 뉴멕시코주의 대형 풍력발전소 건설과 애리조나주까지 이어지는 송전망을 건설하는 프로젝트로 총 110억 달러가 투자될 전망이다. 프로젝트가 완공되면 뉴멕시코주의 대형 풍력발전소에서 900개가 넘는 터빈을 통해 시간당 최대 3.5GW의 에너지가 생산된다. 이 에너지는 550마일(885km) 길이, 약 525킬로볼트의 고압 송전선로를 통해 300만 명의 애리조나주와 캘리포니아주의 주민들에게 전기가 공급될 예정이다.

선지아 프로젝트는 2006년 개발 계획이 발표된 후, 연방정부 승인을 신청하고 환경영향평가 절차를 거쳤으며, 오바마 정부 시절에는 '신속추진사업'으로 선정됐다. 그러나 예상치 못한 규제와 계획 변경으로 인해 승인 절차가 지연되는 등 무려 18년의 긴 기간 동안 여러 행정적 장벽에 부딪히며 지연됐는데 2024년 드디어 시작되어 2026년 완공을 목표로 하고 있다.

선지아 프로젝트를 위해 2023년 12월 덴마크 베스타스(Vestas)와 GE버노바(Vernova)가 각각 1.1GW, 2.4GW 규모의 풍력터빈 공급 계약을 체결했는데 이는 두 회사가 미국 시장에서 확보한 최대 규모의 수주 계약이다. GE버노바의 연간 풍력터빈 설치 용량은 약 5~6GW인데 선지아 프로젝트로 수주한 규모는 연간 설치 규모의 40% 이상에 달하는 수치다.

대규모 풍력 발전 사업에는 터빈 최적화, 송전선 인프라, 저장 기술 등도 요구되는데, 바람의 변덕스러운 특성을 고려하여 터빈의 설계와 배치가 최적화돼야 하며 선지아 프로젝트처럼 수백 킬로미터에 걸쳐 전력을 전송할 때는 전력 손실을 최소화하는 고전압 송전 기술도 필요하다. 콴타서비스는 선지아 프로젝트에서 설계, 설치 및 유지보수를 담당하고 자회사인 래트너 컴퍼니는 풍력발전소 건설을 담당했다.

육상풍력에 이어 미국 내 해상풍력 시장도 확대될 전망이다. 해상풍력은 바다에 설치된 풍력 터빈을 이용해 전기를 생산하는 기술로, 전력 공급의 안정성과 발전 방식의 다양성을 높여주는 중요한 에너지원이다. 해상풍력은 바람이 강하고 일정한 바다에서 전기를 생산하기 때문에 전기를 꾸준히 생산할 수 있는 능력이 일반적인 육상풍력이나 태양광 발전보다 더 높다. 따라서 해상풍력은 다른 재생에너지가 충분히 전기를 생산하지 못할 때 그 부족한 부분을 보완할 수 있다는 점에서 향후 탄소 중립을 위한 중요한 재생에너지원이라 할 수 있다.

해상풍력은 크게 고정식 방식과 부유식 방식으로 나뉜다. 고정식 해상풍력은 해저에 고정된 기초 구조물에 터빈을 설치하는 방식으로, 주로 50미터 이하의 얕은 해역에서만 설치할 수 있다. 반면 부유식 해상풍력은 바다 위에 부유하는 플랫폼에 터빈을 설치하여 바다 깊이에 제한 없이 더 깊은 해역에서도 사용할 수 있다. 부유식 해상풍력 기술은 더 넓은 지역에서 해상풍력 발전을 가능하게 하기 때문에 확장성이 크지만, 아직 초기 단계로 비용이 높고 불확실성이 크다. 또한 해저 케이블 설치가 요구되는 인프라의 수준도 고정식 해상풍력 대비 크게 높다.

2024년 5월 기준 미국에서 가동 중인 해상풍력 설치 용량은 약 174MW로 육상풍력 대비 크게 미미한 수준이다. 미국 에너지부는 2030년까지 30GW의 해상풍력 용량을 배치하고, 2050년까지 110GW 이상의 해상풍력 용량을 확보하는 것을 목표한다. 또한 2035년까지 부유식 해상풍력 용량도 15GW 증설하는 것을 제시하고 있어 부유식 해상풍력 프로젝트 역시 크게 증대될 전망이다. 초당적 인프라법은 이러한 기가와트급 해상풍력 프로젝트를 활성화를 위해 해상풍력 인프라 구축, 전력망 연결자금 지원, 대형 풍력터빈 개발 등을 지원한다.

원자재 가격 상승 등 인플레이션과 금리 인상, 터빈과 케이블 등 구성요소의 공급망 문제 등으로 프로젝트의 수익성의 변동성이 발생하며 2023년부터 2024년에 걸쳐 일부 풍력 프로젝트가 취소됐다. 그러나 주정부 및 연방정부가 새로운 인센티브와 지원 프로그램 등을 도입하며 재입찰 등에 힘쓰고 있고, 다양한 정책적 지원이 계속돼 장기적으로는 지속적으로 성장할 전망이다.

산업 관련 종목

NO.	기업 이름	영문	티커	내용
1	퀄컴 인프라스트럭처	Qualcomm Infrastructure	퀄컴의 사업부	• 전력 전송 인프라 주요 기술 공급, 고급 전력 관리 시스템, 전력 전송 라인 관리 소프트웨어, 스마트 그리드 솔루션 등을 공급
2	내셔널 그리드	National Grid	NGG	• 전력망 관리, 네트워크 유지 보수, 전력 전송 효율성 개선 등의 전력 전송 네트워크 운영 회사
3	GE버노바	GE Vernova	GEV	• GE 리뉴어블 에너지, GE 파워, GE 디지털, GE 에너지 금융 서비스가 GE로부터 분사해 2024년 4월 상장. 풍력터빈, 수력터빈, 가스터빈 등의 제조 및 설치, 그리드 솔루션 제공과 서비스 및 유지보수 등

수소

바이든 정부는 수소경제를 활성화하기 위해 적극적으로 정책을 개발했다. 2023년 6월 미국 국가 청정 수소 전략 및 로드맵을 2030년부터 2050년까지 10년 단위로 나눠 발표하고 미국의 수소 생산, 운송, 저장 및 사용 현황에 대한 스냅샷을 제시했다. 미국의 청정수소 전략 및 로드맵은 초당적 인프라법과 연계해 시장 상황 등의 변화를 반영하기 위해 최소 3년마다 업데이트된다. 미국 에너지부는 2030년까지 연간 청정수소를 1,000만 톤 생산하고, 2040년 2,000만 톤에 이어 2050년 5,000만 톤까지 늘리며 2050년 탄소 중립 목표의 10%를 청정수소로 생산한다는 계획이다. 이를 위해 미국 전역 17개 주가 연합해 7개 수소 허브 프로젝트를 추진할 예정이며, 연방정부 예산 70억 달러와 민간 투자 400억 달러가 투입될 계획이다. 또한 에너지부는 2023년 3월, 청정수소 비용 절감을 위한 연구개발(R&D)에 7억 5,000만 달러를 지원할 것이라 발표했다. 여기엔 그린수소 생

미국 7개 청정 수소 허브

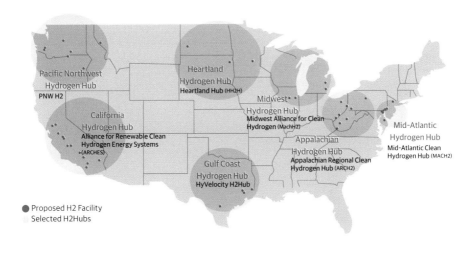

자료: Office of Clean Energy Demonstrations

산을 위한 수전해 설비, 블루수소 생산을 위한 탄소 포집, 활용 및 저장(CCUS) 기술 개발 등이 지원 대상에 포함됐다.

초당적 인프라법은 지역별 청정수소 허브 개발 80억 달러와 수소 전해 프로세스 효율성 및 비용 효과 지원 프로그램 10억 달러 등 총 95억 달러 규모의 청정수소 투자를 지원한다. 초당적 인프라법에서 생산 허브 구축을 지원하고 인플레이션 감축법에서 수소 생산에 대한 세액을 공제함으로써 10년 내 청정수소 1KG당 1달러 생산을 목표한다.

투자 항목	금액
수소 전해 프로세스의 효율성 및 비용 효과성 향상을 위한 지원 프로그램(Clean Hydrogen Electrolysis Program)	10억 달러
청정수소 장비의 제조 및 재활용에 대한 미국 내 제조 및 비용 효율성 개선 프로젝트 지원	5억 달러
청정수소 생산, 처리, 전달, 저장 및 사용을 촉진하기 위한 지역별 청정수소 허브 개발	80억 달러
청정수소 생산 표준 개발을 통한 DOE의 지원 및 지침 제시	1억 달러
미국의 청정수소 기술 및 경제적으로 실현 가능한 국가 청정수소 전략 및 로드맵 개발을 위한 지원	1억 달러

[참고] IRA의 수소 생산 세액 공제와 설비투자 세액 공제

IRA는 수소 1kg 생산 시 이산화탄소 배출량 2kg 이내인 수소를 청정수소로 정의하고 있다. 그러나 현행 기술로는 이러한 기준에 따른 공급이 현실적으로 불가능해 2023년에서 2025년까지 한시적으로 $4kgCO_2e/kgH_2$ 미만인 수소에도 생산세액 공제(PTC)를 허용한다.

수소 생산 시 이산화탄소 배출량이 적을수록 세액 공제 폭은 확대되며 최대 $3/kg까지 세액 공제가 제공된다. 구체적으로 수소 1kg당 0.45kg 미만, 100% 공제 0.45~1.5kg, 33.4% 공제 1.5~2.5kg, 25% 공제 2.5~4kg, 20%가 공제된다.

한편 2023년부터 신재생에너지 및 청정수소 시설은 kWh당 2.6센트의 생산세액 공제와 별도로 투자액의 최대 30%까지 투자세액 공제(ITC)도 제공된다.

2024년 8월 미국 내 7개 수소 허브 중 최초로 캘리포니아주의 수소 허브가 공식 출범하며 12억 달러의 연방정부 자금과 공공 및 민간 자금 114억 달러를 포함 총 126억 달러 투자가 확보됐다고 발표했다. 캘리포니아주의 3개 항구에서 수소를 생산해 200개 이상의 화물 처리 장비, 5,000대 이상의 연료전지 전기트럭, 1,000대 이상의 연료전지 전기버스, 1척의 해양 선박, 터빈과 고정형 연료전지를 구동하며 연간 200만 미터톤의 탄소 배출량을 감축한다는 계획이다. 이를 위해 수소의 보관 및 운송을 위한 수소 액화, 60개의 중장비 수소 연료 충전소, 약 165마일의 개방형 접근 파이프라인 등의 대규모 관련 인프라가 구축될 전망이다.

산업 관련 종목

NO.	기업 이름	영문	티커	내용
1	에어프로덕츠 & 케미컬	Air Products and Chemicals	APD	• 산업용 가스 기업이자 세계적인 액화 천연가스 처리 기술 및 장비 공급 업체
2	린데	Linde PLC	LIN	• 산업용 가스 생산 및 유통 시장 글로벌 리더. 수소 생산 및 액화 수소 기술 개발
3	커민스	Cummins	CMI	• 글로벌 엔진 및 파워 솔루션 기업. 수소 연료전지 및 전해조 기술 등을 중심으로 수소 사업 확장. 수소 생산, 저장, 공급에 이르는 인프라 솔루션 제공

그리드 규모 에너지 저장 장치

재생에너지의 확대를 위해서는 재생에너지의 간헐성과 변동성 해결을 위한

미국의 에너지 저장 시설

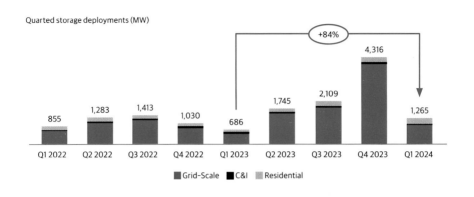

Quarted storage deployments (MW)

자료: 우드맥킨지
주: 에너지 저장 장치는 용도에 따라 그리드 규모 에너지 저장(Grid-scale), 상업 및 산업용 저장(Commercial and Industrial, C&I), 주거용 저장(Residential)으로 구분됨.

에너지 저장 장치(ESS)의 발전과 보급이 필수적이다. 재생에너지의 간헐성이란 에너지원이 일정하지 않고 날씨 조건 등에 따라 간헐적으로 생산되는 것이고 변동성은 시간에 따라 크게 변동하는 특성이다. 이러한 재생에너지의 특징은 지속적인 전력 공급을 어렵게 하고 전력 공급의 불안정성과 전력망의 전력 품질 저하를 초래한다. 이를 해결하기 위해 전력 생산이 풍부할 때 남는 전력을 저장했다가, 수요가 높거나 재생에너지가 충분히 생산되지 않을 때 저장된 전력을 방출할 수 있는 ESS의 역할이 매우 중요하다.

초당적 인프라법의 재생에너지 프로그램은 ESS 개발과 배치의 촉진을 직간접적으로 지원한다. 직접적으로 ESS에 편성된 예산은 고성능 에너지 저장 시스템을 시범적으로 적용하는 에너지 저장 시범 및 파일럿 보조 프로그램(Energy Storage Demonstration and Pilot Grant Program)에 3억 5,500만 달러, 10시간에서 160시간 이상의 장기 에너지 저장 시스템의 개발 및 시범 적용을 위한 장기 에너지 저장 장치 시범 사업(Long-Duration Energy Storage Demonstrations) 프로그램에 2억

5,000만 달러가 대표적이다.

에너지 컨설팅 업체 우드맥킨지와 미국청정전력협회(American Clean Power Association)가 2024년 6월 발표한 〈미국 에너지 스토리지 모니터(U.S. Energy Storage Monitor)〉 보고서에 따르면 1분기 미국 ESS 시장 규모는 총 1,265MW의 신규 용량이 추가되며 전년 동기 대비 84% 성장이라는 기록적인 성과를 달성했다. 특히 태양광, 풍력 등 재생에너지 발전 시설에서 생산된 전기를 저장하기 위한 대규모 저장 시스템인 그리드 규모 에너지 저장 시설(Grid-Scale Energy Storage) 993MW가 추가로 설치되며 1분기 ESS 시장 사상 최고치 기록을 견인했다. 우드맥킨지는 미국 ESS 시장이 2024년 연간 45%의 성장을 기록하고 2027년과 2028년 그 성장이 더욱 가속화될 것으로 전망했다. 향후에도 재생에너지 확대와 연계된 그리드 에너지 저장 장치가 ESS시장 성장을 주도할 전망이다.

재생에너지 산업 핵심 원자재

재생에너지 기술에 필수적인 구리, 리튬, 희토류 등 원자재 부족과 비용 상승은 재생에너지와 전기차 산업 성장의 걸림돌로 작용할 수 있다. 초당적 인프라법 통과 이전인 2021년 2월, 바이든 대통령은 행정명령 14017호, 'America's Supply Chains(미국의 공급망)'를 발표하고 에너지부 장관에게 에너지 부문 산업 기지(ESIB)에 대한 공급망 전략 개요 보고서 제출을 지시했다. 이후 2022년 2월 미국 에너지부는 ESIB를 건설하기 위한 미국 정부 최초의 종합 계획인 '강력한 청정에너지 전환을 위한 미국 공급망 확보 전략'을 발표했다. 이 전략을 통해 미국은 청정에너지 기술에 필요한 핵심 원자재(리튬, 희토류, 코발트 등)의 국내 생산과 가공 역량을 강화해 배터리, 태양광 패널, 풍력터빈 등 청정에너지 기술의 생산에 필요한 공급망을 국내에서 확립하고자 한다.

미국 지질조사국의 주요 핵심 광물 리스트

광물명	주요 수요처
리튬	전기차 배터리와 에너지 저장 장치에 필수
코발트	리튬이온 배터리와 고성능 합금에 사용
니켈	스테인리스강, 전기차 배터리 등에 사용
희토류	자석, 전자 제품, 방위 산업에 사용
구리	전기 배선, 전자제품, 재생에너지 인프라에 필수적
흑연	리튬이온 배터리의 음극 재료로 사용
망간	배터리 및 특수 합금에 사용
니오븀	초전도체 및 합금강에 사용
바나듐	배터리 및 고강도 합금에 사용

초당적 인프라법에 따라 미국 지질조사국(United States Geological Survey, USGS)은 전기차, 배터리, 재생에너지, 방위 산업 등 다양한 첨단 기술 산업에서 필수적인 50개의 광물을 주요 핵심 광물로 지정했다. 미국 지질조사국은 핵심 광물의 국내 매장량을 정확하게 파악하고, 해외 의존도를 줄이기 위해 항공자기탐사, 방사선 측정, 중력 측정 등을 활용해 잠재적인 광물 매장지를 탐사하고 표본을 채취 및 분석한다. 이를 통해 광물의 농도와 품질을 평가하며 시추 조사를 시행하고 있다. 또한 기존 광물 데이터베이스를 정교하게 업데이트하고, 미국 내 주요 핵심 광물의 분포를 시각화한 매장량 지도를 발표하는 등의 노력을 통해 정부와 민간 기업의 전략적 자원 개발을 촉진하고자 한다.

미국 인플레이션 감축법
미국 역사상 가장 큰 규모의 기후 법안

최세경 UC 버클리에서 환경학 학사 및 박사, 예일대 환경대학원에서 석사 학위를 받았다. 글로벌녹색성장연구소(GGGI), 세계은행, 녹색기후기금(GCF), 스탠퍼드대학 등에서 근무했으며 현재 미국 워싱턴 DC에 위치한 세계자원연구소(World Resources Institute)에서 연구 프로젝트를 주도하는 리서치 리드(Research Lead)로 근무 중이다. 주요 연구 분야는 국제환경정치, 기후변화 대응 혼합 금융과 자연기반해법(nature-based solutions) 등이다.

"기후변화란 단어를 들으면 일자리가 생각납니다."[2]

기후변화에 대처하는 행정명령들을 쏟아냈던 조 바이든 미국 전 대통령은 임기(2021년 1월~2025년 1월) 동안 기후변화를 정책 우선순위로 삼고 일자리 창출로도 활용한다는 야심 찬 행보를 보였다. 기후변화라는 이슈가 세계 어느 나라보다 정치적으로 양분된 미국에서 2022년 제정된 인플레이션 감축법(IRA)은 기후변화에 대응하는 방법이 산업 개발 및 일자리 창출과 연결되도록 치밀하게 설계됐다.

IRA로 시작된 대규모 연방 투자는 미국 역사상 가장 큰 규모의 기후 및 에너지 투자로 주목받고 있으며, 미국을 포함해 글로벌 다수의 산업에 직간접적으로 영향을 미친다. 따라서 IRA가 어떤 양상으로 미국 산업을 바꾸고 있는지와

Chapter 4 ___ 전력망과 에너지 정책: 트럼프 2기가 만드는 변화에 주목하라   341

2024년에 발표된 지침, 그리고 2025년 미국 새 정권이 IRA와 각 산업의 방향성에 어떠한 시각을 갖고 있는지 등을 두루 살핀다면 미국 투자를 하는 데 중요한 길잡이가 될 것이다.

IRA: 미국 역사상 가장 규모가 크고 중요한 기후 법안

미국 경제와 더불어 에너지, 전기차, 유틸리티 등의 산업 부문을 논의할 때 IRA의 영향을 반드시 짚어볼 필요가 있다. IRA는 직접 지출과 보조금, 세금 혜택, 대출 보증 등의 다양한 방식의 지원을 통해 지원 대상 산업의 시장 조건을 변화시키고 민간 부문, 정부 및 개인들의 행동을 변화시키려는 목적을 가지고 설계됐다. 글로벌 컨설팅 업체 PwC에 따르면,[3] IRA는 친환경 에너지 지원의 2/3가량을 세액 공제 형태로 진행하며, 보통 연 단위 갱신되는 정부 주도의 공제 혜택과는 달리 10년에 걸쳐 장기간으로 집행되는 점에서 기존의 정책들과 차이가 있다. 이러한 장기간에 걸친 혜택의 제공은 관련 기업들의 설비투자 확대에 효과적이다. IRA는 생산자들의 시장 진입을 유인하고 소비자들의 구매를 촉진하는 방식으로 인프라-생산-소비 전반에 걸친 산업 생태계 전반을 통합적으로 지원하는 방식이다.

IRA는 2022년에 제정된 이후 2023년에 본격적으로 기획됐다. 연방정부는 다양한 신규 프로그램을 만들고, 주정부들은 연방 보조금을 확보했으며, 자금을 효율적으로 배분하기 위해 협력 기구를 출범시켰다. 2024년은 IRA가 실질적으로 집행 단계로 전환된 해다. 투자은행 뱅크오브아메리카는 IRA의 영향력은 2024년과 2025년 이후 크게 촉발될 것으로 예상했다.

IRA의 기본 취지는 '인플레이션 감축법'이라는 이름과 같이 법인세를 늘려 마련한 재원을 에너지 안보와 기후 위기, 서민 의료 지원 등에 집중 투자해 치솟는 에너지 비용과 의료 서비스 가격을 잡는다는 것이다. IRA는 2024년부터 10년간 약 7,370억 달러의 세수를 유입해 헬스케어와 에너지 정책 등에 4,370억 달러를 활용할 계획이다. 나머지 3,000억 달러는 정부 부채를 줄이는 데 사용한다.

IRA는 미국 역사상 가장 규모가 크고 중요한 기후 법안으로 미국의 기후 대응 리더십 회복 및 자국 내 투자·생산 확대를 통한 에너지 안보 강화를 의도했다. IRA의 전체 예산 4,370억 달러 중 3,690억 달러에 해당하는 84%의 예산이 에너지 안보와 기후변화 대응 부문에 편성됐다. 할당된 3,690억 달러 중 에너지 산업과 관련된 내용이 42%를 차지하는데 태양광 부품, 풍력 부품, 인버터, 배터리 부품 등을 포함한 클린에너지 기술과 주요 광물의 미국 내 생산을 장려하는 세액 공제를 포함한다. 세부적으로 보면 청정 전력 부문 세액 공제, 친환경 제조업·차량·연료 관련 세액 공제, 개인 대상 청정에너지 인센티브 제공 등을 골자로 한다.

재닛 옐런(Janet Yellen) 재무부 장관은 IRA가 제정된 지 약 2년이 지난 2024년 5월 독일 프랑크푸르트에서 열린 테크쿼티어(TechQuartier) 행사에서 이 법안으로 인해 바이든 정부 출범 이후 민간 기업들이 8,500억 달러 이상의 투자

IRA 주요 항목별 투자 현황

구분		금액(단위: 십억 달러)
지출 항목	에너지 안보 및 기후변화 대응	369
	건강보험개혁법(ACA) 연장	64
	서부 지역 가뭄 대응 역량 강화	4
총지출 합계		437

자료: Congressional Budget Office

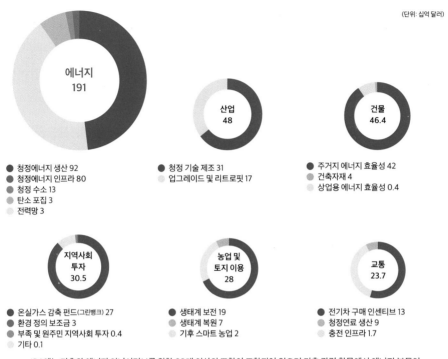

(단위: 십억 달러)

에너지 191
- 청정에너지 생산 92
- 청정에너지 인프라 80
- 청정 수소 13
- 탄소 포집 3
- 전력망 3

산업 48
- 청정 기술 제조 31
- 업그레이드 및 리트로핏 17

건물 46.4
- 주거지 에너지 효율성 42
- 건축자재 4
- 상업용 에너지 효율성 0.4

지역사회 투자 30.5
- 온실가스 감축 펀드(그린뱅크) 27
- 환경 정의 보조금 3
- 부족 및 원주민 지역사회 투자 0.4
- 기타 0.1

농업 및 토지 이용 28
- 생태계 보전 19
- 생태계 복원 7
- 기후 스마트 농업 2

교통 23.7
- 전기차 구매 인센티브 13
- 청정연료 생산 9
- 충전 인프라 1.7

IRA에는 기후와 에너지 이니셔티브를 위한 60개 이상의 조항이 포함되어 있으며 기후 관련 항목에서 에너지 부문이 1,910억 달러로 약 42%를 차지한다.

자료: Congressional Budget Office & EDF[4]

를 발표하는 등 클린에너지와 제조업에 대한 투자가 촉진됐다고 강조했다.[5]

IRA는 산업 개발 이외에도 미국 온실가스 감축에 크게 기여할 것으로 예상됐다. 미국 시장조사기관 로디움 그룹(Rhodium Group)을 포함해 다수의 연구 분석에 따르면,[6] IRA는 2030년까지 미국의 온실가스 배출량을 약 40% 감축할 수 있을 것으로 예상된다. 이는 미국 NDC[7]인 2005년 수준 대비 2030년 온실가스 배출량 50~52% 감축과 2050년까지의 전반적인 넷제로 도달에는 미치지 못하지만 IRA가 없는 시나리오와 비교했을 때 IRA의 기여도는 상당하다.

IRA 신규 세액공제 혜택 대상 제품

태양광	풍력	2차전지(배터리)	2차전지 관련 핵심 광물 (희유금속)
폴리실리콘, 웨이퍼, 셀, 모듈, 인버터 등	블레이드, 나셀(Nacelles), 타워, 해상풍력 플랫폼 등	전극 활물질, 셀, 모듈	니켈, 리튬, 코발트, 망간, 알루미늄 등

자료: 미국 Office of Energy Efficiency & Renewable Energy, 삼일PwC경영연구소

미국 기후 법안의 예상 감축량

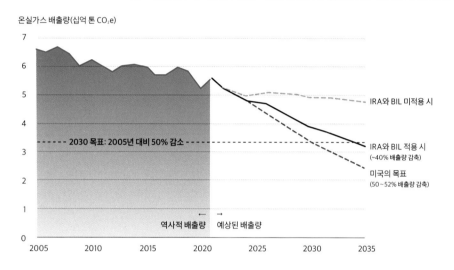

IRA와 BIL 미적용 시 2030년까지의 미국 온실가스 배출량은 2005년 대비 24-35% 감소할 것으로 예상되나, 기후법안 적용 시
온실가스 배출량은 2030년까지 40%정도 하락하며 미국의 NDC 목표와 근접해질 것으로 예상된다.

자료: America is All In, WRI

[참고] 미국 대통령 기후 관련 정책

미국 민주당은 전통적으로 기후변화에 적극적으로 대응하는 모습을 보였다. 유엔기후변

화협약(UNFCCC)의 파리 협정(Paris Agreement)은 오바마 정부(2009~2017년)의 역사적인

외교 성과였으며, 오바마 환경 의제의 정점이라고 평가된다. 그러나 그 후 대통령으로 취

임한 트럼프는 1기 행정부 시절이던 2020년 11월에 파리 협정에서 탈퇴함으로써 미국을 196개 국가가 합의한 온실가스 배출 감축 공약에서 철회한 유일한 국가로 만들었다. 하지만 바이든은 취임 직후 2021년 2월 파리 협정에 재가입하였고 IRA를 통해 미국의 국가 온실가스 감축목표 달성을 크게 제고하려 했다. 트럼프는 캠페인 내내 자신이 재당선될 경우 파리 협정에서 다시 탈퇴할 것이라고 수차례 경고해왔다. 그리고 2025년 1월 취임 직후 파리 협정에서 탈퇴한다는 행정명령에 서명했다. 이로써 미국은 다시 이란, 리비아, 예멘과 함께 이 협정에 가입하지 않은 국가가 됐다.

대통령	임기	당	파리 협정	환경 정책
버락 오바마	2009~2017	민주당	가입	클린에너지 산업 육성
도널드 트럼프	2017~2021	공화당	탈퇴	화석연료 산업 육성
조 바이든	2021~2025	민주당	재가입	탈탄소, 클린에너지 산업 육성
도널드 트럼프	2025~2029	공화당	재탈퇴	IRA 축소 또는 철폐 시도, 화석연료 개발 확대

IRA가 산업에 미치는 파급력

IRA가 다양한 산업에 미치는 영향을 보다 깊이 이해하기 위해 클린에너지, 에너지 저장 및 인프라, 송전선·전력망, 탄소 포집, 전기차 등 다섯 섹터로 나눠 분석했다.

1) 클린에너지

IRA는 2020년에 제정된 에너지법(Energy Act), 2021년에 승인된 인프라법에

분기별 클린에너지 투자 금액

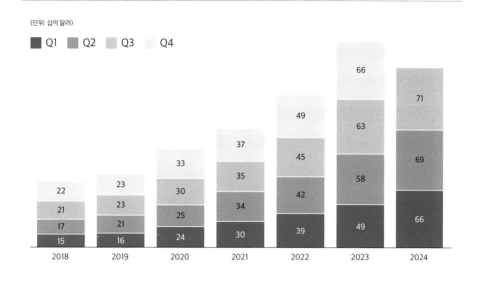

(단위: 십억 달러)

■ Q1 ■ Q2 ■ Q3 ■ Q4

	2018	2019	2020	2021	2022	2023	2024
Q4	22	23	33	37	49	66	71
Q3	21	23	30	35	45	63	69
Q2	17	21	25	34	42	58	69
Q1	15	16	24	30	39	49	66

자료: Rhodium Group-MIT/CEEPR Clean Investment Monitor

이어 세 번째의 주요 에너지 관련 법안이다. 2022년 8월 바이든의 IRA 서명 이후, 2024년 2분기까지 총 3,360억 달러 이상의 새로운 클린에너지 투자가 발표됐다. 여기엔 전기차, 배터리 및 에너지 저장, 클린에너지 제조, 청정 전력, 탄소 관리 등에 대한 투자가 포함된다. 이 중 많은 프로젝트들이 화석연료에서 클린에너지로 전환돼 일자리가 사라진 지역에 초점을 맞췄다. 뉴저지, 네바다, 루이지아나, 인디애나 주를 비롯한 미 전역에서 기존 석탄 발전소 부지가 새로운 배터리 저장 및 재생에너지 프로젝트로 전환 중이다. 2023년 미국에서 클린에너지, 친환경 자동차, 건물 전기화 및 탄소 관리 기술의 제조 및 배포에 2,650억 달러의 신규 투자가 있었다. 이는 전년 대비 39% 증가한 수치다.

2024년 5월, 미국 재무부와 국세청(IRS)은 IRA의 새로운 기술 중립적(technology neutral, 48E) 및 청정 전력(45Y) 세액 공제에 대한 제안 지침을 발표했다. 이 새로운 세액 공제는 기존의 생산 및 투자 세액 공제를 대체 예정이며 주 차원의 재생에너지 및 저탄소 전기 의무화 정책과 함께 미국의 배출량 감소를 이끄는 근본적인 원동력으로 평가받았다.[8] 그간 세액 공제는 연방정부 및 주정부가 정책 목표를 달성하는 데 효과적인 수단이나, 세액 공제의 일관성과 보장 기간에 따른 불확실성, 또한 기술별로 세액 공제의 차이가 난다든가 새로운 기술이 공제 대상에 포함되려면 의회의 승인을 요구하는 등 높은 진입장벽이 세액 공제의 실효성을 낮춰왔다.

IRA는 2025년부터 전기 부문에 대해 기술 중립적 세액 공제로 전환해 이 문제를 해결할 예정이다. 그 방안으로는 첫째, 이 지침은 전기 생산 기술들을 나열하는 대신 기술과 무관하게 온실가스 배출 없이 전기를 생산하면 공제 자격을 얻을 수 있다는 조건을 설정했다. 둘째, 고정된 종료 날짜 대신 미국의 전기 생산에서 발생하는 배출량이 2022년 수준의 25% 이하로 감소하면 공제가 단계적으로 종료된다. 여러 모델 예측[9]은 이 세액 공제가 향후 10년 동안 IRA에 따른 배출량 감소의 가장 중요한 요인임을 시사했다.

2) 에너지 저장 및 인프라

IRA는 에너지 저장 기술을 지원하고 송전 인프라를 확장하기 위한 다양한 조항을 포함한다. 발전 및 송전 시설의 건설 및 개조를 위해 50억 달러의 대출을 제공하고, 셀 생산에 대해 kWh당 35달러, 배터리 팩 조립에 대해 kWh당 10달러를 지급하는 첨단 제조(45X) 세액 공제가 있다.

특히 독립형 에너지 저장 장치(ESS)에 대해 30% 세액 공제를 도입했는데, 기존에는 배터리 에너지 저장 시스템이 재생에너지 발전기에 상당 기간 동안 직접 연결돼야 세금 공제를 받았으나, IRA는 독립적으로 ESS가 설치돼도 세금 공제를 부여한다. 이로 인해 ESS의 도입이 더욱 촉진될 것으로 기대된다. 미국 에너지정 보관리청은 2024년 미국의 ESS 용량은 기존의 15GW 대비 두 배인 약 30GW로 증가할 것이라고 내다봤다. EIA는 미국에서 태양광 및 풍력 용량이 증가함에 따라 ESS 수요도 계속 증가하고, IRA가 이 과정을 가속화하고 있다고 분석했다. 많은 태양광 개발 업체들이 기존 태양광 시설에 배터리를 추가하거나 개발 중인 프로젝트에 배터리를 설치하기 위해 저장 장치 세액 공제를 적극 활용하고 있기 때문이다.

3) 송전선·전력망

프린스턴대학 연구소가 2022년에 발표한 보고서에 따르면 IRA의 전체 배출 감축 잠재력을 실현하기 위해서는 송전 확장의 속도가 지난 10년 동안보다 두 배이상 증가해 연평균 약 2.3%에 도달해야 한다. 새로운 송전선은 주로 농촌 지역에 배치된 풍력 및 태양광 자원이 도시 지역의 수요 중심지에 도달하게 하며, 제대로 된 송전 시스템이 없을 경우 이러한 자원은 전력망에 연결될 수 없다. 제한된 송전 용량은 클린에너지 전환의 큰 걸림돌이 되는 것이다. 보고서에 따르면 송전 용량을 충분히 확대하지 못할 경우 IRA가 오히려 탄소 배출 증가를 초래할

IRA와 BIL을 통한 그리드 관련 예상 투자액

신규 전력선, 자산 업그레이드 혁신 기술 배치를 위한 직접적인 자금 지원(direct funding)	230억
민간 부문에서 유치된 자금	130억
IRA에 의해 파생된 121GW 재생에너지를 연결하기 위한 자금	390억
전기차를 위한 그리드 투자	80억
총액	**830억 달러**

자료: BNEF[10]

인플레이션 감축 법안으로 미국의 전력망 지출 증가

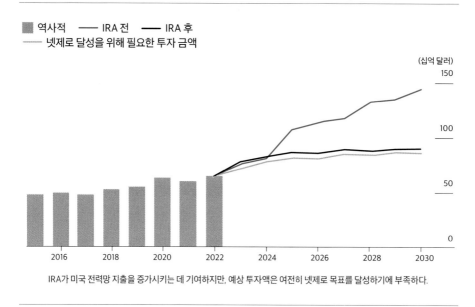

■ 역사적 —— IRA 전 —— IRA 후
—— 넷제로 달성을 위해 필요한 투자 금액

IRA가 미국 전력망 지출을 증가시키는 데 기여하지만, 예상 투자액은 여전히 넷제로 목표를 달성하기에 부족하다.

자료: BNEF

수 있다. 전기차 및 IRA로 촉진된 전기화로 인한 전력 수요 증가를 충족하기 위해 가스 및 석탄 발전소가 더 많이 사용될 수 있기 때문이다.

IRA는 미국 전력망에 총 29억 달러의 예산을 할당했다. 그중 가장 큰 규모의 예산이 송전 시설 자금에 관한 것으로 송전 프로젝트 개발을 위한 20억 달러 규모의 직접 대출 프로그램이다. 2030년 9월까지 이용 가능하며 자격 조건은 미국 에너지부가 지정한 전국적으로 중요한 송전로(National Interest Electric Transmission Corridor)에 위치해야 한다. 이외에 송전 프로젝트 연구, 협상, 이해관계자 소집 및 지역 간 송전 개발과 해상풍력 에너지 송전 개발 관련 분석 비용에 예산이 할당됐다. 정부는 IRA와 BIL을 통해 그리드 관련 이니셔티브에 총 290억 달러의 연방 자금을 할당했는데, 글로벌 리서치 기관 블룸버그NEF는 이를 통해

2030년까지 830억 달러의 추가 투자가 촉진될 것으로 예상했다.

4) 탄소 포집, 활용 및 저장과 대기 중 직접 공기 포집

미국 산업 부문은 국가 온실가스 배출량의 약 1/3을 차지하며, 미국의 탈탄소화에 가장 큰 걸림돌이 되는 분야 중 하나다. 전기화, 그린 수소, 탄소 포집은 IRA가 인센티브를 제공하는 탈탄소화 솔루션으로, 특히 철강, 시멘트 및 화학 산업과 같은 배출 저감이 어려운 산업 부문에서 탄소 배출을 줄일 수 있다. IRA는 탄소 포집, 활용 및 저장(CCUS)과 직접 공기 포집(DAC)의 세액 공제를 크게 늘리고 세액 공제 과정을 간소화했을 뿐만 아니라, 작은 규모의 탄소 포집 프로젝트에도 보조금을 제공하는 등 관련 투자 육성을 위한 기반을 크게 강화했다.

특히 지질학적으로 영구 저장된 탄소산화물에 대해 톤당 세액 공제를 제공하는 45Q 세액 공제는 공제 금액을 종전 톤당 50달러에서 85달러로 늘려 프로젝트 참여 문턱을 크게 낮췄다. DAC의 세액 공제는 톤당 50달러에서 180달러로 늘었다. 이러한 인센티브 인상은 이전에 투자 가치가 없던 많은 프로젝트를 재정적으로 안정적으로 만든다.

자금 지원 및 강화된 세액 공제 자격은 신규 및 기존 발전소와 산업 시설의 탄소 포집 프로젝트에 모두 적용돼 천연가스 복합 사이클 발전소, 석탄화력발전소, 산업 시설을 포함한 시설 소유자와 운영자가 탄소 포집 기술을 도입하거나 기존 시설을 개조하기 위해 자본을 투자할지 여부를 결정하는 데 영향을 미치는 주요 요인이다. 그 예로, IRA와 탄소 포집 세액 공제(45Q)는 기후테크 회사 카본캡처(CarbonCapture)와 탄소 저장 개발 업체 프론티어카본솔루션(Frontier Carbon Solutions) 간의 공동 DAC 프로젝트의 촉매 역할을 했다. 이 프로젝트는 2030년까지 매년 500만 톤의 CO_2를 영구적으로 제거할 계획이다.

		인플레이션 감축 법안	
	현재	배출원	직접 공기 포집
지하 저장	$50	$85	$180
활용	$35	$60	$130
석유 회수 증진	$35	$60	$130

영구 저장된 CO_2 톤당 세액 공제가 증가하면서 투자 접근성이 좋아졌다.

자료: Clean Air Task Force; S&P Global Commodity Insights

초당적 인프라법(BIL)도 CCUS와 DAC 지원에 큰 몫을 한다. BIL 및 IRA의 자금 지원과 인센티브는 탄소 포집 기술과 관련된 높은 초기 자본 비용을 지원하고, 탄소 포집 기술에 대한 투자를 유치했다.[11] 특히 BIL은 압축된 이산화탄소를 지하 저장소로 운송하기 위한 파이프라인을 설계하는데 에너지부에 1억 달러, 파이프라인 건설에 민간 부문으로 21억 달러, 대기 중 이산화탄소를 제거하는 네 개의 '허브' 시설을 건설하는 데에 5억 달러를 지원한다. 100개 넘는 주요 석유 회사들과 에너지 스타트업들이 참여한 미국 탄소포집연합(Carbon Capture Coalition)은 이 패키지가 2035년까지 신규 산업이 13배 성장하는 데 기여할 수 있다고 예상했다.[12]

5) 전기차

IRA는 전기차 보급을 증가시키기 위한 다양한 세액 공제를 포함하고 있다. BIL의 전기차 인프라 투자와 IRA 지원은 미국 교통 시스템의 탈탄소화를 목표로 하나 인프라와 차량 재고 교체 주기를 고려할 때 교통 부문을 완전히 탈탄소화하기에는 수십 년이 걸릴 것으로 예상된다. 그럼에도 불구하고 IRA는 2030년까지 전기차가 전체 경량 자동차 판매에서 차지하는 비율을 현저히 증가시킬 것으로 예상된다. 로디움 그룹의 분석을 따르면, IRA는 경량 자동차(승용차와 소형 상용차) 판매에서 전기차의 비율을 19~57%로 증가시킬 것으로 예상되며, 이는 IRA가 제정되기 이전의 12~43%보다 높은 수치다.

2023년부터 IRA는 전기차 중고차에 최대 4,000달러, 신차에 최대 7,500달러의 세액 공제 혜택을 제공하기 시작했다. 7,500달러의 IRA 세금 공제는 배터리 핵심 광물의 조달 요건과 전기차 배터리 부품이 북미에서 제조 조립 여부를 모두 충족해야 각각 3,750달러의 요건으로 나뉜 세금 공제 혜택을 모두 누릴 수 있다. 배터리 핵심 광물의 40% 이상이 미국 또는 미국과 자유무역협정(FTA)을 체결한 국가에서 조달돼야 한다. 이 비율은 매년 10%포인트씩 증가하여 2027년 이후에는 80%를 차지해야 한다. 매년 이 요건은 조금씩 변경되기 때문에 혜택을 받는 차량 모델도 매년 바뀐다.

또한 북미에서 최종 조립된 전기차만 IRA 공제 대상이다. 미국에서 판매 중인 현대차와 기아차의 전기차는 모두 한국에서 생산되기 때문에 미국에 전기차 공장을 완공하기 전까지는 IRA 혜택을 받을 수 없다.

2024년 1월 1일부터 IRA 세금 공제 청구 방식이 개선됐다. 기존에는 신규 또는 중고 전기차에 대한 IRA 세금 공제를 구매자가 다음 해 세금 신고 시에만 청구할 수 있어서 차량 구매 후 한참 뒤에 혜택을 봤으며 세금을 적게 내는 사람은

경량차(Light Duty Vehicle) 판매 중 전기차의 비율

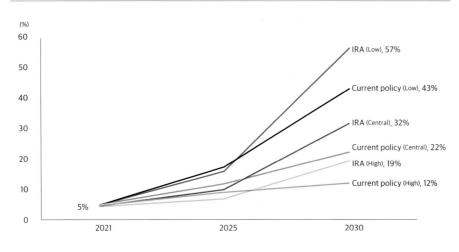

(%)

IRA (Low), 57%

Current policy (Low), 43%

IRA (Central), 32%

Current policy (Central), 22%

IRA (High), 19%

Current policy (High), 12%

5%

2021   2025   2030

세 가지 온실가스 배출 시나리오(Low, Central, High)를 기반으로 IRA의 영향을 모델링했다.

자료: Rhodium Group[13]

최대 7,500달러에 해당하는 지원금 혜택을 모두 누릴 수 없었다. 하지만 새로운 규정은 구매자가 자동차 딜러에게 세금 공제를 양도하고 해당 금액만큼 할인을 받을 수 있어 전기차 구매자의 편익이 늘었다.

청정에너지 산업이 가장 큰 성장을 할 것

크리스티나 데콘치니 (인터뷰 진행 및 정리: 최세경 - 인터뷰는 미 대선 이전에 진행)

● 크리스티나 데콘치니(Christina DeConcini)는 세계자원연구소(World Resources Institute)의 Government Affairs 디렉터이자 변호사로서 기후변화 및 에너지 문제에 대한 WRI의 입법 작업과 전략, 미국 행정부 및 기업 파트너들과의 협력을 감독한다.

Q IRA가 청정 산업을 촉진하는 데 있어서 가장 강력한 측면은 무엇인가요?

세금 인센티브가 청정 산업과 전체 IRA에 있어서 가장 강력한 측면이라고 확신합니다. 이러한 인센티브는 기업들이 미국 내에서 공장을 짓도록 장려했으며, 그 결과 전 세계 기업들이 미국으로 오고 있습니다. 미국은 현재 청정 산업을 위한 최적의 장소입니다. IRA가 제시하는 것은 혁명적인 아이디어는 아닙니다. 지역, 도시, 카운티 또는 주 차원에서 세금 코드, 노동규정 등을 적용해 사람들이 투자하도록 하는 노력은 항상 있었습니다. 그러나 미국이 전국적으로 이를 실행해 아마도 전 세계에서 가장 투자하기 좋은 곳으로 만든 것은 정말 큰 업적입니다. 최근 만난 글로벌 대형 철강 회사는 미국 투자 계획이 없었지만 IRA 인센티브 때문에 대규모 공장을 지을 예정이라고 말했습니다. 현대와 LG도 IRA의 결과로 조지아주에 주내 가장 큰 배터리 공장을 건설하기 위한 투자를 결정했다고 알고 있습니다.

청중이 IRA에 대해 잘 이해하지 못하는 중요한 점은 입법은 뒤집기 매우 어렵다는 것입니다. 규제 및 행정명령과 달리 법을 쉽게 뒤집을 수 없기 때문에 입법을 통과시키는 것이 훨씬 선호되며, 동시에 더 어렵습니다. 그러나 그만큼 법이 내구성이 있다는 점에서 중요합니다.

IRA에는 네 가지 획기적인 측면이 있습니다. 첫째, 기술 중립적입니다. IRA는 어떤 기술이 혜택을 받아야 하는지 '선택'하지 않았습니다. 기술 중립적이며 배출량을 기준으로 합니다. 따라서 어떤 유형의 기술이든 저배출이면 경쟁할 수 있습니다.

둘째, 10년 동안 지속됩니다. 이전에는 풍력과 태양광에 대해 2~3년간 지원이 있었고, 이후 공백이 생기고 다시 1년간 지원이 있는 등 일관성이 없는 양상을 보였는데, 이는 장기 투자에 적합하지 않으며 기업이나 투자자들이 원하는 것도 아닙니다. 그들은 장기적인 확실성을 원합니다.

셋째, 양(투자액)에 제한이 없습니다. IRA 혜택은 10년 동안 지속되지만, 양에 제한이 없습니다. 예를 들어 인디애나주나 다른 곳에 배터리 공장이나 전기차 공장 또는 다른 청정 산업을 세우고 싶은 회사는 모두 가능합니다. 그래서 얼마나 많은 수십억 달러의 청정에너지 투자가 미국에 들어올지 아무도 모릅니다. 왜냐하면 이 인센티브가 매우 인기가 있기 때문입니다.

넷째, 이 세금 공제는 민간 부문을 위한 것입니다. 따라서 민간 부문이 여기가 투자하기 좋은 곳이라는 것을 알게 되면 배터리 공장을 조지아에 짓거나, 인디애나에서 풍력 생산을 하는 등 민간이 세금 공제를 활용하여 결정하고 실행합니다. 이는 단순히 정부가 자금을 제공해 민간이 배터리 공장을 짓는 것이 아니라, IRA가 산업과 제조업에 이러한 세금 공제를 활용할 기회를 제공하고 있다는 것입니다.

따라서 이는 민간 부문에 많은 지속 가능성을 제공할 것입니다. 민간 부문이 투자하기를 원하고, 공화당 주에서 더 많은 투자가 이뤄지고 있기 때문입니다. 이 때문에 IRA의 조항을 철회하기가 매우 어려울 것입니다. 예를 들어 조지아에서는 주지사가 이 대규모 배터리 공장을 유치하기 위해 큰 노력을 기울였기 때문에 그 조항을 철회하는 데 찬성하지 않을 것입니다. 왜냐하면 많은 일자리가 달려 있기 때문입니다.

Q IRA가 시행된 이후 나타난 주요 한계점들은 무엇입니까?

한 가지 한계점은 이 법안이 너무 방대한 나머지 행정부가 최선을 다하고 있음에도 불구하고 아직 완전히 실행되지 못했다는 점입니다. IRA는 이미 훌륭한 성과를 냈지만, 법안 전체를 시행하고 모든 자금을 할당하는 데는 아직 이르지 못했습니다. 예를 들어 에너지부에는 혁신의 '죽음의 계곡'을 극복하려는 기업들을 돕기 위한 대출 프로그램이 있습니다. 선거 전까지 모든 자금을 할당하는 것은 불가능하기 때문에 트럼프 당선으로 이 프로그램의 미래는 불확실해질 가능성이 높습니다. 기업들의 녹색 혁신 개발을 위해 수십억 달러의 자금을 할당할 때 철저한 실사(due diligence)를 시행해야 하고 매우 신중하게 검토해야 하기 때문에 현재 상당한 미집행 자금(unobligated funds)이 남아 있습니다. 트럼프 당선과 공화당의 의회 장악으로 세액 공제와 달리 미집행 자금은 예산 문제를 다룰 때 매우 쉽게 회수될 수 있습니다.

Q 2025년 트럼프 행정부 하의 IRA와 관련된 주요 업데이트는 무엇이 될까요?

IRA의 핵심 요소인 산업 대상의 클린에너지 세액 공제는 계속될 것이라고 봅니다. 공화당과 트럼프가 4년 동안 끊임없이 그것을 폐지하겠다고 외칠 것이지만, 그게 실제로 폐지될 거라고 생각하지 않습니다. 마치 오바마케어(Affordable Care Act)처럼 말이죠. 공화당이 100번 넘게 폐지하려고 시도했지만 결국에는 폐지되지 않았는데, 그 이유는 그들은 혜택을 받고 있는 유권자들이 있었고, 유권자들은 그 혜택이 없어지기를 원하지 않기 때문입니다. 따라서 "IRA를 완전히 뒤집겠다"고 주장하는 사람들은 많겠지만, 저는 그들이 세액 공제 부분을 손댈 수 없을 거라고 생각합니다. 트럼프는 전기차 관련 세액 공제를 가장 싫어하는데, 이건 산업보다는 소비자에게 해당하는 부분이죠. 하지만 저는 이 세액 공제들도 그대로 유지될 거라고 봅니다. 2024년 8월 19명의 공화당원이 하원의장에게 "IRA를 뒤집겠다는 말 그만해라. 우리 지역구에 많은 투자가 이루어졌고, 우리는 이 혜택이 지속되기를 원한다"고 편지를 썼습니다. 따라서 공화당 의원들이 단 한 명도 이 법안에 찬성표를 던지지 않았음에도 불구하고, 이 법안의 구조는 굉장히 혁신적이고 훌륭하게 설계되었기 때문에 공화당 주가 민주당 주보다 세액 공제 혜택을 더 많이 받고 있다는 점은 다양한 자료를 통해 확인할 수 있습니다.

다만 IRA의 다른 부분들은 영향을 받을 수 있습니다. 특히 아직 투자되지 않은 수십억 달러(앞서 말한 미집행 자금)가 테이블에 남아 있기 때문에 IRA에 적대적인 대통령이나 의회가 등장하면 그 자금은 위험에 처할 수 있습니다.

트럼프 당선으로 미국의 클린에너지 부분 관련 분명한 후퇴가 될 것이며, 우리는 국제적으로 환경 문제에 대해 진전하지 못할 것입니다. 그러나 사람들은 IRA가 그 어떤 나라보다 클린에너지에 대해 중요한 투자를 촉진시켰다는 사실을 이해해야 합니다. 이 법안은 주로 세액 공제에 관한 것이며, 그것은 사라지지 않을 것입니다. IRA는 미국이 탈탄소화를 위해 첫 단추를 제대로 꿴 것에 대한 신호이고, 산업계는 그 방향을 바꾸지 않을 것입니다. 트럼프가 무슨 말을 하든 간에 그들은 세액 공제를 계속 사용할 것입니다. 왜냐하면 그것은 그들의 수익에 도움이 되기 때문입니다.

우리는 클린에너지를 화석에너지보다 저렴하게 만들려고 노력해왔으며, 기본적으로 IRA는 그 일을 해냈습니다. 그것이 완전히 되돌려질 수는 없습니다. 상황이 나빠지지 않을 거라는 말은 아니지만, 이 법안이 법제화되었고 세액 공제에 관한 것이기 때문에 저는 긍정적으로 봅니다. 제가 알기론 미국 역사상 세액 공제를 폐지한 적이 없습니다. 왜냐하면 사람들은 세액 공제가 없어지기를 원하지 않기 때문이죠. 그것은 마치 의료보험과 같습니다. 지역구의 사람들이 "여기에서 IRA혜택을 가져가지 마세요. 우리 지역에는 공장이 있고, 일자리가 생기고 있으며, 도로가 건설되고 있습니다"라고 말할 것입니다.

Q IRA와 관련된 요인으로 인해 2025년에 가장 큰 성장을 하거나 쇠퇴할 가능성이 있는 산업은 무엇입니까?

청정에너지 산업이 가장 큰 성장을 할 것입니다. 그것이 IRA의 핵심입니다. 배터리, 전기차, 풍력, 태양광, 원자력, 수력 등이 모두 성장할 것이며, 화석연료 산업은 가장 큰 감소를 보일 것으로 기대됩니다. 그러나 그 산업과 관련된 이익 집단들이 워싱턴에서 매우 강력하기 때문에 모든 화석연료 산업이 사라지리라고 기대할 수는 없습니다. 흥미롭게도 2024년 존 포데스타(John Podesta, 기후변화 특사)가 연설에서 말한 것을 볼 수 있는데, 그는 엑슨모빌의 CEO인 대런 우즈(Darren Woods)와 함께 의회를 로비하면서 IRA의 세액 공제를 없애지 말라고 했습니다. 심지어 석유 회사들조차 풍력과 태양광을 구축하고, 일부 세액 공제 혜택을 받고 있기 때문입니다. 이는 그들이 얼마나 큰 힘을 가질지를 보여줍니다.

Q 트럼프가 프로젝트 2025 권고안을 충실히 따를 것이라고 생각합니까, 아니면 그가 이미 그들과 거리를 두었음에도 불구하고 그렇게 할까요?

권고안들이 너무 터무니없기 때문에 트럼프가 정확하게 따르진 않겠지만, 그 권고안들은 트럼프가 원하는 방향을 보여주기 때문에 중요한 의미를 지니고 있습니다. 트럼프가 원하는 방향은 규제가 없는 상태로, 기업들이 오염을 일으키고 원하는 대로 할 수 있는 상태입니다. 예를 들어 환경보호청, 내무부, 기타 기관들에 대한 자금을 크게 삭감할 것이며, 이는 그들이 제 역할을 계속하기 어렵게 만들 것입니다. 그는 산업 표준(industry standards)을 완화하여 식품, 물, 공기에서 나오는 독성 물질에 대한 규제를 약화시킬 것입니다. 이는 그가 항상 주장해온 것과 동일한 방식으로, 산업이 가능한 한 많이 오염을 일으키도록 허용하는 방향으로 나아갈 것입니다. 그는 그런 방향으로 나아갈 많은 권력을 가지게 될 것입니다.

프로젝트 2025

2025 대통령 전환 프로젝트(2025 Presidential Transition Project) 또는 프로젝트 2025는 트럼프가 2024년 대선에서 승리할 경우 미국 연방정부를 재편하고 행정 권력을 강화하기 위해 보수적이고 우파적인 정책 시행을 촉진하는 것을 목표로 헤리티지 재단이 이끄는 이니셔티브다. 트럼프 캠페인은 참여하지 않았다고 밝혔지만, 900페이지에 달하는 보고서는 적어도 140명의 트럼프 정부 전직 관리들에 의해 주도됐다. 또한 2016년에 재단이 제시한 정책 권고사항의 64%가 트럼프 임기 1년 내에 시행되거나 검토된 걸 보아 프로젝트 2025는 두 번째 트럼프 정부를 위한 잠재적인 청사진으로 여겨지고 있다. 주요 권장사항은 다음과 같다. 정부의 역할을 크게 축소하며, 환경규제 완화와 기후정책의 후퇴와 관련된 내용이 다수 포함되어 있다.

자금 및 감독	정부 프로그램 자금의 대폭 삭감, 연방 감독 약화
법률 및 정책	바이든 정부의 법률 철회, 환경 및 기후 정책의 약화, 화석연료 생산 독려
에너지 정책	화석연료 시추에 대한 연방 규제 제거, 재생에너지에 대한 연방 투자 감축, 화석연료 프로젝트에 대한 환경 허가 절차 완화, 가전제품에 대한 에너지 효율 지침 폐기
환경	환경오염 물질 관리, 메탄 배출 추적 및 기후 연구를 수행하는 내무부 및 환경청의 역량을 크게 줄이거나 제거

트럼프는 이 프로젝트에 대한 비판이 제기된 후 관련성을 부인하고 있으며, 프로젝트 2025의 디렉터가 퇴임하기도 했다.

트럼프 행정부 2기로 인한 기존 에너지 정책 영향은 제한적

최세경 세계자원연구소(WRI) 리서치 리드(Research Lead)

이선경 그린에토스랩 대표이사

트럼프 당선에 따른 미국 에너지 정책 변화

2024년까지 바이든 정부의 주도 아래 초당적 인프라법과 인플레이션 감축법 등에 힘입어 미국의 클린에너지, 전기차, 발전소, 전력망 등 여러 산업에 대한 다양한 제도 변화와 발전이 진행됐다. 하지만 트럼프가 대통령에 당선됨에 따라 에너지 및 환경 정책에 수정이 불가피한 상황이다. 트럼프가 2025년 백악관에 복귀하며 IRA에 대한 규제 완화와 자동차 및 발전소 등에 대한 배출규제 폐지, 화석연료 규제 철폐 등의 정책을 펼칠 것으로 전망된다.

미국 대통령 임기 종료 60일 이상 전에 발표된 규칙은 의회의 단순 과반수 투표로는 철회될 수 없다. 바이든 행정부는 잠재적인 정치적 변동으로부터 보호하

IRA 타임라인

기술/크래딧	2022	2023	2024	2025	2026	2027	2028	2029	2030	2031	2032	2033
§45, §48: 생산 및 투자 크래딧	이전 법안 연장											
§45Y/§48E: 청정 전기 생산 및 투자 세액 공제				IRA 조항 효력 유지								
§45X: 고급 제조 생산 크레딧		IRA 조항 효력 유지					IRA 단계적 종료					
§45W, §30C: 상업용 청정 차량 및 대체 충전 크레딧		IRA 조항 효력 유지										

자료: EDF

기 위해 기후 및 IRA 관련 규제를 신속히 마무리했다. 바이든 정부는 대선 전 가능한 한 많은 에너지 및 환경 관련 행정 규칙을 제정하고, IRA 시행 관련 최종 규칙은 2024년 11월까지 발표함으로써 정권 교체로 변화될 가능성이 있는 미국 에너지 정책 및 이니셔티브를 유지할 장치를 마련해왔다.

그럼에도 불구하고 바이든 기후 정책의 '광기(lunacy)'를 되돌리겠다고 선언한 트럼프는 에너지 관련 정책에 있어서 바이든과는 정반대의 방향으로 추진할 것으로 예상된다. 트럼프는 당선 전 석유·가스 시추를 늘려 다시 에너지 지배국이 되겠다며 '드릴, 베이비, 드릴(Drill, Baby, Drill)'을 바탕으로 석유 및 천연가스 프로젝트에 대한 규제를 철폐하겠다고 약속했다. 이는 취임식에서도 강조된 메시지이다.

미국 환경보호청 자동차 배출가스 규제

미국 환경보호청(Environment Protection Agency, EPA)이 2024년 3월에 발표한 자동차 배

출가스 규제(Auto Emissions Rule)는 2032년까지 미국에서 판매되는 신형 승용차와 소형 트럭의 대다수를 전기차 또는 하이브리드 차량으로 만드는 것을 목표한다. 기후변화 대응을 위해 만들어진 이 규제는 발전소, 트럭 및 석유와 가스정에서 발생하는 메탄 누출을 포함한 다른 주요 배출 제한 규정과 함께 시행된다.

이 새로운 규제는 시간이 지남에 따라 배출가스 허용량을 점진적으로 줄여나감으로써 미국 자동차 시장을 변화시킬 예정이다. EPA는 새로운 규정에 따라 2032년까지 신형 승용차 판매에서 전기차가 최대 56%를 차지할 수 있을 것으로 예상한다.

EPA의 규제는 전기차 판매를 의무화하거나 휘발유 자동차 판매를 금지하지 않는다. 대신 전체 차량에 적용되는 배출 기준을 설정해 자동차 제조업체가 모든 생산 차량의 평균 배출 한도를 충족하되, 기준 준수를 위한 세부 차량 포트폴리오 구성은 자율에 맡긴다. 예를 들어 자동차 제조업체가 고배출(high emission) 차량을 생산할 수 있지만, 저배출 또는 무배출 차량을 충분히 생산하면 평균 배출량을 맞출 수 있다. EPA 관계자들은 자동차 제조업체들이 휘발유 차량, 하이브리드, 전기차 또는 수소 차량 등 다양한 차종을 판매함으로써 배출 한도를 준수할 수 있을 것이라고 밝혔다. 해당 규제는 중고 자동차나 경트럭의 판매에는 적용되지 않으며, 2027년 모델 연도부터 시행될 예정이다.

하지만 이 규제의 실행은 난항이 예상된다. 2024년 9월 하원에서 해당 법안의 폐지가 공화당에 의해 통과되어 상원에 상정될 예정인데, 2024년 11월 선거에서 상원 역시 공화당이 우세해졌기 때문이다.

트럼프 1기 에너지 및 인프라 정책 리뷰

트럼프의 재선 성공으로 향후 미국 에너지 정책을 전망하기 위해서는 트럼프의 과거 인프라 및 에너지·환경 정책에 대한 내용을 살펴볼 필요가 있다.

민간 참여를 중시하나 구체적인 계획은 부족했던 트럼프의 인프라 정책

트럼프 대통령은 재임 기간 동안 인프라 투자 확대 및 일자리 확대 방안을 여러 차례 발표했다. 그러나 바이든 정부와의 가장 큰 차이는 재원의 대부분을 연방정부가 아닌 주·지방 정부와 민간에서 충당하고 주로 규제 완화를 통한 민간 자본 참여 확대에 초점을 두었다는 점이다.

2018년 2월 트럼프 행정부는 53쪽 분량의 인프라 투자 계획을 의회에 제출하며 '미국의 재건(Rebuild America)'을 위해 2,000억 달러 규모의 연방 예산과 1조 5,000억 달러 규모의 주정부 및 민간 기업 자금을 동원하는 인프라 투자 계획안을 발표했다. 도로, 철도와 같은 사회기반시설에 3,000억 달러 이상을 투자하고, 선별된 지역에 무선인터넷 등 인프라 구축을 위해 1,000억 달러 이상을 투자하는 내용 등이 있다.

인프라 개발을 지연시키는 규제 장벽을 제거한다는 방침 아래 인허가 제도의 효율성과 신속성을 제고하기 위해 환경평가를 단일 기관에서 결정(One Agency, One Decision)하며 이를 위해 연방교통부 권한을 대거 주정부에 이양하는 내용을 담았다. 재원 마련 방안과 관련해서는 투자 확대를 위한 증세는 인플레이션 부담[14]이 있어 해외 금융을 포함함 민간 자본이 참여하는 민-관 협력 사업(Public-Private Partnership)을 확대하는 것을 골자로 제시했다. 전체 인프라 투자 투입 금액의 13%에 달하는 연방정부 지원 금액 2,000억 달러 중 절반인 1,000억 달러는 주정부와 지방정부가 자체 자금 조달 계획을 가져온 투자안의 일부를 지원하는 방식이라 강력한 트럼프 대통령의 주장에 비해 계획안의 실체 및 실현 가능성에 대해서는 의문이 제기될 수 있는 안으로 평가됐다.

트럼프의 인프라 투자 계획 내 연방정부의 자금 지원 내용(2018.2)

	금액	주요 내용
인프라 인센티브 프로그램	1,000억 달러	주정부와 지방정부가 자금을 매칭해 인프라 프로젝트를 실행하도록 유도
농촌 인프라 프로그램	500억 달러	농촌 지역의 도로, 교량, 수도 및 폐수 시스템 등을 개선. 주로 지방정부가 관리 및 배분
변화와 혁신을 위한 프로그램	200억 달러	새로운 기술과 혁신적인 접근 방식을 활용한 인프라 프로젝트를 지원
연방 자산 및 재배치 프로그램	500억 달러	연방 자산을 매각하거나 재배치하여 발생한 수익을 인프라 투자에 재투자

이러한 트럼프의 인프라 계획은 결국 입법화되지 못했고, 2020년 초 재선을 앞두고 재차 2조 달러에 달하는 인프라 투자 추진을 발표했으나, 2020년 3월 팬데믹이 발발하자 다른 정책들에 우선순위가 밀리며 인프라 투자 확대를 위한 실질적 행동은 없었다.

트럼프의 에너지 정책은 '경제적으로 적정하고(affordable), 전통적인(traditional)' 에너지원의 강화로 설명된다. 그는 에너지 이슈를 환경 문제와 연계하기보다는 철저하게 전통적인 기준의 경제성 측면에서 접근하며 저렴한 에너지를 통한 산업 활성화와 환경규제 완화를 강조한다. 석유와 가스 같은 전통적인 에너지의 생산을 늘리는 것은 산업을 활성화할 뿐 아니라, 에너지 독립을 통한 국가 안보에도 기여한다는 입장을 취한다.

이런 시각을 가장 잘 드러내주는 조치는 2017년 3월에 발표된 에너지 독립을 촉진하고 경제성장을 촉진하기 위한 행정명령(Executive Order on Promoting Energy Independence and Economic Growth)이다. 이 명령의 대표적인 내용은 석탄화력발전소의 탄소 배출을 제한하고 신재생에너지를 촉진하고자 한 오바마 정부의 청정전력계획(Clean Power Plan)을 청정에너지 친화적 규제 완화 방안

(Affordable Clean Energy Rule)으로 대체해 기존 석탄화력발전소에 대한 온실가스 감축 규제를 전반적으로 완화하고 주정부 자율에 맡기는 것이다. 또한 온실가스 배출의 사회적 비용 계산을 중단하는 것과 연방 토지 및 해양에서 석유, 천연가스, 석탄 등의 화석연료 개발 장려, 자동차 연비 및 배출 기준 완화와 석유 및 가스 산업 등에 대한 메탄 배출 규제 철회 등 미국 환경보호청 등의 각종 환경규제 철회 등이 주 내용이다.

트럼프는 이어 2019년 4월 에너지 인프라 개발 촉진 행정명령(Executive Order on Promoting Energy Infrastructure and Economic Growth)을 발표해 석유, 천연가스 등 파이프라인 등의 에너지 인프라 건설을 활성화하기 위해 환경보호 관련 규제 완화 및 승인 절차 간소화를 규정했으며, 2020년 1월에는 국가환경정책(National Environmental Policy Act)을 수정해 국가 대형 인프라 프로젝트에 대한 기후변화 평가를 간소화하고 프로젝트 승인 요건을 완화하는 방향으로 환경 및 인프라 건설 규제 완화 명령을 발표했다.

그러나 트럼프의 행정명령 중 상당수는 환경보호법 위반 및 주정부의 자치권을 주장하는 환경단체 및 여러 주정부로부터 소송 등에 휩싸이며 상당 부분 축소되거나 폐지된 사례도 있다는 점에 주목할 필요가 있다. 특히 행정명령의 내용이 기존의 유관된 환경규제 법안과 충돌하거나 주정부의 자율권 제한이 되는 경우 무효화되는데 대표적인 사례가 청정에너지 친화적 규제 완화 방안(청정에너지 합리규제(Affordable Clean Energy, ACE)의 철회이다. 청정에너지 합리규제 도입에 대해 환경단체와 여러 주정부는 트럼프 행정부의 규제 완화가 연방 환경법인 청정대기법(Clean Air Act)을 위반한다고 주장하며 청정전력계획 철회와 청정에너지 합리규제 도입을 반대하는 소송을 제기했고 2021년 1월 연방항소법원(DC Circuit Court)의 결정으로 트럼프 행정부의 청정에너지 합리규제는 무효화됐다.

트럼프 2기의 미국 에너지 정책 전망

트럼프의 기후변화 의제 부정에도 초당적 인프라와 IRA에 미치는 영향 제한적

트럼프는 IRA의 급진적인 개혁을 공언한 상태이다. 그러나 초당적 인프라법과 IRA 모두 행정 입법안이라는 점에 주목할 필요가 있다. 행정명령으로는 입법안을 철회하거나 무효화할 수 없으며, 법률은 입법부의 권한이므로 의회의 개정 또는 새로운 법률 제정을 통해서만 기존 법률이 철회되거나 수정될 수 있다.

다만 행정명령은 법률이 규정한 범위 내에서 법률의 집행 방식이나 우선순위를 조정하는 것이 가능하며, 차기 대통령은 이전 대통령의 행정명령을 철회하거나 수정할 수 있다. 트럼프는 IRA를 대체할 다른 입법을 통과시키지 않는 한 IRA 자체를 부정할 수 없고, IRA에 따른 특정 기후변화 대응 프로그램과 재생 가능에너지 산업에 대한 지원안에 대한 프로그램의 집행 방식을 조정하거나 일부 시행을 늦추는 등의 조치를 취할 수 있을 뿐이다. 이 경우에도 그 행정명령이 법률의 범위에서 벗어나 법률에 위배되거나 초과하는 권한을 행사하려 한다면 법원이 이를 무효화할 수 있다.

대선과 함께 치러진 상·하원 선거 또한 공화당의 승리로 끝나 IRA를 대체할 다른 입법이 이뤄질 가능성도 제기된다. 하지만 IRA 보조금이 친공화당주들에도 상당 부분 투자되어 '전면 철회'될 가능성은 낮다고 판단된다. 텍사스주는 보수적인 주임에도 불구하고 미국에서 풍력 발전 생산량이 가장 많고, 2023년 기준 태양광 발전 생산량에서는 두 번째를 기록한 주다. 기후변화 대응에 필수적인 재생에너지가 기후변화는 사기라는 공화당의 대표 주인 텍사스의 전력 공급을 유지하는 데에 도움을 준다. 미국에서 10억 달러를 초과하는 51개의 청정에너지 프로

미국 상·하원 선거 결과에 따른 에너지 및 기후 정책 시나리오

	트럼프 압승 공화당 하원 공화당 상원
석유 및 가스 생산	++
IRA	-
재생에너지	+
수소에너지	+
CCS	+
전기차	--
핵심 광물	++
환경규제	--
에너지 프로젝트 허가 (화석연료 및 재생에너지)	++
기후 리더십	--

자료: ING 리서치[15]
비고: 참고: ++ 지지하는, + 다소 지지하는, o 중립적인, - 다소 반대하는, -- 반대하는
공화당이 상·하원 모두 장악함에 따라 일부 재생에너지 세액 공제는 인기가 높아 유지될 가능성이 있지만, 기후 규제에 대한 강한 반대, 화석연료 개발 촉진, 그리고 IRA 및 기타 친환경 정책의 범위를 제한하려는 노력이 있을 것으로 보인다.

젝트 중 43개가 공화당이 다수인 지역구에 위치해 있다. 또한 발표된 청정 기술 제조 투자 기준으로 상위 25개 지역구 중 21개는 공화당 하원의원이 대표하는 지역이다. 이 21개 지역구만 해도 총 1,190억 달러 이상의 투자액과 8만 개 이상의 일자리를 차지한다. 2024년 8월엔 공화당 하원의원 18명이 하원의장 마이크 존슨(Mike Johnson)에게 서한을 발송해 IRA에 포함된 청정에너지 세액 공제를 폐지하지 말 것을 촉구하기도 했다.

다만 트럼프는 행정명령을 통해 주로 전통 에너지에 대한 각종 규제를 완화하고 IRA에 타격을 줄 수 있다. 새 행정명령을 발효해 IRA 법안의 집행을 구체화하는 바이든 정부의 행정명령들을 폐기하거나 장기 투자를 요하는 재생에너지 관

련 신규 대출을 중단하여 프로젝트에 차질을 빚게 하며, 각종 세제 혜택을 받을 수 있는 요건을 더욱 엄격하게 적용하는 등 IRA의 인센티브를 약화시킬 가능성을 배제할 수 없기 때문이다.

초당적 인프라법의 경우 트럼프의 당선에도 큰 변화가 없을 것이라는 전망이 우세하다. 초당적 인프라법은 그 규모와 편성 프로그램의 종류 등에 대해 양당 간 합의에 의해 상당 부분 조정된 후 실행된 안이며 미국의 운송, 에너지 등 인프라 전반에 대한 투자는 미국의 제조업 기반 마련을 위해 불가피한 성격을 띠고 있다. 또한 전력망의 현대화와 스마트 그리드, 에너지 저장 기술 등 분산 에너지 활용을 위한 다양한 기술은 첨단 기술 산업 육성의 기반이기에 4차 산업혁명 등에 있어 미국이 주도적인 역할을 하기 위해 필수불가결한 투자이기 때문이다.

CHAPTER

5

금융과 크립토

전통 금융과 신금융의 미래

은행, 할부금융
저금리 시대, 성장과 수익성의 딜레마

이경원 미국 거주 25년 차이며 베일러대학(Baylor University)에서 컴퓨터사이언스, 수학(부전공)을 전공했다. 해운, 건축 회사를 거쳐 현재 텍사스 댈러스에 위치한 핀테크 회사 아메리칸퍼스트파이낸스에서 시니어 디벨로퍼로 일하고 있다. 재테크에 관심이 많아 코리안 바드(Korean Bard)라는 아이디로 유튜브 채널을 운영하며, 미국에 사는 한국 이민자들에게 은퇴자금, 투자하는 방법을 공유하고 있다.

2024년 리뷰
불확실성 속의 강자들 - 금융 업계의 생존 전략

2008년 금융위기의 트라우마

"실리콘밸리은행(SVB)이 파산했다!"

2023년 3월 미국 실리콘밸리 내 스타트업들의 은행이라고 불리는 이 은행은 파산해, 같은 해 8월에 나스닥에서 상장 폐지됐다. 같은 달, 뉴욕에 위치한 유사한 규모의 중형 은행 시그니처은행(Signature Bank)도 파산했으며, 두 달 뒤엔 퍼스트리퍼블릭은행(First Republic Bank) 역시 파산했다. 이상한 분위기를 감지한 은행의 고객들은 저축한 돈을 인출하며 뱅크런이 이어졌으며, 많은 투자자들이

연도별 파산한 미국 은행의 개수 및 보유 자산 금액

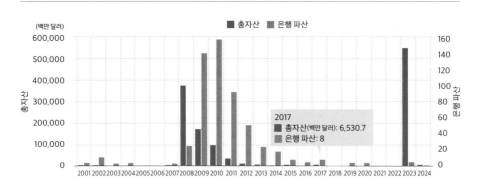

자료: 미 연방예금보험공사

2008년 금융위기가 다시 재현되는 것이 아닌지 불안에 떨었다. 규모가 작아 크게 알려지지는 않았지만, 세 개의 중견 은행이 파산한 후 하트랜드은행(Heartland Bank)과 시티즌스은행(Citizens Bank) 등 두 개의 은행이 추가로 파산했다. 미 연방예금보험공사(Federal Deposit Insurance Corporation, FDIC)의 자료에 따르면 2023년에 파산한 은행은 총 5개로 2009년의 140개, 2010년 157개의 은행 파산에 비하면 현저히 적지만, 은행 보유 자산은 5,487억 달러로 2009년의 1,709억 달러, 2010년의 965억 달러보다 상대적으로 컸다.

퍼스트리퍼블릭은행과 실리콘밸리은행은 왜 파산했나?

미국 은행 파산 규모 역사상 2, 3위라는 불명예를 기록한 퍼스트리퍼블릭은행(FRCB)과 실리콘밸리은행(SVB)은 도대체 무슨 일이 있었던 것일까? FRCB는 1985년 미국 캘리포니아주 샌프란시스코에서 설립된 은행으로 부자 고객을 타깃으로 하는 맞춤 서비스가 주요 업무였다. SVB는 1983년 미국 캘리포니아주 산타클라라에서 설립된 상업은행으로 스타트업 투자를 시작으로 비즈니스를 넓혀

갔다. 두 은행 모두 특화된 서비스로 비즈니스를 확장하는 데 성공했지만, FRCB의 재무구조는 부자 고객들에게 집중된 포트폴리오, SVB는 대다수의 자금을 장기 국채를 사는 실수를 범했다. 코로나19 팬데믹을 거치면서 인플레이션을 잡기 위해 미 연준에서 기준금리를 올리기 시작하자 불안에 떤 예금주의 예금 인출로 뱅크런이 발생하자, SVB는 2023년 3월에 퍼스트시티즌스은행(First Citizens Bank)에 흡수합병됐으며, FRCB도 같은 해 5월 JP모건체이스(JPMorgan Chase)에 합병됐다. 부자 고객과 스타트업의 자산관리는 해주면서 정작 자기 자신의 자산관리를 못 한 두 은행의 결과가 참 아이러니했다.

정부와 은행의 발 빠른 대처

중견 은행들이 하나 둘씩 쓰러지기 시작하자 미국 정부는 2008년 금융위기에서 얻은 교훈을 바탕으로 발 빠르게 대처 방안을 내놨다. 연준에서 도입한 은행 긴급 자금 지원 프로그램(Bank Term Funding Program, BFTP)은 은행의 담보를 바탕으로 자금을 빌려주는 제도로, 유동성 문제를 해결하는 데 그 목적이 있다. 은행이 파산 했을 때 예금자를 보호해주는 연방예금보험공사는 보험 한도를 일시적으로 상향조정하거나 보호 범위를 넓히는 조치를 취해 예금자들을 안심 시켰다. 정부 조치에 이어 대형 은행들은 발 빠른 구조조정과 동시에 각종 미디어를 통해 고객의 돈은 안전하다고 어필했다. 2024년 5월에 FRCB가 추가로 파산했지만 더 이상의 파산 사태는 없었고 은행 업계는 고객들의 믿음을 얻는 데 성공했다. 미 연방준비은행의 자료에 의하면 2023년에 낮아졌던 은행의 예금이 2024년부터 빠르게 회복됐다.

연도별 은행 저축 금액

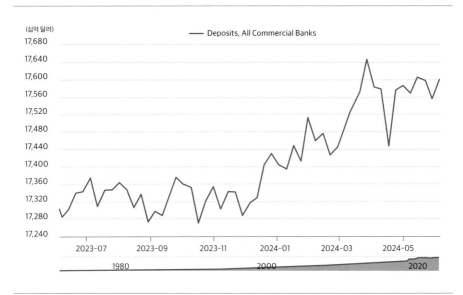

자료: 미 연방준비은행

위기를 기회로

SVB의 파산에 촉발된 '2008년의 금융위기 재현'에 대한 루머대로 시장은 흘러가지 않았다. 2024년 12월 중순 누적 기준 대형 은행을 포함 금융 섹터 수익률은 31.03%로 S&P500의 26.86%를 상회하는 수익률을 나타냈다. 컬럼비아대학 금융학 교수 토마시 프시코르스키는 두 가지 이유를 들었다. 첫째, 큰 은행의 재무상태는 금리 인상과 상업용 부동산의 충격을 흡수할 만큼 견고했고, 둘째, 불안에 떤 예금주들은 대형 은행으로 자금을 옮기기 시작해 JP모건체이스가 FRCB를 흡수해 몸집을 키운 것처럼 대형 은행 쏠림 현상이 나타났다. 마지막으로 정부의 발 빠른 대처로 인해 은행 섹터에 신뢰를 가져왔다. JP모건체이스, 뱅크오브아메리카(Bank of America), 웰스파고(Wells Fargo)를 포함한 68개의 미국 은행으로 이루어져 있는 모닝스타(Morning Star) 미국 은행 지수(Morningstar US Banks

— Morningstar US Banks TR USD O: 2,710.9B H: 2,710.98 L: 2,710.98 C: 2,710.98 Vol:0 +465.82 | +20.75%
— S&P500 PR +1,019.65 | 21.50%

자료: 모닝스타

Index)는 2024년 12월 중순 기준 누적 수익률이 39.04%를 기록하며 양호한 흐름을 보였다. 같은 기간 스탠더드앤드푸어스(S&P500) 지수는 26.86% 상승했다. 모닝스타 미국 은행 지수는 9월 미 연준의 금리 인하 발표 후 S&P500 지수의 수익률을 밑돌았으나, 11월 선거 후 다시 가파르게 상승세를 보였다.

높은 금리? 오히려 좋아!

피델리티 인베스트먼트의 금융 섹터 애널리스트이자 포트폴리오 매니저인 맷 리드(Matt Reed)는 2024년 4월 발간한 자료를 통해 "금리가 높아졌을 시 은행에게 큰 이점"이라고 강조했다. 금리 인상기에는 순이자마진(Net Interest Margin, NIM)을 높게 유지하는 것이 가능해 금융회사들에게 유리하기 때문이다.[1] 은행의 예금금리와 대출금리의 차이를 예대마진, 여기에 채권, 외화 등을 포함해 총이

미국 기준금리 대 프라임 이자율 그래프

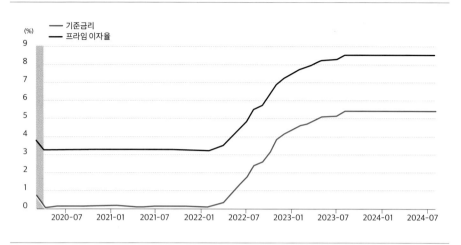

자료: 미 연방준비은행

자수익에서 총이자지출을 차감한 것이 순이자마진이다. 연준이 2024년 9월 금리 인하를 발표하기 전 기준금리는 5.25~5.50%를 유지했고, 은행이 고객들에게 대출을 줄 때 이용하는 프라임 이자율은 8.5%를 기록했다. 하지만 연준의 첫 번째 금리 인하 발표 후 2024년 3분기 말 기준, 기준금리는 4.45~5.00%, 프라임 이자율은 8.0%를 나타냈다.

2025년 전망
성장과 수익성의 딜레마 - 저금리 시대 금융업의 과제

줄어드는 순이자마진

2024년 9월 18일 연방공개시장위원회(FOMC) 회의에서 제롬 파월(Jerome

연도별 순이자마진

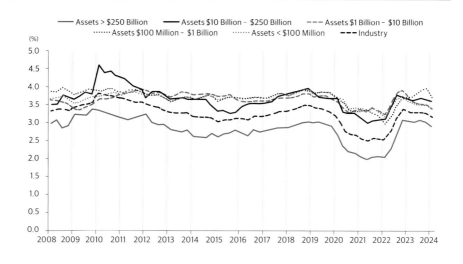

━━ Assets > $250 Billion ━━ Assets $10 Billion - $250 Billion ━ ━ ━ Assets $1 Billion - $10 Billion
⋯⋯ Assets $100 Million - $1 Billion ⋯⋯ Assets < $100 Million ━ ⋯ ━ Industry

자료: 미 연방예금보험공사

Powell) 미 연준 의장은 기준금리를 낮춘다고 발표했다. 예상보다 큰 폭인 0.5%포인트이며 2020년 3월 이후 4년 반 만에 처음으로 발표한 금리 인하이다. 금리를 내리는 것이 주식시장의 상승으로 이어질 수 있기 때문에 많은 투자자들이 금리 인하를 바라고 있지만 금융 섹터, 특히 은행의 경우 금리가 낮아질 경우 마냥 긍정적이지만은 않다. 미 연방예금보험공사에 따르면 2022년 하반기부터 상승했던 순이자마진은 점차 하락해 2024년 8월 기준 3.39%를 기록했다. 은행은 앞으로도 하락할 것으로 예상되는 순이자마진을 극복하기 위해 다양한 새로운 전략을 모색할 필요가 있다.

고이자 저축 상품의 인기가 지속될 것인가?

미국 은행은 적금 개념이 없고 목돈을 일정 기간 저축해 만기일에 원금과 이

은행의 CD 상품 검색 횟수

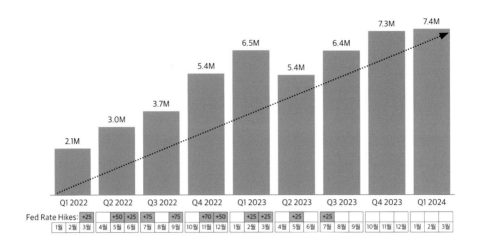

자료: Comscore.com

자를 받아가는 정기예금(Certificate of Deposit, CD)이 대표적인 고이자 저축 상품이다. 2022년 3월부터 미 기준금리가 가파르게 상승하기 시작하면서 이자가 5%를 넘는 CD 상품이 시장에 출시됐다. 원금 손해가 없고, 연방예금보험공사에서 보호해주며, 확실하게 5%를 넘는 이자를 받을 수 있는 매력적인 상품에 사람들이 관심을 가졌다. 마케팅 리서치 회사 컴스코어(Comscore)에 따르면 은행 웹사이트에서 CD 상품을 검색한 케이스가 2022년 대비 세 배가 넘었다.

문제는 금리가 떨어지기 시작하면서부터다. 연준의 금리 인하에 발맞추어 은행 역시 각종 예금 상품의 이자율을 낮추기 시작했다. 1년 만기 CD 상품의 경우 2024년 3분기 기준 마커스은행, 웰스프론트와 같은 온라인 은행은 4.5%, JPM, 뱅크오브아메리카, 웰스파고의 대형 은행은 그보다 낮은 4% 초반 수준의 금리로 CD 상품을 제공했다. CD 이자율은 앞으로도 지속적으로 낮아질 것으로 예상돼 5%가 넘는 예금 상품에 길들여진 고객들이 여기에 만족할 리가 없다. 이들은 CD 상품 만기 후에 주식이나 펀드 등의 대체 상품을 찾아갈 확률이 높다. 고객 유치를 위해 은행이 어떻게 대처할지 지켜볼 필요가 있다.

상업용 부동산, 정말 괜찮을까?

상업용 부동산(Commercial Real Estate, CRE)은 크게 오피스, 쇼핑몰, 호텔, 창고 등 네 분야로 나뉜다. 그중 오피스 섹터가 코로나19 팬데믹을 지나면서 큰 타격을 입었다. 팬데믹이 종식되면서 일부 회사는 직원들을 회사로 다시 불러들였지만, 팬데믹 시기에 재택근무로 인해 비용 절감의 혜택을 본 회사들은 이를 그대로 유지하거나 일주일 중 절반은 재택, 나머지 절반은 출근하는 하이브리드 근무를 유지함으로써 오피스 몸집을 줄였다. 미국의 신용평가기관 무디스(Moody's)에 의하면, 팬데믹 기간을 지나면서 상승하기 시작한 미국 오피스의 공실률은 2024년 3분기 기준 20.1%로 1980년 이후로 가장 높은 수준이다.

분기별 미국 오피스 공실률

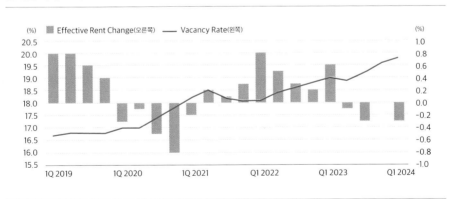

자료: Moody's CRE

"CRE 문제로 인해 합병되거나 파산하는 은행이 반드시 있을 것입니다. 대부분 소규모의 은행에게서 이러한 문제가 발생할 것으로 예측됩니다."

제롬 파월 의장은 2024년 2월 미 CBS의 간판 시사 프로그램 〈60분(60Minutes)〉에 출연해 CRE 대출이 문제가 될 수 있다고 지적했다.[2] 건물의 가격 하락 및 공실로 인해 부동산 소유주는 타격을 입게 되고, CRE론이 만기가 되면 훨씬 더 높은 이자율로 롤오버(만기 연장)하게 되어 견디지 못한 부동산 소유주는 최악의 경우 채무불이행(디폴트)을 선언한다. 이러한 디폴트는 소유주뿐 아니라 대출해준 은행에도 타격을 주는 연쇄 작용이 일어난다. 파월 의장에 따르면 2008년의 금융위기와 같은 수준의 부동산 디폴트는 일어날 것 같지 않지만 일정 수준의 타격이 예상된다고 지적했다. 규모가 큰 은행의 경우 다양한 투자 종목으로 CRE에서 얻는 손해를 분산시킬 수 있지만, 규모가 작은 은행, 그중 CRE의 비중이 높은 은행은 파산, 합병의 절차를 밟을 것을 예상한다고 말했다. 물가 안정이라는 대(大)를 위해 은행의 손해라는 소(小)를 감수하겠다는 것이다. 규모가 작은 지역은행(Regional Bank)의 경우 투자에 주의를 기울일 필요가 있다.

할부금융을 둘러싼 정부의 규제

미국에서 최근 유령부채(Phantom Debt)라는 말이 할부금융(Bye Now Pay Later, BNPL)의 연관 검색어로 나오고 있다. BNPL의 역사가 짧고 단기간에 빠르게 성장하여 이를 관리하고 감독할 규제 방안이 아직 완전하게 정립되지 않았다. 미국의 모기지론, 자동차론, 크레딧 카드의 경우에 대출 금액, 납부 여부가 미국의 신용평가기관으로 주기적으로 보고된다. 신용평가기관은 이렇게 모은 자료를 바탕으로 개인의 신용등급(Credit Score)을 계산한다. BNPL의 경우 영업하고 있는 주의 규제와 제공하는 상품의 성격에 따라 이러한 자료가 반드시 신용평가

기관에 보고되는 것은 아니다. 즉 소비자가 BNPL에 얼마나 많은 빚을 가지고 있는지 제대로 가늠이 되지 않는 상태이며, 따라서 정확한 신용 점수, 리스크 한도를 측정하는 데 어려움이 있다. 미국의 소비자 금융 보호국(Consumer Financial Protection Bureau, CFPB)은 지속적으로 BNPL 회사를 감시하며 법률을 강화하려고 노력 중이다. 미국 정부의 강력한 정부 규제가 BNPL 회사의 활동을 억제할지 눈여겨볼 필요가 있다.

기술의 발전으로 어려움을 헤쳐나가다

금융 대출 회사들도 다른 섹터와 마찬가지로 AI라는 고속 기차에 탑승했다. 챗봇과 가상 비서를 이용하여 계좌 잔액 조회, 거래 내역 확인 등의 간단한 업무를 자동화하고 있으며 비정상적인 접속, 거래 패턴을 식별하여 사기 행위를 예방한다. 또한 전통적인 신용 평가 모델보다 더 많은 데이터를 더 빨리 처리하여 고객의 정확한 신용 점수와 리스크 관리를 할 수 있다. 팬데믹 기간에 급속도로 증가한 언택트 기술, 그중에서도 앱을 이용하여 송금을 하고 납부를 하는 온라인 페이먼트는 지속해서 그 유저 베이스를 확장해나가고 있으며, AI 기술의 발전은 금융 산업 전반에 걸쳐서 보다 큰 변화를 가져올 전망이다.

산업 관련 종목

NO.	기업 이름	영문	티커	내용
1	JP모건체이스	JP Morgan Chase	JPM	• 미국 최대 규모의 은행, 금융 서비스 회사
2	뱅크오브아메리카	Bank of America	BAC	• 미국에서 두번째로 큰 은행
3	씨티그룹	Citigroup	C	• 미국의 대형 은행, 투자 회사
4	어펌	Affirm	AFRM	• 무이자 할부(BNPL) 회사
5	페이팔	PayPal Holdings	PYPL	• 온라인 송금, 전자지갑 회사
6	클라나	Klarna	비상장	• 무이자 할부(BNPL) 회사

JP모건체이스 JPMorgan Chase & Co (JPM)
거친 금융시장, 흔들리지 않는 요새

#1 기업 개요

JP모건체이스는 뉴욕에 본사를 두고 있는 세계 최대 규모의 금융기관으로 개인 투자자를 위한 은행부터 기업을 위한 기업 은행까지 다양한 서비스를 제공하고 있다. 1799년에 설립된 체이스맨해튼 컴퍼니(Chase Manhattan Company)와 1871년에 설립된 JP모건(JP Morgan & Co.)이 2000년도에 합병하여 탄생한 것이 지금 JP모건체이스의 모습이라고 할 수 있다. 미국의 여타 대형 은행과 마찬가지로 JPM 역시 타 은행들을 하나씩 합병하면서 점점 몸집을 키워나갔다. 주목할만한 합병은 2004년 뱅크원(Bank One Corp)과의 합병이다. 당시 뱅크원의 CEO였던 제이미 다이먼(Jamie Dimon)도 JPM에 합류했는데, 2006년부터 지금까지 JPM의 회장 겸 CEO를 유지하는 중이다. 당시 같이 이직했던 뱅크원의 임원들도

보유 자산 기준 미국 은행 톱10

Bank Name / Holding Co Name	Nat'l Rank	Bank ID	Bank Location	Charter	Consol Assets (Mil $)	Domestic Assets (Mil $)
JPMORGAN CHASE BK NA / JPMORGAN CHASE & CO	1	852218	COLUMBUS, OH	NAT	3,510,536	2,646,296
BANK OF AMER NA / BANK OF AMER CORP	2	480228	CHARLOTTE, NC	NAT	2,550,584	2,412,440
WELLS FARGO BK NA / WEllS FARGO & CO	3	451965	SIOUX FALLS, SD	NAT	1,719,839	1,696,452
CITIBANK NA / CITIGROUP	4	476810	SIOUX FALLS, SD	NAT	1,678,936	1,036,223
US BK NA / US BC	5	504713	CINCINNATI, OH	NAT	664,924	655,817
PNC BK NA / PNC FNCL SVC GROUP	6	817824	WILMINGTON, DE	NAT	552,530	548,754
GOLDMAN SACHS BK USA / GOLDMAN SACHS GROUP THE	7	2182786	NEW YORK, NY	SMB	543,888	472,098
TRUIST BK / TRUIST FC	8	852320	CHARLOTTE, NC	SNM	511,931	511,894
CAPITAL ONE NA / CAPITAL ONE FC	9	112837	MC LEAN, VA	NAT	477,304	476,823
T D BK NA / TD GRP US HOLDS LLC	10	497404	WILMINGTON, DE	NAT	370,332	370,332

자료: 미국 연방준비제도(Federal Reserve)

여전히 중요한 자리를 차지하고 있다. 2007년 투자은행으로 규모가 컸던 베어스턴스(Bear Stearns)와 합병, 2008년 금융위기 당시에는 워싱턴뮤추얼(Washington

JP모건체이스 기업 정보

설립 연도	1799년	시가총액 (십억 USD)	685.6
상장 거래소	뉴욕증권거래소	시가총액 (조 원)	981.7
상장일	1967. 4. 25.	배당수익률	2.1%
CEO	제이미 다이먼	52주 최저-최고 범위 (USD)	162.39-254.31
주요 주주	뱅가드 그룹 9.54%		
직원 수	313,206명	현재 주가 (USD)	241.53
홈페이지	jpmorganchase.com	평균 목표 주가 (USD, Yahoo Finance 기준)	245.46
회계연도 종료	2024. 12. 31.		

* 기준일: 2024. 12. 12.
자료: Yahoo Finance

JP모건체이스 기업 실적 및 투자 정보

구분	2022	2023	2024F	2025F	2026F	5년 연평균 성장률
매출 (십억 USD)	128.7	158.1	171.8	169.4	172.8	7%
영업이익 (십억 USD)	52.6	70.9	81.9	76.0	76.1	9%
순이익 (십억 USD)	35.9	47.8	51.8	47.9	50.1	1%
주당순이익 (USD)	12.1	16.2	17.9	17.2	18.7	4%
주당 배당 (USD)	4.0	4.1	4.8	5.2	5.5	-
영업이익률 (%)	40.8	44.9	47.7	44.9	44.0	-
순이익률 (%)	27.9	30.2	30.2	28.3	29.0	-
PER (x)	9.6	10.1	12.8	13.0	12.1	-
PBR (x)	1.5	1.5	1.9	1.8	1.7	-
Market Cap/ Revenue (x)	3.0	3.2	3.7	3.8	3.7	-
ROE (%)	14.0	17.0	15.7	14.3	14.3	-

자료: 회사 자료, Capital IQ
주1: 미국 회계기준(US-GAAP)
주2: 전망치는 2024년 8월 30일 Capital IQ 기준

JP모건체이스 매출액 & 성장률 전망

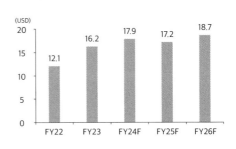

자료: JP모건체이스, Capital IQ (2024년 8월 30일 기준)

JP모건체이스 주당순이익 전망

자료: JP모건체이스, Capital IQ (2024년 8월 30일 기준)

JP모건체이스 주가 추이

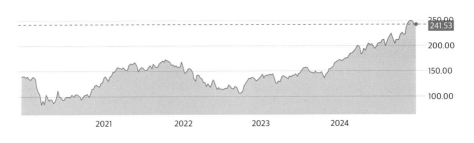

Mutual)은행을 합병했다. 최근 2023년 5월에는 퍼스트리퍼블릭은행을 합병했는데, 은행 합병 역사상 워싱턴뮤추얼과 퍼스트리퍼블릭은행이 규모로는 1, 2위로 꼽힌다.

미 연준의 데이터에 의하면 JPM은 관리 자산 규모 3조 5,000억 달러, 은행 지점 수 4,912개로 미국에서 가장 큰 은행이다. 그 뒤를 뱅크오브아메리카, 웰스파고, 씨티뱅크(Citi Bank)가 차지하고 있다. JPM의 2023년 매출은 1,236억 달러, 순이익은 475억 달러였으며, 직원 수는 25만 명에 달하는 대형 기업이다.

#2 비즈니스 모델

JPM은 자사의 모델을 크게 네 가지 분야로 나눈다. 소비자 은행(Consumer &Community Banking, CCB)은 JPM 매출의 43%를 차지한다. 개인 고객을 위한 은행 계좌, 크레딧 카드, 주택 및 소액 담보 대출을 제공한다. JPM은 미국 내에서만 820만 명의 고객을 보유하며, 체이스은행의 신용카드는 미국 소비자들이 가장 많이 사용하는 카드 브랜드이다. JPM 매출의 30%를 차지하는 기업 및 투자은행(Corporate & Investment Bank, CIB)은 기업 및 기관 고객들에게 금융 서비스를 제공한다. 여기엔 전문적인 기업 자문, 기업을 위한 대규모 자금 조달 및 인수합병 등이 포함된다. 자산운용 및 자산관리(Asset & Wealth Management, AWM)는 JPM 매출의 12%를 담당하며, 개인과 기관 투자자들을 위해 투자 상담, 투자 상품 제공, 포트폴리오 관리 등의 서비스를 제공한다. 커버드콜(Covered Call) ETF로 인기가 있는 제피(JEPI), 젭큐(JEPQ)가 바로 JPM의 JP모건자산운용에서 운용하는 ETF다.[3] 상업은행(Commercial Banking, CB)은 중견 기업과 지역사회를 대상으로

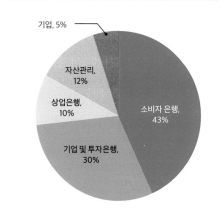

JP모건체이스 2023년 사업 부문별 매출 비중

- 기업, 5%
- 자산관리, 12%
- 상업은행, 10%
- 소비자 은행, 43%
- 기업 및 투자은행, 30%

JP모건체이스 2023년 지역별 매출 비중

- 라틴아메리카, 2%
- 아시아, 7%
- 유럽, 중동 및 아프리카, 13%
- 북미, 78%

대출, 현금 관리, 브로커리지 계좌 운영 등의 서비스를 담당하는 부문이다. CB는 JPM 매출의 10%를 차지한다. 네 개로 구분된 비즈니스 모델로 개인 소비자부터 대기업에 이르기까지 다양한 부문에서 수익을 창출하며, 이는 위기가 다가왔을 때 리스크를 분산하는 데 도움이 된다.

#3 투자 포인트

1) 높은 시장점유율

JPM은 미국 내 1위 규모를 자랑하고 있으며 향후 3년간 500개의 신규 지점을 개설하고 기존의 1,700개 지점을 리노베이션하며, 더불어 3,500여 명을 고용할 계획이다. 또한 2023년 경쟁 입찰 과정을 통해 퍼스트리퍼블릭은행을 인수함으로써 1,700억 달러의 대출과 300억 달러의 증권을 확보했다. 같은 해에 중국의 자산관리 회사인 차이나 인터내셔널 펀드 매니지먼트(China International Fund Management, CIFM)를 인수하여 중국 및 아시아 시장에서 입지를 강화하고 있다.

2) 요새와도 같은 재무제표

미국 연준의 기능은 금리를 결정하는 것도 있지만 은행을 비롯한 각종 금융기관이 올바르게 작동할 수 있도록 관리하는 역할도 한다. 그중에 하나가 스트레스 테스트(Stress Test)인데, 경제가 악화될 수 있는 시나리오를 설정하여 각 금융기관이 이를 견뎌낼 수 있는 구조를 가지고 있는지 테스트한다. JPM은 2024년 6월에 진행된 스트레스 테스트 결과에서 2026년도 1분기까지 최악의 상황을 견뎌낼 수 있는 충분한 자금이 있다는 결과를 발표했다. CEO 제이미 다이먼은 JPM의

Capital and RWA projections - JPMorgan Chase

FIRM-CALCULATED PROJECTED STRESSED CAPITAL RATIOS(1Q24-1Q26)

	Actual 4Q23	Regulatory minimum	Strossed capital ratios	
			1Q26	Minimum
Common equity tier 1 capital ratio (%)	15.0%	4.5%	13.4%	12.3%
Tier 1 risk-based capital ratio (%)	16.6%	6.0%	15.0%	13.8%
Total risk-based capital ratio (%)	18.5%	8.0%	16.9%	15.6%
Tier 1 leverage ratio (%)	7.2%	4.0%	6.1%	6.0%
Supplementary leverage ratio (%)	6.1%	3.0%	5.2%	5.2%

FIRM-CALCULATED PROJECTED RISK-WEIGHTED ASSETS

	Actual 4Q23	Projected 1Q26
Basel III Standardized risk-weighted assets (SB)	$1.672	$1.687

자료: 회사 자료

재무구조를 요새(Fortress Balance Sheet)와도 같다고 표현한다.

3) 기술 혁신

새롭게 성장한 핀테크(FinTech) 회사와 비교해봤을 때 역사가 오래된 기존의 금융사는 발전이 상대적으로 더딘 셈이다. JPM의 경우 기술 혁신을 지속적으로 꾀하고 있다. 클라우드 볼륨을 지속적으로 늘려감으로써 전 세계에 32개의 데이터센터를 통해 자료를 처리하고 있으며, 애플리케이션의 70%의 데이터가 로컬 컴퓨터가 아닌 클라우드를 통해 처리한다. JPM은 2017년에 결제 솔루션 핀테크 스타트업 위페이(WePay)를 합병해 소상공인들에게 간편한 결제 방식을 제공한다. 특히 2023년에 화장품 종합 편집숍인 세포라(Sephora)에서 별도의 단말기가 없이 아이폰과 앱만 이용해서 손쉽게 지불하는 탭투페이(Tap to Pay) 서비스를 시작한 것이 대표적이다.

#4 2024년 실적 및 향후 전망

JPM은 그 규모에 걸맞게 다양한 포트폴리오 운영으로 안정적인 수익성을 유지하고 있다. 국제신용평가기관 피치(Pitch Ratings)에 따르면 상업용 부동산(CRE)과 같이 특정 상품에 집중 투자하는 은행은 어려움이 예상되지만, 상업은행과 투자은행을 동시에 보유한 JPM이나 씨티은행과 같이 다양한 비즈니스 모델을 소유하고 있을 경우 안정적으로 대처를 할 수 있다. 이를 증명하듯 JPM은 2024년 1분기에 20억 달러, 2분기에 49억 달러의 자사주 매입을 실행함과 동시에 2028년까

JPM 연간 주당 배당

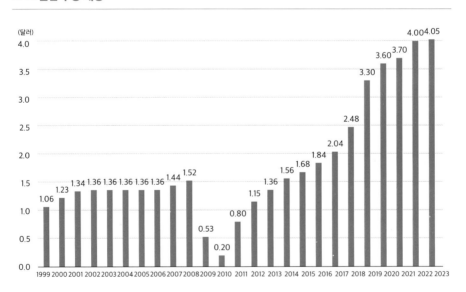

자료: 회사 자료

지 주주 환원을 확대하겠다고 발표했다.

하지만 금리가 내려가는 것은 JPM의 매출에 부정적인 영향을 미칠 것으로 보인다. JPM의 매출 성장률은 컨센서스 기준으로 2024년 연간 기준 1,718억 달러로 9% 성장이 예상되나, 2025년 매출은 전년 대비 1% 감소할 것으로 예상된다. 2024년 9월 11일에 진행된 JPM의 2024년 2분기 실적 발표 때 순이자마진 하락이 우려된다고 회사가 공유하자 주가가 하루 만에 5.2% 하락하기도 했다. 시장은 그만큼 순이자마진에 관해 민감하게 반응하는 것이다.

JP모건체이스 연혁

1799	맨해튼 컴퍼니(Manhattan Company) 설립
1871	JP모건 컴퍼니의 전신인 드렉셀 모건 앤 컴퍼니(Drexel Morgan and Company) 설립
1877	체이스내셔널뱅크(Chase National Bank) 설립
1940	JP모건 상장
1955	체이스내셔널뱅크와 맨해튼 컴퍼니의 합병으로 체이스맨해튼뱅크(Chase Manhattan Bank) 설립
2000	JP모건과 체이스맨해튼 컴퍼니의 합병으로 JP모건체이스의 탄생
2004	뱅크원과 합병
2006	제이미 다이먼 CEO 임명
2008	베어스턴스와 워싱턴뮤추얼 합병
2023	퍼스트리퍼블릭은행 합병

어펌홀딩스 Affirm Holdings (AFRM)
미 할부금융의 선두 주자

#1 기업 개요

"무이자 할부 그거 물건 살 때 요청하면 되는 거 아냐?"

백화점에서 물건을 사고 제휴되어 있는 카드를 이용하여 무이자 할부 옵션을 손쉽게 선택할 수 있는 한국과는 달리, 미국에선 신용카드 회사에서 할부 기능을 제공하지 않는다. 신용카드 회사에서 자체적으로 제공하는 최소 금액 지불(Minimum Payment)을 이용하여 일부만 갚고 잔액을 다음달로 이월하는 방식을 쓸 수도 있지만, 이럴 경우 잔액에 연 15~20%가 넘는 이자가 붙는다. 또한 신용등급이 좋지 않아 한도가 낮은 크레딧 카드를 소유하고 있거나 신용카드 자체가 아예 발급이 되지 않는 서브프라임(Sub-prime) 고객들 역시 많다. 글로벌 신용 정보 및 여신 관련 솔루션 회사 엑스피리언(Experian)에 따르면 2024년 2월 기준 신

어펌홀딩스 기업 정보

설립 연도	2012년	시가총액 (십억 USD)	22.0
상장 거래소	나스닥(NASDAQ)	시가총액 (조 원)	31.4
상장일	2021. 1. 13.	배당수익률	-
CEO	맥스 레브친	52주 최저-최고 범위 (USD)	22.25-72.82
주요 주주	캐피탈 리서치 앤 매니지먼트 컴퍼니(Capital Research and Management Company) 13.77%		
직원 수	2,171명	현재 주가 (USD)	68.77
홈페이지	affirm.com	평균 목표 주가 (USD, Yahoo Finance 기준)	57.18
회계연도 종료	2024. 6. 30.		

* 기준일: 2024. 12. 12.
자료: Yahoo Finance

어펌홀딩스 기업 실적 및 투자 정보

구분	FY22	FY23	FY24	FY25F	FY26F	5년 연평균 성장률
매출 (십억 USD)	1.3	1.6	2.3	3.0	3.6	33%
EBTIDA (십억 USD)	-0.8	-1.1	-0.4	0.0	0.1	-
영업이익 (십억 USD)	-0.9	-1.2	-0.6	-0.3	-0.1	-
순이익 (십억 USD)	-0.7	-1.0	-0.5	-0.2	0.0	-
주당순이익 (USD)	-2.5	-3.3	-1.7	-0.9	0.1	-
주당 배당 (USD)	0.0	0.0	0.0	0.0	0.0	-
EBTIDA 이익률 (%)	-60.3	-67.1	-19.2	-1.5	3.4	-
영업이익률 (%)	-64.2	-75.6	-26.5	-8.4	-1.5	-
순이익률 (%)	-52.4	-62.1	-22.3	-5.9	1.2	-
PER (x)	-	-	-	-	-	-
PBR (x)	3.4	2.1	4.0	4.8	4.1	-
EV/Revenue (x)	9.0	5.9	7.7	6.4	5.4	-
EV/EBITDA (x)	-	-	-	-	156.9	-
ROE (%)	-27.2	-38.2	-19.7	-5.1	8.1	-

자료: 회사 자료, Capital IQ
주1: 미국 회계기준(US-GAAP)
주2: 전망치는 2024년 8월 30일 Capital IQ 기준

어펌홀딩스 매출액 & 성장률 전망

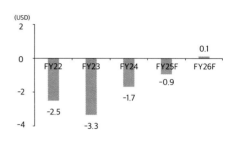

자료: JP모건체이스, Capital IQ (2024년 8월 30일 기준)

어펌홀딩스 주당순이익 전망

자료: JP모건체이스, Capital IQ (2024년 8월 30일 기준)

어펌홀딩스 주가 추이

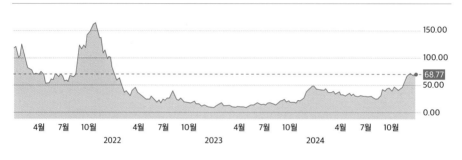

용 점수가 600이 안 되는 서브프라임 고객은 4,700만 명으로 추정했다. 물건을 사고 싶지만 신용카드 발급이 불가능한 고객, 카드 한도가 높지 않아 당장 일시불로 지불할 수 없는 고객, 그리고 물건을 일시불로 구매할 수 있는 돈은 있지만 지출 관리를 위해 할부로 결제하기 원하는 고객을 상점과 연결하는 것이 선구매 후결제(Buy Now Pay Later) 기업이다.

2012년에 캘리포니아주 샌프란시스코에서 설립된 어펌홀딩스(이하 어펌)는 미국의 대표적인 BNPL 핀테크 기업이다. 아마존, 월마트, 쇼피파이, 삼성과 연결되

자료: 회사 자료

어 할부 서비스를 제공하는 어펌은 180만 명의 고객을 보유 중이며, 29만여 개의 상점과 연결하고 있다. 어펌을 설립한 맥스 레브친(Max Levchin)은 피터 틸(Peter Thiel)과 함께 페이팔(PayPal)을 창업한 '페이팔 마피아' 중 한 명이다.

#2 비즈니스 모델

어펌의 가맹점 네트워크(Merchant Network) 부문은 소비자와 가맹점을 연결해 할부 결제를 제공하는 비즈니스 모델이며 FY24(2023년 7월 ~ 2024년 6월) 어펌 매출의 29%를 차지했다. 가맹점은 어펌의 플랫폼을 이용해 다양한 결제 옵션을 제공하여 판매량 증대를 추구한다. 어펌은 단기 할부의 경우 2.5~5%의 수수료를, 1년이 넘어가는 장기 할부의 경우 10~12%의 수수료를 가맹점에 부과한다. 어펌에 따르면 구매 옵션에 무이자 할부를 제공할 경우 평균 주문 금액(Average Order Value, AOV)이 60% 증가하며, 잠재 고객이 장바구니에 물품을 담았지만 구매를 완료하는 않는 장바구니 이탈 비율(Abandoned Cart Rate)이 28% 감소한다. 이자수익(Interest Income) 부문은 매출의 가장 큰 비중인 52%를 차지했다. 소비자에게 직접 제공하는(Direct to Consumer) 대출과 3개월 이상 할부를 선택 시에는 0~32%의 이자가 부과된다. 이자율은 대출 기간, 소비자의 신용 점수에 따라 달라지며 어펌의 수익에서 큰 비중을 차지한다. 대출 판매(Loan Sales) 부문은 자신이 제공한 대출을 다른 금융기관에 판매하여 수익을 창출하며, 카드 네트워크(Card Network) 부문은 자체 브랜드의 직불카드를 출시하여 가맹점 이외의 상점에서도 할부 옵션을 가능하게 해준다. 카드 발급사는 비자(Visa)이며 카드 수수료 수익의 일부는 어펌으로 지불되어 추가적으로 수익을 창출한다. 서비스(Service) 부문은 소비자와 가맹점을 위한 각종 앱, 플랫폼, 데이터를 제공한다.

어펌홀딩스 FY24 사업 부문별 매출 비중

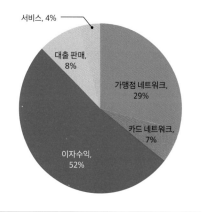

주: FY24는 2023년 7월 1일 ~ 2024년 6월 30일

어펌홀딩스 FY24 지역별 매출 비중

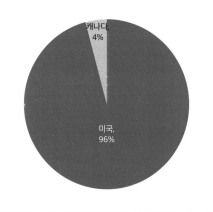

주: FY24는 2023년 7월 1일 ~ 2024년 6월 30일

#3 투자 포인트

1) 젊은 세대에게 어필

할부 구매의 특성상 일시불로 돈을 지불하기 부담되거나 신용카드 한도가 충분치 않은 소비자가 주 고객층이다. 미국 Z세대(Gen Z, 1990년 중·후반~2010년대 초반생)라고 불리는 10대에서 20대 중반까지의 젊은 층은 경제활동을 한 기간이 짧아, 소득이 낮고 신용 점수 또한 높지 않다. 신용카드의 한도가 낮거나 카드 자체가 발급이 되지 않는 고객 입장에서 무이자 할부로 물건을 살 수 있는 것은 분명 이들에게는 큰 혜택이다.

2) 높은 성장 가능성

BNPL의 역사가 상대적으로 짧지만 최근 폭발적인 성장을 하고 있다. FY21(2020년 7월 ~ 2021년 6월)부터 FY26까지 어펌의 매출 연평균 성장률(CAGR)은 33%(컨센서스 기준)이며 FY25(2024년 7월 ~ 2025년 6월)도 매출이 46% 늘어날 것으로 기대된다. 어펌이 자체 브랜드로 출시한 신용카드는 FY24 4분기(2024년 4~6월) 기준, 전년 동기 대비 30%의 고객이 늘었고, 어펌 제휴 상점의 경우 2024년 6월 30일 기준 30만 3,000개로 전년 대비 19%의 증가를 보였다. 맥스 레브친 어펌 CEO는 FY24 4분기 주주 서한을 통해 네트워크 확장을 통해 성장을 꾀하겠다는 전략을 발표했다.

3) 시장 영역 확대

예전엔 한 번에 구매하기 어려운 가격이 높은 상품, 가구, 보석, 자동차 타이어를 취급하는 상점들이 BNPL 업체들의 매출에 큰 비중을 차지했다. 최근에는 다양한 상점과 제품군으로 BNPL이 확장되고 있다. 가장 인기가 많은 종목은 전자제품, 그중에서도 애플, 삼성 등의 휴대폰이 BNPL의 높은 비중을 차지하고 있다. 서비스 영역으로도 BNPL이 확장되고 있는데 네일아트, 타투, 헤어, 메이크업 등의 미용 서비스와 치과, 교정, 심리상담 등의 의료 서비스 등이 대표적이다.

#4 2024년 실적 및 향후 전망

어펌은 FY24 4분기 총거래액(Gross Merchandise Value) 72억 달러, 총 사용자 수는 1,860만 명을 기록해 전년 동기 대비 각각 31%, 19% 증가했다. 매출액은 6,590억 달러로 전년 대비 48% 성장한 좋은 성장세를 보여 예상치를 상회했다. 월가 애널리스트들은 어펌이 2025년에도 이러한 상승세를 이어갈 것으로 예상한다. 시장 컨센서스에 따르면 FY25 매출은 전년 대비 29% 증가한 30억 달러가 예상되며 영업손실은 전년 대비 50% 줄어드는 3억 달러로 전망된다. 어펌은 2024년 9월 애플과 제휴하여 애플페이(Apple Pay)에서도 어펌의 서비스를 이

어펌 연혁

2012	엑스페다이트(Expedite) 설립
2013	어펌(Affirm)으로 상호명 변경
2016	가상 카드(Virtual Card) 연동
2019	대출 금액 규모 20억 달러 초과
2020	연방예금보험공사의 보호를 받을 수 있는 저축 계좌(Saving) 설립
2021	12억 달러의 밸류에이션으로 나스닥 상장
2021-2022	아마존, 월마트, 타깃 등의 대형 리테일 상점과 제휴
2023	구글 페이, 부킹 닷컴, 카약과 제휴

용할 수 있다고 발표했다. 미국에서 애플페이 사용자는 2024년 기준 6,000만 명이 넘는 것으로 알려져 있다.[4] 어펌은 애플과 같은 대형 파트너와의 협력을 통해 BNPL 업계 내 입지는 더욱 확고해질 것으로 기대된다. 이러한 가맹점 네트워크 확장과 BNPL이 전통적인 신용카드를 대체하는 소비 트렌드에 따라 FY25에도 어펌의 매출 성장세를 지속될 것으로 예상된다.

클라나 Klarna (비상장)
클라나가 '클라나(커지려나)' 보다

필자는 최근 미국에서 널리 쓰이는 할부 업체 클라나의 서비스를 통해 가구를 구매했다. 클라나는 2005년에 스웨덴에서 설립된 BNPL 회사이다. 월지출 부담을 줄이고자 일시불이 아닌 무이자 할부 옵션을 선택한 것이다. 가구 구매 시 클라나에서 제공하는 4회 무이자 할부를 선택했고, 간단한 정보 입력 및 약관 확인 후에 바로 구매가 승인됐다. 무이자 할부를 이용할 때 번거롭게 정보를 많이 제공해야 하는지, 중간에 연결이 잘못되어 장바구니 정보가 사라지고 구매가 취소되지 않을까 걱정했지만 사용자 경험(User Experience) 측면에서 봤을 때 일시불로 구매한 것과 BNPL 이용에 차이가 없었다. 물건 구매 후 클라나는 이메일, 문자 메시지를 통해 이용자에게 납입일을 알려주며, 자동 납입 후에 몇 번 납입을 했는지, 앞으로 얼마가 남았는지 또한 한눈에 보기 좋게 알려준다. 개인적으

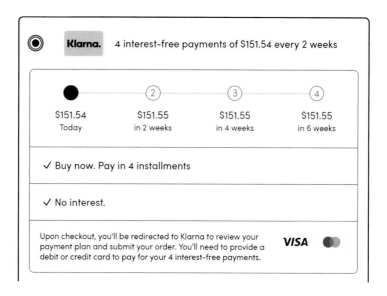

자료: Wayfair.com

로 만족도가 높은 상태이며 다음에도 필요할 시에는 클라나 및 기타 BNPL 회사를 이용하여 할부 구매를 할 의사가 있다.

클라나는 전 세계적으로 할부 구매에 관한 수요가 증가하고 있는 가운데 유럽, 북미, 오세아니아 지역에서 빠르게 확장을 하고 있다. 클라나와 연결된 주요 리테일 상점은 세포라, 이케아, 웨이페어, 나이키, 에어비앤비가 있으며 전 세계적으로 150만 명의 클라나 유저, 55만여 개의 상점, 45개의 나라에서 서비스를 제공하고 있다. 주 경쟁사인 어펌, 애프터페이와는 달리 클라나의 경우 젊은 세대를 타깃으로 광고를 한다.

타 회사의 홈페이지를 보면 무이자 할부에 관한 설명과 이를 어떻게 이용하는 정보로 이루어져 있는데, 클라나의 홈페이지의 초기 화면은 이를 과감히 생략하고 인기 상품을 전시한다. 프랑스 파리 올림픽 기간에는 올림픽 관련된 상품을 전면에 내세웠다. 올림픽 로고가 들어간 파나틱(Fanatics, 미국의 스포츠 의류 및 용품 회사)의 티셔츠, 나이키와 미국 대표팀이 협업한 디자인의 운동화를 전면에 전시했다. 또한 패션, 뷰티 인플루언서와 협업해 이들이 추천하는 아이템과 인스타 링크를 제공한다. 클라나의 홈페이지를 보면 할부 회사가 아닌 트렌디한 온라인 쇼핑몰의 느낌이 강하다.

클라나는 2021년 7월에 456억 달러의 밸류에이션까지 평가된 뒤 상장 가능성을 내비쳤으나 2022년 7월 기술주 하락으로 기업가치가 67억 달러로 하락한 후 IPO 계획을 철수했다. 2024년 기준 클라나는 200억 달러의 밸류에이션[5]으로 평가되며, JP모건, 골드만삭스, 모건스탠리를 자문사로 선정하고 2025년을 목표로 하여 상장을 계획하고 있다. 정확한 상장 시기나 상장 거래소는 회사에서 밝히지 않았으나, 미국 상장이 유력하며, 2025년에 가장 주목받는 IPO가 될 것으로 기대된다.

최근에는 클라나 앱을 이용하여 캐시백을 받을 수 있는 시스템을 론칭했는데, 조만간 있을 IPO를 염두에 두고 준비한 것으로 보인다. 한때 유럽의 유니콘 기업으로 불리던 클라나, 2021년에 상장을 한 라이벌 BNPL 회사인 어펌, 애프터페이와 달리 4년을 참으며 내실을 다지는 데 힘을 썼다. 상장 후의 클라나의 행보가 기대된다.

크립토(암호화폐)

제도권 진입을 발판으로 새로운 도약을 준비할 때

전철희 미국 펜실베이니아 커먼웰스주립대학교 경영대학 부교수로 재직 중이다. 텍사스공과대학에서 재무학으로 박사 학위를 받았으며, 주요 연구 관심사는 기업 지배구조, 이사회, 네트워크 효과, 기업 성과, 크립토 시장 등을 포함한다. 마카오국립대학교에서도 재직한 바 있다.

2024년 리뷰

비트코인의 두 날개, 반감기와 ETF의 만남

"비트코인은 디지털 금이다."

제롬 파월 미국 연방준비제도 의장은 2024년 12월 4일 뉴욕에서 열린 딜북(DealBook) 서밋에서 비트코인을 '디지털 금'에 비유하며, 미국 달러를 대체하기보다는 금의 디지털 형태라고 언급했다. 같은 날 비트코인은 사상 처음 10만 달러를 돌파했다. 2024년 7월 27일에 열린 비트코인 2024 컨퍼런스에 참석한 도널드 트럼프 전 대통령은 "미국을 암호화폐의 수도이자 비트코인 초강대국(Bitcoin superpower)으로 만드는 것"이라는 비전을 밝히기도 했다. 또한 마이크로스트래티지(MicroStrategy)나 셈러사이언티픽(Semler Scientific) 같은 비투자 전문 회사인 일반 기업들은 회사 자산으로 비트코인을 보유하고 있다.

대략 10년 전만 해도 테크 마니아와 사이퍼펑크들의 전유물이었으며 불법 거래에 주로 사용되던 비트코인이 2024년에는 제도권의 관심을 받고 있다. 이는 비트코인이 주류 금융시장에 본격적으로 진입하고 있음을 시사한다.

그러나 비트코인이 완전히 성숙한 자산이 되어 초과 수익률을 기대하기 어려운 단계에 도달했는지, 아니면 여전히 높은 성장 잠재력을 가진 신흥 자산인지에 대해서는 여전히 논란의 여지가 있다. 향후 10년간 비트코인의 지위 변화와 그에 따른 투자 전략의 조정은 금융시장의 주요 관심사가 될 것으로 보인다.

비트코인 현상은 거대한 경제적 사회적 실험의 장

비트코인의 특이한 점 중 하나는 시가총액이 2조 달러에 이르는 대규모 자산임에도 불구하고, 회의적인 시각을 가진 이들의 비중이 다른 자산에 비해 독보적으로 높다는 것이다. 이러한 회의론자들의 비판은 대부분 논리적 근거를 갖추고 있다. 예를 들어 비트코인의 내재 가치 부재, 환경 문제, 규제 리스크 등이 자주 언급된다.

이러한 비판들이 논리적으로 타당해 보임에도 불구하고, 비트코인의 시장 가치와 영향력은 지속적으로 확대되어왔다. 이는 금융시장에서 논리적 분석만으로는 설명하기 어려운 현상들이 존재함을 보여준다. 비트코인의 경우 기술적 혁신성, 탈중앙화된 특성, 희소성 등 전통적인 가치 평가 방식으로 측정하기 어려운 요소들이 시장 참여자들에게 중요하게 인식되고 있을 가능성이 있다.

따라서 비트코인을 평가할 때는 전통적인 금융 이론뿐만 아니라 기술 혁신, 사회적 트렌드, 글로벌 경제 환경 변화 등 다양한 요소를 종합적으로 고려해야 한다. 이는 비트코인이 단순한 금융 상품을 넘어, 새로운 경제 패러다임을 반영하는 현상일 수 있음을 시사한다.

〈국제시장〉이나 〈서울의 봄〉이 천만 관객을 동원했다면 단순히 영화가 좋은 것 이상의 사회적 현상이 있었던 것처럼, 비트코인의 15년에 걸친 가치 성장은 단순한 투자 선호를 넘어선 사회적 현상으로 볼 수 있다. 일부에서는 '내재 가치가 없는 디지털 코드'가 어떻게 2조 달러의 시가총액을 달성했는지에 대해 '아직 버블이 터지기 전'이라거나 투자자들의 비합리성을 지적하기도 한다. 이는 일면 타당할 수 있으나, 사회적 현상을 분석하는 측면에서는 다소 단편적인 접근일 수 있다.

더 깊이 들여다보면, 지난 15년은 블록체인이라는 혁신적 알고리즘을 바탕으로 생성된 가치 전송 매개체인 비트코인을 인류가 어떻게 수용하고 반응해나가는지에 대한 거대한 경제적·사회적 실험의 장이었음을 알 수 있다.

이런 맥락에서 현물 상장지수펀드(ETF) 승인이 이루어진 2024년은 비트코인의 잠재적 수요 확장 측면에서 중요한 변곡점이 될 수 있다. 이전까지 주로 위험 선호적 투자자들과 젊은 세대에 국한되었던 비트코인 투자가, 이제 베이비부머 세대의 은퇴 자산 포트폴리오나 일반 기업들의 자산 포트폴리오에 포함될 수 있는 길이 열렸다. 이는 비트코인의 투자자 기반을 크게 확대할 수 있는 계기가 될 것이다.

더불어 4년마다 채굴 보상이 절반으로 줄어드는 '반감기'라는 비트코인의 특유한 공급 메커니즘은 비트코인 가격의 시계열 변동에 뚜렷한 패턴을 형성하고 있어, 투자 대상으로서의 매력을 더하고 있다.

미국 전체 주택 가격의 중간값이 2016년 28만 8,400달러에서 2024년 43만 4,700달러로 상승했지만, 중간 가격의 집을 구매하는 데 필요한 비트코인은

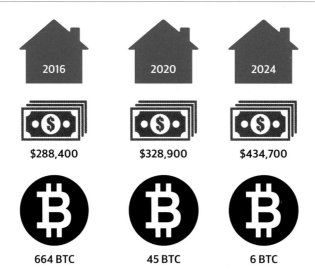

2016년, 2020년, 2024년 3개 연도의 미국 전체 주택 가격의 중간값(median)을 달러와 비트코인의 구매력으로 비교하고 있다.

자료: Bitcoin Magazine Pro

2016년에는 664개의 비트코인이 필요했던 반면, 2024년에는 단 6개의 비트코인으로 같은 주택을 살 수 있다. 미국 달러와 부동산에 비해 비트코인 상대적 가치가 크게 증가했음을 보여준다. 4년 후인 2028년에는 몇 개의 비트코인이면 같은 주택을 구입할 수 있을까?

비트코인 vs. 알트코인

암호화폐 시장에서 비트코인의 위상은 독보적이다. 현재까지 비트코인은 시가총액과 인지도 면에서 다른 암호화폐들을 압도하며, 업계 전반에 미치는 영향력도 가장 크다. 비록 알트코인들의 총 시가총액이 때때로 비트코인과 비슷한 수준에 이르기도 하지만, 대부분의 알트코인은 여전히 비트코인의 가격 움직임에 크게 영향을 받는다. 특히 주목할 점은 대부분의 알트코인이 독자적인 가격 움직임을 보이지 못하고 비트코인의 가격 변동에 연동되어 움직인다는 것이다. 이는 비트코인이 암호화폐 시장의 기준점 역할을 하고 있음을 명확히 보여준다.

알트코인 시장은 매우 복잡하고 위험성이 높다. 이더리움과 같이 스마트 컨트랙트 기술을 선보인 일부 알트코인들은 주목할 만한 가치가 있지만, 대다수의 알트코인들은 신뢰성과 지속 가능성 면에서 의문이 제기된다. 이는 마치 초기 단계의 스타트업에 투자하는 것과 유사한 위험을 내포한다. 또한 많은 알트코인 프로젝트들이 거버넌스 문제를 안고 있으며, 프로젝트에 대한 정보의 신뢰성도 낮은 경우가 많다. 이러한 요인들로 인해 대부분의 알트코인에 대한 투자는 상당한 주의가 필요하다.

따라서 암호화폐 투자에 있어 비트코인에 집중하는 것이 보다 안전한 접근법이라고 볼 수 있다. 물론 포트폴리오 다각화 차원에서 일부 검증된 알트코인에 소액 투자를 고려해볼 수 있다. 하지만 대부분의 투자자들에게는 비트코인을 중심으로 한 투자 전략이 더 적합하다. 비트코인은 상대적으로 긴 역사와 넓은 사용자 기반, 그리고 강력한 네트워크 효과를 바탕으로 안정성과 성장 잠재력을 동시에 제공한다. 이러한 이유로 암호화폐 투자에 대해 논할 때 비트코인을 중심으로 다루는 것이 더욱 합리적인 접근이라고 할 수 있다.

복잡다단한 연결을 통한 새로운 가치의 창출

최공필 디지털금융센터 대표 (인터뷰 진행 및 정리: 전철희)

● 최공필 소장은 현재 디지털금융센터 대표로, 한국금융연구원 미래금융연구센터장, 우리금융 전략(CSO)·리스크관리(CRO) 전무, 국가정보원 경제담당 국가정보관을 역임했으며, 샌프란시스코 연방준비은행 시니어 이코노미스트로 근무했다. 블록체인과 핀테크 분야에서 활발히 활동 중이며,《비트코인 레볼루션》(2018)의 저자이다.

Q 암호화폐의 철학과 투기 논란에 대해 어떻게 생각하십니까?

통상적으로 모든 버블 초기의 투자는 투기적 요소를 많이 내포할 수 밖에 없습니다. 철학적 기반이 존재하는 암호화폐의 대표격인 비트코인조차 투기적 요소와 심각한 가격 변동성으로 인해 통상적인 투자 대상으로 간주되기 어렵습니다. 결국 투기적 요소의 극복은 철학적 배경을 실제로 구현하는 과정에서 시장 신뢰의 구축으로 이뤄집니다.

Q 암호화폐가 몰고 올 사회적 변화는 무엇이라고 예상하십니까?

기존의 중앙화된 환경에는 신뢰 주체들의 허가를 기반으로 경제활동에 참여했지만 암호화폐의 활용으로 국경을 넘어서는 수평적 생태계가 갖추어지면서 다양한 방식으로 시장 참여가 이루어지고 경제활동이 영위될 것입니다. 가치 창출도 빅테크 중심이 아닌 복잡다단한 연결이 가능해지면서 기업의 규모보다는 연계성을 통해 가치가 만들어지게 됩니다.

Q **현재 암호화폐 관련 규제에 대해 어떻게 평가하시나요?**

적절한 규제는 암호화폐의 발전을 위해서도 중요한 노력입니다. 현재의 규제 노력은 레거시 체제에서 강조되는 금융 안정과 소비자 보호 원칙을 크립토 영역에서 구현하는 것인데 소극적으로는 자금 세탁 등 문제가 되는 경로를 차단하고 소비자의 선택권을 높이는 방향으로 자리 잡고 있습니다.

Q **미래의 은행이 암호화폐 시대에 어떤 역할을 해야 한다고 생각하십니까?**

미래의 은행은 크게 두가지의 기능을 중점적으로 수행할 것으로 보입니다. 첫째, 민간 신용 창출의 주체로 예금 토큰이나 스테이블 코인 발행 등을 통해 지불 분야의 중추적 역할을 수행할 것입니다. 둘째, 통화 신용 정책의 중요한 경로로서 글로벌 차원의 금융 시스템의 기축으로서 CBDC를 기본으로 하는 국경 간 결제 기능을 수행할 것으로 보입니다.

Q **중앙은행 디지털 화폐(CBDC)의 도입이 비트코인과 같은 암호화폐에 미치는 영향은 무엇일까요?**

CBDC는 암호화폐 생태계에서 암호화폐로는 메꿀 수 없는 결여된 신뢰 기반을 보완적으로 제공합니다. 암호화폐와 CBDC는 각자의 영역이 분명 존재하며 전자의 경우 커뮤니티 차원의 탈중앙화 금융(DeFi) 거래를 뒷받침하는 역할을 수행하는 반면, CBDC는 법정 화폐 운영 시스템으로 기존 패러다임의 영역을 디지털 공간으로 확대하는 기본 토대 역할을 수행할 것으로 보입니다.

2024년 4월, 4번째 반감기를 맞이하다

2024년 4월, 비트코인은 네 번째 반감기를 맞았다. 비트코인 반감기는 약 4년마다 발생하며, 채굴 보상이 절반으로 줄어드는 것을 의미한다. 2008년 첫 채굴 시 10분당 50개였던 채굴량은 2012년 25개, 2016년 12.5개, 2020년 6.25개로 줄어들었고, 2024년 4월 이후에는 3.125개로 감소했다. 이는 하루 약 450개의 비트코인이 채굴되는 수준이다. 이러한 반감기는 2140년경 총 2,100만 개의 비트코인이 모두 채굴될 때까지 계속될 예정이다.[6]

즉 4년마다 신규 채굴량(marginal supply)이 절반으로 감소하는 독특한 공급

비트코인 반감기 전후 1년간의 수익률

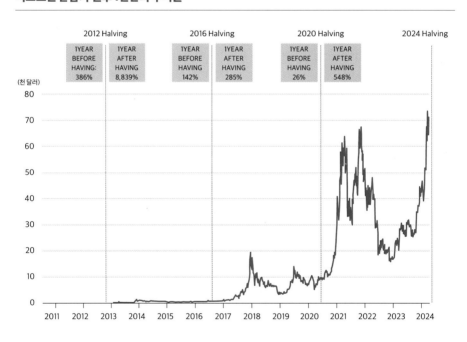

2011년부터 2024년까지의 비트코인 가격 변동을 나타내며, 각 반감기(2012, 2016, 2020, 2024)를 기준으로 한 해 전후의 가격 변동 비율을 함께 보여준다. X축은 시간(년)을, Y축은 비트코인 가격(달러)을 나타낸다.

자료: Bitwise Asset Management, 기간: 2010년 12월 31일 ~ 2024년 3월 31일

메커니즘을 가진 비-소비재(non-consumable goods)의 가격이 어떤 경로를 가질까에 대한 전례 없는 경제적 실험을 하고 있는 셈이다. 그렇게 지난 15년간 3번의 반복적 관찰을 통해 가격 변동의 일정한 주기성을 발견했다. "역사는 반복(repeat)되지 않지만 변주(rhyme)된다"는 격언이 있듯이, 앞으로도 이런 주기성이 유사한 패턴으로 반복될 가능성이 크다.

비트코인 반감기 전 후 1년간의 수익률 패턴에서 보듯이, 2012년 첫 반감기를 제외하고 적게는 3배에서 많게는 5배까지의 수익률을 기록했다. 이는 반감기가 비트코인 가격에 상당한 영향을 미치고 있음을 시사한다.

이러한 4년 주기의 강력한 공급 충격은 비트코인을 다른 투자 자산과 구분 짓는 주요 특징이다. 대부분의 거시경제 지표나 투자 자산은 상승과 하락을 반복하는 주기가 있지만, 그 주기를 정확히 예측하기는 어렵다. 예를 들어 조선업이나 반도체 산업에서는 10년 주기설이 언급되지만, 실제로는 다양한 경제 변수의 영향으로 주기가 불규칙한 경우가 많다. 반면 비트코인의 4년 반감기는 프로그래밍된 공급 충격으로, 비트코인 가격 동향에 지배적인 영향을 미치며, 다른 경제적 요인들의 효과를 상대적으로 약화시킨다. 이는 진폭의 크기가 달라질 수는 있어도 4년 주기성은 여전히 유효함을 뜻한다. 이러한 가설에 대한 신뢰가 있다면 비트코인이야말로 손쉽게 마켓 타이밍 전략을 구사할 수 있는 투자 기회가 된다.

비트코인 현물 ETF의 도입

2024년 1월 11일, 미국 증권거래위원회(SEC)가 비트코인 현물 상장지수펀드(ETF)를 공식 승인했다. 이는 비트코인이 미국 금융시장에서 공식적으로 디지털 자산(Digital Asset)으로 인정받게 된 역사적인 순간이었다. 유럽과 캐나다 등 일부 국가에서는 이미 비트코인 ETF가 거래되고 있었지만, 세계 금융의 중심지인 미국에서의 승인은 그 의미가 남달랐다. 이는 마치 새로운 자산 클래스가 주류 금융시장에 공식적으로 편입된 것과 같은 중요성을 지닌다.

시장의 반응은 폭발적이었다. 승인된 11개 ETF의 순자금 유입량이 2024년 1분기 동안 무려 121억 달러에 달했으며, 이는 역대 가장 성공적인 ETF 론칭으로 평가받고 있다. 2024년 12월 13일 기준으로 미국 전체 ETF의 비트코인 보유 금액은 약 1,130억 달러에 이르며, 대략 110만여 개의 비트코인을 보유하고 있다.

또한 기관투자자들의 참여도 눈에 띄게 증가했다. 위스콘신주 연금펀드를 비롯해 JP모건, 웰스파고, UBS, BNP파리바 등 600여 개의 전문 투자 회사들이 비트코인 ETF를 보유하고 있다고 SEC에 보고했다. 이러한 대규모 기관투자자들의 참여는 비트코인이 주류 금융시장에서 점차 중요한 위치를 차지하고 있음을 보여준다.

이러한 현상들은 비트코인 ETF 승인이 단순한 새로운 금융 상품의 출시를 넘어, 디지털 자산에 대한 기관투자자들의 인식과 접근 방식을 근본적으로 변화시키고 있음을 시사한다. 앞으로 비트코인 ETF가 전통적인 금융시장과 암호화폐 시장 사이의 가교 역할을 할 것으로 예상되며, 이는 비트코인의 제도화와 대중화를 더욱 가속화할 것으로 보인다.

미국 정치권의 주요한 화두로 떠오른 비트코인

2024년 11월, 도널드 트럼프가 미국 대통령으로 재선되면서 암호화폐 시장에 새로운 바람이 불고 있다. 트럼프의 당선은 비트코인과 암호화폐 산업에 대한 미국 정부의 태도 변화를 예고하는 중요한 전환점이 될 것으로 보인다.

트럼프는 선거 기간 동안 비트코인에 대해 매우 우호적인 입장을 보였다. 특히 2024년 7월 비트코인 컨퍼런스에서의 기조연설은 그의 친 암호화폐 정책의 시작점이었다. 이 연설에서 트럼프는 "비트코인은 미국의 금융 주권을 강화하는 핵심 도구가 될 것"이라며, "중앙은행 디지털 화폐(CBDC)의 위험성을 경계하고 비트코인을 지지해야 한다"고 강조했다. 또한 "비트코인은 현대판 디지털 금"이라고 언급하며, 자신의 행정부에서 비트코인 채굴을 적극 장려할 것이라고 밝혔다.

더욱 주목할 만한 점은 로버트 F. 케네디 주니어(로버트 케네디)가 트럼프 캠프에 합류한 것이다. 민주당 대선 경선에서 낙마한 후 트럼프 진영으로 옮겨온 로버트 케네디는 비트코인과 암호화폐에 대해 강한 지지 입장을 보여왔다. 그의 합류로 트럼프 행정부의 암호화폐 정책이 더욱 강화될 것으로 예상된다. 로버트 케네디는 트럼프 행정부에서 '디지털 자산 특별보좌관'으로 임명될 것이라는 소문이 돌고 있으며, 이 경우 그의 비트코인 친화적 정책이 미국의 암호화폐 전략에 큰 영향을 미칠 것으로 보인다.

트럼프 정부의 주요 암호화폐 정책 방향은 다음과 같이 예상된다. 우선 SEC의 암호화폐 관련 규제를 대폭 완화하고, 혁신 친화적인 규제 프레임워크를 도입할 예정이다. 이는 암호화폐 기업들의 사업 환경을 크게 개선할 것으로 기대된다. 또한 암호화폐 거래 및 채굴에 대한 세금 감면 정책을 도입하여 미국 내 암호화폐 산업의 경쟁력을 높이겠다고 밝혔다.

정부 차원의 비트코인 채택도 주목할 만하다. 신시아 루미스(Cynthia Lummis) 상원의원이 제안한 '전략적 비트코인 준비금' 설립 법안을 적극 지지하며, 미 재무부가 비트코인을 보유하는 방안을 검토 중이다. 이와 함께 대학과 연구기관을 중심으로 블록체인 기술 연구 및 교육 프로그램에 대한 지원을 확대할 계획이며, 비트코인 및 암호화폐 관련 국제 표준 수립을 위한 협력을 주도하겠다고 밝혔다.

한편 트럼프의 비트코인 지지 정책은 국제적으로도 파급효과를 일으키고 있다. 여러 국가들이 미국의 정책 변화에 따라 자국의 암호화폐 정책을 재검토하기 시작했다. 특히 유럽연합과 일본은 미국과의 정책 협력을 통해 글로벌 암호화폐 규제 프레임워크 구축에 나설 것이라고 밝혔다.

결론적으로 트럼프의 재선은 비트코인과 암호화폐 시장에 새로운 기회의 창을 열어주고 있다. 정부의 적극적인 지원과 규제 완화, 그리고 로버트 케네디와 같은 강력한 비트코인 지지자의 영향력 증대는 암호화폐 산업의 급속한 성장을 이끌 것으로 예상된다. 2025년은 비트코인과 암호화폐가 전통 금융 시스템과 어깨를 나란히 하는 해가 될 것으로 전망된다. 투자자들에게는 이 역사적인 변화의 흐름을 놓치지 않고 적극적으로 대응할 필요가 있어 보인다.

2025년 전망
사상 최고점을 향한 비트코인 슈퍼사이클의 대장정

반감기 주기에 따른 2025년 상승장 기대

비트코인 4년 주기 연간 수익률을 보면 반감기가 있는 해(2012, 2016, 2020, 2024)를 전후해서 뚜렷한 패턴을 발견할 수 있다. 특히 반감기 다음 해(2013, 2017, 2021)의 수익률이 다른 연도와 비교해서 월등한 수익률을 보인다. 세 번째 반감기 사이클의 경우 2021년 수익률이 57%에 그쳤는데, 이는 2020년에 있었던 코로나 사태로 인한 경제적 불확실성과 시장 변동성 증가로 인해 평균적인 사이클이 다소 변형된 것으로 분석된다. 그럼에도 불구하고 이 수치는 여전히 상당한 상승을 나타내며, 반감기 효과의 지속성을 보여준다.

이는 투자 전략 중 하나인 마켓 타이밍(시장의 상승과 하락 시점을 예측하여 매매하는 전략)을 비트코인에 상대적으로 쉽게 적용할 수 있게 된다는 의미다. 이 점이

비트코인 4년 주기 연간 수익률[7]

연도	BTC	연도	BTC	연도	BTC	연도	BTC
2011	1,319%	2015	34%	2019	94%	2023	157%
2015	217%	2016	123%	2020	308%	2024 (YTD)	67%
2013	5,537%	2017	1,414%	2021	57%	2025	-
2014	(58%)	2018	(75%)	2022	(64%)	2016	-

2011년부터 2024년까지의 비트코인 연간 수익률을 나타낸다. 각 연도의 비트코인(BTC) 수익률이 퍼센트(%)로 표시되어 있으며, 수익률이 양수인 경우는 녹색으로, 음수인 경우는 빨간색으로 표시했다.

자료: Bitwise Asset Management. Data from December 31, 2010 to March 31, 2024.

2025년에 비트코인의 상승장을 기대하는 주요 이유 중 하나이다. 2025년의 수익률은 이전 주기의 패턴을 고려할 때 상당한 관심의 대상이 될 것이다. 과거의 추세가 계속된다면, 2024년의 최고가가 어느 가격이든 2025년에는 그 가격보다 더 높은 가격대를 보게 될 확률이 높지 않을까'라는 기대를 가질 수 있다.

기관 투자 자금의 대규모 유입 예상

미국 시장에서 현물 상장지수펀드(ETF)가 승인된 것은 비트코인을 전 세계 금융시장에 데뷔시키는 신호탄과 같다. 이는 글로벌 주류 금융시장에 공개상장(IPO)된 것과 같은 의미를 지니며, 미국에서 시작된 이 물결은 이제 전 세계로 퍼져나갈 것으로 보인다.

지금까지의 비트코인 가격 추세는 주로 일반 개인투자자들과 규제에 비교적 자유로운 헤지펀드 같은 투자 회사들이 이뤄낸 성과이다. 이제 비트코인을 비롯한 암호화폐를 보유하는 게 사실상 불가능했던 보수적인 기관투자자들이 본격적으로 시장에 뛰어들 것으로 기대된다.

기관투자자들은 왜 비트코인 ETF에 투자하는가?

2024년 1월에 글로벌 금융시장을 선도하는 미국에서 승인된 현물 비트코인 ETF의 도입은 암호화폐 시장에 중요한 변화를 가져왔다. 연기금 등을 비롯한 비트코인의 직접적인 보유가 어려웠던 기관투자자들은 현물 상장지수펀드 승인 이전에 비해 비트코인을 포함한 다양한 자산에 쉽게 분산 투자할 수 있게 되었다. 이는 포트폴리오의 위험을 분산시키고, 장기적으로 더 안정적인 수익을 기대할 수 있게 한다.

비트코인 자산 편입 효과: 60/40 포트폴리오: 분기별 리밸런싱

PORTFOLIO	CUMULATIVE RETURN	ANNUALIZED RETURN	ANNUALIZED VOLATILITY	SHARPE RATIO	MAXIMUM DRAWDOWN
Traditional 60/40 Portfolio	85.31%	6.24%	8.59%	0.447	22.07%
Traditional Portfolio +1.0% bitcoin	103.26%	7.20%	8.68%	0.551	22.73%
Traditional Portfolio +2.5% bitcoin	132.72%	8.63%	8.98%	0.689	23,72%
Traditional Portfolio +5.0% bitcoin	189.14%	10.97%	9.85%	0.860	25.35%
Traditional Portfolio +10.0% bitcoin	333.35%	15.46%	12.42%	1.035	28.53%

샤프 비율(Sharpe Ratio): 위험 대비 초과 수익률을 나타내는 지표로, 이 비율이 높을수록 위험 대비 수익률이 높음을 의미한다. 최대 손실(Maximum Drawdown): 투자 기간 중 포트폴리오의 최고점에서 최저점까지의 하락 폭을 퍼센트로 나타낸 값이다. 이는 투자 자산의 최악의 손실 상황을 평가하는 데 사용된다.

자료: Bitwise Asset Management with data from Bloomberg. Data from January 1, 2014 to March 31, 2024.

주식과 채권에 6:4로 배분하는 전통적인 60/40 포트폴리오와 비트코인을 일정 부분 포함시키는 대체 포트폴리오의 수익률을 비교해보면, 비트코인에 10%의 자산을 배분했을 때 연간 수익률은 2배 이상 차이가 난다. 변동성까지 고려한 위험 대비 수익률(Sharpe Ratio)을 비교해보더라도 큰 차이를 보이고 있다. 여기서 강조할 점은 일반적으로 비트코인 투자의 단점으로 지적되는 높은 변동성이 자산 배분 효과를 누리려는 투자자들에게

는 큰 고려사항이 아니라는 것이다. 보다 중요한 특성은 다른 자산군과의 낮은 상관관계
이다.

비트코인과 주요 자산과의 상관관계: Rolling 90 days

	BITWISE 10 LARGE CAP CRYPTO INDEX	BITWISE CRYPTO INNOVATORS 30 INDEX	BITCOIN	U.S. EQURIES	DEVELOPED MARKET EQUITIES	EMERGING MARKET EQUITIES	COMMODITIES	U.S REITS	US BONDS	GOLD
BITWISE 10 LARGE CAP CRYPTO INDEX	1.00									
BITWISE CRYPTO INNOVATORS 30 INDEX	0.68	1.00								
BITCOIN	0.98	0.68	1.00							
U.S. EQUITIES	0.15	0.26	0.11	1.00						
DEVELOPED MARKET EQUITIES	0.08	0.20	0.04	0.21	1.00					
EMERGING MARKET EQUITIES	0.12	0.10	0.08	0.32	0.53	1.00				
CCOMMODITIES	0.01	0.07	0.02	0.00	0.16	0.15	1.00			
U.S. REITS	0.27	0.37	0.26	0.54	0.35	0.30	(0.02)	1.00		
U.S. BONDS	0.07	0.21	0.06	0.19	0.33	0.08	(0.03)	0.48	1.00	
GOLD	0.12	0.20	0.11	0.24	0.29	0.22	0.17	0.48	0.53	1.00

상관계수(Correlation Coefficient): 두 자산의 가격 움직임 간의 관계를 측정하는 지표로, -1과 1 사이의 값을 갖는다.

자료: Bitwise Asset Management with data from Bloomberg. Data as of March 31, 2024.

과거 90일 기준으로 구한 상관계수를 보면 비트코인은 대체로 다른 자산군과 낮은 상관
성을 보이고 있다. 이러한 분산 효과는 비트코인을 포함하는 것이 전반적인 투자 성과를
개선하는 데 기여할 수 있으며, 이는 기관투자자들이 비트코인을 포트폴리오에 포함시
키려는 이유 중 하나가 된다.

비트코인 ETF의 승인은 2024년 1월에 이루어졌지만, 이러한 보수적인 기관투
자자들이 비트코인 투자를 시작하기까지는 상당한 시간이 소요될 것으로 예상된

다. 대형 기관투자자들은 내부 규정, 리스크 평가, 투자 위원회 승인 등 복잡한 프로세스를 거쳐야 하기 때문이다. 2024년 하반기부터 2025년에 걸쳐 이러한 기관투자자들의 자금이 꾸준히 유입될 것으로 전망된다.

JP모건의 니콜라오스 파니기르조글루(Nikolaos Panigirtzoglou) 애널리스트는 "비트코인 ETF로 인한 자금 유입은 수년에 걸쳐 점진적으로 이루어질 것"이라고 전망했다.[8] 또한 글로벌 자산운용사 반에크(VanEck)의 매튜 시겔(Matthew Sigel) 최고투자책임자(CIO)는 "많은 기관투자자들이 비트코인 ETF 투자를 고려하고 있지만, 실제 투자 결정까지는 12~24개월의 시간이 필요할 것"이라고 언급했다.[9] 이러한 전문가들의 견해는 비트코인 ETF 시장이 앞으로도 지속적으로 성장할 잠재력이 있음을 시사한다.

결론적으로 2025년의 비트코인 투자는 두 가지 주요 요인으로 인해 주목받고 있다. 바로 4년마다 찾아오는 반감기의 상승장이 본격화되는 해이자, 그 상승장을 뒷받침할 수 있는 현물 상장지수펀드의 도입이다. 이러한 상황은 투자자들에게 흥미로운 기회를 제공할 것이다.

비트코인: 기업 재무의 새로운 패러다임

2023년 말에 통과되고 2025년에 시행될 새로운 회계 기준(ASU 2023-08)의 도입은 암호화폐 업계에 주목할 만한 변화이다. 이 기준은 디지털 자산 가치를 재무제표에 반영하는 방식을 변경한다. 이전의 회계 기준(ASC 350)이 디지털 자산을 무형자산으로 취급한 반면, 새로운 기준하에서는 비트코인 같은 디지털 자산에 공정 가치법(Fair Value)을 적용해 실제 시장 가치를 반영할 수 있다.

미국 회사인 마이크로스트래티지(MicroStrategy), 테슬라, 블록(Block) 등은 이미 비트코인을 보유하고 있다. 2024년 들어서는 캘리포니아주 기반 의료 기업인

	기존(ASC 350)	새 기준(ASU 2023-08)
자산 분류	디지털자산을 무형자산으로 분류	별도의 자산 범주로 취급
가치 측정	구입 원가에서 손상차손을 차감한 금액으로 계상	공정가치(시장 가격)로 측정
가치 변동 시	가치가 하락할 경우에만 손상차손으로 인식했고, 상승 시에는 반영하지 않음	가치 상승과 하락 모두를 각 보고 기간마다 순이익에 반영
재무제표 영향	디지털 자산의 실제 가치를 정확히 반영하지 못함	대차대조표에 실제 시장 가치를 반영하고, 손익계산서에 가치 변동을 직접 반영

셈러사이언티픽(Semler Scientific)이 4,000만 달러 비트코인을 매입한 후 1,700만 달러어치를 추가 매입하여 총 828개 비트코인을 보유 중(2024년 6월 기준)이며 1억 5,000만 달러의 추가 자금을 조달 중이다. 이는 단순한 투자를 넘어 비트코인을 기업의 주요 자산으로 인식하는 새로운 트렌드를 만들어내고 있다.

비트코인이 재무제표에 포함될 때 현금, 금, 부동산 등 다른 전통적인 자산들과 비교해 주목할 만한 특징 중 하나는 감가상각이 없다는 점이다. 현금의 경우 인플레이션으로 인해 시간이 지날수록 구매력이 감소하며, 부동산은 물리적 노후화로 인한 감가상각이 불가피하다. 금은 감가상각을 하지 않지만, 보관 및 운송 비용이 발생하며 물리적 손실의 위험이 있다. 반면 비트코인은 디지털 자산으로서 물리적 감가상각이 없고, 적절히 관리될 경우 손실 없이 영구적으로 보존될 수 있다.

또한 비트코인은 대출이나 기타 금융 거래의 담보로 활용될 수 있어 기업의 자금 조달 옵션을 다양화할 수 있다. 비트코인을 결제 수단으로 받아들일 수 있는 기반을 마련함으로써 결제 시스템을 다양화하고, 이를 통해 고객층을 확대하고 새로운 비즈니스 모델을 개발할 수 있는 가능성을 열어준다.

이러한 다양한 장점들로 인해 비트코인을 재무제표에 포함시키는 것은 기업의 재무 전략과 운영에 있어 혁신적이고 전략적인 선택이 될 수 있다. 실제로 트럼프 대통령 당선 이후 솔리디언 테크놀로지(Solidian Technology; NASDAQ: STI), 코스모스 헬스(Cosmos Health; NASDAQ: COSM), 지바 테크놀로지스(Jiva Technologies; JIVA.CN), 레믹스포인트(Remixpoint; 3825: Tokyo)를 비롯한 미국, 캐나다, 일본의 여러 기업들이 비트코인을 회사 보유 자산(treasury reserve)으로 편입하겠다고 발표하였다. 주목할 점은 이들 기업들이 이전까지는 크립토 산업과 직접적인 관련이 없는 일반 상장 기업이었다는 사실이다. 또한 2024년 12월 10일 개최된 마이크로소프트 주주총회에서도 비트코인을 보유 자산으로 채택하자는 안건이 상정되어 논의되었으며, 비록 이번에는 통과되지 않았지만, 이러한 시도 자체가 2025년을 기점으로 일반 기업들 사이에서 비트코인을 자산 일부로 편입하려는 흐름이 본격적으로 확산될 것임을 시사하고 있다.

Interview

세계 경제 시스템을 근본적으로 변화시킬 잠재력

오태민 오태버스 주식회사 대표 (인터뷰 진행 및 정리: 전철희)

● 오태민 교수는 오태버스 주식회사의 대표이자 건국대학교 정보통신대학원 블록체인학과 겸
  임교수다. 저서로는《비트코인은 강했다》(2014),《스마트 콘트랙: 신뢰혁명》(2018),《비트코인,
  지혜의 족보》(2020),《메타버스와 돈의 미래》(2022),《비트코인, 그리고 달러의 지정학》(2023)
  이 있다.

Q 비트코인의 변동성에 대해 어떻게 생각하시나요?

비트코인의 변동성은 많은 투자자들에게 우려의 대상이 되곤 합니다. 하지만 저는 이를 단기
적인 현상으로 봅니다. 장기적으로 볼 때, 비트코인은 '보편적 자산'으로서의 잠재력을 가지
고 있어요. 우리는 단기적인 가격 변동보다는 비트코인이 가져올 수 있는 경제 시스템의 근본
적인 변화에 주목해야 합니다.

Q 비트코인 투자의 주요 리스크는 무엇이라고 보시나요?

주요 리스크로는 크게 세 가지를 들 수 있습니다. 첫째, 미국 정부가 보유한 대량의 비트코인
을 시장에 방출할 가능성이 있어요. 둘째, 전 세계적인 경기 하락으로 인한 자산 가치 하락 위
험이 있죠. 마지막으로, 거래소 해킹이나 파산 같은 사건들도 큰 리스크가 될 수 있습니다.

Q 이러한 리스크를 관리하기 위한 방법은 무엇일까요?

가장 중요한 것은 장기적인 관점을 갖는 것입니다. 저는 투자자들에게 최소 5년 정도의 장기

투자를 목표로 할 것을 권합니다. 또한 생활에 필요한 자금이 아닌 여유 자금으로 투자하는 것이 중요해요. 주식 투자금에서 일부를 비트코인에 할당하는 것도 좋은 방법이 될 수 있습니다.

Q 비트코인 채굴이 환경에 미치는 영향에 대해 많은 우려가 있는데, 이에 대해 어떻게 생각하시나요?

많은 사람이 우려하는 것과는 달리, 저는 비트코인 채굴이 오히려 환경에 긍정적인 영향을 미칠 수 있다고 봅니다. 예를 들어 비트코인 채굴은 신재생에너지의 간헐성 문제를 해결하는 데 도움이 될 수 있어요. 또한 버려지는 전기를 활용함으로써 에너지 효율을 높일 수 있죠. 미래에는 채굴 기업들이 협력하여 환경 영향을 최소화하는 방향으로 나아갈 것이라고 예상합니다.

Q 비트코인이 사회에 미칠 수 있는 긍정적인 영향은 무엇이라고 보시나요?

비트코인은 단순한 투자 수단을 넘어서 세계 경제 시스템을 근본적으로 변화시킬 잠재력을 가지고 있습니다. 예를 들어 비트코인은 전 세계의 전기 가격, 노동력 가격 등을 평준화할 수 있어요. 이는 국경을 초월한 경제 활동을 용이하게 하고, 전 세계적으로 경제적 기회의 평등화를 가져올 수 있습니다. 또한 비트코인은 신재생에너지 산업의 발전을 촉진할 수 있는 잠재력도 가지고 있죠.

산업 관련 종목

NO.	기업 이름	영문	티커	내용
1	마이크로스트래티지	MicroStrategy	MSTR	• 전통적인 소프트웨어 회사에서 '비트코인' 축적 회사로 변모 • 세계에서 비트코인을 가장 많이 보유한 일반 기업(2024년 9월 기준으로 24만 4,800개 보유 중)
2	코인베이스 글로벌	Coinbase Global	COIN	• 미국 증권거래소에 상장된 최초의 암호화폐 거래소이자 미국 최대 암호화폐 거래소 • 규제 환경에 대한 민첩한 대응으로 업계 리더십을 유지
3	블록	Block Inc.	SQ	• 결제 처리와 디지털 금융 서비스를 제공하는 글로벌 핀테크 기업 • 비트코인 관련 투자 및 디지털 자산 영역에서 사업 확장 중
4	비트코인	Bitcoin	BTC	• 세계 최초이자 최대 시가총액의 암호화폐 • 암호화폐 시장의 기준이자 모든 암호화폐의 표준으로 간주됨
5	이더리움	Ethereum	ETH	• 시총 2위의 암호화폐이자 알트코인들의 선두 암호화폐 • 스마트 계약 기능을 통해 다양한 블록체인 애플리케이션의 기반
6	마라톤 디지털 홀딩스	Marathon Digital Holdings	MARA	• 세계 최대 비트코인 채굴 기업 • 재생에너지 활용 비율을 높여 환경 친화적 채굴 선도
7	발키리 비트코인 채굴 상장지수펀드	Valkyrie Bitcoin Miners ETF	WGMI	• 액티브 상장지수펀드로 시장 상황에 따라 포트폴리오 구성 변경 • 채굴 기업뿐만 아니라 반도체, 클라우드 서비스 제공 업체 등 비트코인 생태계 전반에 투자
8	블랙록 비트코인 현물 상장지수펀드	iShares Bitcoin Trust	IBIT	• 세계 최대 자산운용사인 블랙록이 운용 • 현재 비트코인을 가장 많이 보유하고 있는 ETF(2024년 9월 기준으로 약 35만 개의 비트코인을 보유 중)

비트코인은 위험한 투자인가?

비트코인 최대손실폭

비트코인의 위험성에 대한 일반적인 인식과 달리, 실제 데이터는 다른 양상을 보여준다. 투자 위험을 측정하는 주요 지표인 최대손실폭(Maximum Drawdown, MDD)은 자산의 최고점에서 최저점까지의 최대 하락 폭을 나타내는 지표이다.

자산	MDD	전고점 회복 기간	전고점	저점	전고점 돌파
아마존	-93%	8년 6개월	1999-04	2001-09	2007-09
애플	-80%	7년 6개월	1992-03	1997-12	1999-08
넷플릭스	-80%	2년 3개월	2011-06	2012-09	2013-08
스타벅스	-76%	5년	2006-07	2008-11	2011-06
비트코인	-76%	2년 11개월	2018-01	2019-01	2020-11
마이크로소프트	-67%	14년 7개월	2000-01	2009-02	2014-07

위 도표에 제시된 데이터에 따르면, 비트코인의 MDD는 76%로, 아마존(-93%), 애플 (-80%), 넷플릭스(-80%)와 같은 유명 기업들보다 낮으며, 마이크로소프트(-67%)에 이어 두 번째로 낮은 수치다. 또한 비트코인의 전고점 회복 기간은 2년 11개월로, 다른 기업들 (마이크로소프트 14년 7개월, 아마존 8년 6개월)에 비해 현저히 짧다. 이는 비트코인 시장의 회복력과 역동성을 잘 보여준다.

비트코인 4년 누적 수익률

비트코인의 위험성을 평가하는 또 다른 중요한 지표로 반감기를 기준으로 한 4년간의 누적 수익률을 들 수 있다.

비트코인 4년 누적 수익률(일별)

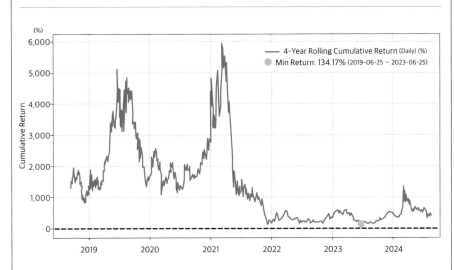

2014년 9월 18일부터 2024년 8월 31일까지의 비트코인 일간 수익률 데이터를 바탕으로 4년간의 누적 수익률을 보여준다.

자료: Author's own calculation and visualization. Data from Yahoo Finance

2014년부터 10년간 일간 수익률을 바탕으로 4년간의 누적 수익률을 살펴보면, 2022년 이후 수익률이 전반적으로 하락하는 추세를 보이지만, 여전히 양의 수익률을 유지하고 있다. 가장 낮은 4년 누적 수익률은 2019년 6월 25일부터 2023년 6월 25일까지의 기간으로, 134%를 기록했다. 이는 연간 평균 23.7%의 수익률에 해당한다.

이러한 높은 초과 수익률은 비트코인이 가진 독특한 투자 가치와 잠재력을 명확히 보여준다. 전통적인 투자 자산들과 비교했을 때 상당히 높은 수준이다. 이 데이터는 비트코인 투자가 단기적으로는 변동성이 크지만, 장기적으로는 안정적인 수익을 제공할 수 있음을 시사한다. 이는 비트코인이 포트폴리오 다각화의 효과적인 도구가 될 수 있음을 보여준다.

결론적으로 비트코인 투자의 '위험성'은 투자 기간과 전략에 따라 크게 달라질 수 있다. 장기적인 관점에서 접근한다면, 비트코인은 상당한 초과 수익률을 보여준다.

마이크로스트래티지 MicroStrategy (MSTR)
제국의 탄생 - 세계 최대 비트코인 축적 회사

#1 기업 개요

세계 최대의 비트코인 축적 회사

마이크로스트래티지는 1989년 설립된 비즈니스 인텔리전스(BI) 소프트웨어와 클라우드 기반 분석 솔루션을 제공하는 기업이다. 전 세계적으로 다양한 산업군의 고객들에게 데이터 분석 및 인사이트를 제공하여 비즈니스 의사결정을 지원해왔다. 그러나 2020년 이후 비트코인에 대한 전략적 투자로 회사의 방향성이 크게 변화하고 있다.

마이클 세일러(Michael Saylor) 의장의 주도 아래 마이크로스트래티지는 비트코인을 꾸준히 매입해왔다. 마이크로스트래티지는 단순히 비트코인을 많이 보유

마이크로스트래티지 매출액 & 성장률 전망

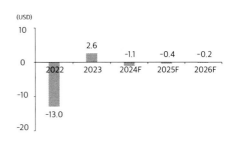

자료: 마이크로스트래티지, Capital IQ (2024년 8월 30일 기준)

마이크로스트래티지 주당순이익 전망

자료: 마이크로스트래티지, Capital IQ (2024년 8월 30일 기준)

마이크로스트래티지 주가 추이

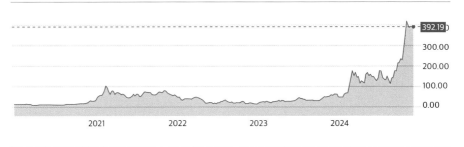

하는 회사를 넘어, 비트코인의 꾸준한 매입과 더불어 비트코인 관련 사업 확장을 회사의 주요 성장 전략으로 삼았다.

#2 비즈니스 모델

마이크로스트래티지의 비즈니스 모델은 크게 두 가지로 나뉜다. 하나는 전통적인 비즈니스 인텔리전스 소프트웨어 사업이며, 다른 하나는 비트코인 보유 전략이다. 비트코인 전략이 회사의 주요 관심사로 부상하면서 소프트웨어 사업의 상대적 중요성은 다소 감소하는 경향을 보인다. 그럼에도 이 사업은 여전히 회사의 핵심 수익원이자 현금흐름 창출원으로서, 비트코인 취득을 위한 자금의 일부를 제공하는 중요한 역할을 한다.

2020년 이후 마이크로스트래티지의 주요 비즈니스 모델은 비트코인 축적 전략에 집중되어 있다. 이 전략의 핵심은 지속적인 비트코인 매입과 보유 및 관련 사업의 확장이다. 주식 발행, 다양한 형태의 채권 발행, 기존 사업의 현금흐름을 통해 자본을 조달한다. 일례로 회사는 전환사채를 활용하여 낮은 자본조달 비용으로 비트코인을 구매함으로써 높은 수익을 내는 전략을 사용한다.

이는 전통적인 기업의 비즈니스 모델과는 크게 다른, 혁신적이고 새로운 성장 전략이라고 볼 수 있다. 마이크로스트래티지의 이러한 변화는 비트코인과 블록체인 기술의 미래 가치에 대한 강한 확신을 바탕으로 한다. 회사는 이제 스스로를 '세계 최대의 비트코인 축적 회사(Bitcoin Development Company)'로 정의하며, 비트코인 생태계에서 중요한 역할을 하고 있다. 이러한 전략적 변화와 대규모 비트코인 보유는 향후 디지털 자산 시장의 발전 방향을 보여주는 하나의 중요한 지표가 될 수 있을 것이며, 다른 기업들의 비트코인 채택에도 영향을 미칠 전망이다.

#3 투자 포인트

1) 혁신적 기업 재무 모델의 선구자

마이크로스트래티지는 2020년 비트코인을 재무제표 자산으로 포함시키면서 기업 재무 전략의 새로운 장을 열었다. 2020년 전에는 연평균 1.4%의 저조한 주

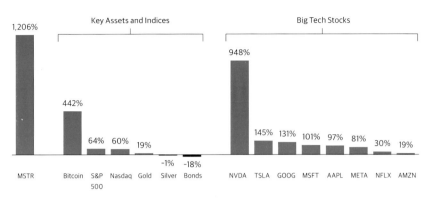

마이크로스트래티지가 비트코인 전략을 채택한 2020년 이후의 주가 성과를
다양한 자산 및 주요 기술 주식들과 비교한 것이다.

가 성장률을 보이던 소규모 소프트웨어 회사에서 비트코인 축적 전략 도입 이후 2024년 2분기까지 주가가 1206% 상승하는 극적인 변화를 겪었다. 이런 비약적인 누적 수익률은 회사 재무제표에 비트코인을 자산으로 포함시키는 전략이 성공적이었음을 반영한다.

이 전략의 성공은 단순한 주가 상승을 넘어선다. 2024년 12월 13일 기준, 마이크로스트래티지는 약 42만 3,650개의 비트코인을 보유하여 일반 기업 중 최대 규모의 비트코인 보유사가 됐다. 이는 일반 기업 중 전 세계에서 두 번째로 많은 비트코인을 보유한 마라톤디지털홀딩스(Marathon Digital Holdings)의 10배가 넘는 수치다.

이러한 전략을 통해 회사는 개인투자자들이 독자적으로 달성하기 어려운 수준의 효율성과 규모의 경제를 제공한다. 이런 결과는 비트코인 수익률(BTC Yield) 지표를 통해 나타나는데, 회사가 비트코인을 최초로 구매한 2020년 이후 주식

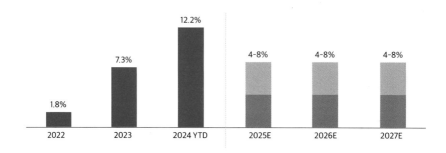

2022년부터 2024년까지의 실적과 2025년부터 2027년까지의 예상치를 포함한
마이크로스트래티지의 비트코인 수익률을 보여준다.
비트코인 수익률: 특정 기간 동안 비트코인 보유량과 가정된 희석 주식 간의 비율 변화.
이는 회사가 보유한 비트코인의 가치를 주식 수에 대비하여 얼마나 효율적으로 증가시키고 있는지를 나타낸다.

1주당 비트코인 보유량이 꾸준히 늘고 있다.

특히 주목할 만한 점은 2024년 상반기의 성과다. 이 기간 동안 마이크로스트래티지는 12.2%의 주당 비트코인 수익률을 기록했다. 이는 주식 1주당 보유 비트코인 양이 12.2% 증가했음을 의미하며, 2024년 12월 13일 기준으로 주식 100주당 약 0.177 비트코인의 보유 비율을 나타냈다.

투자자들은 이 회사의 주식에 투자함으로써 직접 비트코인을 매입하고 관리하는 번거로움 없이 비트코인 가격 상승의 혜택과 보유 수량 증가에 따른 추가적인 이익을 동시에 누릴 수 있다.

2) 글로벌 기관투자자의 신뢰 확보: 마이크로스트래티지의 투자 매력도 상승

2024년 8월, 한국의 국민연금이 마이크로스트래티지 주식에 3,400만 달러를 투자했다고 보고했다.[11] 이는 노르웨이와 스위스의 중앙은행들에 이어 마이크로스트래티지에 대한 글로벌 관심이 높아지고 있음을 보여주는 중요한 사례다. 특히 보수적인 투자 성향을 가진 한국 연기금의 투자 결정은 주목할 만하다. 뱅가드그룹, 블랙록, 시타델 등 주요 기관투자자들도 마이크로스트래티지 주식을 보유하고 있다. 이는 회사가 단순한 비트코인 투기 기업이 아닌, 안정적인 투자 대상으로 인식되기 시작했음을 시사한다.

주목할 점은 많은 기관투자자들에게 비트코인 직접 보유나 ETF 투자가 여전히 법적·사회적 제약이 있다는 것이다. 마이크로스트래티지 주식 투자는 이러한 우려를 피하면서도 간접적으로 비트코인 시장에 노출될 수 있는 매력적인 대안이 되고 있다.

이러한 대규모 기관 투자는 마이크로스트래티지의 신뢰도를 높이고, 향후 더 많은 기관투자자들의 참여를 유도할 것으로 예상된다. 결과적으로 회사의 주가 상승과 유동성 개선에 기여하며, 글로벌 기관투자자들의 암호화폐 시장 진출 트렌드를 가속화할 전망이다.

3) 주요 지수 편입 임박: 마이크로스트래티지의 새로운 도약

마이크로스트래티지의 성장세가 주요 주가지수 편입 가능성으로 이어지고 있다. 마이크로스트래티지는 현재 나스닥에 상장되어 있으며, 2024년 12월 13일 나스닥 100지수를 추종하는 '인베스코 QQQ 트러스트(QQQ)'에 포함되었다. 시가총액은 약 980억 달러로 S&P500 기업 중 대략 100위권 수준에 해당한다. 마이크로스트래티지가 S&P500에 편입될 경우, 이 인덱스를 추종하는 다양한 ETF나 인덱스 펀드들은 마이크로스트래티지 주식을 시가총액 비율만큼 필수적으로 포함해야 한다.

S&P500 인덱스 편입 조건 중 마이크로스트래티지는 '최근 분기와 이전 4개

의 연속 분기에 걸친 누적 순이익이 양(+)의 값을 기록해야 한다'는 조건만 제외하고 대부분을 충족했다. 새로운 회계 기준이 도입되는 2025년 상반기에는 이 조건도 만족시킬 것으로 전망된다.

마이크로스트래티지가 QQQ 및 S&P500 인덱스에 편입되면 여러 긍정적인 효과가 예상된다. ETF 및 인덱스 펀드의 자동 매수로 인한 수요 증가, 거래량 증가로 인한 유동성 향상, 기관투자자의 관심 증대, 그리고 포트폴리오 다변화로 인한 안정적인 자금 유입 등이 주가 상승에 기여할 것이다. 더불어 비트코인 관련 기업으로는 최초로 주요 지수에 편입될 가능성이 있어, 암호화폐 시장과 전통 금융시장의 통합 측면에서도 중요한 이정표가 될 수 있다.

#4 2024년 실적 및 향후 전망

마이크로스트래티지의 2024년 실적 예상은 다소 부진한 모습을 보일 것으로 전망된다. 매출은 4억 7,000만 달러(시장 컨센서스 기준)로 전년 대비 5% 감소할 것으로 예상되며, 이는 2023년 5억 달러에서 소폭 하락한 수치다. 수익성 측면에서도 어려움이 예상된다. 2024년 주당순이익(EPS)은 1.1달러 적자를 기록할 것으로 보이며, 이는 2023년의 2.6달러 이익과 대비된다. 순이익 또한 2023년 4,300만 달러 이익에서 2024년 2,000만 달러의 손실로 전환될 것으로 예상된다. 영업이익은 2023년 1,200만 달러 적자에서 2024년 4,300만 달러로 적자 폭이 더욱 확대될 것으로 보이며, 상각 전 영업이익(EBITDA)도 2024년에 4,000만 달러로 감소할 것으로 예상된다.

그러나 이러한 부진한 실적 예상에도 불구하고, 2025년 1분기부터는 상황이 크게 개선될 가능성이 높다. 앞서 언급한 2025년에 시행될 새로운 회계 기준(ASU

2023-08)의 도입 때문이다. 마이크로스트래티지가 보유한 비트코인의 실제 시장 가치를 재무제표에 반영할 수 있게 됨으로써 비록 일회성이지만 회사의 재무제표 지표가 크게 개선될 것이다.

장기적으로 이 새로운 회계 기준은 더 큰 의미를 갖는다. 비트코인 가격이 상승할 때 즉각적으로 이익을 인식할 수 있게 되어 수익성이 개선되고, 보유 중인 비트코인의 실제 시장 가치를 재무제표에 정확히 반영할 수 있게 된다.

더욱이 2025년에는 비트코인 상승에 따른 마이크로스트래티지 주가의 상승 폭이 더욱 커질 것으로 예상된다. 2024년 비트코인의 현물 ETF 승인 이후의 데이터를 분석한 결과, 마이크로스트래티지 주식의 베타값은 일별 수익률 기준 1.67, 주간 수익률 기준 2.1에 이르는 것으로 나타났다.[12] 이는 비트코인 가격이 10% 변동할 때 마이크로스트래티지 주가는 평균적으로 16.7%에서 21% 변동한다는 것을 의미한다.

따라서 비트코인 시장의 장기적 성장을 믿는 투자자들에게 2025년 마이크로스트래티지 주식은 비트코인 직접 투자보다 더 매력적인 투자 기회가 될 수 있다. 새로운 회계 기준의 도입, 비트코인 가격 변동에 대한 높은 민감도, 그리고 잠재적인 고수익 가능성이 결합되어 2025년 마이크로스트래티지의 투자 전망은 매우 흥미로운 양상을 띨 것으로 예상된다.

#5 어떻게 투자할 것인가

마이크로스트래티지에 대한 투자는 비트코인과 주식시장에 모두 연동된 독특한 특성을 지니고 있어, 복합적인 리스크를 동반한다. 비트코인에 직접 투자하는 것과 달리, 마이크로스트래티지 주식은 회사의 재무 상태뿐만 아니라 비트코

마이크로스트래티지 순자산가치 프리미엄 추이

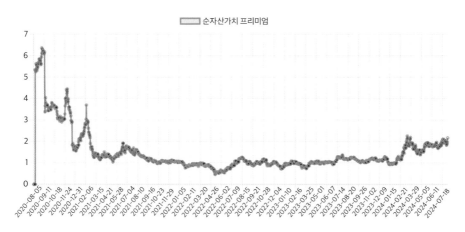

2020년 8월부터 2024년 7월까지의 마이크로스래티지의 순자산가치 프리미엄의 변화를 나타내고 있다.
(순자산가치 프리미엄 = 회사 시가총액 / 보유 비트코인 시가총액)

인의 가격 변동에도 큰 영향을 받는다. 여기에 높은 베타값으로 비트코인 가격 상승 시 주가의 상승 가능성이 크지만, 하락 시 더 큰 변동성을 나타낼 수 있다. 이는 비트코인의 강세장이 예상되는 상황에서 긍정적인 전망을 제시하지만, 동시에 투자자들은 그만큼 주가의 변동 폭이 클 수 있음을 염두에 두어야 한다.

이와 관련해 기업 순자산가치(Net Asset Value, NAV)의 프리미엄 지표를 고려해 볼 만하다. NAV는 주로 투자 기업의 순자산가치를 나타내며, 일반적으로 기업의 총자산에서 부채를 차감한 후 발행 주식 수로 나눈 값이다. 순자산가치는 일반 기업의 주가순자산비율(PBR)과 유사한 개념이다. PBR이 1보다 높으면 주식 가격이 장부 가치를 상회하여 거래됨을 의미한다.

마이크로스트래티지의 NAV는 2020년 8월 초 비트코인 최초 구매 시점에 약 6 이상으로 시작해 점진적으로 하락했다. 2021년 초에는 다시 상승하여 3 이상을 기록했으며, 이후 안정화 추세를 보였다. 최근 수년간 프리미엄은 1에서 2 사이에서 유지되었으나, 2024년 1월부터 4월까지는 다시 상승하여 2.5 이상을 기록 중이다.

마이크로스트래티지에 투자할 때는 이 NAV 프리미엄의 움직임을 주시할 필요가 있다. 4년 전 상승장 주기에서 보듯이 비트코인 상승장 시기일 경우 프리미엄이 3까지는 고평가 구간이긴 하나 상승장에서 볼 수 있는 합리적인 비율로 해석할 수 있다고 분석된다. 프리미엄이 4에 근접하거나 초과할 경우, 이는 고평가 영역에 진입했다고 판단하고 적절한 매도 전략을 병행하는 것이 바람직하다.

마이크로스트래티지 연혁

1989	마이클 세일러, 산주 반살, 토마스 스파가 마이크로스트래티지 설립
1998.06	나스닥 상장
2010	모바일 플랫폼용 비즈니스 인텔리전스 소프트웨어 개발 시작
2011	클라우드 기반 서비스 마이크로스트래티지 클라우드(MicroStrategy Cloud) 출시
2020.08	비트코인에 2억 5,000만 달러 최초 투자
2022.08	마이클 세일러, CEO에서 Executive Chairman으로 역할 변경
2022.12	BTC 최초 매각(약 1,180만 달러)
2024.08	비트코인 총 보유량 22만 5,000개

코인베이스 글로벌 Coinbase Global (COIN)
전통 금융과 암호화폐의 가교를 놓다

#1 기업 개요

코인베이스 글로벌(이하 코인베이스)은 2012년 브라이언 암스트롱과 프레드 어샘(Fred Ehrsam)이 설립한 디지털 자산 거래소다. 초기에는 비트코인 거래에 집중했으나, 현재는 이더리움, 라이트코인 등 다양한 암호화폐를 거래할 수 있는 플랫폼으로 발전했다. 코인베이스는 안전하고 간편한 거래 환경을 위해 다양한 보안 및 편의 기능을 구현하고 있으며, 모바일 앱을 통해 시간과 장소에 구애받지 않고 거래할 수 있는 환경을 제공한다. 현재 미국 최대 암호화폐 거래소로, 세계 시장에서도 상당한 영향력을 행사하고 있다.

코인베이스 글로벌 매출액 & 성장률 전망

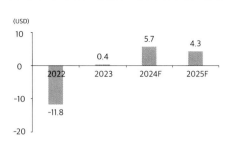

자료: 코인베이스글로벌, Capital IQ (2024년 8월 30일 기준)

코인베이스 글로벌 주당순이익 전망

자료: 코인베이스글로벌, Capital IQ (2024년 8월 30일 기준)

코인베이스 글로벌 주가 추이

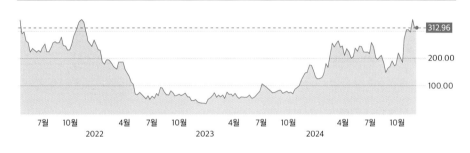

#2 비즈니스 모델

코인베이스의 비즈니스 모델은 다양한 수익원을 통해 포괄적이고 효과적인 구조를 갖췄다. 주요 수익원으로는 거래 수수료, 스프레드, 구독 서비스, 스테이킹 수수료, 통화 전환 수수료 등이 있다. 거래 수수료는 기본 플랫폼과 코인베이스 프로의 계층화된 구조를 통해 다양한 수준의 거래자를 대상으로 한다. 스프레드는 시장 가격과 거래 가격의 차이로, 특히 장외 거래에서 효과적으로 활용된다.

코인베이스는 또한 금융 서비스 영역으로 사업을 확장 중이다. 랜딩 플랫폼을 통해 사용자들에게 대출을 제공하고 이자수익을 얻으며, 기관투자자들을 위한 수탁 서비스를 통해 자산 보관 수수료를 받는다. 더불어 암호화폐 직불카드와 커머스 플랫폼을 통한 결제 서비스를 제공하여 거래의 편의성을 높이고 추가적인 수수료 수익을 창출한다. 이러한 다각화된 서비스는 코인베이스를 단순한 거래 플랫폼에서 종합적인 암호화폐 금융 서비스 제공자로 발전시키고 있다.

#3 투자 포인트

코인베이스의 주요 투자 포인트는 안정적인 수익 구조와 성장 잠재력, 신뢰성과 규제 준수, 그리고 시장 지배력과 다양한 서비스에 있다. 다각화된 수익 구조는 암호화폐 시장의 변동성에 대한 대비책으로 작용하며, 시장 상황과 관계없이 안정적인 수익을 창출할 수 있게 한다. 또한 주식 형태로 거래되어 유동성과 접근성이 높아 투자자들의 포지션 조정이 용이하다.

코인베이스는 엄격한 규제 준수와 강력한 보안 조치를 통해 높은 신뢰도를 구축했다. 이는 개인 및 기관 투자자들의 대규모 자본 유입을 촉진하며, 전통 금융 시스템과 암호화폐 시장 사이의 가교 역할을 한다. 이러한 접근 방식은 비트코인 직접 투자보다 더 안전하고 규제 리스크가 낮은 투자 옵션을 제공한다.

미국 최대 암호화폐 거래소로서의 강력한 브랜드 파워와 시장 지배력은 높은 거래량과 수수료 수익으로 이어진다. 코인베이스는 거래소 서비스를 넘어 기관투자자를 위한 맞춤형 거래 서비스, 커스터디 솔루션, 기업용 결제 시스템, 스테이킹 서비스 등 다양한 서비스를 제공한다. 이는 암호화폐 생태계 전반의 성장에 따른 혜택을 누릴 수 있게 해주며, 사용자 중심의 지속적인 가치 창출과 서비스 개선을 통해 시장에서의 위치를 강화하고 있다.

#4 2024년 실적 및 향후 전망

코인베이스는 2024년 암호화폐 시장의 회복세에 힘입어 실적이 크게 개선될 것으로 전망된다. 시장 컨센서스 기준 매출액은 전년 대비 85% 성장한 57억 달러, 상각 전 영업이익(EBITDA)은 27억 달러(전년 대비 27배 증가), 순이익은 15억 달러(전년 대비 150배 증가)로 예상되어 수익성이 대폭 개선될 전망이다.

주요 재무 비율도 큰 폭으로 개선될 것으로 예상된다. 영업이익률은 -5.2%에서 28.6%로, 주당순이익은 5.7달러로 회복되며, 자기자본이익률(ROE)은 1.6%에서 18.1%로 상승할 전망이다. 그러나 예상 주가수익비율(PER) 33.9(2024년 8월 30일 기준, 이하 동일)와 주가순자산비율(PBR) 5.5 등 여전히 높은 수준의 재무 비율은 주가 과대평가 위험을 시사한다.

코인베이스 서비스별 매출 변화 추이

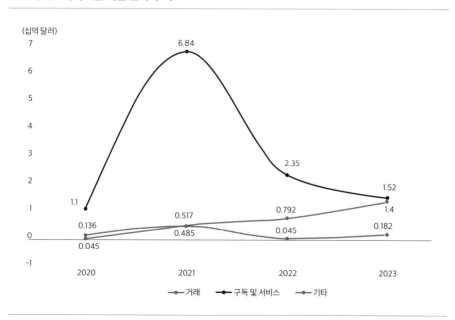

코인베이스의 실적은 암호화폐 시장의 변동성에 크게 의존하고 있다. 2024년의 긍정적 전망은 암호화폐 강세장 예상에 기반하고 있으며, 이는 거래량 증가와 관련 수익 확대로 이어질 것으로 보인다. 기업가치 대비 매출액 비율(EV/Revenue) 7.4, 기업가치 대비 EBITDA(EV/EBITDA) 15.8 등의 지표는 시장에서 코인베이스의 가치를 높게 평가하고 있음을 나타낸다.

코인베이스는 암호화폐 시장의 변동성, 규제 불확실성, 경쟁 심화 등의 리스크에 대응하기 위해 기술 혁신과 국제시장 확대 전략을 추진하고 있다. 미국 내 최대 거래소라는 점은 규제 환경 변화에 대응하는 데 유리하게 작용할 것이며, 비트코인 상승장이 지속될 경우 이를 적극 활용할 수 있는 포지션을 유지하고 있다.

코인베이스의 매출은 서비스 유형에 따라 다양한 변화를 보이고 있다. 주요 수익원인 거래 수익은 2021년 68.4억 달러로 정점을 찍은 후 감소세를 보여 2023년에는 15.2억 달러를 기록했다. 이는 암호화폐 시장의 변동성과 거래 활동의 변화를 반영한 결과로 볼 수 있다.

반면 구독 및 서비스 수익은 꾸준한 성장세를 보이고 있다. 2020년 1.36억 달러에서 2023년 14억 달러로 급격히 증가했는데, 이는 코인베이스의 구독 기반 서비스와 프리미엄 서비스가 점차 더 많은 사용자를 확보하고 있음을 시사한다.

코인베이스의 향후 전망은 긍정적이다. 2025년까지 매출과 EBITDA의 지속적인 증가가 예상되며, 미국의 규제 완화 움직임은 디지털 자산 거래 활성화를 통해 코인베이스의 거래량과 수익 증대로 이어질 것이다. 또한 새로운 서비스와 기술 도입을 통해 더 많은 사용자와 투자자를 유치할 것으로 기대된다. 글로벌 시장 확대, 특히 아시아 시장 진출은 코인베이스의 중요한 성장 동력이 될 것이며, 이를 통해 글로벌 경쟁력을 강화하고 더 많은 고객을 유치할 수 있을 것으로 전망된다.

#5 어떻게 투자할 것인가?

코인베이스에 투자할 때는 암호화폐 시장의 전반적인 동향과 회사의 실적 지표를 면밀히 분석하는 것이 중요하다. 전체 암호화폐 시가총액과 일일 거래량 추이는 시장의 성장세를 보여주는 핵심 지표로, 이들의 지속적인 상승은 코인베이스의 수익 증가로 직결될 가능성이 높다. 특히 비트코인과 이더리움의 가격 움직임에 주목해야 하며, 이들의 상승장은 코인베이스의 거래량 증가를 견인할 수 있다. 또한 코인베이스의 분기별 실적 보고서를 통해 거래량, 활성 사용자 수, 수수료 수익 등의 성장률을 확인하는 것이 필수적이다. 이러한 지표들의 지속적인 개선은 회사의 건전한 성장을 나타내는 신호로 볼 수 있다.

투자 전략을 세울 때는 코인베이스의 수익 다각화에도 주목해야 한다. 단순히 거래 수수료에만 의존하는 것이 아니라 스테이킹, 커스터디 서비스, 기관투자자 대상 서비스 등 다양한 수익원의 비중이 증가하고 있는지 확인해야 한다. 이는 회사의 안정성과 성장 잠재력을 동시에 보여주는 지표가 될 수 있다. 특히 구독 및 서비스 수익의 지속적인 증가 추세는 코인베이스의 장기적인 성장 가능성을 시사

코인베이스 연혁

2012.06	브라이언 암스트롱과 프레드 에어섬 회사 설립
2015.01	뉴욕증권거래소 등으로부터 7,500만 달러 투자 유치
2017.12	비트코인 캐시 거래 지원 시작
2021.04	나스닥 직상장 통해 주식시장 상장
2022.08	블랙록과 제휴, 기관 고객에게 비트코인 투자 서비스 제공
2023.09	싱가포르에서 주요 결제 기관 라이선스 획득
2024.02	AI 기반 암호화폐 트레이딩 도구 베타 버전 출시
2024.05	탈중앙화 거래소(DEX) 서비스 출시 계획 발표

하는 중요한 지표이다.

투자 시기를 결정할 때는 이러한 지표들이 긍정적인 추세를 보일 때를 노려볼 만하다. 특히 암호화폐 시장의 상승기에 코인베이스의 실적이 크게 개선되는 경향이 있으므로, 시장의 전반적인 상승 국면 초기에 투자를 고려해볼 수 있다. 다만 암호화폐 시장의 높은 변동성을 감안하여 분산 투자와 함께 장기적인 관점에서의 접근이 필요하다.

채굴 기업들 Bitcoin Mining Companies

전기의 금융화 -
전기를 글로벌 자산으로 바꾸는 마법사들

#1 기업 개요

비트코인 채굴 기업들은 디지털 시대의 금광 기업이나 다름없다. 이들의 수익 구조는 단순하지만 효과적이다. 채굴에 성공하면 새로 생성된 비트코인을 보상으로 받고, 추가로 거래 수수료도 수익원이 된다. 이러한 채굴 과정은 비트코인 네트워크의 거래를 검증하고 이중 지불을 방지하여 시스템의 무결성을 유지하는 중요한 역할을 한다.

채굴 기업들의 운영은 고도의 기술력과 자본을 필요로 한다. GPU나 ASIC이라 불리는 특수 설계된 채굴기를 대규모로 운영하며, 이들 장비에서 발생하는 열을 관리하기 위한 효율적인 냉각 시스템도 필수적이다. 안정적인 인터넷 연결과 저렴한 전기 확보도 중요한 요소이다. 이로 인해 고정 비용이 높고, 점점 어려워지는 채굴 난이도에 대응하기 위해 지속적인 장비 업그레이드가 필요하다. 더불어 비트코인 가격의 높은 변동성으로 인해 리스크 관리가 매우 중요하다.

이러한 도전에 대응하기 위해 많은 채굴 회사들은 '마이닝 풀'이라는 협력 체계에 참여한다. 이를 통해 채굴 확률을 높이고, 얻은 보상을 기여도에 따라 나누는 방식으로 수익의 안정성을 높이고 있다. 각 기업마다 규모나 운영 형태에 있어 고유의 특성이 있지만, 비트코인을 채굴하는 기본 구조는 크게 다르지 않다.

비트코인 채굴 기업 및 보유 현황[13]

Entry	Country	Symbol: Exchange	Filings & Sources	# of BTC	Value Today	% of 21m
마라톤 디지털 홀딩스	미국	MARA:NADQ	Filing | News	17,857	$1,010,292,810	0.085%
헛8	캐나다	HUT:NASDAQ	Filing | News	9,109	$515,358,527	0.043%
라이엇 플랫폼스	미국	RIOT:NADQ	Filing | News	9,084	$513,944,105	0.043%
클린스파크	미국	CLSK:NASDAQ	Filing | News	6,591	$372,898,018	0.031%
하이브 디지털 테크놀로지스	캐나다	HIVENASDAQ	Filing | News	2.377	$134,483,172	0.011%
사이퍼 마이닝	미국	CIFR:NASDAQ	Filing | News	2,142	$121,187,613	0.01%
비트 디지털	미국	BTBT:NASDAQ	Filing | News	992	$56,146,866	0.005%
비트팜스 리미티드	캐나다	BIT:NASDAQ	Filing | News	850	$48,090,323	0.004%
DMG 블록체인 솔루션	캐나다	DMGGF:OTCMKTS	Filing | News	467	$26,421,389	0.002%
얼라이언스 리소스 파트너스	미국	ARLP:NASDAQ	Filing | News	42S	$24,045,161	0.002%
넵튠 디지털 애셋	캐나다	NPPT:OTCMKTS	Filing | News	341	$19,292,706	0.002%
디지호스트 테크놀로지	캐나다	HSSHF:OTCMKTS	Filing | News	82	$4,639,302	0.0%
사토 테크놀로지스	캐나다	SATO:TSXV	Filing | News	68	$3,847,226	0.0%
아르고 블록체인	영국	ARBKF:OTCMKTS	Filing | News	11	$622,345	0.0%
			Totals	50.396	$2,851,269,563	0.24%

주요 채굴 기업들이 보유한 비트코인(BTC) 수량, 현재 가치, 그리고 전체 비트코인 유통량(21M)의 비율을 나타낸다.

이러한 특성을 고려할 때, 채굴 기업들을 개별적으로 분석하기보다는 산업 전체의 동향과 특성을 이해하는 것이 중요하다. 따라서 이 분석에서는 특정 기업을 선정하기보다는 채굴 기업 전체를 대상으로 논의를 전개하고자 한다. 이를 통해 비트코인 채굴 산업의 전반적인 구조, 도전 과제, 그리고 미래 전망에 대해 더 폭넓은 이해를 제공할 수 있을 것이다.

#2 비즈니스 모델

비트코인 채굴 기업의 비즈니스 모델은 전기라는 이동이나 저장이 쉽지 않은 지역적 자원을 글로벌 자산인 비트코인으로 변환하는 독특한 가치 창출 과정에 기반한다. 채굴 기업들은 저렴한 전기를 확보할 수 있는 지역에서 고성능 채굴 장비를 운영하여 이러한 변환을 수행한다. 이 과정에서 채굴 기업은 전기 가격과 비트코인 가격 사이의 차익을 통해 수익을 창출한다.

이는 전 세계의 발전소들이 유휴 전기를 활용하여 채굴에 참여할 수 있는 가능성을 제시한다. 결과적으로 채굴 기업들은 지역적 자원인 전기를 효율적으로 활용하여 글로벌 자산인 비트코인을 생산함으로써 지역 경제와 글로벌 금융 시스템을 연결하는 독특한 역할을 수행하고 있다.

채굴 시스템은 대부분 고정 비용 구조를 가지고 있어, 비트코인 가격 상승 시 추가 비용 없이 수익이 크게 증가할 수 있다. 특히 태양광, 풍력, 지열 발전 등 재생에너지를 활용하는 경우 변동 비용을 더욱 낮출 수 있어 수익성이 향상된다.

최근에는 많은 기업들이 효율성과 비용 절감의 중요성이 높아지면서 하이브리드 모델이나 수직 통합 모델로 이동하는 추세를 보이고 있다. 또한 채굴 기업들은 시장 변화에 맞춰 유연하게 대응하는 능력을 보여주고 있다. 예를 들어 비트코

모델[14]	특성	장단점	예시 기업
자산 경량화 모델 (Asset-Light Mining)	기업이 채굴 장비만을 소유하고 운영하는 방식으로, 제3자의 호스팅 서비스를 이용	장점: 초기 투자 비용 저렴 단점: 운영 비용 상승 및 통제력 부족	마라톤(Marathon), 비트 디지털(Bit Digital), 비트나일(BitNile), 더나인(The9)
코로케이션 모델 (Co-location Only)	기업이 채굴 시설을 소유하고 운영하지만, 직접 채굴은 하지 않고 다른 채굴자들에게 공간과 전력을 임대	장점: 안정적인 수익률 단점: 제한적인 수익률의 상승 잠재력	어플라이드 블록체인 (Applied Blockchain), 컴퓨트 노스 (Compute North)
자체 채굴 모델 (Self-Mining Only)	회사가 자체 시설과 장비를 소유하고, 유지 보수 및 운영까지 모든 측면을 관리	장점: 수익률 상승 잠재력 극대화 단점: 높은 초기 투자 비용 및 비트코인 가격 하락 시 리스크 상승	클린스파크 (CleanSpark), 비트팜스(Bitfarms), 아이리스 에너지 (Iris Energy)
하이브리드 모델 (Hybrid Mining)	자체 채굴과 코로케이션 서비스를 동시에 제공	장점: 수익 구조의 다변화 단점: 높은 투자 비용 및 복잡한 운영 구조	라이엇(Riot), 코어 사이언티픽 (Core Scientific), 아르고 블록체인 (Argo Blockchain)
수직 통합 모델 (Vertical Integration)	전력 생산부터 채굴 장비 운영까지 모든 과정을 통합	장점: 낮은 전력 비용 및 시너지 효과 기대 단점: 가장 높은 투자 비용	스트롱홀드 디지털 마이닝 (Stronghold Digital Mining), 테라울프(Terawulf), 그리니지(Greenidge)

인 가격 하락기에는 AI 호스팅으로 수익을 보완하고, 가격 상승기에는 비트코인 채굴에 집중하는 등 수익원을 다양화하고 있다. 이러한 적응력은 채굴 기업들이 시장 변동성에 효과적으로 대응하며 지속적인 성장을 추구할 수 있게 해준다.

#3 투자 포인트

1) 비트코인 변동성을 완화하는 채굴 기업 투자 전략

비트코인 채굴 기업 투자는 직접 비트코인에 투자하는 것보다 더 매력적인 위험 대비 수익률을 제공할 수 있는 전략이다. 이 접근법의 주요 장점으로는 비트코인 가격 상승 시 직접적인 수혜를 받아 높은 상승 가능성을 가진다는 점이다.

또한 하방 리스크 완화 측면에서도 이점이 있다. 비트코인 채굴 과정에서 발생하는 거래 수수료 등 추가 수익원을 통해 가격 하락 시의 위험을 일부 상쇄할 수 있다. 이러한 구조는 비트코인 가격 변동성에 따른 투자 위험을 줄이면서도 상승장의 이익을 누릴 수 있게 하여 변동성 관리에 도움이 된다.

결과적으로 채굴 기업 투자는 비트코인 시장의 상승세를 활용하면서도 하방 리스크를 관리할 수 있는 균형 잡힌 접근법을 제공한다. 이는 암호화폐 시장에 관심 있는 투자자들에게 매력적인 투자 옵션이 될 수 있다.

2) 채굴 센터의 변신: AI 데이터센터로의 고부가가치 전환

비트코인 채굴 센터는 AI 데이터센터로의 전환에 있어 상당한 이점이 있다. 이들 센터는 이미 AI 데이터센터가 필요로 하는 핵심 요소들을 갖추고 있어, 전환 과정에서 상당한 비용 절감이 가능하다. 부지 확보, 시설 구축, 저렴한 에너지 공급 등의 기본 인프라가 이미 마련되어 있어, 추가적인 대규모 투자 없이도 AI 데이터센터로 전환할 수 있다.

이러한 전환은 채굴 기업들에게 새로운 성장 동력을 제공할 뿐만 아니라, 기존 인프라를 효율적으로 활용할 수 있는 기회를 제공한다. 더불어 AI와 고성능 컴퓨팅 시장의 급격한 성장을 고려할 때, 이러한 전략적 전환은 장기적으로 기업의 수익성과 안정성을 크게 향상시킬 수 있는 잠재력을 가지고 있다.

3) 채굴 기업 가치 평가의 용이성

비트코인 채굴 기업에 대한 투자는 일반 주식시장에서 이뤄지므로, 투자자들에게 보다 체계적이고 투명한 가치 평가 기회를 제공한다. 투자자들은 기업의 재무제표, 경영 성과, 시장점유율 등 다양한 객관적 지표를 통해 기업가치를 평가할 수 있다. 이러한 접근 방식은 기술적 분석이나 시장 심리에 크게 의존하는 비트코인 직접 투자와는 달리, 근본적인 가치 분석을 통한 투자 결정이 가능해 투자자들이 보다 합리적이고 정보에 기반한 결정을 내릴 수 있다.

#4 2024년 실적 및 2025년 전망

채굴자의 항복(Miner Capitulation)은 비트코인 채굴 산업에서 발생하는 중요한 현상이다. 이는 비트코인 가격 하락, 채굴 난이도 증가, 전기 비용 상승, 새로운 고효율 채굴 장비의 등장, 또는 반감기로 인한 채굴 보상 감소 등으로 채굴 비용이 수익을 초과할 때 발생한다. 특히 과거 패턴상 반감기를 지나면서 4~6개월간 이런 현상이 지속되는데, 2024년 4월에 가장 최근의 반감기가 있었음을 감안하면 길게는 2024년 10월까지 채굴자의 항복 현상이 지속될 가능성이 있다. 이 시기에 많은 채굴자들, 특히 비효율적이거나 영세한 업체들이 동시에 채굴 활동을 중단하며, 이로 인해 네트워크의 전체 해시레이트(채굴을 위한 연산 처리 능력을 측정하는 단위)가 감소한다. 비트코인 네트워크는 이에 반응하여 채굴 난이도를 낮추게 된다.

채굴자의 항복은 단기적으로 비트코인 가격에 하방 압력을 주지만, 장기적으로는 채굴 산업의 구조조정을 촉진하는 역할을 한다. 난이도 하락으로 남아 있는 채굴자들의 수익성이 개선되고, 효율적인 채굴자들의 시장점유율이 증가한다. 비트코인 가격이 회복되면 새로운 채굴자들이 시장에 진입하며, 점차 해시레이트와 난이도가 다시 상승하며 시장이 안정화된다. 또한 과거 패턴을 통해 반감기 이후를 대비해 재무 구조와 효율적인 운영을 갖춘 채굴 기업들에게는 시장점유율을 확대할 기회다.

ESG(환경·사회·지배구조) 관심 증대로 많은 채굴 기업들이 재생에너지 사용을 확대해 환경친화적인 방향으로 발전하고 있다. 또한 효율적인 채굴 장비와 냉각 기술의 도입으로 운영 효율성이 크게 향상될 전망이며, 규제 환경이 명확해지면서 기업들의 운영 환경도 개선될 가능성이 높다. 대형 기업들의 M&A가 활발해지고 산업 구조가 더욱 집중화될 것이다. 순수 채굴 외에도 데이터 센터 사업, 인공지능 연산 제공 등 새로운 수익 모델이 등장할 것으로 기대되며, 지역적 다변화와 친환경 채굴이 확대되어 산업의 안정성과 지속 가능성이 높아질 것이다. 비트코인 가격 상승, 네트워크 보안 강화, 제도권 진입 가속화 등으로 채굴 산업의 미래가 더욱 밝아질 전망이다.

#5 어떻게 투자할 것인가

채굴 기업을 선택할 때 고려해야 할 주요 지표로는 해시레이트, 전력 비용, 장비 효율성, 재무건전성, 그리고 환경규제 준수 등이 있다. 이 중에서도 가장 중요한 지표는 해시레이트이다. 해시레이트는 채굴 기업의 채굴 능력을 나타내며, 높은 해시레이트를 보유한 기업은 더 많은 비트코인을 채굴할 가능성이 높다.

참고로 2020년에 약 100EH/s(초당 엑사해시)에서 2024년 들어 비트코인 전체

해시레이트는 약 500~700EH/s까지 상승했다. 대표적인 채굴 기업인 마라톤디지털홀딩스는 2023년 말 24.7 EH의 해시레이트를 보유했으며, 2024년 말까지 50.0 EH로 증가할 것으로 예상된다.

채굴 기업 ETF 투자

개별 채굴 기업에 투자하는 것보다 채굴 기업 ETF에 투자하면 여러 채굴 기업에 분산 투자함으로써 리스크를 줄일 수 있다. 채굴 기업 ETF는 비트코인 채굴 기업 및 관련 산업에 집중 투자하는 ETF로, 비트코인 가격 상승과 채굴 산업의 전반적인 성장 혜택을 누릴 수 있는 효과적인 투자 옵션이다. 본인이 채굴 기업에 대한 공부가 깊지 않다면 권해볼 만한 투자 방식이다.

예를 들어 WGMI ETF는 비트코인 채굴 기업뿐만 아니라 특화된 칩, 하드웨어 및 소프트웨어를 제공하는 기업, 채굴 장비 제조업체, 관련 서비스를 제공하는 다양한 기업에 투자하는 ETF이다. 또한 순자산의 최소 80%를 비트코인 채굴에서 매출 또는 이익의 최소 50%를 얻는 기업의 주식에 투자하여 비트코인 가격 상승 시 직접적인 수혜를 받을 수 있는 구조를 제공한다.

CHAPTER
6

제약·바이오테크
규제 강화와 신기술로 인한 변화의
승자는 누구인가

제약·바이오테크
위기와 혁신이 공존하는 산업의 새로운 지평

김시현 제약·바이오테크 산업의 연구자이자 기업가로, 칼텍(Caltech)에서 생물학을 전공했다. 현재 구강암 조기 진단 스타트업의 공동 창업자이자 제약 업계 컨설턴트로 활동 중이다. 제넨텍(Genentech)과 IQVIA 연구소(IQIVA Laboratories) 등 세계적인 기업에서 수석연구원 및 프로젝트 매니저로 15년간 항체 개발, 유전자 분석, 자동화 플랫폼 개발을 통해 과학 혁신을 비즈니스 성과로 연결하는 데 기여했다.

2024년 리뷰
불확실성 속에서도 지속된 성장의 조짐

지킬박사와 하이드: 해고 분위기에도 투자는 훈풍

2024년의 제약·바이오테크 산업은 '지킬박사와 하이드'와 같은 면모를 보였다. 산업 전체적으로 대부분의 기업에 해고 바람이 불었지만, 이 산업에 대한 투자는 여전히 강세를 유지하는 분위기이기 때문이다.

세계적인 제약회사 브리스톨-마이어스 스퀴브(Bristol Myers Squibb)는 2024년 4월, 1분기 실적 발표에서 연말까지 직원의 약 6%에 달하는 2,200명의 직원을 감축한다는 계획을 발표했다. 독일 제약회사 바이엘(Bayer) 역시 2024년

5월 1분기 실적 발표를 통해 1,500명의 직원을 해고했고 경영진 또한 대폭 개편한다고 전했다. 그 외에도 노바티스(Novartis), 화이자(Pfizer), 로슈(Roche), 일루미나(Illumina), 써모 피셔(Thermo Fisher) 등 여러 대형 제약·바이오테크 기업들도 인력 감축에 동참했다. 이 산업에서 2024년 상반기에만 발표된 해고 규모가 2만 명을 넘었으며, 이는 2023년 해고된 1만 명을 훨씬 초과한 수치다. 신입사원부터 20년 넘은 베테랑까지 새로운 일자리를 찾아야만 했다.

그럼 산업 분위기가 암울하기만 한 것일까? 꼭 그렇지만은 않다. 제약·바이오테크 산업에 투자되는 자금 흐름을 보면 분위기는 사뭇 다르다. 경제적 역풍에도 불구하고 벤처캐피탈 등 이 산업에 대한 투자는 여전히 강세를 유지하는 분위기다. 2024년 2분기에 모집된 74억 달러는 2022년 이후 최대 수치이며 2024년 10월까지 총 166억 달러의 투자가 411개의 딜을 통해 이루어졌다. 시리즈 A 평균 투자 금액이 8,000만 달러로 전년에 비해 2배를 넘는 수치이고 25% 이상이 1억 달러 이상의 투자를 유치했다. 코로나19 팬데믹 이후 산업 분위기가 반전되어 추세를 지속해왔던 2023년에 이어 양호한 흐름을 나타내고 있다. 그 모멘텀을 이어받아 AI 신약 개발 기업 엑사이라(Xaira)는 지난 2024년 4월 10억 달러 펀딩과 함께 화려하게 출범했다. 인수합병 측면에서도 최근 2023년 3월에 글로벌 제약사 화이자가 글로벌 항체약물접합체(ADC) 항암 치료제 개발사 시젠(Seagen)을 430억 달러에 인수한 것을 비롯해 산업 내 투자에 대한 긍정적인 분위기가 나타났다. 마찬가지로 2024년에도 계속해서 M&A에 대한 활발한 움직임이 눈에 띈다. 그 예로 노보노디스크(Novo Nordisk)는 최근 가장 '핫한 약물'인 당뇨병 치료제 오젬픽(Ozempic)과 비만 치료제 위고비(Wegovy)의 생산을 늘리기 위해 글로벌 위탁개발생산(CDMO) 기업 카탈렌트(Catalent)를 165억 달러에 인수했다. 그럼 왜 제약·바이오테크 산업은 이런 상반된 모습을 보이는 것일까?

2024년 상반기 기준 바이오테크 톱8(펀딩 금액 순)

회사	누적 총 펀딩	펀딩라운드	펀딩	
엑사이라(Xaira)	$1B	비공개	$1B	AI 신약 개발
미라도 테라퓨틱스 (Mirador Therapeutics)	$400M	시리즈 A	$400M	자가면역 / 염증성 질환
포메이션 바이오 (Formation Bio)	$608M	시리즈 D	$372M	AI 임상 개발
멧세라(Metsera)	$290M	시드/시리즈 A	$290N	비만/대사 질환
알루미스(Alumis)	$529M	시리즈 C	$259M	자가면역 질환
프리놈(Freenome)	$1.35B	시리즈 E	$254M	암 조기 진단
알트루바이오(AltruBio)	$288M	시리즈 B	$225M	염증성 질환
제나스 바이오파마 (Zenas BioPharma)	$318M	시리즈 C	$200M	자가면역 질환

2024년 무거운 산업 전체 분위기에도 다양한 바이오테크 회사들이 성공적인 펀딩을 유치했다.

특허 절벽

2010년대 당시 역대 최고 매출을 기록했던 고지혈증약 리피토를 포함한 베스트셀러 약물들의 특허가 만료되면서 많은 제약회사들이 '특허 절벽(Patent Cliff)'을 마주했다. 특허가 만료된 후 오리지널과 동일한 제네릭 의약품, 즉 카피약들이 시장에 급속도로 나타났다. 제네릭 의약품들은 오리지널 약물들의 매출을 최대 90%까지 추락시켰고, 멈출지 않을 듯 고성장을 하던 미국의 약물에 관한 소비자 지출이 이후 한동안 정체기를 맞이했다.

최근 제약회사들은 블록버스터 약물(연매출 100억 달러 이상인 약물)들의 특허가 향후 수년 내에 만료될 예정이어서 더 큰 절벽에 직면해 있다. 미국 의학 전문지 《바이오스페이스(Biospace)》에 따르면 2030년까지 190개의 약물이 특허 만료가 되며 그중 69개가 블록버스터 약물이다. 이로 인해 2030년까지 2,360억 달러에 달하는 매출이 사라질 것이라 예상되며, 이는 2023년 매출액 순위 20위권 약품들의 합한 매출 2040억 달러를 웃도는 수치다.

이전 베스트셀러 약품들은 여러 화학물질을 합성하는 화학 공정을 통해 만들어진 합성의약품이었다. 동일한 화학반응으로 오차 없이 완벽히 똑같은 제품을 만들 수 있어 제네릭에 의한 타격이 컸다. 현재 많은 베스트셀러 약물들은 생물체에서 유래한 원료로 세포 배양, 유전자 재조합과 같은 생물 공정을 통해 만든 생물의약품(Biologics)이다. 세포를 생산하는 조건, 약품을 정제하는 방법에 따라 다른 물질이 나올 수 있어 생물의약품의 복제약인 바이오시밀러(Biosimilar)는 안정성과 효능을 증명하는 임상시험이 필요하다.

제약회사들은 이러한 개발 및 제조의 복잡성으로 바이오시밀러가 제네릭만큼 큰 영향을 끼치지 않을 것이라고 기대했다. 제조법 관련 특허를 이용한 법적 대응과 마케팅 전략들로 바이오시밀러가 마켓에 나오는 것이 지연됐지만, 그 영향력은 불가피했다. 류마티스 관절염 치료제인 휴미라(Humira)는 2012년부터 10년 동안 글로벌 매출 1위 의약품 자리를 지켰으며 역대 매출액이 가장 높은 의약품이다. 휴미라 제조업체 애브비(AbbVie)는 한 제품에 여러 특허권을 적용시켜 반독점을 유지하는 특허 덤불(Patent Thicket) 전략을 사용해 바이오시밀러의 도입을 지연시키고 전략적 가격 책정 및 리베이트를 통해 지배적인 시장점유율을 유지해왔다. 하지만 2024년 상반기 휴미라의 매출은 51억 달러로 전년 같은 기간 매출 76억 달러 대비 32% 줄었고 2023년의 매출 감소(2023년 144억 달러, 2022년 212억 달러로 32% 감소)를 이어갔다. 2024년 2월 96% 였던 시장점유율도 7월에는 82%까지 하락했다.

이제 머크(Merck & Co.)의 면역항암제 키트루다(Keytruda), 브리스톨-마이어스 스퀴브와 화이자의 항응고제 엘리퀴스(Eliquis), 레게네론(Regeneron)의 황반변성 치료제 아일리아(Eylea) 등 많은 바이오 의약품들이 향후 수년 내에 동일한 장애물을 극복해야 한다. 애브비는 건선형 질환 치료제 스카이리치(Skyrizi)와 또 다른 류마티즘 관절형 치료제 린보크(Rinvoq)의 성공을 통해 휴미라의 특허 만료로 인한 매출 절벽을 극복하려고 준비 중이지만, 다양한 포트폴리오를 보유하지 못한 회사들은 매출 감소를 감내해야 할 전망이다.

2023년 글로벌 매출 톱20 의약품

약물	회사	효능	2023년 매출	FDA 허가	미국 특허 만료	유럽 특허 만료
키트루다	머크앤코	면역항암제	$25.01B	2014	2028	2031
세마글루타이드*	노보 노 디스크	2형당뇨, 비만	$18.44B	2017	2032	2031
휴미라	애브비	관절염, 크론병	$14.4B	2002	2023	2018
엘리퀴스**	브리스톨-마이어스 스퀴브, 화이자	항응고제	$12.21B	2012	2026	2026
빅타비	길리어드	HIV 감염	$11.85B	2018	2033	2033
듀피젠트	사노피, 리제네론	아토피성 피부염	$11.59B	2017	2031	2033
스텔라라	존슨앤존슨	관절염, 크론병	$10.86B	2009	2023	2024
다잘렉스	존슨앤존슨	다발성골수종	$9.74B	2015	2019	2032
아일리아	리제네론	습성 황반변성	$9.38B	2011	2023	2025
옵디보	브리스톨-마이어스 스퀴브	면역항암제	$9.01B	2014	2028	2030
트리카프타	버텍스	낭포성 섬유증	$8.95B	2019	2037	2037
가다실	머크앤코	인유두종 바이러스 백신	$8.9B	2014	2028	2030
스카이리치	애브비	건선, 크론병	$7.76B	2019	2033	N/A

트루리시티	일라이 릴리	2형당뇨	$7.13B	2014	2027	2029
오크레버스	로슈	다발성 경화증	$7.1B	2017	2027	2029 (est.)
자렐토	존슨앤드존슨, 바이엘	항응고제	$6.78B	2011	2025	2024
프레브나***	화이자	폐렴구균 백식	$6.44B	2010	2033	2033
엑스탄디	아스텔라스, 화이자	전립선암	$6.26B	2012	2027	N/A
레블리미이	브리스톨-마이어스 스큅	다발성 골수종	$6.1B	2005	2022	2022
엔트레스토	노바티스	심부전증	$6.04B	2015	2025	2028

2023년 매출 순위 20위권 약품의 대부분이 2030년 이전에 특허가 만료된다.

* 세미글루타이드는 당뇨병 치료제는 오젬픽, 비만 치료제는 위고비로 판매
** 법적 합의에 따라 미국에서는 2028년 4월 1일 이전에 엘리퀴스 제네릭 약품의 출시가 금지. 존슨앤드존슨은 미국에서 2025년 1월 1일 이전 스텔라라 바이오시밀러가 출시되지 않을 것으로 예상
*** 화이자의 20종 혈청형 프리베나의 특허는 2033년에 만료. 프리베나 13의 특허는 미국에서 2026년 만료
자료: 바이오파마다이브(biopharmadive.com)

약가와의 전쟁

2022년 8월, 바이든 대통령은 약가 인하와 정부의 약물 지출 감소를 목표로 하는 여러 조항을 포함한 인플레이션 감축법(Inflation Reduction Act)에 서명했다. 가장 큰 영향을 미치는 조항은 미국 노인 의료보험인 메디케어(Medicare)를 총괄하는 보건복지부(Department of Health and Human Services)가 생명공학 및 제약 회사들과 직접 약가를 협상할 수 있는 권한을 부여하는 직접 협상 조항이다. 미국 보건복지부는 2023년에 협상 대상 약물 10개를 발표했으며, 2030년까지 50개 이상의 약물을 추가로 선정할 예정이다. 약가가 높고 제네릭이나 바이오시밀러 등의 대체재가 없는 약물들이 선정 대상이라 그 수는 적지만 매출에 큰 영향을 미칠 것으로 예상된다. 더불어 이 조항은 일차적으로 메디케어 환자에게만 적용

되지만, 보험사가 미국 65세 미만의 저소득층과 장애인을 위한 의료 보조인 메디케이드(Medicaid)나 다른 정부 프로그램에도 같은 낮은 가격 협상을 요구하면 훨씬 더 많은 환자들에게도 적용될 수 있다.

긴 협상 끝에 2024년 8월 메디케어는 10대 약가 인하 협상 결과를 공표했다. 39%로 가장 낮은 할인율이 책정된 애브비의 백혈병 항암제 임브루비카(Imbruvica)를 제외한 나머지 9개의 약이 50% 넘는 할인율이 책정됐다. 머크의 당뇨병 치료제 자누비아(Januvia)가 가장 높은 할인율이 책정돼 정가 대비 79% 할인됐다. 바이든 행정부는 2026년에 메디케어에서 60억 달러의 절감 효과와 환자들 본인 부담 비용에서 15억 달러의 절감 효과가 있을 것이라고 발표했다. 협상과는 별개로 이뤄지는 리베이트와 할인으로 인해 메디케어가 실제로 지불하는 금액은 정가보다 낮아 절감액을 정확히 확인하기는 어렵다. 제약 업계가 메디케어 협상에 반대하고 있지만, 협상 결과 발표 후 몇몇 해당 제약회사들은 매출에 큰 영향이 없을 것이라는 입장을 내보이기도 했다. 브리스톨 마이어스 스퀴브의

미국과 다른 나라의 약가 비교

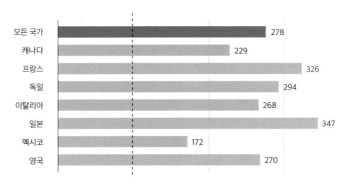

미국 보건복지부에서 실시한 약가 비교 검토 데이터에 의하면 미국 약가는 OECD 국가 평균의 278%에 달했다.

자료: 미국보건복지부(hhs.gov)

크리스 보너(Chris Boerner) CEO는 2024년 7월 실적 발표에서 최종 가격 확인으로 인플레이션 감축법이 엘리퀴스에 미치는 영향을 효과적으로 관리할 수 있다며 자신감을 표명했다. 2025년 협상 대상 의약품 15개를 더 선정할 예정이고 여러 관측이 나오고 있는 만큼 선정된 의약품들과 제약회사들을 눈여겨볼 필요가 있다.

M&A 열풍

2010년대 특허 절벽을 맞아 대형 제약회사들은 매출과 파이프라인을 미리 강화하기 위해 적극적으로 인수합병 거래를 추구했다. 이는 2009년 화이자와 와이어스(680억 달러), 머크와 쉐링-플라우(411억 달러) 등 미국 거대 제약회사 간의 메가 합병으로 절정에 달했다. 또 다른 특허 절벽이 다가오고 규제 압력이 증가함에 따라, M&A 트렌드는 꾸준히 계속해서 진행될 것으로 예상된다. 글로벌 컨설팅 업체 언스트앤영(EY)에서 매년 발표하는 헬스케어 M&A 보고서 파이어파워(Firepower) 리포트에 의하면 글로벌 제약 기업들이 보유한 M&A 거래 자금은 총 1.37조 달러이다. EY는 특허 절벽 때문에 제약 업체들이 포트폴리오 강화를 위해 자금을 쓸 수밖에 없다고 분석하며, 고조된 M&A에 대한 기대감을 전했다.

그러나 2009년에 진행됐던 메가 합병이나 2023년 화이자의 시젠 인수와 같은 또 다른 메가 합병이 성사될지는 미지수이다. 이미 많은 산업 통합으로 매력적인 목표가 될 만한 제약회사가 거의 남아 있지 않을뿐더러 그중에서도 특허 절벽의 위기에서 벗어나 있는 회사를 찾기는 더 힘들다. 하나의 질병 또는 하나의 블록버스터 약물 대신, 기업들은 차세대 항체 기술, 메신저리보핵산(mRNA), 유전자 편집과 같이 여러 타깃에 적용 가능한 개발 플랫폼이나 표적 발견 및 약물 개발 효율성을 개선하기 위해 인공지능(AI)과 머신러닝(ML)에 많은 투자를 하는 추세이다. 경제적 어려움에 직면한 많은 소규모 회사들의 현재 침체된 평가에 따라, 대형 제약회사들은 이러한 플랫폼을 강화하는 소규모 거래들을 현명하게 추진하고 있다. 이러한 M&A 트렌드가 2025년 이후에도 계속될지 지켜보는 것이 흥미로울 것이다.

인공지능(AI)/머신러닝(ML)

제약회사들이 현재의 거시경제 상황과 예측된 매출 감소를 견디기 위한 명백한 방법은 비용 절감이며, 이는 업계 전반에 걸친 대규모 해고로 나타나고 있다. 최근 큰 트렌드로 나타나는 데이터베이스와 AI/ML 기술에 대한 투자는 약품 하나를 허가받는 데 필요한 평균 비용인 28억 달러와 10년 이상의 R&D라는 가격표를 축소시켜 비용 절감을 하려는 것이다. 빅데이터와 AI/ML 기술들이 원래는 조직된 데이터가 풍부한 임상시험에 집중됐지만, 점차 초기 발견 및 개발 업무들로 확산되고 있다. AI를 활용해 임상에 실패한 약물이나 시판중인 의약의 새로운 효과를 찾아내 코로나 치료제로 사용하여 약물 재창출에 적용성을 확인시켰다. 이제는 우리에게 친숙해진 mRNA 백신도 바이러스에 더 효과적인 서열 식별에 AI를 사용하고 있다. 2024년에는 오픈AI와 모더나(Moderna)의 협력, 엔비디아의 헬스케어 마이크로서비스 출시 등 대형 AI 관련 테크 기업들이 공식적으로 제약 바이오테크 산업으로 발을 넓혔다. 홍콩 제약회사 인실리코 메디신(Insilico Medicine)에서 개발중인 특발성 폐섬유증 치료제(INS018_055)는 최초의 AI 설계 약물이다. 중국 임상 2상이 2024년 8월 성공적으로 마무리되었으며, 미국 임상 2상도 2024년 2월부터 활발히 진행 중이다. 엑사이라의 100억 달러 펀딩과 출범은 업계에 적지않은 충격을 전했고 투자자들의 AI에 대한 관심을 확인시켰다.

헬스케어가 더욱 개인화된 약물과 정밀 의학으로 향함에 따라, 많은 회사들

제약회사 AI 투자 및 파트너십

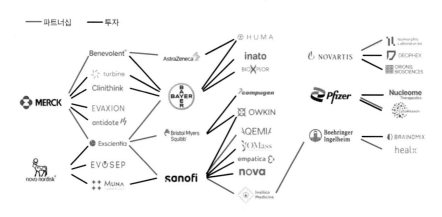

대부분의 대형 제약회사들이 최근 AI 관련 투자와 파트너십을 늘리는 데 박차를 가하고 있다.

자료: 딜룸(dealroom.co)

이 AI 준비를 위해 가지고 있는 대용량 데이터를 디지털화하는 데 더 박차를 가하고 개별 환자와 질병 양상에 대한 더 나은 통찰력을 얻으려고 한다. 유전자가위 기술인 크리스퍼(CRISPR)를 이용한 최초의 치료제인 카스게비(Casgevy)의 승인과 다양한 리보핵산(RNA) 기술의 발전으로 유전자 치료는 2024년의 뜨거운 주제였다. AI는 유전자 데이터 분석, 타깃 식별, RNA 설계 등 유전자 치료를 강화하여 좀 더 세밀한 개인 맞춤 의료를 가능하게 할 수 있다. 지금까지의 유망한 진전으로 2025년 이후에는 헬스케어에서 AI의 더 정밀하고 다양화된 사용이 주목할 만한 트렌드가 될 것이다.

2025년 전망
규제 강화와 신기술이 이끄는 변화의 해

법안, 제재, 그리고 선거

2024년 1월 생물보안법(Biosecure Act)이 상·하원에 공동 발의됐다. 이 법안은 미국 내 바이오 산업 보호, 의학 정보 유출 및 바이오 기술 악용 방지를 목적으로 두고 있다. 법안은 우시앱텍(WuXi Apptec), 우시바이올로직스(Wuxi Biologics), MGI, BGI 등 중국 기업들을 직접 제재 대상으로 명시했다. 이에 반발하듯 2024년 6월 샌디에이고에서 열린 세계 최대 생명공학 및 제약 업계 행사인 바이오 인터내셔널 컨벤션(BIO 2024)에 우시앱텍과 우시바이올로직스가 불참했다. 미국 바이오 협회에서 발표한 설문조사에 의하면 회원사의 79%가 우시바이올로직스 등의 중국 기반 혹은 소유의 위탁개발생산 기업들과 이미 계약을 맺고 있다.

2024년 6월 생물보안법이 결국 국방수권법(NDAA)에 추가되지 않아 모멘텀이 다소 꺾였지만, 이미 미국 제약회사들은 미래를 준비 중이다. 2024년 7월 글로벌 전략 컨설팅 회사 LEK컨설팅에서 실시한 설문조사에 의하면 중국 위탁개발생산 기업들에 대한 신뢰도가 기존보다 30~50% 하락했다. 또한 설문에 참여한 회사들 중 26%가 다른 공급책들을 이미 물색 중이며, 68%의 회사들은 법적 및 규제 요구사항을 강화하고 공급 업체 다변화 계획을 세우며, 기존 파트너에 대한 배경 조사를 추가하고 있다고 답변했다. 마이크 존슨 하원 의장이 생물보안법 외 중국 제재 관련 법안들을 연내 통과시키겠다고 발언한 이후, 2024년 9월 생물보안법이 306 대 81의 큰 차이로 하원을 손쉽게 통과했다. 2024년 12월 발표된 국방수권법 개정안에서 제외된 생물보안법이 연내 통과는 힘들어 보인다. 2025년 1월 새 국토보안법위원회(Homeland Security Council)가 법안을 재검토하거나 다른 타협

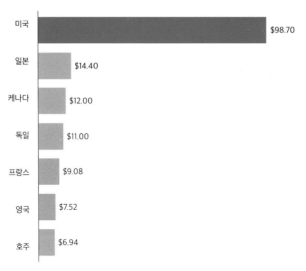

미국의 인슐린 가격은 다른 국가들에 비해 압도적으로 높다. 인슐린은 많은 사용자와 치솟는 가격으로
미국 약가 문제를 상징하는 약물이 됐다.

자료: RAND Corporation(rand.org)

안을 통해 통과될 가능성은 여전히 유효하다.

제약 업계에서 주목해야 할 법안은 이뿐만 아니다. 2024년 7월 상원은 특허 덤불 등의 특허 남용을 방지하기 위한 환자를 위한 저렴한 처방법(Affordable Prescriptions for Patients Act)을 통과시켰다. 한 약품의 제형, 생산 등에 관련된 수많은 특허를 이용해 독점 기간을 연장시켜 바이오시밀러의 마켓 침투와 가격 하락을 지연시키는 방식은 제약 업계에서 자주 활용됐다. 스위스 제약회사 로슈의 유방암 표적항암제 허셉틴과 애브비의 휴미라가 성공적으로 매출 감소를 지연시켰고 머크의 키트루다가 같은 효과를 노리고 있다. 만약 이 법안이 최종 통과될 경우 제약회사들의 블록버스터 약물들의 독점 기간 축소로 총매출액은 줄어들고 한국의 셀트리온이나 삼성바이오로직스와 같은 바이오시밀러 기업들에게 희소식이 될 것이다.

2024년 11월 미국 대통령 선거에서 트럼프 전 대통령이 당선되면서 제약 업계 관련 제재들의 행방이 모호해졌다. 전 트럼프 정권 때 오바마 정권 업적들을 뒤집으려 했듯이 이번에도 바이든 정권의 업적들을 뒤집을 것으로 예상된다. 그 예로 트럼프는 선거 유세 중 인플레이션 감축법을 직접 폐지 대상으로 언급했다. 양당 모두 약가 인하 및 제약회사들의 제재에 호의적이었지만, 트럼프가 공약한 대로 인플레이션 감축법을 폐지할 경우 약가와 관련된 항목들이 살아남을지는 미지수이다. 특히 전통적으로 친 기업적인 공화당과 트럼프 정부가 제약 업계에 대한 강한 제재를 피할 가능성도 있다. 그에 반해 트럼프의 반중 행보가 이어진다면 생물보안법 외 여러 법안을 통한 중국 위탁생산개발 및 여러 기업들의 제재가 가속화될 수 있다는 전망도 나오고 있다. 중국 기업들에게 외주를 주며 비용 절감을 해왔던 많은 제약회사들이 대안책을 찾아 나서겠지만 연구개발 비용 인상은 불가피한 상황이 될 것이다.

항체 약물 접합체

많은 제약회사들이 특허 절벽에 대비하여 포트폴리오를 늘리는 과정에서 2025년 주목할 약물 방식은 항체 약물 접합체(Antibody Drug Conjugate, ADC)이다. 항체 약물 접합체는 특정 암세포를 타깃하는 항체(Antibody)에 그 암세포를 공격하는 약물(Drug)을 링커로 연결(Conjugation)해 만든 약품이다. 항체 타깃 암세포에 선택적으로 독성 약물을 전달시켜 효과는 늘리고 부작용은 줄이는 장점이 있다. 유방암 치료제로 쓰이고 있는 일본 제약사 다이이찌산쿄(Daiichi Sankyo)의 엔허투(Enhertu)와 스위스 로슈의 캐싸일라(Kadcyla)는 기존에 유방암 표적치료제로 사용되던 허셉틴에 약물을 접합시켜 더 좋은 효과를 내고 있다. 그

파드셉, 키트루다 병용요법 효능

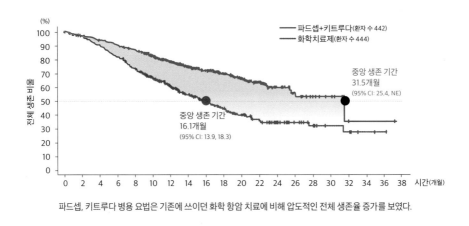

파드셉, 키트루다 병용 요법은 기존에 쓰이던 화학 항암 치료에 비해 압도적인 전체 생존율 증가를 보였다.

자료: 파드셉 공식 페이지(padcev.com)

외에도 이미 여러 항체 약물 접합체가 허가를 받고 시장에 나와 있고 연구도 계속되고 있었다.

그런데 왜 최근에 항체 약물 접합체가 더 떠오르면서 제약 업계가 집중을 하는 것일까? 그건 바로 암 면역요법의 병용 때문이다. 2023년 12월에 화이자와 일본 제약사 아스텔라스(Astellas Pharma)는 공동 개발한 항체 약물 접합체인 파드셉(PADCEV)과 머크의 키트루다 병용 요법이 방광암 1차 치료제로서 미국 식품의약청(FDA) 승인을 받았다. 항체 약물 접합체뿐만 아니라 많은 표적항암제들이 단독으로 1차 치료제로 쓰이는 경우는 드물다. 대부분 2차나 3차 치료제로 쓰이거나 1차 치료제인 화학치료제와 병용하여 쓰인다. 파드셉, 키드루다 병용 요법은 임상시험에서 기존에 1차 치료제로 쓰이던 플라티늄계 항암제보다 전체 생존율, 진행성 생존율 모두 월등히 앞서나갔다. 임상 결과를 작년 10월 유럽 최대 종양 학회 ESMO(European Society for Medical Oncology)에서 발표했을 때 기립박수가 나왔을 만큼 기대와 관심이 쏟아지고 있다.

이에 영향을 받아서일까. 항체 약물 접합체 관련 딜이 쏟아져 나오고 있다. 머크는 항체 약물 접합체 강자인 다이이찌산쿄와 220억 달러의 파트너십을 맺었다. 애브비가 미국 메사추세츠주에 본사를 두고 있는 항체 약물 접합체 개발 회사 이뮤노젠(ImmunoGen)의 인수를 101억 달러에 완료했으며, 브리스톨 마이어스 스퀴브는 미국 워싱턴주의 시스트이뮨(SystImmune)의 비소세포폐암 치료제 BL-B01D1의 공동 개발과 상용화 계약을 84억 달러에 체결했다. 여러 대형 제약회사들이 인수와 파트너십을 통해 항체 약물 접합체 포트폴리오를 공격적으로 늘리고 있는 가운데 한국 제약회사들의 성공 사례들도 주목받고 있다. 존슨앤드존슨은 한국의 레고켐바이오과 최대 170억 달러에 기술 이전 계약을 체결했다. 오름테라퓨틱은 브리스톨-마이어스 스퀴브과 버텍스 파마슈티컬과 분해제 항체 접합체(Degrader Antibody Conjugate: DAC, 분해제를 사용하는 차세대 항체 약물 접합체) 플랫폼 관련 기술이전 딜을 성공시켰고 2024년까지 코스닥 상장을 목표로 하고 있다.

항체 약물 접합체 관련 대형 제약회사들의 인수와 파트너십 행보도 중요하지만 임상시험의 성공 여부도 그만큼 중요하다. 진행 중인 임상시험 중 애브비의 비소세포폐암 치료제 ABBV-399를 눈여겨볼 만하다. 현재 임상 3상 시험을 진행 중인 항체 약물 접합체 중에 유일하게 c-MET을 타깃팅하고 있다. c-Met은 많은 암에서 과발현되며 암 발생, 암전이, 암세포 이동, 암세포 침습, 신생혈관 생성 등과 같은 종양과 관련된 여러 가지 기작(機作, 생물의 생리적인 작용을 일으키는 기본 원리)에 관여하기 때문에 최근 항암 치료의 타깃으로 주목받는 단백질이다. 그렇기에 ABBV-399가 비소세포폐암에 긍정적인 효과를 나타낸다면 추후 여러 종류의 암에서도 효과를 기대해볼 수 있다. 리서치 회사 마켓앤마켓에 따르면 항체 약물 접합체 관련 시장이 2028년까지 15.2%의 연평균 성장률로 2023년 97억 달러에서 198억 달러까지 성장할 것으로 예상된다. 항체 약물 접합체 관련 인수와 파트너십, 그리고 임상시험 결과들이 마켓 성장에 긍정적인 영향을 미칠지 눈여겨봐야 할 시기다.

혁신과 도전의 교차로

2025년 바이오테크 및 제약 산업은 복합적인 도전과 기회를 맞이할 전망이다. 최근 경제의 불확실성과 산업 전반에 걸친 해고가 이어지면서 위기의 징후가 뚜렷하게 나타났지만, 동시에 기술 혁신과 전략적 투자에 힘입어 새로운 성장 동력을 마련하고 있다.

특허 절벽 문제는 여전히 제약 산업의 큰 과제로 남아 있다. 2030년까지 수많은 블록버스터 약물들이 특허 보호를 잃게 되면서 제네릭 의약품과 바이오시밀러의 시장 침투가 가속화될 전망이다. 이에 대비하기 위한 대규모 연구개발 투자와 포트폴리오 다각화가 이루어지고 있다. 그중 AI/ML 기술의 발전은 산업의 미래를 재편할 중요한 요소로 부상하고 있다. AI를 활용한 임상 데이터 분석과 신약 타깃 발굴은 더욱 정밀하고 빠른 의사결정을 가능하게 하여, 시장 출시까지의 시간을 단축시킬 것이다. 이는 새로운 시장 기회를 제공하며, 환자들에게는 보다 효과적인 치료 옵션을 제시하게 될 것이다. 그 외에도 항체 약물 접합체 같은 차세대 항체 기술이나 mRNA, 크리스퍼 같은 유전자 치료 요법 등 여러 약물 방식들과 혁신적인 플랫폼 개발이 2025년에도 중요한 역할을 할 것으로 보인다. 새로운 기술을 향한 인수합병도 꾸준히 증가할 것으로 예상된다.

반면 글로벌 경제 불확실성과 법안 제재는 바이오테크 및 제약 산업에 지속적인 리스크로 작용할 것이다. 미국 정부의 약가 인하 정책과 직접 협상 조항의 시행이 제약사들의 수익성에 큰 영향을 미칠 수 있으며, 중국 위탁개발생산 기업들과의 거래에 대한 규제 강화 역시 산업 전반에 걸쳐 공급망 리스크를 증가시킬 수 있다. 트럼프 대통령이 친기업적 정책으로 제재를 완화할지, 반중 정책들이 비용 증가로 이어질지 여전히 미지수이다. 정치적 불확실성에 맞춰 제약회사들의 대응책 마련이 필요하다.

결론적으로 2025년 바이오테크 및 제약 산업은 기술 혁신과 전략적 투자가 교차하는 가운데, 복합적인 기회와 도전이 공존하는 해가 될 것이다. AI/ML 기술의 도입, 혁신적인 치료제의 개발, 그리고 M&A를 통한 포트폴리오 확장은 산업의 주요 성장 동력이 될 것이다. 그러나 글로벌 경제 불확실성과 법적 규제는 여전히 중요한 리스크 요인으로 작용할 것이며, 이에 대한 철저한 준비와 전략적 대응이 필수적이다. 2025년은 바이오테크 및 제약 산업에 있어 도약의 해가 될 수 있는 동시에 리스크 관리의 중요성이 그 어느 때보다 강조되는 해가 될 것이다.

버텍스 파마슈티컬
Vertex Pharmaceuticals (VRTX)
희귀 질환 강자의 새로운 글로벌 도약

#1 기업 개요

버텍스 파마슈티컬(이하 버텍스)은 1989년 화학자 조슈아 보거(Joshua Boger)에 의해 설립됐다. 보거는 제약회사 머크에서 근무하며 새로운 합리적 약물 설계(rational drug design) 방법을 착안한 구조 기반 약물 설계의 개척자 중 한 사람이다. 그의 신념에 따라 버텍스는 구조 기반 개발을 명시적으로 사용한 최초의 바이오테크 회사 중 하나였다. 매사추세츠 주 보스턴에 본사를 두고 있는 버텍스는 바이러스 감염, 자가면역 질병, 암 등 여러 치료제를 개발했다. 폐에서 만성 감염을 유발하는 희귀 유전 질환인 낭포성 섬유증 치료제로 칼리데코(Kalydeco)가 2012년 미국 식품의약청 승인이 난 이후로 급성장했다. 그 후 출시된 2중 복합 치료제 오캄비(Orkambi), 심데코(Symdeko), 3중 복합 치료제 트리카프타(Trikafta)

버텍스 파마슈티컬 기업 정보

설립 연도	1989년	시가총액 (십억 USD)	120.6
상장 거래소	나스닥	시가총액 (조 원)	172.7
상장일	1991. 7. 24.	배당수익률	–
CEO	레쉬마 케왈라마니 (Reshma Kewalramani)	52주 최저-최고 범위 (USD)	391.01-519.88
주요 주주	캐피탈(Capital) 13.79%		
직원 수	5,400명	현재 주가 (USD)	464.12
홈페이지	vrtx.com	평균 목표 주가 (USD, Yahoo Finance 기준)	515.14
회계연도 종료	2024. 12. 31.		

* 기준일: 2024. 12. 12.
자료: Yahoo Finance

버텍스 파마슈티컬 기업 실적 및 투자 정보

구분	2022	2023	2024F	2025F	2026F	5년 연평균 성장률
매출 (십억 USD)	8.9	9.9	10.8	11.8	13.1	12%
EBTIDA (십억 USD)	4.9	4.6	0.8	5.8	6.5	8%
영업이익 (십억 USD)	4.8	4.4	0.6	5.5	6.5	8%
순이익 (십억 USD)	3.3	3.6	-0.5	4.3	5.0	16%
주당순이익 (USD)	12.8	13.9	-2.0	16.7	19.2	16%
주당 배당 (USD)	0.0	0.0	0.0	0.0	0.0	–
EBTIDA 이익률 (%)	55.3	46.2	7.6	48.8	50.1	–
영업이익률 (%)	53.7	44.3	5.6	46.9	49.5	–
순이익률 (%)	37.2	36.7	-4.9	36.3	38.2	–
PER (x)	26.4	26.4	–	26.8	24.2	–
PBR (x)	6.3	5.9	7.2	6.0	5.1	–
EV/Revenue (x)	7.8	8.3	11.0	10.1	9.1	–
EV/EBITDA (x)	19.9	17.0	145.2	20.6	18.2	–
ROE (%)	32.1	23.0	0.0	23.2	22.4	–

자료: 회사 자료, Capital IQ
주1: 미국 회계기준(US-GAAP)
주2: 전망치는 2024년 8월 30일 Capital IQ 기준

버텍스 파마슈티컬 매출액 & 성장률 전망

자료: 버텍스 파마슈티컬, Capital IQ (2024년 8월 30일 기준)

버텍스 파마슈티컬 주당순이익 전망

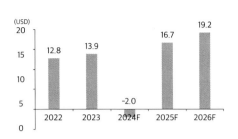

자료: 버텍스 파마슈티컬, Capital IQ (2024년 8월 30일 기준)

버텍스 파마슈티컬 주가 추이

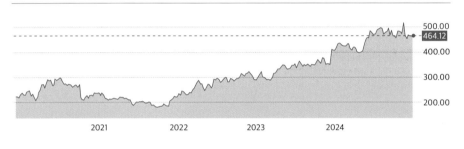

가 각각 2015, 2018, 2019년에 연달아 미국 식품의약청 승인을 받으며 낭포성 섬유증 전문 기업으로 거듭났다. 2023년, 크리스퍼 테라퓨틱스(Crispr Therapeutics)와 버텍스 파마슈티컬이 공동 개발한 첫 크리스퍼 약물 카스게비가 낫적혈구병 치료제로 미국 식품의약청의 승인을 받아 버텍스에게 유망한 새로운 시장을 열었다. 2024년 4월 면역 치료제 개발사 알파인 이뮨 사이언스(Alpine Immune Science)를 49억 달러에 인수하면서 영역을 넓혀가고 있다.

#2 비즈니스 모델

희귀병은 환자 수가 적어 수익이 높지 않아 제약회사들이 약물을 개발할 동기가 적다. 이를 타개하고자 미국 식품의약청은 미국에서 20만 명 미만의 환자에게 영향을 미치는 질병을 치료하는 약물에 대해 희귀 의약품 지정(Orphan Drug Designation)을 한다. 희귀 의약품 지정을 받으면 회사는 세액 공제, 수수료 면제 및 7년간의 시장 독점권 등 다양한 혜택을 받는다. 그중 시장 독점권은 특허 만료와 상관이 없어 제네릭이나 바이오시밀러 등의 카피약의 압박 없이 매출을 유지할 수 있다.

버텍스는 최근까지 포트폴리오 모든 약물이 낭포성 섬유증 대상이었기 때문에 희귀 의약품의 왕으로 불려왔다. 낭포성 섬유증은 미국에서 약 4만 명의 환자에게만 영향을 미치는 희귀병임에도 불구하고, 버텍스의 최신 약물인 트리카프타는 2023년에 89억 달러의 매출을 기록했으며 그해 12번째로 많이 팔린 약물이었다. 미국 식품의약청의 희귀 약품 지정에 따른 독점권뿐만 아니라 이 분야에서의

버텍스 파마슈티컬 2023년 사업 부문별 매출 비중

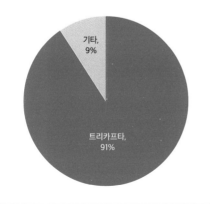

버텍스 파마슈티컬 2023년 지역별 매출 비중

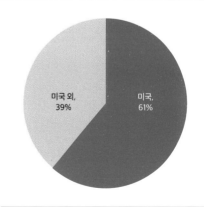

경쟁 부족 또한 버텍스의 약물을 매우 수익성 있게 만들었다.

2023년 버텍스 매출은 99억 달러였으며, 그중 91%는 트리카프타가 차지하고, 나머지 약품이 9%를 차지한다. 지역별 매출로는 미국이 61%, 나머지 국가들이 39%이다. 2024년 예상 매출은 108억 달러로 전년 대비 9% 늘었다. 알파인 이뮨 사이언스 인수로 2024년 일시적인 주당 순손실이 예상되지만 2025년부터 다시 높은 순이익(43억 달러, 주당순이익 16.7달러)이 예상된다.

#3 투자 포인트

1) 낭포성 섬유증 시장의 지속적인 강세

적은 환자 수에도 불구하고 낭포성 섬유증 시장은 성장할 것으로 예상된다. 진단 및 선별 검사의 개선, 대중의 인식 증가, 수명 연장으로 인해 치료 및 장기 관리가 필요한 환자가 증가되는 추세이다. 이런 긍정적 시장 동향은 버텍스의 매출 숫자에 잘 반영되어 있다. 2024년 1분기 트리카프타의 매출은 전년 대비 13% 증가하여 26억 9,000만 달러를 기록했으며, 2024년 총매출은 100억 달러를 기록할 것으로 예상된다. 2022년부터 2023년까지 16% 성장(각각 76억 9,000만 달러와 89억 달러)을 이어갈 전망이다. 낭포성 섬유증 시장에 경쟁자가 진입하고 있지만, 개발 단계가 상당히 뒤처져 있으며 버텍스의 시장 지배력은 계속해서 전 세계적으로 유지될 것으로 예상된다.

또한 버텍스는 낭포성 섬유증 약물의 연구 및 개발에 계속 투자하여 입지를 강화하고 있다. 버텍스의 차세대 낭포성 섬유증 약물인 반자(Vanza)는 2024년 2월에 임상시험 주요 지표를 모두 충족했으며 12월에 미국 식품의약청의 허가를 받았다. 또한 모더나와 협력하여 개발한 VX-522는 기존 치료제들의 혜택을 받을 수 없는 소수의 낭포성 섬유증 환자를 치료하기 위한 mRNA 약물로서, 1상 시험이 순조롭게 진행 중이다.

2) 포트폴리오의 다각화

버텍스는 낭포성 섬유증 약물 시리즈로 큰 성공을 거두었지만, 하나의 질병을 타깃한 성장은 한계가 있음을 자각하고 있었다. 오랜 기간 동안 포트폴리오 다각화를 모색해왔으며, 그 다양한 시도가 결실을 맺기 시작하고 있다. 버텍스와 크리스퍼 테라퓨틱스는 낫적혈구병 치료제인 카스게비를 공동 개발했고 2023년 12월에 미국 식품의약청 승인을 받았다. 낫적혈구병은 미국에 약 10만 명의 환자가 있는 희귀병으로 카스게비도 희귀 의약품 지정을 받았다. 희귀 의약품 특성상 적은 환자 수에서 최대한의 수익을 끌어내야 한다. 낭포성 섬유증과 관련된 희귀 의약품 시장에서의 버텍스의 경험은 카스게비에 큰 도움이 될 것이다. 220만 달러의 가격표로 인해 카스게비는 일회성 치료임에도 불구하고 보험 보상에서 난항을 겪고 있다. 버텍스는 트리카프타의 연간 32만 6,000달러로 치료에 대한 보상을 성공적으로 협상했으며, 이 경험이 카스게비의 보상 확보에 중요한 역할을 할 것으로 예상된다.

2025년 1월 버텍스는 수제트리진(Suzetrigine) 성분의 비마약성 진통제 저나백스(Journavx)가 급성 통증 치료제로 미국 식품의약청의 허가를 받았다고 발표했다. 비마약성 진통제가 허가를 받은 것은 25년 만이며, 통증 관리에 획기적인 변화를 일으킬 것이라 기대하고 있다. 오피오이드로 불리는 마약성 진통제는 싸고 매우 효과적인 통증 관리 방법이지만, 항상 과도한 의존성과 남용으로 인한 부작용이나 중독 문제가 꾸준히 야기되어왔다. 예전부터 일어난 무분별한 처방으로

개발 단계 프로그램	임상 1상 (건강한 성인 대상)	임상 1/2상 (환자 대상)	임상 2/3상 (허가 직전 단계)	승인 신청 진행 및 완료	허가 약품
저면역성 췌도 세포 제1형 당뇨	후속 물질: 낭포성 섬유증 통증	VX-880 제1형 당뇨	이낙사플린 APOL1 매개 신장 질환 (AMKD)	엑사셀(카스게비) 추가 국가 낫적혈구병, 지중해 빈혈	trikafta
소분자 약물 헌팅턴 질환	APOL1 매개 신장 질환 알파-1항트립신 결핍증	VX-264(줄기세포 치료제) 제1형 당뇨	수제트리진 당뇨병성 말초 신경병증 (DPN)	수제트리진 급성통증	symdeko
카스게비 준비 과정 향상 낫적혈구병, 지중해 빈혈	VX-407 우성 염색체 다낭성 신장 질환	수제트리진 요천추 신경근병증(LSR)		반자 낭포성 섬유증	ORKAMBI
Nav1.7 억제제 통증	VX-993 통증(정맥주사)	VX-522 (mRNA) 낭포성 섬유증			kalydeco
		VX-670 근긴장성 이영양증			casgevy (exagamglogene autotemcel)

현재 버텍스 파마슈티컬의 포트폴리오는 낭포성 섬유증 외 여러 질환으로 확장되어 있다.

자료: 버텍스 파마슈티컬 2024년 1분기 실적 발표

미국은 현재 마약성 진통제 대란(Opioid Crisis)에 시달리고 있다. 옥시콘틴 제조사인 퍼듀 파마(Purdue Pharma)에 대한 소송은 이미 유명한 사례이며 현재 펜타닐 사태의 시초라고도 볼 수 있다. 그동안 다양한 연구 노력에도 불구하고 승인된 오피오이드 대체재가 없었던 만큼, 이번 허가로 급성 통증 관리 패러다임을 바꾸겠다고 레슈마 케왈라마니(Reshma Kewalramani) 버텍스 최고경영자가 발표했다. 미국 내 대상 환자가 8,000만 명에 이르는것으로 추정되어 버텍스는 블록버스터 진통제를 보유할 절호의 기회를 얻었다.

#4 2024년 실적 및 향후 전망

2024년은 버텍스 파마슈티컬에게 훌륭한 해였다. 낭포성 섬유증 관련 핵심 사업이 강력한 성장세를 보이며 추가 미국 식품의약청 승인도 기대된다. 카스게비 승인과 수제트리진의 긍정적인 3상 데이터에는 버텍스의 성장하는 포트폴리오에 대한 신뢰와 기대를 높이고 있다.

새로운 약물의 승인은 좋은 소식이지만, 보험 보상이란 장애물이 특히 카스게비에 여전히 남아 있다. 현 치료제들의 반복 투여 및 빈번한 병원 방문에서 발생하는 비용을 고려해보았을 때 일회성 치료제인 카스게비의 220만 달러라는 가격이 그렇게 비싸지는 않다는 의견도 나오고 있다. 메디케어 메디케이드 서비스 센터(CMS) 역시 큰 관심을 보이고 있으며, 새로운 결과 기반 보상 모델을 제시하며 버텍스와 적극적으로 협상을 추진 중이다.

급성 통증 치료제로 허가를 받은 수제트리진은 만성 신경병성 통증에 대한 3상 시험이 2024년 말부터 진행 중이다. 마약성 진통제의 중독 문제는 만성 통증 환자에게 훨씬 더 큰 부담이 된다. 그만큼 수제트리진이 승인된다면 만성 통증 관리에 엄청난 영향을 미칠 것이다. 2027년 완료 예상인 3상 시험 관련 소식들을 주목해야 할 것이다.

낭포성 섬유증 시장이 버텍스에게 강력한 매출과 성장의 기반을 제공하고 있다. 차세대 낭포성 섬유증 약물 반자와 급성 통증 치료제 저나백스의 허가는 더 큰 성장의 기반이 될 수 있다. 이 두 약품 시판 첫해의 성적이 어느 때보다 중요한 시기이다. 새로운 치료제들이 2025년에 마일스톤들을 달성하면 버텍스는 기대를 훨씬 능가하는 성장을 보일 것으로 예상된다. 2025년 버텍스의 매출은 118억 달러로 전년 대비 9% 늘어날 전망이며, 순이익은 43억 달러로 일회성 비용이 발생한 2024년의 5억 달러 순손실에서 흑자 전환할 전망이다.

머크앤코 Merck & Co. (MRK)
키트루다 이후 도약을 준비한다

#1 기업 개요

머크앤코는 원래 1891년에 독일의 과학 및 기술 회사인 머크그룹의 미국 자회사로 설립됐다. 제1차 세계대전 중 미국 정부는 독일 모회사 소유의 80% 주식을 압류했고, 그 이후로 두 회사는 완전히 분리됐다. 머크앤코는 미국과 캐나다에서 '머크' 이름의 권리를 보유하고 있으며, 독일의 머크그룹은 미국과 캐나다를 제외한 전 세계 다른 지역에서 그 이름의 권리를 보유하고 있어 혼동이 자주 발생한다. 머크앤코는 한국을 포함한 전 세계에서 머크샤프앤드돔(MSD)라는 이름을 사용한다. 대부분의 다국적 제약 대기업과 마찬가지로 머크앤코는 종양학, 백신, 당뇨병 및 신경과학을 포함한 여러 적응증에 대한 약물을 생산 및 판매한다.

머크앤코 기업 정보

설립 연도	1891년	시가총액 (십억 USD)	256.1
상장 거래소	뉴욕증권거래소	시가총액 (조 원)	366.7
상장일	1969. 11. 5.	배당수익률	-
CEO	로버트 데이비스	52주 최저-최고 범위 (USD)	94.48-134.63
주요 주주	뱅가드 그룹 9.65%		
직원 수	71,000명	현재 주가 (USD)	101.25
홈페이지	merck.com	평균 목표 주가 (USD, Yahoo Finance 기준)	129.97
회계연도 종료	2024. 12. 31.		

* 기준일: 2024. 12. 12.
자료: Yahoo Finance

머크앤코 기업 실적 및 투자 정보

구분	2022	2023	2024F	2025F	2026F	5년 연평균 성장률
매출 (십억 USD)	59.3	60.1	64.2	68.5	72.7	8%
EBTIDA (십억 USD)	26.4	10.1	28.1	32.6	34.9	11%
영업이익 (십억 USD)	22.5	6.2	24.8	29.1	31.9	12%
순이익 (십억 USD)	14.5	0.4	19.0	22.9	25.7	15%
주당순이익 (USD)	5.7	0.1	7.5	9.0	10.0	14%
주당 배당 (USD)	2.8	3.0	3.1	3.2	3.4	5%
EBTIDA 이익률 (%)	44.6	16.8	43.8	47.6	48.0	-
영업이익률 (%)	38.0	10.3	38.6	42.5	43.8	-
순이익률 (%)	24.5	0.6	29.6	33.4	35.3	-
PER (x)	16.7	43.2	14.4	12.1	11.0	-
PBR (x)	5.6	6.4	6.1	4.8	3.9	-
EV/Revenue (x)	4.6	5.1	5.1	4.8	4.5	-
EV/EBITDA (x)	11.1	12.6	11.6	10.0	9.4	-
ROE (%)	45.2	9.2	47.2	46.5	43.8	-

자료: 회사 자료, Capital IQ
주1: 미국 회계기준(US-GAAP)
주2: 전망치는 2024년 8월 30일 Capital IQ 기준

머크앤코 매출액 & 성장률 전망

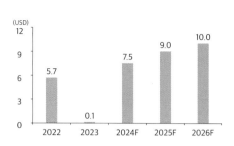

자료: 머크, Capital IQ (2024년 8월 30일 기준)

머크앤코 주당순이익 전망

자료: 머크, Capital IQ (2024년 8월 30일 기준)

머크앤코 주가 추이

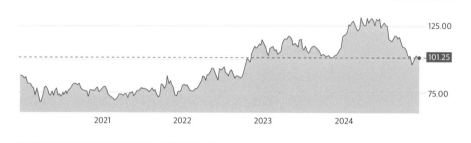

#2 비즈니스 모델

머크앤코(이하 머크)의 비즈니스는 크게 제약 부문과 애니멀헬스 부문으로 나눌 수 있다. 매출의 약 90%를 차지하고 있는 제약 부문은 암, 심혈관 질환, 고혈압, 관절염, 골다공증, 2형 당뇨병, 바이러스 감염, 곰팡이 감염 등 다양한 질병 관련 치료제를 개발해 판매한다. 홍역, 수두, 대상포진, 인유두종 바이러스(Human Papillomavirus, HPV), 폐렴 구균 백신 등 다양한 백신뿐만 아니라 항균성 제품, 피임 제품까지 제공하고 있다. 애니멀헬스 부문은 가축이나 애완동물용 구충제,

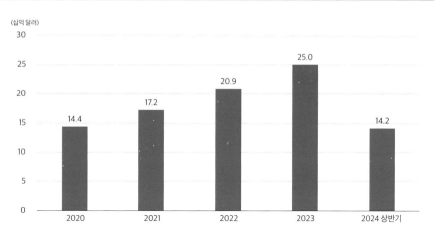

(십억 달러)

키트루다는 세계 매출 1위 의약품임에도 불구하고 고성장을 계속 유지하고 있다.

백신, 다수 질병 치료제 등뿐만 아니라 마이크로칩을 통한 스마트 테크놀로지까지 영역을 넓히고 있다. 2023년 기준 머크의 매출은 총 60억 달러로 89%가 제약, 9%가 동물 건강, 그 외 부분들이 2%를 차지했다. 제약 부문을 더 세밀하게 살펴보면 키트루다가 회사 전체 매출 중 42%, 인유두종 바이러스 백신 가다실(Gardasil)이 15%로 가장 큰 비중을 차지하고 있다. 지역별 매출로는 미국이 전체 매출의 47%, 나머지 국가들이 53%였다. 2024년 예상 매출은 64억 달러로 전년 대비 7% 성장률이 예상되며 타 대형 제약회사들과 비교해 양호한 성장률을 기대된다.

머크는 1980년대와 1990년대에 상당한 성장을 누렸다. 1985년에 울혈성 심부전 치료제인 바소텍(Vasotec)을 출시해 1988년에 10억 달러 매출을 올리며 머크의 첫 블록버스터 의약품이 되었다. 이어 1992년에는 고지혈증 치료제인 조코

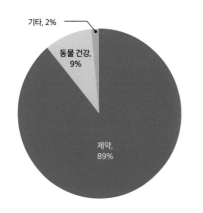

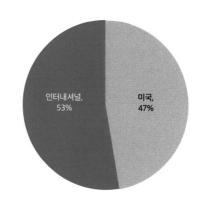

(Zocor)를 출시했고, 역시 블록버스터 의약품이 되었다. 이러한 성공 덕분에 머크의 주가는 1985년부터 2000년까지 3500% 상승했다. 그러나 2000년대 초반에는 큰 어려움을 겪었다. 닷컴 버블의 악화된 경제 상황뿐만 아니라, 머크는 2000년대 초반에 많은 베스트셀러 약물의 특허 독점권을 잃었다. 상황을 더욱 악화시킨 것은 2004년에 블록버스터 관절염 치료제 비옥스(Vioxx)가 심장마비와 뇌졸중의 위험을 증가시킨다는 연구 결과가 나오면서 해당 시장에서 철수했던 일이다. 비옥스 철수 발표 당일 머크의 주가는 27% 폭락했다.

머크가 다시 영광을 되찾게 된 것은 현재 세계에서 가장 많이 팔리는 약물인 암 면역요법 약물 키트루다의 전례 없는 성공 덕분이다. 암 면역요법 약물은 면역 체계를 활성화하여 암과 싸우게 한다. 이러한 접근 방식은 특정 암에만 적용되는 표적치료와 달리 여러 암에 사용할 수 있다. 16가지 유형의 암 관련 40개 적응증에 대해 승인된 키트루다는 현재 전 세계에서 매출이 가장 높은 의약품이다. 2024년 2분기에만 73억 달러를 벌어들여 2023년 2분기 63억 달러보다 15.9% 증가하면서 높은 성장률도 유지하고 있다. 머크의 총수익 중 거의 절반을 차지하는 키트루다는 머크의 '효자 약물'이다. 2028년 키트루다의 특허 만료가 임박한 가운데 머크는 포트폴리오 확장을 통해 특허 만료의 영향을 피하려 하고 있다.

#3 투자 포인트

1) 첫째도, 둘째도, 셋째도 키트루다

다가오는 2028년 특허 만료에도 불구하고, 키트루다의 지배력은 수년간 더 지속될 것으로 예상된다. 2023년 키트루다의 250억 달러 매출은 경쟁자인 브리스톨 마이어스 스퀴브의 옵디보(Opdivo)의 90억 달러보다 거의 세 배 높은 수치다. 두 약품이 나란히 2014년에 승인된 후 2015년 키트루다 매출이 5억 7,000만 달러, 옵디보 매출은 9억 4,000만 달러였던 것과 비교해 너무나 상이한 현재 상황이다. 이는 키트루다의 차별된 적응증 확장으로 여러 암에서 유일하게 승인된 면역요법인 덕분이다. 2024년에는 자궁경부암과 자궁내막암에서 2개의 추가 승인을 받으며 허가 난 적응증이 40개에 달했으며 이 중 25개에서 전체 생존율 증가를 보이고 있다.

또한 머크는 키트루다를 조기 종양의 치료제로 사용할 계획이다. 이미 10가지 다른 조기 종양 유형에 대한 30개 이상의 3상 시험을 진행하고 있다. 미국 증권사 에드워드 존스(Edward Jones)의 분석에 따르면 키트루다의 매출은 2025년에 300억 달러를 초과할 것으로 예측된다. 머크는 휴미라의 특허 만료에 취했던 애브비의 전략을 따르며, 거의 100개의 달하는 2차 특허를 출원하고 특허 덤불을 구축하고 있다. 가장 주목해야 할 것은 현재 3상 시험 중인 키트루다의 피하 제형 방식이다. 승인되면 피하 투여는 긴 병원 방문을 짧은 외래 진료로 대체하여 환자의 부담을 줄여줄 수 있다. 정맥 주사용 바이오시밀러는 환자 접근성에서 경쟁하기 어려울 것이며, 피하 제형 특허는 2030년대 중반까지 키트루다를 바이오시밀러로부터 보호할 것이다.

2) 미래를 위한 준비

2000년대 초반의 몰락을 반복하지 않기 위해 머크는 키트루다 특허 만료에 대비하여 포트폴리오를 강화하는 데 힘쓰고 있다. 머크의 두 번째 베스트셀러인 가다실 역시 같은 시기에 특허가 만료될 예정이다. 주목해야 할 주요 신제품은 3월에 승인된 폐동맥 고혈압(PAH, 폐고혈압 등급 I) 치료제 윈리베어이다. 윈리베어는 다른 PAH 치료제와 다른 작용 기전을 가지고 있으며, 병용 사용을 통해 질병 부담을 줄이는 데 사용된다. 폐고혈압 등급 III 또는 IV 중 사망 고위험군 대상으로 진행 중이던 임상 3상을 중간 분석 결과를 바탕으로 2024년 11월 조기 중단했다. 폐고혈압 등급 II 또는 III 대상으로 진행 중이던 임상 또한 같은 이유로 2025년 1월 중단할 만큼 효능이 확실하다. 임상 도중 중간 분석에서 효능이 확실한 경우 독립위원회 권고로 조기 중단을 하고 모든 참가자에게 약품 치료를 받을 수 있게 한다. 글로벌 제약 산업 분석 업체인 이밸류에이트파마(Evaluate Pharma)는 윈리베어의 매출이 2028년에 약 21억 달러까지 성장할 것으로 예상된다. 출시 첫 분기에만 2,000명 이상의 환자 처방과 7,000만 달러의 매출을 이뤄냈다. 승인 첫해 성공적 마켓 수용과 긍정적인 보험 상환은 윈리베어를 블록버스터 궤도에 올려놓을 수 있다. 종양학 측면에서 머크는 6월 세계 3대 암 학회 중 하나인 미국임상종양학회(American Society of Clinical Oncology, ASCO)에서 유방암 치료제 MK-2870에 대한 3상 데이터를 발표했다. MK-2870이 삼중 음성 유방암에서 화학요법에 비해 무진행 생존율과 전체 생존율을 개선한다고 발표했다. 3상 프로그램 초기에 데이터를 발표하는 것은 머크가 이 약물에 대해 얼마나 자신감을 가지고 있는지와 성공 가능성을 시사했다.

머크는 또한 포트폴리오 확장을 위해 파트너십 및 인수에 적극적으로 나서고 있다. 2021년 보스턴 임상 단계 제약회사 엑셀러론(Acceleron)을 115억 달러에, 2023년에 샌디에이고 면역 질환 제약회사 프로메테우스(Prometheus)를 108억 달러에 인수했다. 엑셀러론 인수에서 얻은 윈리베어는 2024년에 승인돼 인수 성과를 빠르게 보여줬다. 그 외에도 2023년 10월 일본 대형 제약회사 다이이찌산쿄와 220억 달러의 파트너십을 맺어 항체 약물 접합체(Antibody Drug Conjugate, ADC)의 글로벌 개발과 유통권을 취득했다. 관련 임상시험들이 현재 활발히 진행 중이고 성공 시 새로운 ADC 치료 수단으로 키트루다 이후의 항암 관련 저변을 넓혀갈 수 있을 것이다. 2024년 2월 실적 컨퍼런스콜에서 머크의 CEO인 로버트 데이비스(Robert Davis)는 머크가 10억 달러에서 150억 달러 사이의 인수 및 파트너십을 적극적으로 모색하고 있다고 언급했다. 그의 말에 충실하게, 머크는 5월에 아이바이오(Eyebio)를 최대 30억 달러에 인수해 안질환 분야에서의 제한된 존재감을 강화하고 포트폴리오를 다각화했다. 이러한 인수들을 통한 포트폴리오 강화가 성공적 승인으로 이어져 키트루다의 특허 만료에 따른 매출 감소를 방지할 수 있을지가 관건이다.

#4 2024년 실적 및 향후 전망

머크는 키트루다와 가다실의 지속적인 성장으로 인해 2025년에 강력한 성과를 기대하고 있다. 키트루다가 최근 보여준 연평균 10% 이상의 성장률을 유지한다면 키트루다에서만 매출 300억 달러를 쉽게 넘어설 것이다. 악성 종양부터 초기 단계 환자까지 키트루다에 대한 수요는 새로운 승인이 나올 때마다 계속 증가하고 있다. 가다실은 지난 수년간 중국 마켓 수요 급증으로 수혜를 입었다. 비록 2024년 2분기 중국의 뇌물수수 방지 캠페인의 영향으로 매출이 감소했지만, 여전히 1억 2,000명이 넘는 타깃 인구가 있는 매력적인 시장이다. HPV 백신의 아시아 태평양 지역 수요는 여전히 강해 2033년까지 계속 성장할 전망이다. 가다실의 시장점유율이 98%에 달하며, 이를 저지할 경쟁 약품이 떠오르고 있지 않아 모멘텀이 계속 유지될 것으로 예상된다. 이에 따라 가다실 매출은 2025년에 100억 달러를 넘을 것으로 전망이다.

머크의 또 다른 백신으로는 영유아용 호흡기 세포융합 바이러스(Respiratory Syncytial Virus, RSV) 백신인 MK-1654가 2024년 말에 임상 시험을 완료하고 2025년부터 판매될 예정이다. 경쟁사인 사노피와 아스트라제네카의 베이포터스(Beyfortus)는 2023년 5억 4,700만 유로의 매출을 올렸다. 베이포터스는 체중에 따라 투여량이 다른 반면, MK-1654는 단일 용량으로 의사들에게 편리함을 제공한다. 또한 저항성이 낮은 것으로 보고되어 임상시험 결과가 베이포터스와 동등하거나 우수한 효능을 나타낸다면 2025년에 RSV 백신 시장에서 성과를 낼 수 있을 것이다.

머크의 12개월 선행 주당순이익(2024년 9월 기준)은 약 15.53달러로 타 제약 업체들에 비해 낮은 편이다(애브비 36.07달러, 존슨앤드존슨 22.01달러, 암젠 39.49달러, 브리스톨-마이어스 스퀴브 73달러). 키트루다와 가다실의 2028년 특허 만료가 현재 주가에서 머크의 장기 전망에 부정적인 주요 요인으로 보인다. 인수와 파트너십을 통해 포트폴리오를 적극적으로 확장해온 머크인 만큼, 2025년 이들의 진행 상황을 주목할 가치가 있다. 현재 진행 중인 임상시험 및 여러 프로그램의 성공은 임박한 특허 만료에 대한 압박을 완화시켜 2025년 주가 상승에 긍정적인 영향을 미칠 것으로 예상된다. 머크의 2025년 매출(시장 컨센서스 기준)은 전년 대비 7% 성장하는 685억 달러로 전망된다.

노보노디스크 Novo Nordisk (NVO)
비만과의 전쟁을 이끄는 유럽 최대 회사

2023년 9월, 덴마크 제약회사 노보노디스크는 프랑스 럭셔리 회사 루이비통 모에헤네시(LVMH)를 제치고 유럽 시가총액 1위에 올라섰다. 그 후에도 주가가 지속적으로 상승하며 그 격차는 더 벌어졌다. 당뇨병 치료제를 필두로 성장하던 노보노디스크는 2021년 제2형 당뇨 치료제 오젬픽과 비만 치료제 위고비의 매출이 급등하며 급성장을 이뤘다. 오젬픽은 비만 치료제로 승인이 되어 있지 않으나 체중 감량 효과로 인해 오프라벨 처방(허가 받은 적응증 외 목적의 처방)이 급증했다.

오젬픽의 2023년 매출은 전년 대비 154% 증가한 139억 달러였으며 위고비도 뒤처지지 않게 2024년 1분기 매출이 13.5억 달러로 전년 대비 106% 증가한 수치였다. 2분기 매출이 예상에 못 미쳤지만 이는 2023년 리베이트 조정이 한꺼번에

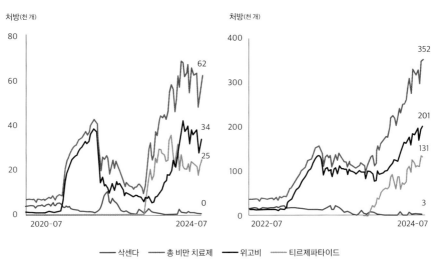

비만 치료제 신규 처방	비만 치료제 총 처방

처방(천 개)

80
60
40
20
0
2020-07   2024-07
62
34
25
0

처방(천 개)

400
300
200
100
0
2022-07   2024-07
352
201
131
3

— 삭센다   — 총 비만 치료제   — 위고비   — 티르제파타이드

비만 치료제의 처방 수가 브랜드에 상관없이 급증하고 있고, 그 선두에 노보노디스크의 위고비와 일라이릴리의 젭바운드가 있다.

자료: 노보노디스크 2분기 실적 발표

일어나면서 생긴 일시적인 현상으로 2024년 하반기에는 영향이 없을 것으로 예상된다. 두 약 모두 아직 생산량이 수요를 따라가지 못하고 있는 상황에서 공급 개선에 힘을 기울인 덕분에 총 처방 수가 전 분기에 비해 급등한 점에 주목해야 한다. 생산량이 늘고 메디케이드 등 외연 확장에 의한 가격 하락이 있을 전망이지만 급증하는 처방으로 인해 매출 가이던스는 오히려 늘어났다. 미래 생산량 증가를 위해 노보노디스크는 미국 뉴저지에 본사를 두고있는 카탈렌트(Catalent)라는 위탁개발생산 기업을 2024년 2월 165억 달러에 인수했다. 2024년 말 인수 완료 후 2026년까지 생산량 증가를 기대해볼 수 있다.

세계보건기구(WHO)에 따르면 2022년 기준 전 세계 비만 인구가 10억 명을 상회한다. 최근 비만에 대한 고정관념이 타파되고 질병으로 인식되면서 관련 치료제에 관심이 늘고 있다. 비만 유병률은 전 세계적으로 증가하는 추세이며, 특히 미국은 유병률이 40%를 육박하고 있다. 이는 비만 치료제의 잠재적 수요가 엄청나다는 뜻이다. 투자은행 골드만삭스는 2023년 리포트에서 비만 치료제 마켓이 2030년에는 1,000억 달러에 달할 것으로 예상했다. 이런 황금 같은 기회를 노보노디스크는 선두 주자로서 잘 캐치한 셈이다.

그렇다고 노보노디스크의 독주가 예상되는 것은 아니다. 일라이릴리에서 내놓은 비만 치료제, 젭바운드가 2023년 11월에 미국 식품의약청 승인을 받았다. 노보노디스크의 약들보다 20% 정도 싼 가격의 젭바운드는 2024년 1분기 5.2억 달러의 매출을 내며 순조로운 데뷔를 했다. 젭바운드의 주당 처방 수가 평균 6만 3,000건으로 위고비의 11만 건을 급속하게 뒤쫓고 있다. 일라이릴리 역시 엄청난 수요를 따라잡기 위해 인디애나주의 신규 생산 시설에 90억 달러를 투자한다고 발표했다. 이로써 노보노디스크와 일라이릴리의 생산력 증가 레이스가 시작된 것이다. 폭발하는 수요에 맞춰 생산량을 얼마나 빠르게 늘리는가에서 비만 치료제

비만 치료제 위고비와 오젬픽

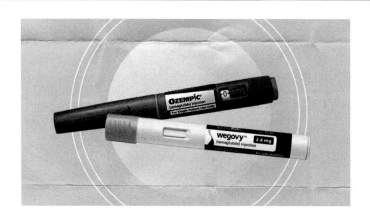

마켓의 선두 주자가 갈릴 것이다.

노보노디스크가 성장세를 이어나가기 위해서는 차세대 비만 치료제 개발도 이어나가야 한다. 새로 개발 중인 경구용 비만 치료제 아미크레틴(Amycretin)이 임상 1상에서 위고비에 상회하는 체중 감량률을 보였다. 주사로 투여되는 위고비나 젭바운드에 비해 경구용 아미크레틴이 편의성을 앞세워 잠재적으로 시장을 장악할 가능성도 크다. 효과도 더 좋다면 금상첨화이다. 스위스 제약회사 로슈도 2024년 7월에 경구용 비만 치료제 CT-996의 긍정적인 임상 1상 데이터를 보고하며 시장에 뛰어들었다. 이어지는 임상 시험 결과들이 그 어느 때보다 중요한 시기다.

크리스퍼를 비롯한 유전자 치료제 시장이 열릴 것

박효민 진에딧 최고기술책임자(CTO)겸 공동창업자 (인터뷰 진행 및 정리: 김시현)

Q 진에딧을 창립하게 되신 배경이 어떻게 되나요?

제니퍼 다우드나(Jennifer Doudna) 교수의 크리스퍼 논문 발표 이후 크리스퍼 테라퓨틱스, 인텔리아, 에디타스 등의 회사들이 설립됐습니다. 시가총액 10억 달러 이상의 대형 회사들이 크리스퍼 연구를 할 때 쥐 실험에만 국한되어 있는 걸 보면서 의아했었는데 결국 전달 방법의 문제였습니다. 저희가 썼던 바이러스를 사용하지 않은 전달 방식으로 동물 행동교정을 보여줬던 논문이 크게 주목을 받았고, 저희 테크놀로지로 전달체 문제를 해결하고자 진에딧(GenEdit)을 창립하게 되었습니다.

Q 창립 초기에 직면한 어려운 점으로는 어떤 것이 있었나요?

크리스퍼를 비롯한 유전자 치료제 시장이 열릴 것이고 가장 중요한 건 전달체 기술이 될 것이라는 비전을 설득시키는 게 어려웠다는 점입니다. 지금은 코로나19 백신을 통해 많은 분들이 mRNA라든가 지질나노입자(Lipid Nanoparticle, LNP)에 대해 많이 알게 되셨습니다. 자연스럽게 LNP의 문제점들이 인식되면서 대안으로 저희 나노갤럭시 플랫폼에 관심을 가져주셨습니다.

Q 나노갤럭시 플랫폼은 어떤 차별점이 있나요?

나노갤럭시 플랫폼으로 디자인된 폴리머 입자들은 친수성으로 인해 면역 반응이 적고, 여러 장기에 전달이 가능한 것은 물론이며, 다양한 사이즈로 전달할 수 있는 물질도 굉장히 다양합니다. 기존 전달체들에 비해 입자를 이루고 있는 요소들이 적어 제조, 생산에도 장점이 있습니다.

폴리머에 관해서는 진에딧이 가장 큰 라이브러리를 가지고 있다고 자부합니다. 테스트해서 나온 데이터를 이용해 새로운 폴리머를 만들어내는 반복 시스템을 잘 갖췄습니다. 직접 연구하지 않은 조직이나 장기도 손쉽게 새로운 라이브러리를 만들어낼 수 있는 것이 나노갤럭시 플랫폼의 큰 장점이라고 생각합니다.

Q 진에딧이 집중하고 있는 질병 영역이 있을까요?

스위스 제약사 로슈 그룹의 자회사 제넨텍과 협업을 진행 중이고 최근에 업계 관심이 많은 면역 질환 관련 파이프라인들을 계속 연구개발 중입니다. 오랫동안 해온 중추신경계 연구를 바탕으로 뇌나 신경세포 관련 부분들도 관심 있게 보고 있습니다.

Q 2023년 12월에 최초의 크리스퍼 의약품인 카스게비가 승인이 되었습니다. 승인이 시사하는 바와 앞으로 해결해나가야 할 점들은 무엇이 있을까요?

승인 과정에서 애매모호하던 부분이 해결되어 FDA가 무엇을 원하는지 정확히 알게 됐습니다. 카스게비의 복잡한 제조 과정과 높은 가격 때문에 실효성이 있을지, 큰 실적을 가져다줄지는 아직 미지수라고 봅니다. 전달 기술의 한계에서 오는 문제이며, 원하는 장기에 정확하게 전달할 수 있느냐가 현재 가장 큰 허들이라고 생각합니다.

Q 크리스퍼 관련 많은 상장사들 중에 2025년 주목할 만한 회사가 어디 있을까요?

크리스퍼 테라퓨틱스는 FDA 승인으로 큰 진보를 이뤄냈고 뒤따르는 파이프라인도 많이 준비했을 거라 생각합니다. 에디타스[에디타스가 최고의료책임자를 포함한 직원의 65% 감축하고 체내 유전자 편집에 집중하겠다고 발표하였다. 임상시험 중인 레니-셀(Reni-cel)의 상업적 파트너 확보의 실패로 전임상 단계로 되돌아갔다]는 저희 기술을 아웃라이선스해 대부분의 파이프라인에 사용 중이며 진행 상황을 계속해서 보고 있습니다.

Q 진에딧이 한국에 연구소를 설립하게 된 배경은 무엇인가요?

수용량을 어떻게 늘릴 수 있을까 고민을 하던 중 자연스럽게 한국 옵션을 고려했습니다. 미국에 비해 운영 비용이 낮고 병원과의 협업이 훨씬 빠르게 진행됩니다. 이런 이점들로 한국에 R&D 센터를 열었고 연구진들이 활발하게 중요한 실험들을 진행하고 있습니다.

Q 업계 정리해고 뉴스가 많습니다. 현 제약 바이오테크 업계 상황을 어떻게 보시나요?

공격적으로 늘렸던 파이프라인이 줄어드는 것은 자연스러운 현상이며, 거품이 꺼지고 정상화에 가까워지는 과정이라고 생각합니다. 당뇨병, 비만 관련 약품들은 여전히 주목을 받고 있고, 일라이릴리의 알츠하이머 신약은 중추신경계 전체에 좋은 영향을 가지고 올 것이라 생각합니다. 자가면역 질환 관련 펀딩은 잘 이루어지고 있습니다. 이런 사이클이 지난 후 새로 회사들이 탄탄한 데이터를 가지고 나오면 시장이 전체적으로 다시 살아나지 않을까 생각합니다.

Q 제약 바이오테크 업계의 향후 10년은 어떤 방향으로 흘러갈 거라 예상하시나요?

제넨텍은 생물의약품의 시대를 열고 선도했던 회사입니다. 그 회사가 다음 세대 의약품은 유전자 치료제이며 그 세대를 주도하기위해 어떤 노력을 할 것인지 발표했습니다. 전달체 기술은 계속 중요한 역할을 할 전망입니다. 나노갤럭시로 매년, 매 분기 새로운 약을 개발하는 플랫폼 회사, 치료제 개발 회사로 발전하는 것이 저희의 목표입니다.

Q 진에딧은 현재 비상장이지만 일반 대중이 앞으로 투자를 할 수 있는 기회를 가질 수 있을까요?

향후 상장을 염두하고 있으나, 앞으로 많은 변수가 있기 때문에 저희도 상황을 지켜볼 예정입니다. 진에딧에 기 투자한 한국 기관투자자들도 많고, 창업자들도 한국인들이라 한국 시장에 대한 이해가 높습니다. 진에딧은 미국 회사이지만 어떤 시장에 상장을 할 지에 대해서는 가능성을 다양하게 열어두고 있습니다. 최선을 다해서 가까운 시일 내에 마켓에서 투자자들이 진에딧을 자유롭게 투자할 수 있도록 노력하겠습니다.

CHAPTER 7

액티브웨어

저무는 나이키, 뜨는 테크웨어 기업들

스포츠 액티브웨어
이노베이션과 새로움, 미국 액티브웨어 시장이 진화하고 있다

T. John Kim 오클라호마대학교에서 외국어 교육과정 전공 박사 학위를 받았다. 세인트루이스 워싱턴대학교에서 학생들을 가르친다. 애슬레저 전문가 모임인 룰루레몬의 Sweat Collective 멤버십에 참여할 만큼 미국 패션, 스포츠, 요가 산업에 관심이 많아 이 프로젝트에 참여했다. 저서로 《미국 사람들이 평생 써먹는 인생영어》가 있으며, 삼성전자, 삼성 SDI 임원 영어 강의 경력을 비롯해 기업체 직무교육에도 힘쓰고 있다.

2024년 리뷰
나이키의 몰락, 파리 올림픽, 그리고 신생 업체들의 약진

"미국 정년은 건강이 허락하는 나이다."

미국에서는 "신체 나이가 곧 정년"이라고 한다. 법이나 회사 내규로 정년을 정해놓지 않는데, 이는 1967년 제정된 연령차별금지법(The Age Discrimination in Employment Act)에 입각한 것이다. 다만 신체적으로 또는 인지적으로 해당 업무를 하지 못하게 되는 경우 자진해서 퇴사를 하기도 한다. 그렇기 때문에 미국인들은 운동을 '건강을 지키는 수단'과 '웰빙'이라는 관점으로 바라보는 것뿐만 아니라, '생업을 지키는 수단'으로도 바라본다.

미국 부티크 피트니스센터 라이프타임에 가면 12세부터는 웨이트트레이닝 기구를 다루는 것이 허용된다. 부모를 따라 자연스럽게 자녀들이 운동을 접해 스포츠 레저 분야의 고객이 되는 것이다. 새로운 운동을 시작하는 사람들이 자연스럽게 하는 생각은 '이 운동을 하려면 무엇이 필요한가?'이며, 먼저 각 운동에 맞는 '옷'과 '신발'을 검색하는 경우가 많다. 조금 더 열정을 가진 사람들은 자연스레 해당 분야에서 최고 퍼포먼스를 내는 프로 선수, 혹은 로컬 피트니스센터의 인스트럭터나 동료들이 무엇을 입고 신었는지 관심 있게 보기도 한다. 심지어 어떤 물통을 들고, 어떤 프로틴 파우더를 먹으며, 어떤 선글라스를 썼는지 등도 유심히 살핀다. 통계 전문 업체 스태티스타에 따르면, 2023년 기준 미국 시장의 스포츠 산업의 규모는 약 83조 달러에 달했다.

액티브웨어란?

도이치뱅크를 포함한 월가 애널리스트들은 액티브웨어(Activewear, 활동성 의류) 섹터를 소비재(Consumer) 섹터의 하위 분류인 의류, 신발, 섬유(Apparel, Footwear, Textiles)에 포함시킨다. 대표적인 업체들로 나이키, 아디다스, 언더아머 등이 있으며, 축구, 농구 등의 스포츠에 사용되는 의류, 신발, 액세서리를 다룬다. 액티브웨어 섹터는 크게 애슬레틱 풋웨어(Athletic Footwear, 운동용 신발), 애슬레틱 어패럴(Athletic Apparel, 운동용 의류), 액세서리(Accessories, 모자, 양말 등) 분야로 나눈다. 시장조사기관 퓨처마켓인사이트에 따르면 2024년 미국 액티브웨어 시장의 규모는 약 5,174억 달러이며, 2034년까지 매년 5.9% 성장할 것으로 예상된다. 대중들의 스포츠 및 야외 활동에 대한 늘어나는 관심, 젊은 세대들의 폭발적인 트렌드 추종 패턴, 편하고 트렌디한 의류를 찾는 대중의 관심을 바탕으로 성장세가 이어질 전망이다.

액티브웨어 섹터 구성

미국 액티브웨어 시장의 판도 변화, 나이키에서 온으로

2022년부터 코로나19 팬데믹이 점차 완화되면서 불황기를 걷던 대면 피트니스 시장에 신규 고객들의 등록이 늘어나고 있다. 2024년까지 이어진 피트니스 시장의 호황은 자연스럽게 해당 산업 제품들의 판매 증가로 이어졌다.

이 중에서 2024년에 단연 눈에 띄었던 회사는 테니스 황제 로저 페더러가 모델이자 주주인 스위스 기반 액티브웨어 업체 온홀딩(On Holding AG)이다. 온홀딩은 2024년 상반기에 매출액 10억 7,590만 스위스 프랑을 기록하면서 전년 같은 기간 대비 24.4% 성장을 보였다. 반면 액티브웨어 분야의 전통적인 '큰형님'인 나이키는 FY24 하반기(2023년 12월~2024년 5월)에 매출이 250억 달러를 기록하면서 전년 동기 대비 0.7 % 역성장을 했다. 심지어 나이키는 FY25 1분기(2024년 6~8월) 매출은 전년 동기 대비 10% 줄어든 116억 달러에 그쳤다. 코로나 봉쇄 해제 직후 한때 170달러대까지 올랐던 나이키의 주가는 매출 부진에 따라 2024년에 최고점 대비 절반 이상 하락했다. 투자은행 TD코웬은 나이키의 부진에 대해 온, 호카 등 후발 주자와의 애슬레틱 풋웨어 시장 경쟁에서 뒤처진 점, 중국 시장에서의 불확실성, 미국 시장에서의 성장 둔화를 이유로 분석했다.

애슬레틱 풋웨어: 미국인들의 트렌드 변화

2023년 기준 애슬레틱 풋웨어(운동용 신발)의 시장점유율 1~3위는 나이키, 아디다스, 스케쳐스가 각각 기록했다. 나이키와 아디다스는 전통적인 섹터의 강자로서 지속적으로 30%대 점유율을 보이고 있는 반면, 스케쳐스는 100달러 수준의 중저가 신발 시장을 공략해 6.5%를 점유하며 3위에 올랐다. 스케쳐스는 최근 미국에서 열풍이 불고 있는 피클볼 신발도 제작해 실적 개선을 꾀하고 있다. 한편 미국에서 2022년과 2023년 매출세가 제일 강했던 업체는 호카 신발로 유명한 데커스인데, FY22(2021년 4월 ~ 2022년 3월) 31억 달러, FY23년(2022년 4월 ~ 2023년 3월) 36억 달러, FY24(2023년 4월 ~ 2024년 3월) 42억 달러 매출을 기록하며 지속적인 성장세를 보였다. 데커스가 보유한 대표 브랜드 호카(HOKA)와 어그(UGG)의 매출 증가 덕분이다. 2013년에 데커스에 인수된 프리미엄 러닝화 브랜드 호카의 매출 성장률은 FY22 59%, FY23 40%, FY24 28%를 기록하며 저변을 넓히고 있다.

이러한 데커스의 성장을 견제하며 매년 20% 이상 성장세를 보이고 있는 또 다른 업체로는 온홀딩이 있다. 이미 2021년 IPO 당시 월가 애널리스트들은 온홀딩을 '시장을 흔드는(Disrupting) 업체'라고 평했다. 온홀딩의 러닝화 클라우드 러너는 2024년 4월 《보그(Vogue)》지가 뽑은 여성소비자가 제일 만족하는 신발 11개 중에서 '장거리 부문' 1위를 차지했다. 도이치뱅크가 분석한 2023년 미국 애슬래틱 풋웨어 시장점유율에 따르면 온홀딩은 전년 대비 점유율을 0.87%포인트 늘리며 미국 시장에서 가장 큰 시장점유율 증가를 나타낸 브랜드였다. 저자가 다니는 라이프타임 피트니스 센터에서도 20·30대 여성 소비자들은 물론이고, 노인

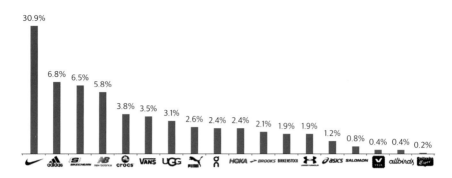

1위 나이키, 2위 아디다스. 한편 9위에 랭크된 온홀딩스는 언더아머보다 높은 순위를 기록했고,
애슬레틱 풋웨어 시장의 신흥 강자로 떠오르고 있다.

부터 어린아이에 이르기까지 온홀딩 신발을 신고 있는 모습이 매일 눈에 띈다. 미국 아웃도어 용품 기업 REI 매장에 방문한 필자에게 해당 매장의 직원들은 온홀딩 신발에 대해 "정말 편하고 트렌디하다"고 입을 모았다.

애슬레틱 어패럴: 스포츠 경계를 넘어 경쟁하는 의류 트렌드

애슬레틱 어패럴은 각각의 스포츠 경계를 넘어 다양한 브랜드들이 함께 경쟁을 하고 있다. 모든 스포츠에 고루 라인업을 보유한 나이키가 요가 브랜드 룰루레몬과 아웃도어 브랜드 노스페이스 등과 동일한 카테고리 안에서 경쟁을 하고 있는 것이다. 2023년 미국 애슬레틱 어패럴 시장점유율 1위는 나이키가 차지했으나 애슬레틱 풋웨어와는 다르게 점유율이 고작 5%를 조금 넘는 수준(5.7%)에 머물렀다. 그만큼 해당 시장은 경쟁이 치열하다고 볼 수 있다. 점유율 2위를 차지한 룰루레몬(5.3%)은 원래 요가웨어 브랜드로 시작했으나, 러닝웨어, 일상복, 테니스웨어 출시에 이어 최근 골프웨어까지 출시하면서 종합 스포츠 어패럴 브랜드로 사

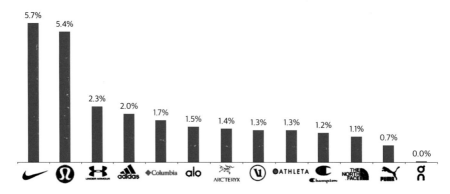

나이키, 룰루레몬, 노스페이스 등이 '스포츠 종목 경계'를 무너뜨리며 해당 마켓에서 경쟁한다.
1위 나이키, 2위 룰루레몬, 6위 알로요가, 8위 뷰오리가 눈에 띈다.

업 영역을 확장하고 있다.

2024년 키워드: '새로움'과 '혁신'

액티브웨어 소비자들은 '어디 새로운 독특한 브랜드 없나?'라는 질문을 본능적으로 갖고 있다. 투자은행 파이퍼샌들러(Piper Sandler)가 2024년 봄에 실시한 10대 소비자 스포츠 브랜드 인기도 설문에서 소비자들의 마음을 사로잡는 두 키워드로 '새로움(newness)'과 '혁신(innovation)'이 조사된 것도 이 트렌드를 입증한다. 룰루레몬도 많은 팬 층을 보유하고 있지만, 최근 미국 소비자들 사이에서 입소문을 통해 인기를 구축하고 있는 새로운 브랜드들이 있다. 바로 알로요가와 뷰오리다. 도이치뱅크가 발표한 액티브 어패럴 부문의 2023년 시장점유율에 따르면 알로요가의 점유율은 전년 대비 0.59%포인트 늘어나 시장점유율 변화가 가장 컸다. 뷰오리는 0.51%포인트가 늘어 두 번째로 그 변화폭이 컸다. 두 업체의

룰루레몬, 알로요가, 뷰오리의 전체 인구 대비 스토어 방문 비중

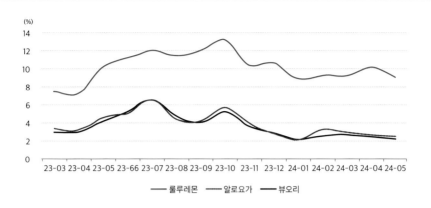

"지난 360일 동안 이 브랜드의 매장을 방문한 적이 있습니까?"라는 질문에 "예"라고 응답한 데이터
자료: TD Cowen Consumer Tracker Survey. n=2500/월, 2023년 3월 ~ 2024년 5월.

2023년 점유율은 크지 않지만(알로요가 1.5%, 뷰오리 1.3%) 경쟁이 치열한 시장에서 두 업체는 눈에 띈 성장을 나타냈다. 투자은행 TD코웬의 분석에 따르면 알로요가의 성공 요인으로 첫째, '트렌디함'을 강조하며 유명 모델인 켄달 제너 등 유명 인플루언서를 모델로 영입한 것과 둘째, 20대 소비자들이 이 모델을 폭발적으로 팔로우하면서 브랜드 입지가 넓어진 점이다. 한편 뷰오리는 룰루레몬보다 부드럽고 편한 원단의 운동복을 '편한 일상복'으로 활용하도록 소비자들의 인식을 전환시키는 마케팅 전략이 대중들에게 통했다.

애슬레틱 어패럴 부문에서 탄탄했던 룰루레몬의 입지를 알로요가와 뷰오리가 위협하고 있다. 2024년 애슬레틱 어패럴 분야에서는 이 세 업체의 경쟁 구도가 해당 분야에서 관전 포인트였고 2025년에도 지속적으로 지켜봐야 할 경쟁 구도이다.

2024 파리 올림픽과 액티브웨어 업체들

2024년 7월 26일부터 8월 11일에 대장정의 막을 내린 2024 파리 올림픽에서 액티브웨어 업체들의 홍보전이 이목을 끌었다. 애슬레틱 풋웨어 분야에서의 관건은 '마라톤 1등 선수가 어떤 신발을 신고 결승선을 끊을 것인가?'였다. 에티오피아의 타미랏 선수가 아디다스의 아디제로 아디오스 프로 에보1 신발을 신고 2시간 6분 26초 기록으로 1위로 들어와 금메달을 거머쥐었다. 2위는 벨기에의 바시르 아브디 선수가 아식스의 메타스피드 에지 파리 신발을 신었고, 3위 케냐의 벤슨 킵루토 선수도 1등 선수와 동일한 아디다스 제품을 신었다. 마라톤 금·은·동 메달리스트가 신은 신발이 각각 아디다스와 아식스로 나오면서 전통 브랜드들의 위상을 보여줬다.

철인 3종 여자 경기에서는 온홀딩의 클라우드 붐 에코 3 신발을 신은 스위스의 줄리 데론 선수가 은메달을 따면서 브랜드를 대중들에게 알렸다. 애슬레틱 어패럴 부문에서는 룰루레몬을 입은 팀 캐나다의 체조 선수들이 스크린을 장식한 모습을 자주 보여 룰루레몬의 홍보전 참여도 볼 수 있었다. 다음 2028 LA 올림픽에서는 전통의 강호 아디다스, 나이키 같은 업체들과 신생 추격 업체들이 어떠한 양상으로 각축전을 벌일지 기대된다.

2025년 전망

에어 조단의 변화, 테크웨어, 그린경영 변수를 지켜보라

액티브웨어 시장의 성장 전망

글로벌 시장조사기관 유로모니터(Euromonitor)에 따르면, 액티브웨어 시장은

2018년부터 2023년까지 5년간 연평균 3.6% 성장세를 보였다. 액티브웨어 시장을 리드하고 있는 아이템은 애슬레틱 풋웨어이다. 유로모니터는 2023년부터 2028년 까지 애슬레틱 풋웨어의 연평균 성장률을 7%로 전망하며, 2028년 시장 규모가 2,310억 달러에 달할 것으로 예상했다. 반면 일반 풋웨어의 성장률 예상은 3.5% 에 그친다. 애슬레틱 풋웨어 시장은 평균 6개월에서 1년 사이에 소비자들이 신발 을 새로 구매하는 트렌드가 특징이다. 나이키는 소비자들에게 러닝화를 3~6개월 마다 교체하는 것을 권하고, 글로벌 러닝 매거진《러너스월드》또한 5~9개월을 교체 주기로 추천한다.

애슬레틱 풋웨어는 평균 가격도 높다. 온홀딩의 베스트셀러 클라우드몬스 터 모델의 가격은 170달러이며 온홀딩 신발의 평균 가격은 2022년 기준 165달 러를 기록했다.[1] 대부분의 애슬레틱 풋웨어 신발은 100달러를 넘고 200달러 이 상의 제품도 심심치 않게 찾을 수 있다. 데이터 전문 기업 스태티스타에 따르면 2022년 미국 애슬레틱 풋웨어 시장은 145억 달러에 달했으며, 2028년까지 170억 달러로 성장할 것으로 전망했다.[2] 러닝, 피트니스, 일상생활, 테니스 등 개별 용도 에 맞춰 신발을 구매하는 미국 소비자들의 성향도 이 시장만이 가지는 투자 매력 이다.

나이키가 먹던 파이는 어디로 갈 것인가

액티브웨어 시장의 관전 포인트는 '나이키의 부진'이 어떻게 시장에 반영될 것 인가다. 월가에서는 세 가지 의견이 제시된다. 첫째, 나이키가 잃은 시장점유율을 아디다스 등 기존의 메이저 업체가 차지하거나, 둘째, 온홀딩·호카 등과 같은 신 규 주자들의 시장점유율이 더 늘어날 것이라는 전망, 셋째, 나이키가 이른바 변혁 을 통해 다시 시장을 차지할 것이라는 전망 등으로 제시된다.

이 중에 온홀딩의 잠재력에 대한 시장의 평가가 주목된다. 온홀딩은 마켓에서 단순히 러닝 슈즈 업체로만 인식되고 있지만, 온홀딩 경영진은 애슬레틱 어패럴 분야에도 공격적으로 사업세를 확장하겠다고 발표했다. 마치 룰루레몬이 요가웨어로 비즈니스를 시작했으나 현재 테니스, 남성 의류, 골프웨어 등으로 확장한 것처럼 온홀딩도 영역 확장에 대한 잠재력이 충분하고 현재까지의 실적과 마켓 반응으로 볼 때 미래가 긍정적이라는 의견이 지배적이다.

애슬래틱 어패럴 시장에서는 나이키에 대항하는 업체들 중 2위 룰루레몬과 2023년에 점유율 증가 폭이 가장 컸던 알로요가와 뷰오리를 주목할 수 있다. 알로요가는 미국 내 매장을 2023년 10개로 시작해 2024년 70개 이상 매장을 오픈했고, 2024년 파리 올림픽을 겨냥해 런던과 파리에 스토어를 오픈했다. 또한 로블록스 메타버스 플랫폼을 통한 혁신적인 마케팅으로 팬층을 지속적으로 확보하고 있다. 뷰오리는 소비자들의 입소문을 통해 소비자에게 어필 중이다. 해당 업체들은 향후 실적과 IPO 여부를 계속 모니터링하며 투자 기회를 판단하면 좋을 것으로 보인다.

조던 시리즈의 네임 밸류: 나이키의 변화도 주목하라

"아내가 육아로 정신이 없을 때, 남편은 그저 마이클 조던 백팩에 기저귀와 분유, 물티슈1세트씩 가지고 쫓아다녀라."

필자가 참석했던 미국 로컬 커뮤니티 센터의 '아기 아빠 육아 세미나'에서 강사는 이렇게 조언했다. 미국에서 마이클 조던 시리즈는 올드하지만 여전히 보편적이고 누구나 아는 네임 밸류를 가지고 있다. 2024년 들어 나이키의 몰락, 'Just do it 말고 Don't do it' 등과 같은 냉소적인 의견들이 나왔다. 하지만 2024년 8월 미국 헤지펀드계의 거물이자 억만장자 투자자인 빌 애크먼(Bill Ackman)의 퍼싱

스퀘어 캐피탈이 2억 2,900만 달러를 나이키에 투자하면서 주가는 70달러 선에서 바닥을 지지했다. 2024년 상반기 기준 액티브웨어 시장점유율의 약 30%를 차지한 1위 업체임은 자명한 사실이므로, 향후 나이키의 경영 변화와 온홀딩 등과 같은 후발 주자와의 경쟁 구도를 눈여겨볼 필요가 있다.

2025년 액티브웨어 키워드: 테크 웨어

2024년 상반기 구글 키워드 분석에 따르면, 액티브웨어 관련 검색어 중에서 제일 인기 있던 키워드로 분석된 단어들은 '테크 팬츠'와 '테크 셔츠'였다. 이와 맞물려 각 업체들이 그들만의 브랜드에 자동적으로 연결되는 기술력을 강조하는 것도 트렌드의 한 축이다. 온 러닝의 경우 '클라우드 테크놀로지'를 전면에 내세워 신기술을 접목한 트렌디한 제품이라는 이미지를 강조한다. 룰루레몬도 '테크 셔츠'라는 단어를 직접적으로 사용하며 '숨쉬고 가벼운(breathable and lightweight)' 기술을 강조하면서 이 '테크'라는 키워드를 십분 활용하고 있다. 2025년에도 액티브웨어 분야에서 업체별로 어떤 기술로 제품을 개발하고 소비자

2019~2024년 테크 패션 키워드 관련 구글 트렌드 분석

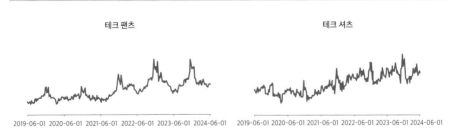

'테크 팬츠'와 '테크 셔츠' 키워드 검색 수는 지속적인 우상향 패턴을 보인다.

자료: Deutsche Bank, Google Trends

들의 선택을 받아 매출 성장에 기여할지 주목할 필요가 있다.

지속가능경영과 그린

2025년 액티브웨어 섹터의 마지막 키워드는 지속가능경영(Sustainability)과 그린(Green), 즉 환경보호이다. 섬유, 고무, 플라스틱 등을 원재료로 신발, 옷, 액세서리를 제작하는 액티브웨어 섹터의 특성에 따라 각국 정부와 지역 이해단체에서 탄소 배출권, 친환경 경영 등을 요구하고 있다. 나이키, 온홀딩, 룰루레몬 등의 업체들은 모두 친환경 보고서로 연간 경영 보고서를 발행하며 이러한 요건에 부합하고 있다. 2024년 7월 법정 소송까지 번진 룰루레몬의 친환경 생산과 마케팅에 대한 비윤리성 고소는 아직 판결이 나지 않았지만 브랜드 이미지에 악영향을 줄 수 있으므로 계속 지켜볼 필요가 있다. 온홀딩의 100% 리사이클링 슈즈 제작, 나이키의 탄소 저감 생산 프로그램 등도 새로운 그린 경영에 발맞춘 행보로 보인다. 2025년 액티브웨어 시장을 눈여겨보는 투자자라면 '그린 경영' 분야도 관심을 갖고 회사 경영에 이득을 가져다줄지, 손실을 가져다줄지 지켜보는 걸 추천한다.

산업 관련 종목

NO.	기업 이름	영문	티커	내용
1	온홀딩	On Holding AG	ONON	• 스위스에 본사를 둔 트라이애슬론 챔피언이 설립한 러닝웨어 및 스포츠웨어 업체 • 로저 페더러가 주주이자 모델이며, 제품 디자인에 참여함 • 보스턴 마라톤 대회, US오픈 테니스 대회 등 메이저 대회 우승자가 착용
2	나이키	Nike, Inc.	NKE	• 2023년 애슬레틱 풋웨어 시장점유율 1위 • 2024년 매출액 하락으로 시장의 주목을 받음
3	데커스	Deckers Outdoor Corporation	DECK	• 호카, 어그 브랜드 보유 • 호카 브랜드 2023년 애슬레틱 풋웨어 시장점유율 10위
4	스케쳐스 USA	Skechers U.S.A., Inc.	SKX	• 2023년 애슬레틱 풋웨어 시장점유율 3위 • 100달러대 중저가 신발로 시장 공략
5	룰루레몬 애슬레티카	Lululemon Athletica Inc.	LULU	• 요가웨어를 기반으로 성장한 애슬레틱 어패럴 업체 • 일상복, 테니스웨어, 골프웨어 출시 등으로 종합 액티브웨어 업체로 발돋움 • 전 세계 840 직영 매장 보유 및 확장 중(중국 127개 매장 포함)
6	알로요가	Alo Yoga	(비상장)	• 캘리포니아 로스앤젤레스에 본사를 둔 비상장 요가 어패럴 업체 • 2024년 10억 달러 매출을 달성하며 룰루레몬 대항마로 소비자들사이에서 인기 구축
7	뷰오리	Vuori	(비상장)	• 캘리포니아 샌디에고에 본사를 둔 비상장 애슬레틱 어패럴 업체 • 2021년 40억 달러 기업가치를 인정받고, 소프트뱅크 인베스트와 트리니티 웨스트 벤처로부터 4억 달러 투자를 유치 • 2023년 9,000만 달러 매출 달성 • 2024년 11월 제너럴애틀랜틱, 스트라이프로부터 8.25억 달러 투자 유치

온홀딩 On Holding AG (ONON)
페더러가 선택한 2024 미국 풋웨어 마켓 '최애' 브랜드

#1 기업 개요

온홀딩은 2010년 철인 경기 챔피언인 올리버 번하드(Olivier Bernhard)가 데이빗 알만(David Allemann), 캐스퍼 코페티(Caspar Coppetti)와 함께 시작한 스위스에 본사를 둔 액티브웨어 업체이다. 테니스 황제로 불리는 로저 페더러가 주주이자 모델이고, 신세대 테니스 스타인 벤 쉘튼, 이가 시비옹텍을 스폰서한다. 2021년 뉴욕증권거래소에 상장했으며, 2024년 현재 미국은 물론 전 세계 소비자들의 각광을 받고 있다. 2024년 파리 올림픽에서는 팀 스위스 공식 유니폼을 스폰서하는 업체로 선정됐고, 철인3종 여자 경기에서 클라우드 붐 에코 3 신발을 신고 뛴 스위스의 줄리 데론 선수가 은메달을 획득해 전 세계 스포츠팬들에게 제품이 알려졌다. 대표적인 마케팅은 테니스 프로 선수들을 스폰서하는 것을 포

온홀딩 기업 정보

설립 연도	2010년	시가총액 (십억 USD)	18.8
상장 거래소	뉴욕증권거래소	시가총액 (조 원)	26.9
상장일	2021. 9. 15.	배당수익률	-
CEO	마틴 호프만(Martin Hoffmann)	52주 최저-최고 범위 (USD)	25.78-60.12
주요 주주	FMR LLC (8.88%)		
직원 수	2,353명	현재 주가 (USD)	57.60
홈페이지	on-running.com	평균 목표 주가 (USD, Yahoo Finance 기준)	59.76
회계연도 종료	2024. 12. 31.		

* 기준일: 2024. 12. 12.
자료: Yahoo Finance

온홀딩 기업 실적 및 투자 정보

구분	2022	2023	2024F	2025F	2026F	5년 연평균 성장률
매출 (십억 CHF)	1.2	1.8	2.3	2.9	3.6	38%
EBTIDA (십억 CHF)	0.2	0.3	0.4	0.5	0.7	47%
영업이익 (십억 CHF)	0.1	0.2	0.2	0.3	0.4	-
순이익 (십억 CHF)	0.1	0.1	0.2	0.3	0.3	-
주당순이익 (CHF)	0.2	0.3	0.7	0.8	1.0	-
주당 배당 (CHF)	0.0	0.0	0.0	0.0	0.0	-
EBTIDA 이익률 (%)	13.5	15.5	16.3	17.2	18.2	-
영업이익률 (%)	7.0	10.1	9.8	11.3	12.0	-
순이익률 (%)	4.7	4.4	9.5	8.7	9.3	-
PER (x)	-	143.6	46.7	40.8	30.9	-
PBR (x)	7.1	8.1	9.1	7.3	5.7	-
EV/Revenue (x)	7.6	5.9	5.5	4.3	3.5	-
EV/EBITDA (x)	136.4	50.3	33.4	25.0	19.1	-
ROE (%)	8.9	11.0	19.8	19.7	21.0	-

자료: 회사 자료, Capital IQ
주1: 국제 회계기준(IFRS)
주2: 전망치는 2024년 8월 30일 Capital IQ 기준
주3: 1 CHF는 1,575.76원(2024년 8월 30일 기준)

온홀딩 매출액 & 성장률 전망

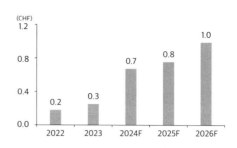

자료: 온홀딩, Capital IQ (2024년 8월 30일 기준)

온홀딩 주당순이익 전망

자료: 온홀딩, Capital IQ (2024년 8월 30일 기준)

온홀딩 주가 추이

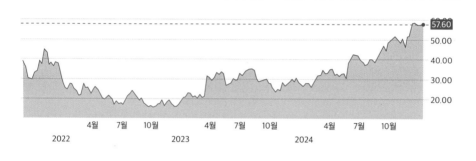

함해 최근 2024년에는 마라토너를 스폰서하면서 제품을 더 알렸다. 2023년에는 헬렌 오비리 선수가 온 신발을 신고 육상인들 사이에서 세계적인 권위를 갖고 있는 보스턴 마라톤 대회와 뉴욕 마라톤 대회에서 우승해 그 기술력과 제품성을 인정받았다.

온홀딩 제품과 지배적으로 함께 검색되는 단어는 '프리미엄 디자인'과 '하이 테크놀로지'이다. 철인 경기 우승자, 로저 페더러, 마라톤 챔피언들이 디자인과 제작에 직접 참여해 각 스포츠와 일상생활에서 요구되는 신발의 기능성을 높였다.

이 스토리와 펀더멘털은 애슬레틱 풋웨어 전문가와 일반 소비자들에게 모두 긍정적으로 전달되어 지속적인 영업 실적을 구축하는 데 기여하고 있다.

#2 비즈니스 모델

온홀딩의 매출은 대부분 신발 부문에서 온다. 2023년 온홀딩은 매출의 95.5%를 신발 부문, 3.8%를 의류 부문이 차지했다. 액세서리 매출의 비중은 0.7%에 불과했다. 점차 어패럴과 액세서리 제품군의 신제품 출시가 늘고 있어, 향후 다양해진 상품 포트폴리오에 대한 시장 반응이 기대된다. 2023년 온홀딩의 지역별 매출은 64.9%는 미주 지역에서 이뤄졌을 정도로 미주의 매출이 압도적이다. 같은 해 유럽, 중동 및 아프리카 지역의 매출은 27.3%를 차지했다.

온홀딩 2023년 사업 부문별 매출 비중

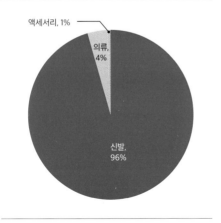

온홀딩 2023년 지역별 매출 비중

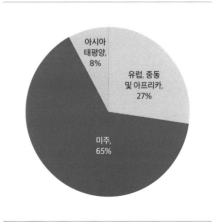

#3 투자 포인트

1) 애슬레틱 풋웨어 마켓 포텐셜 & 프리미엄 디자인 테크놀로지

온홀딩 슈즈의 특징은 프리미엄 디자인과 클라우드테크 기술이다. 기존 신발들에서는 볼 수 없었던 심플하면서도 눈에 띄는 디자인이 소비자의 마음을 사로잡았다. 또한 발 뒤꿈치부터 발가락까지의 하중을 고르게 받쳐주는 클라우드테크(CloudTec) 기술은 프로페셔널 러너들의 메이저 마라톤 대회 우승에서 그 효과성이 입증됐다. 테니스 메이저 선수들이 온 어패럴을 입고 우승 시상대에 오르는 모습은 연간 9,000억 달러 규모의 전 세계 테니스 용품 마켓에서 긍정적인 반응을 이끌고 있다. 2024년 들어 의류 산업에도 본격적으로 진출하려는 움직임이 포착됐다. 최근 미국에서 선풍적인 인기를 끌고 있는 '피클볼' 소비자들을 위한 프리미엄 의류 제작에도 박차를 가하고 있어 향후 애슬레틱 어패럴 마켓의 점유율 확장 여부가 기대된다.

2) 2024년 이후의 강력한 성장 모멘텀

2021년 IPO 당시만 하더라도 온홀딩은 골드만 삭스 등 주요 몇 개의 투자은행에서만 분석 보고서를 발간했다. 하지만 2024년 1분기에 전년 동기 대비 29% 늘어난 매출 실적 발표와 함께 나이키의 시장점유율 하락이 가시화되면서 윌리엄 블레어, 번스틴 같은 월가의 메이저 투자은행의 애널리스트들은 앞다투어 온홀딩의 분석을 개시(initiate coverage)하기 시작했다.

물론 온홀딩의 성장세를 우려하면서 잠재적 리스크에 대한 목소리들도 있다. 프리미엄 섹터에서만 집중한 제한적인 브랜드 인지도, 소비자들의 성향이 바뀔 수 있다는 리스크, 환율 리스크 등이 대표적인 우려사항이다. 하지만 월가에서도 현재까지의 실적과 밸류에이션으로 볼 때 이러한 리스크를 상쇄하고 있다는 의견들이 지배적이다. 온홀딩은 2021년 상장 이후 2023년까지 매년 50% 내외의 매출 성장을 나타내는 등 강력한 모멘텀을 나타냈으며, 2024년부터 2026년까지도 온홀딩의 매출 성장세는 매년 20%를 넘어설 전망이다.

#4 2024년 실적 및 향후 전망

온홀딩 주식을 미국의 전설적인 펀드매니저 피터 린치가 분류한 방식으로 구분하자면 연 20~25% 성장을 하는 '고성장주'에 해당한다. 투자자들은 온홀딩의 브랜드 파워에 의구심을 가져왔던 것이 사실이지만, 매출액은 2022년 12억 스위스 프랑(14억 4,000억 달러)으로 전년 대비 69% 증가세를 보였고, 2023년 18억 스위스 프랑(21억 1,050억 달러)으로 전년 대비 47% 성장을 거뒀다. 2024년 2분기(2024년 4~6월)에는 5억 6,000만 스위스 프랑의 매출을 기록해 전년 동기 대비 27.8%의 성장을 보였다. 2024년 까지 그 성장세가 이어진 것이다.

2024년 2분기에 다른 매출 채널보다 마진이 높은 온홀딩의 직영점(Direct-to-Consumer, DTC) 매출은 48.7% 성장하며 투자자들의 이목을 끌었다. 2024년 2분기에 아시아 지역의 매출 비중은 약 10%를 차지했지만, 아시아 지역의 매출 증가세는 2분기 기준으로 73.7% 성장하는 강한 성장세를 보였다.

매출액 성장률이 점차 줄고 있으므로 성장이 둔화되고 있는 것 아니냐는 시선도 있다. 하지만 온홀딩의 탄탄한 직영점 매출 실적, 새로운 기술 개발, 북미 지역과 아시아 지역에서의 시장점유율 성장세를 볼 때 지속적인 성장을 이어나갈 수 있는 포텐셜이 강한 것으로 보인다.

온홀딩은 기술에 대한 혁신도 지속해 소비자들의 선택을 계속 받도록 준비하고 있다. 온홀딩은 라이트스프레이(LightSpray) 기술을 새롭게 선보이며 액티브웨어 분야에 지속적으로 혁신적인 제품을 제공할 계획이다. 라이트스프레이 기술은 신발 윗부분이 1개의 소재로 제작되고 전 공정을 로봇이 제작해 기존 신발 제작 공정 대비 탄소 배출이 75% 적게 드는 기술이다.

온홀딩 연혁

2010	스위스 철인 경기 챔피언 올리버 번하드와 데이빗 알맨, 캐스퍼 코페티의 동업으로 설립
2012	러닝 슈즈 클라우드 레이서(Cloudracer) 출시, 2012 런던 올림픽 철인경기 금메달리스트 니콜라 스피리그 선수가 착용
2018	호주, 중국, 브라질 지사 오픈, 독일 R&D 센터 오픈
2019	로저 페더러가 주주, 디자인 고문, 모델로 참여
2020	페더러 라인 'The Roger' 출시, 100% 재활용 가능한 풋웨어 사이클론(Cyclon) 출시
2021	뉴욕증권거래소에 시초가 24달러에 상장, 8억 5,800만 달러 자금 조달
2022	베이징 동계올림픽 봅슬레이 경기 공식 풋웨어 선정
2024	2024년 2분기 매출액 5억 6,000만 스위스 프랑 달성해 전년 동기 대비 27.8% 성장. 2024 파리올림픽 팀 스위스 유니폼 공식 스폰서

룰루레몬 애슬레티카
Lululemon Athletica (LULU)
요가웨어를 넘어 종합 액티브웨어 브랜드로

#1 기업 개요

룰루레몬 애슬레티카는 1998년 캐나다 밴쿠버에서 칩 윌슨(Chip Wilson)이 설립한 요가웨어 브랜드이다. 설립 초기부터 30대 초반의 프로페셔널하고 웰빙에 관심이 있는 여성 소비자를 타깃해 브랜드를 만들었다. 구체적으로는 '콘도 회원 권을 보유하고 여행, 패션, 운동을 좋아하는 32세 전문직 여성'을 타깃 소비자로 정하고 집중했다. 커리어가 안정되고 전체적으로 생활의 안정감을 찾는 32세 전문직 여성은 경제적 여유를 통해 자신의 만족을 위해 고가의 요가웨어를 기꺼이 살 것이라고 판단했으며, 이 전략은 적중했다. 프리미엄 요가웨어 이미지에 덧붙여 자체 개발한 실버에센트(Silverascent) 테크놀로지를 접목시켜 냄새를 방지하고 운동 성능을 최대화할 수 있는 셔츠와 팬츠를 개발해 많은 소비자들에게 사랑을

룰루레몬 기업 정보

설립 연도	1998년	시가총액 (십억 USD)	48.7
상장 거래소	나스닥	시가총액 (조 원)	69.7
상장일	2007. 7. 5.	배당수익률	-
CEO	캘빈 맥도널드(Calvin McDonald)	52주 최저-최고 범위 (USD)	226.01 - 516.39
주요 주주	FMR LLC (11.36%)		
직원 수	38,000명	현재 주가 (USD)	389.33
홈페이지	lululemon.com	평균 목표 주가 (USD, Yahoo Finance 기준)	372.05
회계연도 종료	2004. 1. 31.		

* 기준일: 2024. 12. 12.
자료: Yahoo Finance

룰루레몬 기업 실적 및 투자 정보

구분	FY22	FY23	FY24	FY25F	FY26F	5년 연평균 성장률
매출 (십억 USD)	6.3	8.1	9.6	10.5	11.3	21%
EBTIDA (십억 USD)	1.6	2.1	2.6	2.8	3.1	24%
영업이익 (십억 USD)	1.4	1.8	2.2	2.4	2.6	25%
순이익 (십억 USD)	1.0	0.9	1.6	1.7	1.8	26%
주당순이익 (USD)	7.5	6.7	12.2	14.0	15.1	27%
주당 배당 (USD)	0.0	0.0	0.0	0.0	0.0	-
EBTIDA 이익률 (%)	25.6	25.7	27.1	27.1	27.0	-
영업이익률 (%)	22.0	22.1	23.2	23.0	22.8	-
순이익률 (%)	15.6	10.5	16.1	16.6	16.3	-
PER (x)	71.0	41.7	19.7	18.5	17.1	-
PBR (x)	19.2	15.0	7.2	6.9	5.3	-
EV/Revenue (x)	9.9	6.3	3.0	3.0	2.8	-
EV/EBITDA (x)	33.8	21.1	9.6	11.2	10.4	-
ROE (%)	36.8	43.8	44.0	39.0	34.5	-

자료: 회사 자료, Capital IQ
주1: FY24는 2023년 2월 1일 ~ 2024년 1월 31일
주2: 미국 회계기준(US-GAAP)
주3: 전망치는 2024년 8월 30일 Capital IQ 기준

룰루레몬 매출액 & 성장률 전망

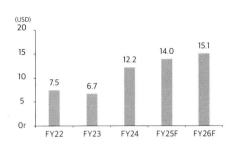

자료: 룰루레몬, Capital IQ (2024년 8월 30일 기준)

룰루레몬 주당순이익 전망

자료: 룰루레몬, Capital IQ (2024년 8월 30일 기준)

룰루레몬 주가 추이

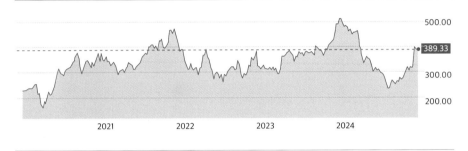

받고 있다. 사업 초기에는 요가웨어에 집중해 성장했으나, 2020년부터 코로나19 사태가 불러온 '홈트(홈 트레이닝) 웨이브'를 타고 미국의 애슬레틱 어패럴 시장에서 소비자들의 주목을 받기 시작했다.

2007년 미국 나스닥과 토론토 주식시장에 상장했다. 나스닥에서 상장 당시 주가는 14달러로 시작했으나, 2019년 150달러, 2023년 12월에는 500달러대의 사상 최고가(all-time-high)를 기록한다. 2013년에 토론토 주식시장에서는 거래량이 미미해 상장 철회해 나스닥에서만 거래되다가, 2024년 2월 캐나다 주식예탁증서 (Canadian Depositary Receipts, CDR)로 다시 상장되어 미국 나스닥과 캐나다 주식

시장에서 모두 거래되고 있다.

#2 비즈니스 모델

룰루레몬의 주요 생산 품목은 애슬레틱 어패럴, 풋웨어, 액세서리를 포함하며 요가, 러닝, 트레이닝을 포함한 모든 운동용 바지, 상의, 자켓을 포함한다. 이러한 제품군을 하나로 묶어 연간 보고서에는 여성용 제품, 남성용 제품, 기타 카테고리들로 매출을 구분하며, 기타 카테고리들에는 액세서리, 룰루레몬 스튜디오 수익, 풋웨어가 포함된다.

2023년 기준 여성용 제품의 판매 비중이 63.9%로 제일 높았으며, 남성용 제품, 기타 카테고리 순으로 매출이 일어났다. 2022년과 비교해 보면 남성용 제품군 매출 비중은 1%포인트 증가했다.

지역별 매출 비중은 2023년 미주 지역이 80%에 이르렀으며, 중국은 전체 매출액의 10%를 차지했다. 최근 중국 여성 소비자들의 스포츠에 대한 지속적인 관심 증가 현상과 Z세대(Gen Z) 소비자들의 글로벌 브랜드 선호 유행에 따라 중국 매출이 성장 중이다.

룰루레몬의 판매 채널은 본사 운영 스토어 판매, 온라인 판매, 피트니스센터와 요가 스튜디오 등에 판매하는 홀세일 루트로 나뉜다. 직영 스토어는 2024년 7월 기준 미국 447개, 중국 127개, 캐나다 71개 매장 등 전 세계에 840개의 매장이 운영되고 있다. 2022년부터 룰루레몬은 주기적으로 회원들에게 특별한 혜택을 제공하는 멤버십을 론칭해서 운영하고 있다. 멤버십은 룰루레몬 이센셜(무료)과 룰루레몬 스튜디오(1달 39달러) 등 2개로 나뉜다. 또한 룰루레몬 스튜디오는 펠로톤과 파트너십을 맺어 온라인 트레이닝 서비스를 제공한다.

룰루레몬 2023년 사업 부문별 매출 비중

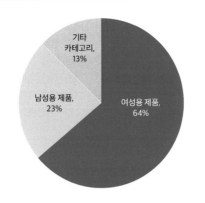

룰루레몬 2023년 지역별 매출 비중

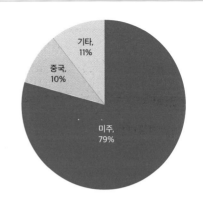

#3 투자 포인트

1) 남성 어패럴 및 다른 스포츠 분야로 확장

룰루레몬은 미국에서 견고한 판매고를 기록한 남성 어패럴 라인과 테니스, 골프 등 다른 스포츠 분야로 확장하는 모멘텀이 기대된다. 2024년 7월《월스트리트저널》에서 조사한 골퍼들이 제일 선호하는 선물 27개 품목 중 룰루레몬의 골프 셔츠가 1위를 차지한 것은 이러한 성장 모멘텀을 보여주는 예시다.

2) 중국 등 해외시장 매출 견고

룰루레몬은 2023년 기준으로 미주 매출 비중이 앞도적이었지만, 앞으로는 중국 등 해외시장 매출세가 더 견고할 것으로 전망된다. 룰루레몬은 2028년에 전체 매출액의 27%를 중국 시장에서 거두겠다고 발표했다. 중국 여성 소비자의 애슬레틱 어패럴에 대한 소비가 증가함에 따라 공격적인 마케팅과 중국 시장 선점 입지를 통한 매출 증가가 기대된다.

#4 2024년 실적 및 향후 전망

FY23(2023년 2월~2024년 1월) 룰루레몬은 81억 달러의 매출을 기록하며 전년 동기 대비 30% 성장을 거뒀다. FY24 2분기(2024년 5~7월) 룰루레몬의 매출은 24억 달러를 기록해 전년 동기 대비 7% 성장을 보였다. 하지만 연간 기준으로 보면 시장 컨센서스 기준 FY24 매출 96억 달러로 전년 대비 19% 성장할 전망이다. FY24 2분기 기준 미주 지역 매출액은 17억 달러로 전년 동기 대비 1% 증가세를 보여 부진했지만, 룰루레몬은 미주 지역 직영점 스토어를 지속적으로 늘릴 계획이다. 반면 중국과 해외 시장의 매출 증가세가 두드러졌다. 중국에서의 매출액은 해당 분기에 전년 동기 대비 34% 증가했으며, 기타 해외 지역은 24% 성장을 기록했다. 룰루레몬은 중국에서 직영점, 아울렛, 팝업 스토어 등 보다 차별화된 매장을 추가로 오픈할 계획으로 향후 중국 매출이 회사의 성장을 견인할 것으로 기대된다.

룰루레몬의 2025년 전망은 월가에서도 긍정적인 전망과 부정적인 전망이 상존한다. 미국 투자은행 제프리스는 알로요가와 뷰오리의 추격을 매우 걱정하면서 룰루레몬의 2025년은 힘들 것이라고 예견했다. 하지만 또 다른 투자은행 TD코웬은 사업 섹터 확장, 상반기 실적 양호, 중국 시장 매출 기대 등을 근거로 2025년에도 지속적인 성장을 보일 것이라고 전망했다.

룰루레몬은 친환경 생산과 관련된 그린 경영 소송에 휘말려 있어 그 판결 결과에 따라 어떠한 영향을 줄지 리스크도 존재한다. 또한 알로요가, 뷰오리 등과 같은 경쟁 업체와의 경쟁에서 어떻게 성장하는지도 고려해야 할 요소이다.

룰루레몬 연혁

1998	캐나다 벤쿠버에서 칩 윌슨이 설립
2005	루온(luon) 원단 소재 상품 등록
2007	미국 나스닥, 캐나다 토론토거래소에 동시 상장
2008	3억 5,000만 달러 매출 기록
2013	토론토 주식시장 상장 철회
2014	영국 런던 스토어 오픈, 남성복 라인 출시
2016	청담동 플래그십 스토어 오픈(아시아 최초 매장)
2017	세븐 메시(7mesh Industries Inc)와 의류 개발 기술 제휴
2019	스트리트 웨어 브랜드 랩(Lab) 론칭, 주가 150달러대 진입
2020	온라인 요가 플랫폼 미러(Mirror) 인수
2022	여성용 신발 출시, 베이징 동계올림픽 캐나다 팀 의상 제공 2개 멤버십 론칭, 룰루레몬 에센셜(무료), 룰루레몬 스튜디오(39달러/월)
2023	주가 500 달러대 사상 최고가(all-time high) 기록 룰루레몬 스튜디오 파트너 펠로톤 선정, 1만 개 이상 운동 프로그램 제공
2024	2024년 2월 캐나다 주식예탁증서 CDR 거래 재개

알로요가 Alo Yoga (비상장)
《보그》지 선정 트렌드 1위 브랜드

비상장사이지만 애슬레틱 어패럴 소비자들 사이에서 입소문으로 유행을 타고 있는 알로요가를 주목할 필요가 있다. 알로(Alo)는 공기(Air), 땅(Land), 해양(Ocean)을 뜻한다. 어린 시절부터 친구였던 대니 해리스(Danny Harris)와 마르코 드조지(Marco DeGeorge)가 2007년에 캘리포니아에서 설립했다. 《보그》지가 선정한 2024년 액티브웨어 랭킹 1위에 선정될 정도로 마켓에서 '핫한' 알로요가는 2023년 10개에 불과했던 매장 수가 2024년 기준 북미에서 71개로 늘어났다. 2024년 파리 올림픽 개최에 발맞춰 유럽 스토어도 오픈했고, 2025년에는 세계적으로 100개 매장 오픈을 목표로 한다.

'알로 이벤트'라는 초대 행사(Invitation-only)를 주최해 브랜드 앰버서더와 인플루언서를 마케팅에 활용하고 있으며, 룰루레몬보다 더 젊은 층을 겨냥해 마

메타버스 플랫폼 로블록스에 운영 중인 알로요가 성지

자료: Alo Yoga

케팅과 세일즈 전략을 편다. 또한 알로무브(Alo Moves)라는 온라인 요가 스튜디오를 운영하며, 약 3,000개 이상의 개인 맞춤형 요가 프로그램을 제공한다. 알로무브의 가입비는 월 12.99달러이며, 가입자 수는 2024년 기준 50만 명을 넘어섰다. 젊은 세대들에게 인기 있는 메타버스 로블록스를 활용해 알로 성전(Alo Sanctuary)에서는 VR 요가, 명상, 알로 새 상품 공개 등과 같은 서비스를 제공한다. 2024년 기준 방문자 수는 1억 1,300만에 달한다. 알로요가 제품을 입는 소비자들은 이른바 '힙한' 패션 리더의 이미지를 가지고 있는 것으로 여겨지며, 점차 중장년 여성들의 관심도 끌고 있다.

뷰오리 VUORI (비상장)
알로요가를 뒤쫓는 웰빙 라이프스타일 브랜드

뷰오리는 핀란드어로 '산'이라는 뜻으로, 등산을 좋아하는 창업자 조 쿠들라 (Joe Kudla)가 2015년에 캘리포니아 샌디에이고에 설립한 애슬레틱 어패럴 업체다. 경쟁 업체들과 달리 남성 어패럴부터 시작했고, 2018년에는 여성 어패럴 콜렉션을 만들기 시작했다. 단순한 옷 판매에서 벗어나 캘리포니아의 웰빙 라이프스타일을 판매한다는 전략으로 소비자들에게 어필하고 있다. 2015년 차고에서 스몰 비즈니스로 오픈한 이 업체는 2024년 1,500명 직원이 일하는 기업으로 성장했다. 2021년 소프트뱅크로부터 4억 달러 투자를 받았으며, 2023년 기준 기업가치는 40억 달러에 달한다. 이는 어패럴 섹터 비상장 기업 밸류에이션으로는 역사상 가장 큰 가치 평가였다.[3]

뷰오리의 라인업은 피트니스 센터, 요가 스튜디오, 재택근무(work-fromhome)에 걸맞은 에브리데이 액티브웨어이며, 단순히 옷을 판매하는 것이 아니라 미국 서부 해안의 웰빙 라이프스타일을 판매한다는 모토를 갖고 있다. 뷰오리에 투자한 기관들은 투자 이유로 공인회계사이자 의류 모델 출신으로서 스타트업들을 운영해온 CEO 조 쿠들라의 역량을 손꼽았다. 그의 특이하고 경쟁력 있는 자질을 투자 업계에서 높게 평가해서 초기 투자를 이끌었다고 한다.

2016년에 아웃도어 용품 전문 유통업체 REI에 자사 제품을 론칭하면서 전미 REI 스토어에서 두 번째로 많이 팔린 브랜드로 뷰오리가 선정됐다.《포브스》지에 따르면 2017년까지 뷰오리는 직영 매장에서만 매출액 100만 달러를 달성했다. 2017년부터는 세갈, 이퀴녹스, 파라곤 스포츠 등 미국 내 600개 매장 입점을 바탕으로 2018년에는 총 3,000만 달러의 매출액을 기록했다.

사업 초기에는 요가 스튜디오와 피트니스 센터를 위주로 제품을 홍보했지만, 뷰오리 경영진들은 시장조사를 통해 온라인 판매 수요가 더 많으며 일반 액티브웨어 수요에도 함께 집중해야겠다는 판단을 했다. 쿠들라 CEO는 당당하게 룰루레몬과 경쟁하는 업체로 꾸준히 성장하는 것이 목표라고 공공연히 밝히고 있다. 뷰오리는 2026년까지 전미 지역 100개 이상 직영 스토어 오픈을 목표로 한다.

하이드레이션 보틀 Hydration Bottle
미국인의 일상을 점령하다

미국 스포츠 산업 시장에서 가장 주류를 차지하는 것은 액티브웨어이지만, 미국인들의 일상에 파고든 아이템 '하이드레이션 보틀(Hydration Bottle)'을 빼놓을 수 없다. 글로벌 리서치 그룹 루신텔(Lucintel) 에 따르면, 2030년까지 미국 하이드레이션 보틀 시장의 규모는 약 21억 달러에 달할 전망이다. 3억 명이 넘게 살고 있는 미국에서는 유치원생부터 대학생, 그리고 노년층까지 운동하는 사람들은 '본인의 물통'을 갖고 다니는 문화가 있다.

하이드레이션 보틀 산업은 월가에서 소비재 섹터의 어패럴&액세서리 산업으로 분류되며, 스포츠 액티브웨어 섹터에 포함되지 않는다. 하지만 해당 섹터의 트렌드가 독자들의 잠재적인 투자 기회에 대한 인사이트가 될 수 있다는 편집진의 판단 아래 간략히 분석했다.

2024년 미국의 하이드레이션 보틀 시장은 스탠리, 예티, 하이드로 플라스크 등 3개 브랜드가 시장을 점유했다. 그중 불에 탄 차량에서도 끄떡없던 스탠리(Stanley) 텀블러 컵은 2024년 미국 전역에서 스탠리 텀블러의 인기를 불러일으켰다. 텀블러 회사 스탠리는 이 차량 소유자에게 새 차와 새 스탠리 컵을 선물해주면서 마케팅 절호의 찬스로 활용했다. 이로 인해 미국 초·중·고·대학생들의 텀블러 마켓은 물론이고, 성인 고객들도 모두 앞다투어 스탠리 텀블러를 손에 들고 피트니스 센터로 가게 되는 현상으로 이어졌다. 크리스마스 선물로 스탠리 컵을 받은 미국 초등학교 여학생이 감동의 눈물을 흘리는 영상과, 재고가 부족해 못 사는 경우 매장 바닥에서 엉엉 울면서 망연자실하는 고객들의 모습들도 소셜 미디어를 타고 전파됐다.

미국 SNL 채널은 이러한 대중의 이상하리만치 맹목적인 스탠리 컵에 대한 갈망을 풍자하면서 'Big Dumb Cups(대용량 바보 컵)'이라는 패러디 영상을 제작하기도 했다. 스탠리는 퍼시픽 마켓 인터내셔널(Pacific Market International, 비상장)에서 보유한 브랜드이다.

상장 업체 중에서는 미국 초중고 학생들에게 유명한 '하이드로플라스크'의 모회사인 헬렌오브트로이와 캠핑용 아이스박스로 유명한 예티를 눈여겨볼 만하다.

헬렌오브트로이: 미국 하이드레이션 보틀 시장의 숨은 강자

하이드로플라스크 텀블러는 미국 학생들에게 널리 알려진 물통이다. 하이드로플라스크는 2009년 설립해 단열 리드(lid, 물통의 뚜껑) 특허 등을 통해 물통 시장에서 빠른 성장을 보였으며, 2016년 헬렌오브트로이(Helen of Troy, 티커: HELE)에 인수합병됐다. 헬렌오브트로이에서 하이드로플라스크가 차지하는 매출 비중은 5% 미만으로 크지 않은 편이나, 미국 하이드레이션 보틀 시장에서 선도 업체로서 전자상거래 기준으로 시장점유율이 약 30%에 달한다. 합리적인 가격대와 튼튼한 내구성, 라이프타임 워런티, 무난한 디자인과 동료들 사이에서 느끼는 FOMO(Fear of Missing Out), 즉 '소외로 인한 두려움'에 기인하는 미국인의 소비 트렌드를 감안할 때 미국에서 이 물통은 2025년에도 지켜볼 가치가 있는 아이템이다.

하이드로플라스크의 모기업 헬렌오브트로이는 1968년 패밀리 비즈니스로 시작해 1972년 나스닥에 상장한 텍사스 기반의 홈, 아웃도어, 웰빙웨어 업체이다. 미국 사람들에게 익숙한 데일리 유즈 제품을 생산하는 다양한 브랜드를 소유하고 있다. 커피 메이커 등을 생산하는 옥소(OXO), 물통을 생산하는 하이드로플라스크(Hydro Flask), 아웃도어 웨어 브랜드인 오스프리(Osprey), 뷰티 웰빙 브랜드 레블론(Revlon)과 같은 브랜드를 보유 중이다.

예티: 야생곰과의 싸움에서 이긴 아이스박스 업체

2006년 로이 시더스와 라이언 시더스 두 형제가 미국 텍사스 오스틴에 설립한 예티(Yeti Holdings, 티커: YETI)는 낚시, 등산, 캠핑 등 아웃도어 활동을 위한 아웃도어 쿨러(아이스박스), 드링크웨어, 가방, 티셔츠, 모자 등을 생산한다. 대중들에게 제일 잘 알려진 제품은 아이스박스다. 2009년 야생곰이 예티의 아이스박스를 열기 위해 1시간 동안 아이스박스를 물고 던지고 깨려고 했으나 끝내 열지 못했다. 이른바 '곰으로부터 안전한(Bear-proof) 제품'이라는 이미지를 마케팅에 활용해 깨지지 않는 튼튼한 아웃도어 제품으로 대중들에게 인식되기 시작했다.

예티는 2017년부터 텀블러와 물병 등 하이드레이션 보틀로 사업을 확장했는데, 전자상거래 기준 미국 하이드레이션 보틀 시장점유율은 40~50%로 1위를 차지했다. 2024년 2분기 매출액은 8억 400만 달러로 전년 동기 대비 14% 증가해

미국 하이드레이션 보틀 전자상거래 시장점유율

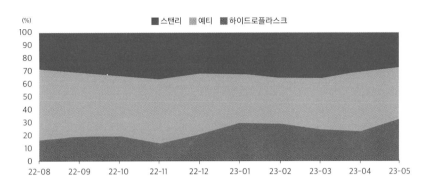

스탠리는 약 20%, 예티는 약 40~50%, 하이드로플라스크는 약 30~40%를 차지하고 있다.

자료: gripsintelligence.com

호조를 띄고 있다. 예티의 전체 매출액에서 하이드레이션 보틀이 차지하는 비중
은 3분의 2를 차지했다.

미주

Chapter 2. AI와 반도체: 우리 삶의 혁신을 주도한다

1   https://neurosciencenews.com/ai-creativity-23585/

2   https://www.aiprm.com/ai-statistics/

3   Weblink

4   Weblink

5   Weblink-1, Weblink-2

6   https://www.investing.com/news/company-news/wall-street-swot-c3ai-stock-navigates-ai-boom-amid-growth-challenges-93CH-3636416

7   https://www.techopedia.com/saas-statistics

8   https://www.bvp.com/atlas/state-of-the-cloud-2024

9   https://www.globenewswire.com/en/news-release/2023/04/19/2649727/0/en/Edge-Computing-Market-to-Reach-US-206-Bn-by-2032-North-America-dominates-with-42-of-the-Market-Share.html

10   https://www.precedenceresearch.com/quantum-computing-market

Chapter 3. 오일·가스와 저탄소 솔루션: 에너지의 미래를 이끈다

1   미국 에너지정보국(EIA) 단기 에너지 전망

2   엑슨모빌, 쉐브론, 쉘, BP, 토탈, ENI의 6개 회사를 말한다.

3   1위: 엑슨모빌(5,200억 달러, 2024년 8월 기준), 2위: 쉐브론(2,630달러, 2024년 8월 기준)

4   https://www.wsj.com/business/energy-oil/conocophillips-to-acquire-marathon-oil-in-22-5b-all-stock-deal-743cc8ba?page=1; https://www.forbes.com/sites/davidblackmon/2024/04/24/oil-and-gas-mergers-hit-record-q1-levels-

in-2024/; https://go.enverus.com/webmail/191022/2229419819/c542d763607f a61ffb1e05abe5560c1e5fafbdbbbb3e4697d00368e8f527f03b; https://www.wsj. com/business/energy-oil/southwestern-chesapeake-near-17-billion-merger- 24d7372d; https://www.chosun.com/economy/industry-company/2024/06/20/ R6XGZGZM2NHRNIWALQ46Z3D33U/; https://www.rbcrichardsonbarr.com/

5   https://corporate.exxonmobil.com/locations/guyana/guyana-project-overview#Disc overiesintheStabroekBlock

6   이산화탄소 배출량은 스코프(Scope) 1, 2, 3로 나눈다. 석유 업체의 스코프 1은 석유 생산, 이동, 프로세싱 중 발생하는 이산화탄소의 양을 말하며, 스코프 2는 석유 생산 활동에 필 요한 전력 발전 중에 생산되는 이산화탄소 배출량, 마지막으로 스코프 3는 석유 제품이 소 비자에 의해 사용되면서 발생하는 이산화탄소 배출량을 말한다. 이 중 스코프 3로 간주되 는 배출량이 가장 크다.

7   https://www.bp.com/en/global/corporate/news-and-insights/press-releases/from- international-oil-company-to-integrated-energy-company-bp-sets-out-strategy- for-decade-of-delivery-towards-net-zero-ambition.html

8   https://corporate.exxonmobil.com/news/news-releases/2020/1214_ exxonmobil-announces-2025-emissions-reductions_expects-to-meet-2020- plan#:~:text=ExxonMobil%20plans%20to%20reduce%20the,intensity%20across%20 its%20global%20operations.

9   https://www.bp.com/en/global/corporate/news-and-insights/press-releases/4q- 2022-update-on-strategic-progress.html

10   https://www.bp.com/en/global/corporate/news-and-insights/press-releases/4q- 2022-update-on-strategic-progress.html; Investor update 2023 | Investors | Home; https://www.bp.com/en/global/corporate/investors/results-reporting-and- presentations/investor-update-2023.html

11   https://corporate.exxonmobil.com/news/news-releases/2022/0118_exxonmobil- announces-ambition-for-net-zero-greenhouse-gas-emissions-by-2050

12   https://podcasts.apple.com/us/podcast/darren-woods-ceo-of-exxonmobil/ id1614211565?i=1000615946791; https://www.nbim.no/

13   https://www.opec.org/opec_web/en/press_room/7369.htm

14   실제로 OPEC의 석유 전망에 따르면 2045년까지 석유 수요는 계속 증가할 것이라고 예측

했다.

15 https://iea.blob.core.windows.net/assets/493a4f1b-c0a8-4bfc-be7b-b9c0761a3e5e/
Oil2024.pdf

16 https://www.oilsandsmagazine.com/technical-index

17 https://www.suncor.com/-/media/project/suncor/files/investor-centre/business-
updates-2024/2024-05-21-business-update-webcast-presentation-en.pdf?modified
=20240626203001&created=20240521130737

18 테일링즈(Tailings)라고 불리는 오일샌드 개발에서 양산되는 폐기물은 웬만한 호수의 크기
에 상당하는 면적을 차지하기도 하나 오일샌드 개발이 끝난 뒤에는 다시 원상태로 복구된
다.

19 정유소나 화학 공장에서는 대개 2~4년을 주기로 공장 가동을 전면 중단하고 막대한 인원
을 투입하여 대대적인 정비와 보수 작업을 실시하는데 이를 Turnaround라고 일컫는다.

20 Chord는 음악에서 얘기하는 화음으로 일치나 화합을 상징한다. 전통 화석연료 회사들이
에너지 전환 시대를 맞이하며 개명하거나 리브랜딩하는 사례가 많아졌다. 예로 노르웨이
국영 석유회사 에퀴노(Equinor, 전신 StatOil), 미국 업스트림 회사 오빈티브(Ovintiv, 전신 EnCana)
등이 있다.

21 Scaling up through 2030, Global Status of CCS 2023, Global CCS Institute (2024)

22 Mboed는 thousand barrels of oil equivalent per day 로 천 배럴에 해당하는 석유 환산
량이 매일 얼마나 생산되는지를 표기하는 단위이다. 참고로 석유 가스 산업에서는 MM을
백만으로 표현한다. (MMBoed = Million barrels of oil equivalent per day)

23 LCE는 리튬 생산량을 측정하는 표준 단위로, 다양한 형태의 리튬 화합물을 탄산리튬으로
환산한 양

Chapter 4. 전력망과 에너지 정책: 트럼프 2기가 만드는 변화에 주목하라

1 중국산에 대한 관세부과로 인해 동남아를 통해 우회 수출되고 있는 중국산 제품이 대부분
으로 추정된다.

2 https://www.whitehouse.gov/briefing-room/speeches-remarks/2021/07/28/
remarks-by-president-biden-on-the-importance-of-american-manufacturing/

3 https://www.pwc.com/kr/ko/insights/issue-brief-ira-2208.html

4 https://business.edf.org/the-inflation-reduction-act-a-snapshot-for-

business/#industry

5 https://home.treasury.gov/news/press-releases/jy2361

6 Rhodium Group, America's All In

7 국가 온실가스 감축목표(Nationally Determined Contributio)는 UN 파리 협정에 따라 각 국가에서 자발적으로 수립한 온실가스 감축목표를 말한다. 줄여서 NDC라고도 부른다.

8 https://www.rff.org/publications/issue-briefs/treasury-technology-neutral-tax-credits-clean-electricity-inflation-reduction-act/

9 https://www.nature.com/articles/s41467-022-33902-9, https://iopscience.iop.org/article/10.1088/1748-9326/ad0d3b

10 https://about.bnef.com/blog/a-power-grid-long-enough-to-reach-the-sun-is-key-to-the-climate-fight/

11 https://www.reuters.com/legal/legalindustry/how-funding-incentives-under-recent-laws-advance-carbon-capture-technologies-2024-03-25/

12 https://time.com/6205570/inflation-reduction-act-carbon-capture/

13 https://rhg.com/research/climate-clean-energy-inflation-reduction-act/

14 2,000억 달러의 인프라 투자는 880억 달러의 근로자 임금 상승을 일으키고 1% 이상의 실질 GDP 성장률로 이어진다고 제시

15 https://think.ing.com/bundles/us-election-scenarios-and-how-theyll-impact-energy-and-climate-policy/

Chapter 5. 금융과 크립토: 전통 금융과 신금융의 미래

1 https://www.fidelity.com/learning-center/trading-investing/outlook-financials

2. https://www.cbsnews.com/news/full-transcript-fed-chair-jerome-powell-60-minutes-interview-economy/

3 https://www.jpmorganchase.com/content/dam/jpmc/jpmorgan-chase-and-co/investor-relations/documents/annualreport-2023.pdf

4 https://www.oberlo.com/statistics/how-many-people-use-apple-pay

5 https://gfmag.com/capital-raising-corporate-finance/klarna-ipo-listing/#:~:text=Stockholm%2Dbased%20Klarna%20is%20believed,$6.7%20billion%20in%20July%202022

6   Bitbo | Live Bitcoin Price & Dashboard

7   https://bitwiseinvestments.com/crypto-market-insights/crypto-market-review-q1-2024

8   https://www.etf.com/sections/features/vaneck-spot-bitcoin-etfs-will-take-40-billion

9   https://www.pymnts.com/cryptocurrency/2024/jpmorgan-doubts-crypto-inflows-will-remain-as-robust/

10   2024 Earnings Presentation (contentstack.io)

11   https://www.nasdaq.com/articles/south-korean-pension-fund-buys-34-million-microstrategy-shares

12   베타값은 자본자산가격모형(Capital Asset Pricing Model, CAPM)을 이용해 구한 값이다. 데이터는 2024년 1월 11일부터 8월 1일까지의 일별 수익률을 이용했다. 주간 수익률을 이용한 베타값을 구한 이유는 일별 수익률 계산 시 발생하는 시간 불일치 문제를 해결하기 위해서다. 일별 수익률의 경우, 마이크로스트래터지 주식은 거래소 정규 거래 시간(오전 9:30 ~ 오후 4시)의 수익률을 사용하는 반면, 비트코인은 24시간 거래시간을 기준으로 구한 수익률을 사용한다. 이로 인해 두 자산의 수익률 계산 기간이 정확히 일치하지 않는 문제가 발생한다. 주간 수익률을 사용함으로써 이러한 시간적 편차를 줄일 수 있다.

13   Bitcoin Treasuries | 91 Companies Holding (Public/Priv)

14   https://theminermag.com/home/learn/2022-09-08/bitcoin-mining-business-models/

Chapter 7. 액티브웨어: 저무는 나이키, 뜨는 테크웨어 기업들

1   https://runrepeat.com/on-shoes-statistics

2   https://www.statista.com/topics/4704/us-footwear-market/#topicOverview

3   https://medium.com/@fredgrier/san-diegos-4-billion-clothing-brand-vuori-b01785f59172

2025-2027 앞으로 3년
미국 주식 트렌드

1판 1쇄 발행 2025년 2월 24일
1판 2쇄 발행 2025년 3월 5일

지은이 최중혁, 스파클링 투자클럽
펴낸이 김기옥

경제경영사업본부장 모민원
경제경영팀 박지선
마케팅 박진모
경영지원 고광현
제작 김형식

표지·본문 디자인 푸른나무디자인
인쇄·제본 민언프린텍

펴낸곳 한스미디어(한즈미디어(주))
주소 04037 서울특별시 마포구 양화로 11길 13(서교동, 강원빌딩 5층)
전화 02-707-0337 | **팩스** 02-707-0198 | **홈페이지** www.hansmedia.com
출판신고번호 제 313-2003-227호 | **신고일자** 2003년 6월 25일

ISBN 979-11-93712-92-4 (13320)